MEDIEVAL
ENGLAND
Edmund King

中世のイギリス

エドマンド・キング
吉武憲司【監訳】

慶應義塾大学出版会

凡例

(1) 本書は、Edmund King, *Medieval England*（Tempus Publishing in association with the British Library, 2001）の全訳である。

(2) 本翻訳の書名では一般的な「イギリス」の語を採用したが、本文では「ウェールズ」や「スコットランド」と明確に区別するために「イングランド」の語を使用した。

(3) 地図などに関しては、原著にあるのは「地図3アンジュー帝国」のみである。そのほかの地図、「イングランド王家の系図」、「中世後期イングランドの中央行政組織図」、「中世イングランドの貨幣単位と度量衡」は、原著者と協議のうえで本訳書のために新たに作成したものである。

(4) ☆印を付した数字は訳註を示し、本文の後に一括した。

(5) 原著者の引用箇所は、すでに邦訳が存在している場合でも、訳語の統一などさまざまな問題が生じるため、基本的に本書独自の訳をつけた。

(6) 中世ヨーロッパの人名表記には多くの困難な問題があるが、最終的になんらかの基準をたててそれに従うよりほかない。本書では一応以下の基準に従った。教皇はラテン語表記を、司教、修道院長はその任地が属する国の言語表記をとった。王、王妃、諸侯・貴族は、原則としてそれぞれが属する国の言語表記をとったが、一一世紀・一二世紀のイングランドに関しては、王国の領域的な枠組みが曖昧なため、一貫した基準をたてることができなかった。

(7) 地名に関しては、原則として現地音主義に従ったが、日本において慣例的な表現が定着しているものはそれを用いた。

(8) 人名、地名などの原語は、英語の原文で使用されているものを索引に一括して付記した。また、人名に関しては、必要な場合には本文とは別の言語表記を索引に付記した。

(9) ラテン語表記の音引きは原則として省略した。

(10) ルビには促音・拗音を用いていないが、単語の意味に齟齬が生じる場合には用いた（例　専制支配（テイラニー）↓専制支配（テイラニー））。

地図一覧

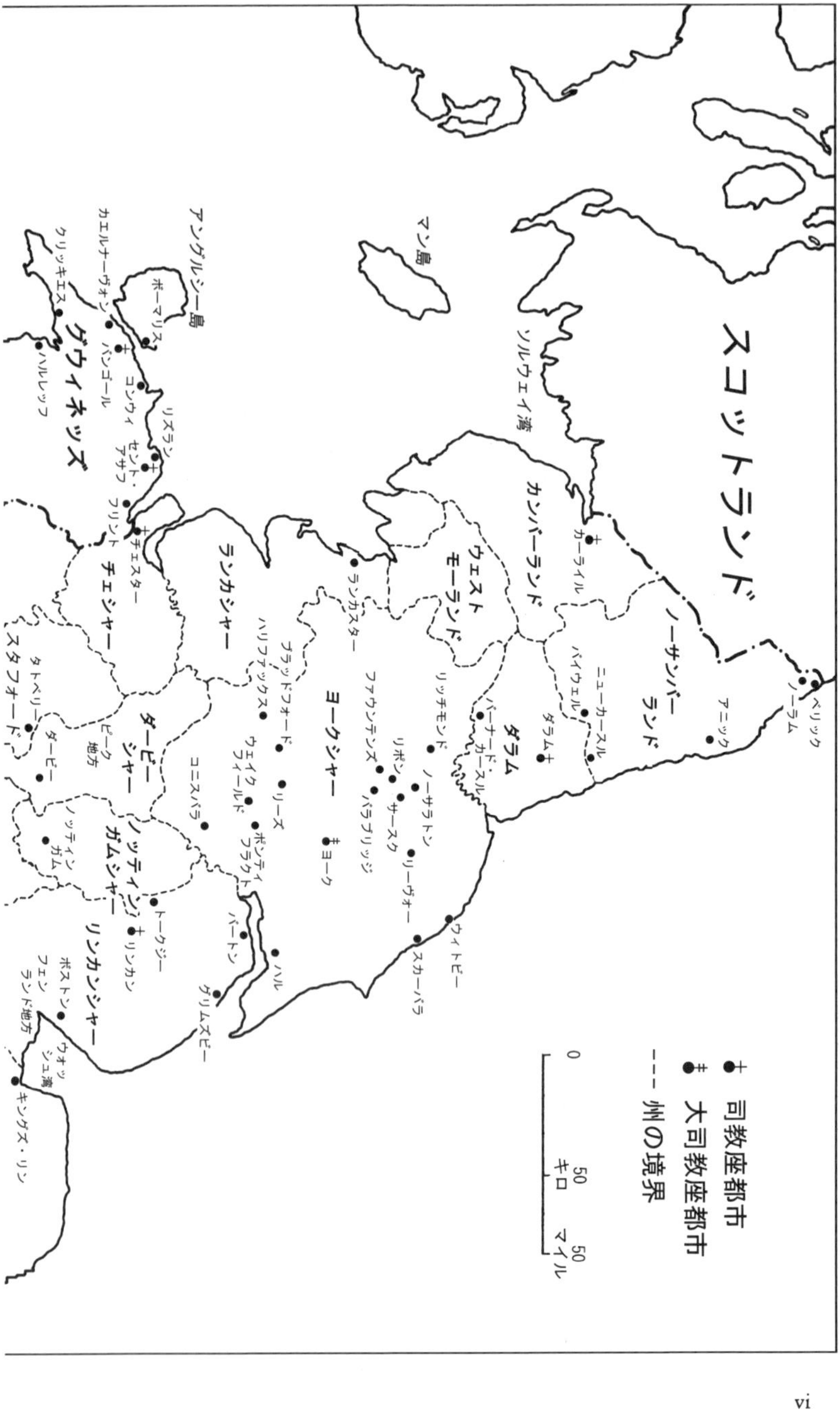

スコットランド
ノーサンバーランド
カンバーランド
ウェストモーランド
ダラム
ヨークシャー
ランカシャー
チェシャー
ダービーシャー
ノッティンガムシャー
リンカンシャー
スタフォード
グウィネッズ
アングルシー島
マン島
ソルウェイ湾
ウォッシュ湾
ベリック
ノーラム
アニック
ニューカースル
バイウェル
ダラム
バーナード・カースル
カーライル
ランカスター
リッチモンド
ノーサラトン
リポン
サースク
ファウンテンズ
バラブリッジ
リーヴォー
ウィトビー
スカーバラ
ヨーク
ハル
ブラッドフォード
ハリファックス
リーズ
ウェイクフィールド
ポンテフラクト
コニスバラ
バートン
グリムスビー
トークジー
リンカン
ボストン
フェンランド地方
キングス・リン
ノッティンガム
ダービー
ピーク地方
タトベリー
チェスター
フリント
セント・アサフ
リズラン
コンウィ
バンゴール
ボーマリス
カエルナーヴォン
クリッキエス
ハルレック
司教座都市
大司教座都市
州の境界
0
50 キロ
50 マイル

地図1　イングランドとウェールズ

序章

「お願い申し上げます。私が巡回裁判のためカンバーランドまで行かずにすむようお取り計らいいただけないでしょうか。それは長旅となるでありましょうし、その地の気候・風土は私の体に合わないのです。」一二二七年八月、ヨークのウィリアムは、王の尚書部長官ラルフ・ネヴィルにこのように書き送った。もし自分にできる仕事があるならば、むしろケンブリッジとハンティンドンへ派遣してほしいというのだった。彼は、受禄聖職者であり、生まれ故郷のヨークシャーの土地とともに、その地に生活の基盤をもっていたのである。この聖職者は、本書が扱う時代の中頃のイングランドにはさまざまな地域共同体が存在していることを理解しており、そのなかには彼にとって魅力的なものとそうでないものが存在していた。彼は、ヨークシャーの生まれであるにもかかわらず、さらに北方への旅には乗り気ではなかったが、結局出かけていくことになった。ウィリアムは、法律専門家であり、最近裁判官として仕事を始めたばかりだった。やがて、彼は、能力ある人々におきまりの経歴に沿って司教となるであろう。それは、一二四六年、ソールズベリーにおいてだった。そのとき、彼がイングランドのもっとも裕福な司教座の一つへの昇進に異議を唱えることはなかったであろう。一二二七年には、イングランドは、依然としてマグナ・カルタの内乱から復興の途上にあった。カンバーランドへの旅は必要不可欠なものだった。それは、王に金銭をもたらした。九日間で二四〇ポンド以上だったと彼は別の書簡で自慢している。しかし、それは副次的な問題だった。その旅は、王の支配が依然として王国の遠隔の地まで及んでいることを示したのである。

イングランド政府が諸州へ代理人を派遣していたのと同じように、諸州もウェストミンスターへ代表を送っていた。州の代表は、一三世紀後期以降、きわめて定期的にパーラメント（議会）へやって来た。一三世紀のパーラメントの光景は、本書一八九頁（図67）に、一六世紀初期の衣装で描かれている。王の専門行政家、尚書部長官や裁判官たち、つまりラルフ・ネヴィルやヨークのウィリアムの後継者たちが羊毛の袋の上に座っている。彼らは、当然中央の座を占めている。そのまわりには、聖俗諸侯がそれぞれにふさわしい衣装で座っている。この絵は、描いているとされる出来事から二世紀以上も後のものであるが、本質的にはなんら変わりはなかった。これは、本書が扱う全時期において、中世イングランドの地域共同体が抱える重要な問題のために集まる場を提供することは、王の仕事だった。イングランドの社会秩序の典型だった。王は中心に置かれていた。パーラメントは王のパーラメントだった。

本書において取り上げ論じられることだが、王権はそれ自らの表象をもっていた。イングランド社会のほかの主要な諸階層も同じだった。その様子は、一二世紀初期、ヘンリー一世治世末の図像に見ることができる。四つある描写のうちの三つで、就寝中の王が描かれている。ほとんど悪夢とも呼びうる夢のなかで、王が農民、騎士、聖職者の訪問を受けている。この時代の一般的な考え方では、社会は三身分によって、つまり「働く者、戦う者、祈る者」によって構成されていた。図像には、これらの身分を代表する者が描かれているのである。彼らは、明確に規定された世界において、それぞれに固有の職分をもっていた。彼らは、それぞれの職分を示す象徴を手にしている。衣服も彼らを見分けるのに役立つが、手にしている物こそが彼らを実際に識別させるのである。農民は鋤と鍬を携え、騎士は剣をもち、聖職者は職杖を手にし指輪をはめている。彼らは、生きているあいだこれらの象徴からけっして逃れることはできないであろうし、死んでもそれから切り離されることもないのである。四場面からなるこの図像はウスターのジョンの年代記のものであるが、その最後の描写では、王が再び場面の中央に置かれている。しかし、これは、王の卓越した支配を象徴する描写ではない。王の船は、嵐の中で沈みかけている。嵐は、王が税を減免すると約束したときにようやく静まるのである。これら四つの描写に見られるのは、中世の政治観なのである。そのなかで、騎士と農民は、王や大諸侯と同じく重要なのである。

図像と本文を関連づけることは困難な課題だが、それは著者にとって快いものであり、読者にとってもそうであってほしいと思う。とりあえず、諸身分のうちの一つ、戦う者の話を続けよう。騎乗した騎士が、この世の支配者であるかのごとく本書の諸ページを闊歩していく。彼の姿を見ることができ、すぐに彼の話を聞くことができる。一四世紀初期の重要な史料は、ノーサンバーランドにあるヘトンのトーマス・グレイ卿が残した『スカラクロニカ』である。彼は、北部地方の騎士であり、一時期ノーラムの城代だった。エドワード一世は、一二九一年、スコットランドの王位継承を決めるため、そこにイングランドのパーラメントを召集した。トーマスは、あるときにはイングランドの田舎のジェントルマンの典型のように見えた。狩猟のイメージが自らの戦闘場面を再現するのに役立った。一三二二年、バイランドにおいて、イングランド軍はスコットランド人を前にして怯えていた。「両者の関係は、まさにグレーハウンドを前にした野兎のようなものだった。」別のとき、別の戦いにおいて、トーマスは、スコットランド人亡命者の一群を次のように描写した。「彼らは、燃えさかる家の明かりに引きつけられて、ヤマウズラのように再び集まってきた。」トーマスの判断は、その身分に特有のものだった。彼は、王たちが公的な役割を果たすことを期待しており、それがなされないときには、彼らを厳しく批判したのである。エドワード二世は「騎士の道にまったく向いていない」、とトーマスは素っ気なく述べた。その評価は、この王が墓に入る時期を早めることになった。しかし、君主政は必要とされたため、エドワードには王権のイメージを損なうことのない墓が与えられた。

この時期の諸事件について非常に多くの記録が残っており、しかも現在との時間的な隔たりのおかげで、それらを文脈のなかにおいて判断することができる。しかし、中世の人々がそれに従って行動し、それによってほかの人々を評価した理念の世界は、われわれのものとは大きく異なっている。本文中にある多くのいきいきとした図像のうちの一つに焦点を当ててみよう。ピーターバラに近いロングソープの領主、ソープのロバートは、中世イングランドの中産階層に属しており、彼もまた専門行政家であり、多分後の行政長官の父親だった。彼とその家族は、夕べには、一面絵入りの漆喰（しっくい）が塗り込められた部屋でくつろいだ（図32）。教訓物語、聖書の場面、日常生活の場面、紋章、グロテスク文様、すべてが入り混じって描かれており、すべてがなじみ深い図像だった。その多くを、本書のなかで見ることができるだろう。このような図像は、当時の人々が世界における自分たちの位置を理解するのに役立った。それは、当時の人々が当たり前だと見なしたことを理解するのに役立つのである。

すべての著作家は、日常の雑事からの休息と多くの協力者を必要とする。トーマス・グレイ卿は、スコットランド人のおかげで四年近い研究休暇を得た。彼らは、トーマスを捕虜とし、一三五五年から一三五九年までのあいだエディンバラ城に投獄したのである。彼は、そこですばらしい書庫を発見した。より幸せな状況のもとで、私は、シェフィールド大学から一九八六年の秋学期（ミカエルマス・ターム）に休暇を与えられた。私は、本書を書くことにおいて後戻りできない段階を超えさせてくれたことにたいして、大学と史学科の同僚に感謝している。私は、本書全体を読んでくれたことにたいしてモーリス・キーンに、そして、最後の二章に関して援助してくれたことにたいして同僚サイモン・ウォーカーに感謝しなければならない。しかし、彼らは、この種の概説書に当然見られるであろう誤りに関して責任はない。私は、出版社から、最初はファイドン出版社のバーナード・ドッドとスタッフから、そして今回はテンプス出版社のジョナサン・リーヴとトム・ケアンズおよびほかのスタッフから実務的な助力を得た。私の妻ジェニーと子供たちマイケルとフランシスはたえず援助してくれた。私は、義父母ヒルダとジョージ・グレイトウッドに本書を献呈することにより、彼らが本書に多大な興味を示してくれたことを記憶にとどめ、感謝の意を表明できることをうれしく思う。

第一章　ノルマン征服（コンクウエスト）と植民定住　一〇六六―一一〇六年

一一〇一年、ピーターバラ修道院の修道士たちは、ヘンリー一世に金銭を支払い、ゴドリックという者を自分たちの修道院長に選ぶ許可を得た。ゴドリックについて知られているのは、彼がアングロ・サクソン人であり、ノルマン征服（コンクウエスト）の直後に修道院長となったブランドの弟であり、ヘイスティングズの戦いの場にいた可能性があるということだけである。修道院長ブランドは一〇六九年に死んでおり、その弟ゴドリックは一一〇一年には老人だったはずである。年老いて気むずかしいこの人物が、老齢化して気むずかしい修道士の共同体によって修道院長に選ばれたのである。数ヵ月のうちに修道院長ゴドリックが廃位され、修道士たちは落胆することになるが、驚きはしなかったに違いない。その罪は、彼がアングロ・サクソン人だったということではなく、選挙のために金銭を支払ったことだった。修道士たちはジレンマにおちいった。多額の支払いなくして、ヘンリーがこの選挙を許可することはなかったであろう。しかし、金銭が支払われヘンリーが介入することは、新しい世代の聖職者にとって選挙を無効とするのに十分だった。ピーターバラの修道士たちは、気むずかしかったが、ばかではなかった。彼らは、問題をよく理解していた。修道士たちは、ゴドリックを選ぶことにより、過去三五年間にわたって自分たちの修道院に起こったこと、自分たちの共同体に起こったことにたいして異議を申し立てていたのである。本章は、この時期を扱うことになる。

新王朝

　ウィリアム公は、一〇六六年のクリスマスにイングランド王として戴冠されたとき、自分がエドワード証聖王の相続人として指名された者である点を強調した。現代の歴史家のなかには、ウィリアムは証聖王が実際に選んだ継承者だったと推測する者もいるが、実際に指名されたのかどうかを証明することはできない。ウェストミンスターでの戴冠式に居合わせた人々は、ウィリアムの王権の正当性よりもむしろその王権の中身に興味があっただろう。彼は、すべての者が「自分自身の法」、つまり地位・階層およびイングランド内の居住地によって異なる法の保護を受けるべきことを約束した。また、彼は、すべての者が父親の相続人たるべきことを約束した。それは、今後財産権が尊重されることを意味した。ウィリアムは、自分の王権への民衆の承認と実際的援助をロンドン市民に求めたが、俗語英語で書かれた令状（リット）で繰り返し彼らに同じ約束をしている。ウィリアムが、誠実だったことを疑う理由はない。一〇一六年に王位を継承し新王朝を築いたクヌートの治世を思いだすことができる人々もいたはずである。クヌート治世の最初の数ヵ月間、イングランドは征服された領土として扱われたが、二年も経たないうちに、二つの民族はアングロ・デーン国家の基礎について合意した。

　一〇六六年とそれに続く年月には、状況は非常に異なっていた。アングロ・サクソン人の富と土地の没収が行われたのである。その結果は、ドゥームズデイ・ブックに見ることができる。それは、二〇年にわたるノルマン人支配に関する調査報告書であり、ウィリアムによる戴冠時の約束の価値を測るものだった。土地課税評価額で見ると、ウィリアムは、一〇八六年にイングランドの一七パーセント強の部分を支配していた。彼の臣民のうちでは、聖職者、つまり司教や修道院長たちが、二六パーセント強を支配していた。教会と王権の所領は、イングランドの五四パーセントを占める俗人有力者の保有地と比較すると、小さいものに見える。実際に権力をもっているのは、一握りの人々だった。二〇人の俗人と一二人の聖職者が、彼らだけでイングランドの四〇パーセントを保有していた。このリストのなかには、アングロ・サクソン系の血統の者は一人もいなかった。

アングロ・サクソン人は土地を奪われたのである。これがどのように行われたかを知るには、まず植民定住における軍事的側面を、それから土地相続にたいするノルマン人の態度を見る必要がある。ノルマン人による植民定住の鍵は、この二つの要因の相互作用にある。ノルマンディーの修道士オルデリク・ヴィターリスがすばらしい証言を残している。[☆2] 彼の年代記は、征服から一一四一年にいたるイングランドとノルマンディーの歴史に関するもっとも重要な史料である。オルデリクは混血だった。母親はアングロ・サクソン人、父親はノルマン人の聖職者で、モンゴメリーのロジェに従ってイングランドの所領へとやって来た家政役人の一人だった。オルデリクが描く征服の物語は、「ノルマン人の不正と圧政」にたいするアングロ・サクソン人の抵抗の物語だった。それは、次から次へと起こる反乱の物語だった。反乱はどうにか鎮圧されるが、それはノルマン人のもつ秘密兵器のおかげだった。

王は、王国のあらゆる遠隔の地へと進軍し、敵の攻撃に備えて要衝の地を要塞化した。ノルマン人によって城（カステッラ）と呼ばれた要塞は、イングランドの諸地域ではほとんど知られていなかったので、アングロ・サクソン人は、その勇敢さと好戦性にもかかわらず、敵にたいして無力な抵抗しかできなかった。

初期のノルマン人の城は、基本的にはとても単純なものだった。それは、堀と防御柵で囲まれた土地であり、その一部に防御的な小丘が置かれ、それ以外の場所に居住施設が建てられた。この城は、敵の攻撃にたいして防御するだけでなく、その周辺領域を支配し植民するためにも使用されえた。

このことは、初期のノルマン人の城の多くがなぜ既存の集落からはるか離れた場所に築かれたのかを説明する。それは、「さらなる前進のために要衝の地を占拠したノルマン軍の戦闘部隊」に対応していたのである。ここでの引用と視点は、ジョン・ル・パトゥーレルのものである。彼によれば、ノルマン征服は、たんに一つの戦闘としてではなく、長期にわたる植民定住の過程として理解されるべきであり、しかも、それは、一〇八七年に征服王が死んだ時点でも終わっていなかったのである。この分析において、城砦支配領域の形成年代がノルマン人による植民定住の諸段階を表している。オルデリクによれば、王は、一〇六七年にノルマンディーから戻ったとき、自分の従者と親族に「すべての人々の土地を授与した」。すぐに処分できたのは、実際にはイングランド南部のみだった。ケントはバイユーのオドーに、ワイト島はウィリアム・フィッツ・オズバーンに与えられた。また、サセクスの五分割支配領域は、ウー伯ロベール（ヘイスティングズ）、モルタン伯ロベール（ペヴンジー）、ウィリアム・ド・ウォレンヌ（ルーウィス）、ウィリアム・ド・ブレオーズ（ブランバー）、モンゴメリーのロジェ（アランデル）に与えられた。彼らは、征服以前の時代に、もっとも有力な諸侯階層に属していた。彼らすべてがこれ以外の場所で広大な所領を得た。一〇七〇年代には、ミッドランド地方[☆3]の大所領（シュルーズベリー、タトベリー、ピーク地方）が形成された。そして、一一八〇年代には、北部の大所領（ポンティフラクト、リッチモンド、コニスバラ）が集積形成された。

たとえ植民定住がゆっくりとしか進まなかったとしても、それは仕方のないことだった。すべての人が父親の相続人となるべきであると、ウィリアムは約束していた。この約束をあてにしていたアングロ・サクソン人のいく人かは、大所領の相続人であり、大きな期待を抱いていた。アングロ・サクソン人の伯のいく人かは、一〇六六年の事件によっても屈従させられたわけではなかった。彼らは若すぎたのである。彼らは、自分たちの地位にふさわしい結婚をさせてもらえるよう、王に期待した。たとえば、ノーサンブリア伯シウォードの子ワルセオフは幸運だった。彼は、征服王の姪ジュディスと結婚させてもらい、ハンティンドン・ノーサンプトン伯領を与えられた。この譲与は、

ウィリアム征服王の肖像

図 1（左上）『バトル修道院年代記』の彩飾文字。バトル修道院は、ウィリアムによりヘイスティングズの戦いの地に創建されたもの。

図 2（左下）ウィリアム治世中頃の貨幣。

図 3（右）15世紀の戦士として描かれたウィリアム。コヴェントリーのセント・メアリーズ・ホールのステンド・グラス。

二つの共同体の「和解の名のもとに」なされたのである。これにたいして、マーシアのエドウィンとノーサンブリアのモーカーの兄弟は、それほど幸運ではなかった。オルデリクによれば、彼らを破滅へと導いた反乱は、約束の不履行が原因だった。王は、エドウィンに自分の娘との結婚を約束していた。

しかし、王は、後になって、妬み深く貪欲なノルマン人の従者による不誠実な助言を聞き入れ、高貴な若者からおとめを取り上げた。若者が、彼女を切望し待ちこがれていたにもかかわらず。ついに、エドウィンの堪忍袋の緒が切れた。彼とその弟は反乱を起こしたのである。

一〇七一年のこの反乱の結果、エドウィンは死に、モーカーは捕らえられた。彼らの土地は、前述の「貪欲なノルマン人従者たち」に与えられたのである。

一〇七五年には、ウィリアムのイングランド支配にたいするもっとも深刻な反乱が起こった。それは、彼が大陸に滞在していたときに起こったもので、彼の同意なしに行われた結婚に関係していた。その結婚は、ウィリアム・フィッツ・オズバーンの娘エンマとイースト・アングリア伯ラルフのあいだで執り行われたものだった。ラルフの母はブルターニュ人で、父はアングロ・サクソン人だった。この血筋の融合は危険なもので、ノリッジの「婚姻の祝宴」での大酒と結合し、大爆発をひき起こした。花嫁の兄弟ヘリフォード伯ロジャーは、新たな義兄弟とともに王にたいして反乱を企てたのである。ハンティンドン伯ワルセオフは、一〇七一年にノーサンブリア伯にも叙されていたが、彼も婚姻の祝宴に出席しており、反乱の計画にかかわっていた。しかし、伯のいずれも自分たちの拠点を越えて進むことができず、反乱は難なく鎮圧された。二人のアングロ・サクソン人聖職者、ウスター司教ウルフスタンとイーヴシャム修道院長エゼルウィは、自分たちのノルマン人の騎士を召集し、ヘリフォード伯をセヴァーン川の向こうの彼の土地に封じ込めた。二人のノルマン人司教、バイユーのオドーとクータンスのジョフロワは、ウィリアム・ド・ウォレンヌと行動し、アングロ・サクソン人のフュルド軍[☆4]を率いて、ラルフの軍勢をケンブリッジで撃破した。反乱軍側のイースト・アングリア伯は、ノリッジ城で攻囲され、ブルターニュへと逃亡した。この「伯の反乱」は、いかにアングロ・ノルマン王権の資力が地方の反乱を鎮圧するために使用されえたかを示している。ウィリアムの手中に落ちた二人の首謀者は、過酷な扱いを受けた。ヘリフォードのロジャーは投獄され、伯ワルセオフは処刑された。彼の処刑は、オルデリクにおきまりの挿話に話の種を提供した。最後のアングロ・サクソン人の伯は、賞賛に値する死に方をした。彼の最後の望みは、主の祈りを唱える許しを得ることだった。彼は、唱え終わる前に泣き崩れてしまった。首切り役人は、それ以上待てなかった。彼の首がはねられた。

そのとき、そばにいたすべての人が、その首が大きくはっきりとした声で次のように言うのを聞いた。「わたしたちを悪からお救いください。アーメン。」これが伯ワルセオフの死に方だった。

オルデリクは、この話をワルセオフが埋葬されたクロウランドの修道士から聞いた。修道士たちは、彼を聖人にすることはできなかったが、それは試みるだけの価値のあるものだった。

ウィリアムのノルマン人従者たちは、明らかにアングロ・サクソン人の男を疑っていた。女性については、状況は異なっていた。ノルマン人の諸侯や騎士と財産のあるアングロ・サクソン人女性の結婚は、ノルマン人による植民定住の重要な主題である。アングロ・サクソン人の女子相続人は引く手あまただった。マーシアのエルフガーの女子相続人、伯妃ルーシーは、リンカンシャー南部のボリングブルックを中心とした所領を続けて三人のノルマン人の夫、イヴォー・ド・タイユボワ、ロジャー・フィッツ・ジェラルド・ド・ルーメアー、ラーヌルフ・ル・メシャンにもたらした。この複雑な関係は、後の歴史家を混乱させることになるが、それぞれの夫とその継承者に利益をもたらした。オックスフォードの城主は、ウォリングフォードのウィゴットの娘と結婚した。こういった結婚は多く見られた。ドゥームズデイ調査に大土地保有者としてあらわれる数少ないアングロ・サクソン人がその継承者として娘しか残していないのは、偶然ではないだろう。このような事例でもっとも有名なのは、リンカンのコルスウェインである。その娘は、(ノルマンディーのシェルブール近郊ラ・アーグ出身の)ロベール・ド・ラ・エーと結婚した。この種の女性は、自分たちの子孫に土地にたいする権利の正当性を伝えたのである。少なくともノルマン人の目からすれば、このような結婚は征服を正当化するのに大いに役立ったのである。

現在の歴史家の議論によれば、ノルマン人は、いかなる意味においても、個別の独立した「民族」ではない。ノルマン人という名前が暗示するように、起源をたどれば北方の血統であるが、そのヴァイキングの血はかなり薄まっており、彼らは、もはやヴァイキング世界との交易上の接触をほとんどもっていなかった。彼らはフランス人だった。これもまた議論されているところだが、ノルマンディーからやって来たこれらのフランス人は、イングランドへ特殊な軍事的資質や入念に組織された封建的階層制をもたらしたわけではない。一〇六六年以前のノルマンディーで特徴的なものは、カロリング時代に起源をもつがその時点でもしっかりと維持されていた行政組織だった。公は、ノルマンディーのいたる所に家臣をもっており、そのいくらかは有力諸侯の地位にあった。これらの家臣のうちで、また征服直後のイングランドの家臣のうちでもっとも重要なのは、ウィリアム自身の親族だった。一〇六六年の侵入船団に六〇艘かそれ以上の船を調達した八人の大領主のうち、ウィリアムと親族関係がないのは、おそらく一人にすぎなかった。このリストの一番上には、ウィリアムの異父弟、モルタンのロベールとバイユーのオドーがいた。オドーは、封建的な意味では、一〇八六年のイングランドでもっとも裕福な人物だった。彼の所領は三二四〇ポンドの価値があるとされていた。ただ、彼の土地のうち非常に高い割合、七五パーセントが、その封臣によって保有されていた。一〇六七年初期、ウィリアムがノルマンディーに戻ると、人々が「イングランドからもたらされた富で膨れあがり」四旬節の禁欲的生活を早々と切り上げてしまったが、オドーは、そのときイングランドで摂政として王の代わりを務めた二人のうちの一人だった。もう一人の摂政は、ウィリアム・フィッツ・オズバーンだった。彼は、ノルマンディー中部のもっとも有力な諸侯だったが、父母両方の側で公家の血筋を引いており、公の家政組織で執事（ステュワード）として仕えたことがあった。彼は、イングランドで戦略上重要な権威を与えられていた。それは、ワイト島における南部の支配領域とウェールズ辺境領地方のヘリフォード伯領だった。この伯領は、ウェールズ諸王国に対抗するために設置された三伯領のうちでもっとも南に位置するものだった。

　ウィリアム・フィッツ・オズバーンのような者たちは、ノルマンディーで実行していたのと同じ方法で自分たちの権威を強化した。ウィリアム公は、ブルトゥーユに城を築き、その守備をウィリアム・フィッツ・オズバーンに任せた。この新領主は、城のそばに都市定住地（ブール）と小修道院を建設した。ウィリアム・フィッツ・オズバーンは、ウェールズ辺境領地方のチェプストウの新しい城で、同じやり方に従った。城・都市・修道院は、新秩序において権威の要であり、諸侯権力の重要な中心地となった場所で同じように見られた。ウィリアム・フィッツ・オズバーンは、一〇七一年、フランス王の軍に加わり戦っているとき、フランドルのカッセルで死んだ。彼は、オルデリクにより高く評価された。

> ノルマン人のうちでもっとも勇敢な者であり、気前よさ、機転、ずば抜けた高潔さにより知れわたり、すべての人がその死を悼んだ。

オルデリクは、モンゴメリー家には、このような賞賛の言葉を贈らなかった。サン・テヴルーのオルデリクの修道院があったのは、「不毛な地方で、そこは非常に悪辣な隣人に囲まれていた」。悪党どものリストの最上段に位置していたのは、モンゴメリー・ベレーム家だった。この家系が形成されたのは、ウィリアムのもう一人の親族モンゴメリーのロジェ二世とノルマンディー南部の境界地方で非常に重要な位置を占めていた所領の女子相続人ベレームのマーベルとの結婚によるものだった。ロジェは、征服の船団に六〇艘の船を調達し、それが出帆したときには、ノルマンディーの摂政として居残り、(すでに述べたように) すぐにイングランドで多大な権力を与えられた。ウィリアム・フィッツ・オズバーンと同じように、彼は、肥沃な南部でサセクスのチチェスターおよびアランデルに従属する地域に広大な所領を与えられ、さらにウェールズ辺境領地方へと派遣され、ノルマン人によって広げられた辺境領地方の新しい戦略地域を防衛した。彼は、シュルーズベリー伯に任命され、ほぼ現在のシュロップシャー全域に相当する地域がその支配下に置かれた。

軍事秩序

オルデリク・ヴィターリスの年代記を読む者は、そこに封建制度についてよりも戦闘についてはるかに多くを見いだすであろう。ノルマン征服は理屈の問題ではなかった。

ウィリアムは、自分のノルマン軍のなかから屈強な者を城の守備隊に任命し、それを防御する際の労苦と危険に彼らが耐えうるように豊かな封土を分け与えた。

この背後には、ウィリアムが受け継ぎ変化させた組織があった。アングロ・サクソン時代後期のイングランドにおけ

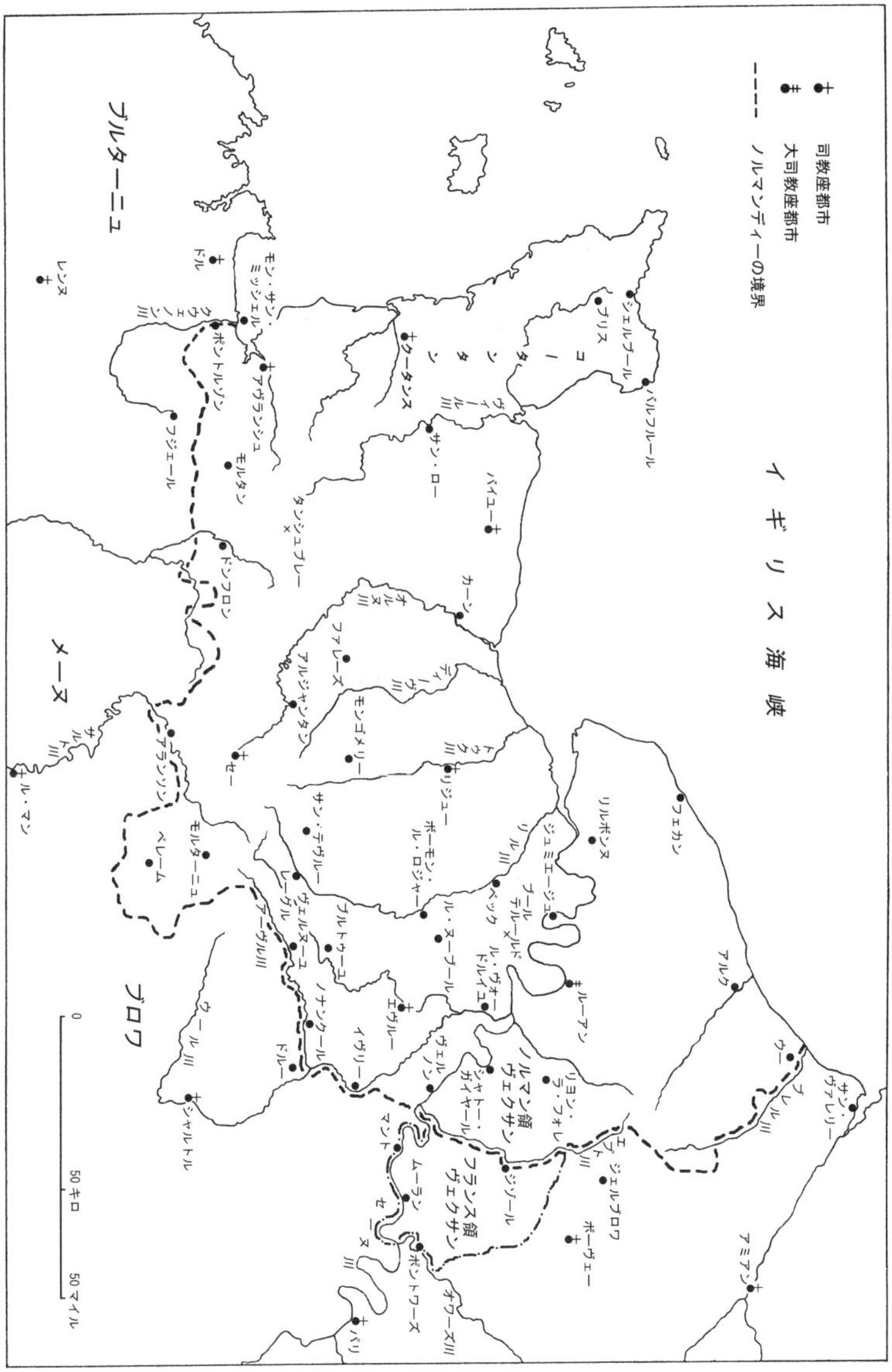
司教座都市
大司教座都市
ノルマンディーの境界
イギリス海峡
ブルターニュ
メーヌ
ブロワ
コタンタン
ノルマン領ヴェクサン
フランス領ヴェクサン
シェルブール
ブリクス
バルフルール
クータンス
モン・サン・ミッシェル
ドル
レンヌ
ポントルソン
アヴランシュ
クエノン川
フジェール
モルタン
タンシュブレー
ドンフロン
サン・ロー
ヴィール川
バイユー
カーン
オルヌ川
ファレーズ
ディーヴ川
アルジャンタン
モンゴメリー
セー
アランソン
ル・マン
サルト川
ベレーム
モルターニュ
トゥク川
リジュー
サン・テヴルー
レーグル
リール川
ボーモン・ル・ロジャー
ヴェルヌーユ
ブルトゥーユ
アーヴル川
ル・ヌーブール
エヴルー
ノナンクール
イヴリー
ドルー
ウール川
シャルトル
ヴェルノン
ベック
ジュミエージュ
リルボンヌ
フェカン
ポン・トードメール
ル・ヴォードルイユ
ルーアン
アルク
ウー
ブレル川
サン・ヴァレリー
アミアン
ボーヴェー
ジェルブロワ
エプト川
リヨン・ラ・フォレ
シャトー・ガイヤール
ジゾール
マント
ムーラン
ポントワーズ
オワーズ川
セーヌ川
パリ
0
50キロ
50マイル

地図2　ノルマンディー

る公的義務の組織は、自由身分のすべての者に課された「三大義務（トリノダ・ネケシタス）」と呼ばれるものを基礎としていた。それは、橋梁建設義務、城砦都市建設義務、軍役義務からなっていた。とりわけこのうちの最後のものにこれまで議論が集中してきた。たとえば、ノルマン人は軍役義務の組織にいったいどのような変化をもたらしたのかといった問題についてである。当然変化は見られた。城は新しくもたらされたものだった。城には守備隊が置かれねばならなかった。毎年四〇日間の城砦守備という騎士の義務は、その必要から発展した。大諸侯から土地を保有する騎士は、自分の領主の城で奉仕した。たとえば、ブルターニュのアランの騎士は、ヨークシャーのリッチモンドで奉仕した。後にリッチモンド「諸侯領（オナー）」と呼ばれることになる場所での共通の奉仕は、この者たちに共通のアイデンティティーを与えた。王の城は、少なくとも部分的には、近隣の諸侯領の封臣によって守備された。たとえば、ピーターバラ修道院の六〇名の騎士がロッキンガム城で勤務していた。

城砦守備奉仕義務に関して論争はない。王の軍隊での奉仕義務について考察する場合には、話はまったく別である。征服王は、「豊富な封土」の見返りとして、王の軍隊に提供すべき騎士の割当数を自分の大封臣たちに課したのだろうか。現在では、そのようにされたと考えられている。なぜなら、一〇七〇年代にイーヴシャム修道院長に送られた令状からそのような状況が読み取れるからである。その令状は、修道院長エゼルウィに、彼の割当数である五人の騎士とともにクラレンドンの王のもとに馳せ参じるように、また、ミッドランド地方西部の主要な封臣が王の召集に応えるべく取り計らうよう命令している。この書簡の内容をそのまま受け取らない根拠はないように思われる。騎士役奉仕義務賦課額が存在し、その大部分は一一〇〇年よりはるか以前に決められていた。ここではJ・C・ホウルトの見解に従っているが、彼の考えでは、「その賦課額は、封土の受領者がノルマン征服を成功裡に維持するために負担する保証のようなもの」と見なされねばならないのである。騎士役奉仕義務賦課額は、そういったものにすぎなかった。誠実な者や王との関係を心配する者は、全騎士数を召集するよう取り計らうのが賢明だと感じたであろう。

しかし、義務とされた数が、常に要求されたわけではなかった。諸侯領（バロニー）の騎士リストのうちでもっとも古いのは、一一〇〇年頃のピーターバラ修道院のものである。その年代は偶然ではないだろう。ヘンリー一世は、治世の初めの数カ月には自分が召集できる者すべてを必要としており、ピーターバラの修道士たちは不興をこうむっていた。そのリストからわかるのは、修道院が六〇人の騎士という非常に重い賦課額すべてを果たそうとしている様子である。修道院は少し無理をしていた。チャーチフィールドのヴィヴィアンは一ハイドの土地をもっており、ほかに四分の一ハイドの権利を主張していた。

彼は、二頭の馬と自分の武具をもって騎士として従軍すべきである。そして、修道院長は、彼にほかの必要なものを供給するであろう。

軍役の最低限の義務を果たすのに修道院の援助を必要とした封臣は、彼だけではなかった。非常に重要なピーターバラのこのリストのなかの別の記述では、「騎士軍における」奉仕と「守備隊における」奉仕と「召集軍における」奉仕が区別されている。このなかの召集軍というのは、その地域の一般徴集軍のことだった。それは、征服前の時代のフュルド軍であり、一〇六六年以後もひき続き重要性を保っていた。そのような徴集軍の大部分は、アングロ・サクソン人だった。伯ワルセオフの死によって終わった一〇七五年の反乱ではフュルド軍が使用されたし、ウィリアムの支配もアングロ・サクソン人の助力によって維持されていたのである。

ウィリアム自身の安泰な地位は、なによりも強力な土地基盤に由来していた。彼が保持していたイングランドの一七パーセントの土地は、ウェセクス王家がもっていたものの約二倍だった。ウィリアムの王権がウェセクス王家のものよりも強力だったという事実の重要な理由はそこにある。王は、一〇八六年に、チェシャー、シュロップシャー、ミドルセクスを除くすべての州に土地をもっていた。このうちの最初の二州は、土地の価値はそれほど高くはなく、それぞれの州に置かれた伯にほぼ完全な形で与えられた。ミドルセクスは、ロンドンに付属した農村地帯だった。王は、イングランドのこれ以外の場所で、一〇八六年に調査されたほかの二九の州に土地基盤をもっていた。それは、イングランド中南部、ウェセクス地方でもっとも強力だった。なぜなら、その基盤は（以前のものよりはるかに大きいのだが）、ウェセクスの支配者たちがもっていた所領から形成されたからである。ノルマン朝のイングランド王たちが日頃バースの西とノーサンプトンの北へはめったに旅することがなかったのは、その内側の領域がノルマンディーに近いということのほかに、彼らの所領がその地域に集中していたことが原因だった。

領主支配権（ロードシップ）にもとづく頻繁な巡歴は、日常的に王権を誇示するという意味ももっていた。この点に関して、ウィリアムは記憶にとどめられている。

> 彼は卓越した威厳を示した。彼は、イングランドに滞在したとき、年に三回王冠を戴いた。復活祭にはウィンチェスターで、聖霊降臨祭にはウェストミンスターで、クリスマスにはグロスターで。

そして、「このような機会に、イングランドのすべての有力者がウィリアムのまわりに集まった」。こういった祝祭は、貴族たちが好む事柄、贅を尽くした宴会や狩猟や多くの政治ゴシップのための場を提供した。聖職者も、こういったことすべてに興じたが、それと同時にしばしば王に助言を与えていた。しかし、この行事の中心となっていたのは、祝祭の当日だった。王は、はじめに、宮廷とともに移動してきた王の風呂桶で入浴した。係の者は「一年の三大祝祭を除いて」入浴一回ごとに四ペンスを受け取ることになっていた。王と王妃は、それから教会へ行列を組んで進み、歓呼（王への頌詞）（ラウデス・レギアエ）をもって迎えられた。これは、ドイツから導入されたもので、明らかに皇帝的荘厳さで満たされていた。「いと高貴なるウィリアムに、神より戴冠されし者・偉大なる平和の王に、長命と勝利を。」王妃、聖職者、そして「全キリスト教徒の軍隊」が入れ替わり称えられた。これは、もっとも聖なる状態にある王権である。儀式の後、王と王妃は、民衆の前に姿をあらわす。たいていの場合、教会西正面入口のバルコニー上に姿をあらわした。これに大祝宴が続いた。そこでは、諸侯のうちのいく人かは、たとえば王の食卓の献酌官（バトラー）のように、儀礼的役割を担っていた。このような職務は王との身近な関係を象徴するものであり、それが他の者の手に渡らないよう注意深く守られていた（それゆえ、以下一一七頁に記した次世紀の話のようなことが生じるのである）。

ドゥームズデイ・ブックの編纂

もしただ一つの文書でウィリアムとその従者が成し遂げたことを要約するものがあるとすれば、それはドゥームズデイ・ブックである。これは共同作業の成果である。その最初の議論と後の有意義な成果について『アングロ・サクソン年代記☆5』が注目している。先ほど論じたような大宮廷会議が二度開かれた。最初のものは、一〇八五年のクリスマス節の一二日間にグロスターで開かれたものだった。それは非常に忙しいものだった。というのは、王はそこで宮廷を五日間開き、それに大司教と聖職者による三日間の教会会議が続いたからである。

そこで、議論の後、全イングランドの調査（ラテン語では「デスクリプティオ」）を行う命令が出され、人々はそれを実行するため馬で出発した。七ヵ月に満たない期間の後、一〇八六年八月一日、ソールズベリーで再び宮廷諸侯会議が開かれた。この会議にともない、「イングランドすべての重要な土地保有者」が集められ、すでに王の家臣であろうとなかろうと、ウィリアム王の前で頭を垂れ、「ウィリアムの家臣となり、忠誠の誓約を行った」。これは、とりわけ荘重厳粛な宮廷諸侯会議の集会であり、通常の集会のやり方とは異なっていた。これは、驚くべき偉業、ドゥームズデイ・ブックの作成を締めくくるために召集されたものだった。

　グロスターでの宮廷諸侯会議の後、「王はすべての州へ家臣を派遣した」。彼らは、最初に王の資産、王領地や王の権利について、そして次に王の封臣の資産について、「イングランドに居住するすべての者が、土地や家畜に関して、何をどれだけもっているのか、そして、それが金に換算してどれだけの価値があるのか」について審問を行わねばならなかった。この情報すべてを収集するために、イングランドはいくつかの州グループ、巡回調査区域に分割され、それぞれが異なった調査委員団の責任のもとに置かれた。各調査委員団とその書記たちは、共通の計画に従って行動しているが、ドゥームズデイ・ブックのなかに個々の特徴を残しているため、巡回調査区域をかなり正確に確定することができる。一つの調査委員団の名前が知られている。ミッドランド地方西部を巡回したのは、リンカン司教レミギウス、後のバッキンガム伯ウォルター・ギファード、子孫がダービー伯となるヘンリー・ド・フェッラーズ、ユード・ダピファーの弟アダムだった。これとは別に、イングランド北部の調査委員たちは、グレイト・ノース街道[☆6]上に位置するハンティンドンに集合したと思われる。彼らは、そこで事前に議論を行い、書記や通訳として働くアングロ・サクソン人の修道士を近隣の修道院から集め、ハンティンドンのドゥームズデイに関する仕事をすませ、そして北へと旅立った。その道のりは長かったが、逗留すべき場所は、リンカン、ヨーク、ノッティンガム（ノッティンガムとダービーの合同州集会の開催場所）の三ヵ所だけだった。それぞれの州集会には、「その州の州長官、すべての諸侯とそのフランス人従者、郡（ハンドレッド）全体を代表する人々が集まった」。ドゥームズデイ・ブックの作成は、多言語を使用することによって成し遂げられた。ラテン語が公式報告書の言語であり、フランス語が夕べにくつろぐ際の調査委員の言語だったが、日々の集会では英語がもっとも頻繁に使用された。州集会の開催は、アングロ・ノルマン期のイングランドの形成において重要な役割を果たした。有力者たちはイングランドについてよく知っていた。しかし、彼らは、一〇八六年の最初の数ヵ月に余儀なくされたほど、それ以前にはどこかに長くとどまり一生懸命情報を得ようとしたことはなかったはずである。

ドゥームズデイ・ブックは、いかなる意味においても、驚くべき集中的努力の成果である。有力者たちにこのような事業を行わせた動機は何だったのだろうか。この問いかけは、最近J・C・ホウルトによりこれまでよりも強い調子で提示された。彼の答えによれば、有力者たちが見返りとして得たのは、自分たちの土地の確認、自分たちの土地保有権の公式な承認だった。彼らがソールズベリーで臣従礼を行ったのは、ドゥームズデイ・ブックに記録された土地についてだった。『アングロ・サクソン年代記』が述べているように、ウィリアムは、この後、家臣から「正当であろうがなかろうが、なんらかの口実がある場合には、莫大な金銭」を徴収した。ドゥームズデイ・ブックのいくつかの州の記述の最後には、集会にもち込まれた紛争のリストがあるが、その記述から、調査委員がどのように行動したのか、なぜそれほど多くのウィリアムの家臣が非常に重い科料の支払いを余儀なくされたのかを推測することができる。次の引用は、リンカンシャーで記録された紛争の一つである。聖グスラックの土地はクロウランド修道院のものであり、ヘリウォードとはヘリウォード・ザ・ウェイクのことである。

郡の人々の証言によれば、ブルターニュ人オーガーがリッピンゲイルに保有する聖グスラックの土地は、修道士たちの直営地であり、修道院長ウルケルがヘリウォードに賃貸させていたものである。これは、毎年両者の合意によりなされていた。しかし、修道院長は、ヘリウォードが合意事項を守らなかったため、彼が当州から逃亡する以前に、その土地を自らの手に取り戻していた。

もし郡の人々が主張することが事実ならば、クロウランド修道院は、ブルターニュ人オーガーからその土地を取り戻す権利を与えられたであろう。聖職者たちは、多くの権利主張を調査委員に提出し、いくらかの収穫を得た。しかし、聖職者たちはいつも勝利を収めたわけではない。ダラム司教は、ギルバート・ド・ガンにたいして一司祭の土地の権利を主張した。ライディングの人々は、令状によるのであれ代理人によるのであれ、司教の前任者がその土地を占有しているのを見たことがないと述べている[☆7]。そして、彼らはギルバートに有利な証言をした。彼らが見たことを強調していることが重要である。そこにあるのは口承視覚文化である。諸侯が得たものは、自分たちの土地すべてに公の場での追認を与えさせたこと、自分たちの土地保有権を州全体を代表する人々に見せ聞かせたこと、そして、それがウィリアムのあの大調査書に登記されたことだった。

ドゥームズデイ・ブックは、イングランドでの成果が安泰だと考えた者がなした偉業である。しかし、たとえ安泰だったとしても、自分の領土にたいする権利主張を、かつて先祖が保有していた土地への追求を、ウィリアムほど徹底的に推し進めた中世の統治者はほかにはいなかった。ノルマンディーの首都は、公領の発展と密接に関連して成長してきた港町、ルーアンだった。ルーアンは、フランス・カペー朝の王の居所であるパリから七〇マイルしか離れていなかった。この二都市は、ヨーロッパ北部の重要な幹線河川の一つ、セーヌ川の上に位置していた。ノルマンディーとパリを中心とした地域イル・ド・フランスとのあいだには、ヴェクサン地方があった。その境界は、セーヌ川に流れ込む支流によって区切られていた。ノルマン人は、「イゼール川からエプト川へといたるヴェクサン全域にたいして」、一一世紀初期にさかのぼる権利を主張していた。二一年にわたるイングランド支配の後、ウィリアムは、自分の権利を追求するのに十分に強力な状態にあると感じた。一〇八六年末、彼は、ワイト島経由でフランスに渡った。一〇八七年の彼の軍事行動の目的は、マントでセーヌ川の渡河地点を確保することだった。一〇八七年七月のマントの略奪は、長く記憶にとどめられた。しかし、それは征服王の死の直接の原因となった。「非常に太っていた王

図 4（上）　クロウランド修道院の寄進者たち。寄進者たちが手にしている巻物は、彼らが捧げたものを記しており、悪魔を遠ざける役割を果たしている（「グスラック文書」から）。

図 5（下）《バイユーの綴織》の１場面。夕食が準備され、ウィリアム１世と諸侯たちが給仕されている。その間バイユー司教オドーは食前の祈りを捧げている。

は、疲労と暑さから病に倒れた。」彼は、六週間病床に伏し、九月九日ルーアンで死去した。

征服後の教会

征服直後のイングランド教会の話は、これまで述べてきた変化を如実に映しだしている。アングロ・サクソン人の聖職者を廃位することは簡単なことではなかったが、彼らが死ぬたびにノルマン人が代わりにその地位についた。スティガンドは、一〇七〇年、カンタベリー大司教の地位をランフランクに取って代わられた。ランフランクは、以前ベックの副修道院長であり、その後カーンの修道院長を務め、学問的名声を得た人物だった。同じ年、征服王は、ピーターバラ修道院をタロルドに与えた。彼は以前フェカンの修道士であり、戦士として名声を得ていた。タロルドが一〇〇人の兵士を連れてピーターバラへやって来たとき、修道院の土地保有者がヘリウォード・ザ・ウェイクに率いられて反乱を起こした。彼らは、このノルマン人たちが自分たちの土地を奪いにきたことを知っていたからである。カンタベリーの修道士イードマーは、一〇七六年、一人の修道士が発狂したとき、そこで生じた混乱について記している。隔離された小さな修道院共同体では、アングロ・ノルマン期イングランドの社会的分断状態が顕著に表れた。いく人かの修道士は興奮してフランス語で話したが、アングロ・サクソン人はそれを理解できなかった。新たにやって来たノルマン人の領主は、しばしば、彼らが見つけた建物やそのなかに置かれている墓の聖人によい印象をもたなかった。アビンドンのエゼレルムは、典礼暦において聖エゼルウォルドと聖エドマンドの祝日に以前と同じ重要性を与えることを拒否した。「アングロ・サクソン人は土百姓だ、と彼は述べた。」とりわけピーターバラが有名だが、いくつかの中心地で、英語の編年史（『アングロ・サクソン年代記』）が書き継がれていた。二つの民族は、一つの修道院会則のもとでともに暮らしており、最終的に折り合いをつけることを余儀なくされた。大陸からもたらされた様式でアングロ・サクソン人の職人が建てた新しい修道院教会や司教座聖堂が、両者の協調関係の永続的な記録となっている。

　アングロ・サクソン期のイングランドから受け継がれた広大な司教区を支配する地位に上昇したノルマン人の修道士と在俗聖職者は、より厳しい対応策をとることができた。「小集落にある司教座」は推奨されない、というのが教会法の規定である。一〇七五年にランフランクによって召集された司教会議で、三つの司教座が移された。シャーボーンがソールズベリーへ、セルジーがチチェスターへ、リッチフィールドがチェスターへ移された。以前フェカンの修道士だったもう一人の高位聖職者、司教レミギウスは、少し前に自分の司教座をテームズ川流域（ヴァレー）地方のドーチェスターからリンカンに移した。このような変化は、「王の寛容さと教会会議の権威」によって行われた。司教たちは、このとき、抜け目なく自分たちの利益を追求していた。自分たちの司教区内のより大きな中心地に移ることにより、これまで以上に容易に富を収奪することができたのである。司教座の移設がノルマン人の貪欲さのもう一つの事例と見なされないとすれば、それは教会史家の怠慢である。ノルマン人の聖職者も、俗人と同じように、聖俗の従者からなる家政組織を連れてやって来た。俗人は、騎士封をもらうことが可能だった。ピーターバラ修道院長タロルドは、自分の二人の甥に騎士役の義務を負う広大な土地を与えた。聖職者の状況はさらに恵まれていた。一〇九二年以前に、リンカンのレミギウスは、自分の司教区に七つの助祭長区（アーチディーコンリー）[☆8]を設置した。彼の司教区は、イングランドでもっとも大きく、オックスフォードシャー南部からリンカンシャー北部まで一六〇マイルあった。助祭長（アーチディーコン）の職階は、征服以前のノルマンディーでは知られていたが、イングランドではそうではなかった。それは権力のある地位だった。助祭長は、司教区内の決められた領域、それはしばしば州の境界と一致していたが、そこの宗教的規律維持と世俗的所領管理の両方に責任を負っていた。助祭長は裕福だった。ハンティンドンの助祭長ヘンリー[☆9]が誇りと妬みの入り混じった感情で述べたように、リンカンの助祭長はイングランドのなかでもっとも裕福な助祭長だった。そして、彼は必然的に嫌われていた。「助祭長は救われるだろうか」というのは、一二世紀以降聖職者のあいだで流布した謎かけである。

司教が制定し、助祭長が執行する法は、教会法だった。教会法は地方教会の法であり、聖職者によって、一〇七五年にランフランクが召集したような聖職者の会議で制定された。これらの地方教会の上には、ローマにいる教皇の巨大だが概して表にあらわれることのない霊的権威が存在していた。中世のもっとも偉大な論争家、教皇グレゴリウス七世（在位一〇七三―八五年）とその後継者のもとで、教皇権はそのような権威をいくらか利用することになる。彼らの武器は、自分たちの教会会議で制定する法である。教皇たちは、そのような法は地方会議の決定や地方教会の「慣習」に優先すると主張するようになる。このことは、征服王とその子たちの治世のあいだ、王と教会の関係を調整し秩序立てるよりもむしろ複雑なものにした。教皇庁と地方教会が意図したことは、たいてい同じだった。彼らが望んだのは、聖職者が、可能な限り自らの法のもとで世俗とのやっかいなかかわりから自由で独立した身分になることだった。この考えは、西方教会のほかの地域の聖職者と同じように、ノルマン朝イングランドの小教区司祭にたいして、独身制の問題を提起することになった。一一世紀後期にイングランド教会を支配したノルマン人修道士は、小教区司祭とは別の世界に属していた。司教と司祭が集まるときには、その問題について火花が散った。一〇七二年、ルーアンで、大司教ジャンは配下の聖職者から投石され、自分の教会から逃げださねばならなかった。一一一九年にも同じような場面が見られた。ただ、このとき追いだされたのは、「色欲にふける」聖職者たちだった。イングランドの司教たちは妥協せず、繰り返し禁令を出した。聖職者たちは不満だったが、屈服した。

教会法は、聖職叙任の規定において、はるかに大きな困難をひき起こした。アングロ・ノルマン期イングランドの司教や修道院長は、あらゆる意味において世俗の同等者と同じだった。司教や修道院長は同じような富をもっており、征服王は、彼らがそれとひきかえに同じような義務を果たすべきだと主張した。それゆえ、ピーターバラやその

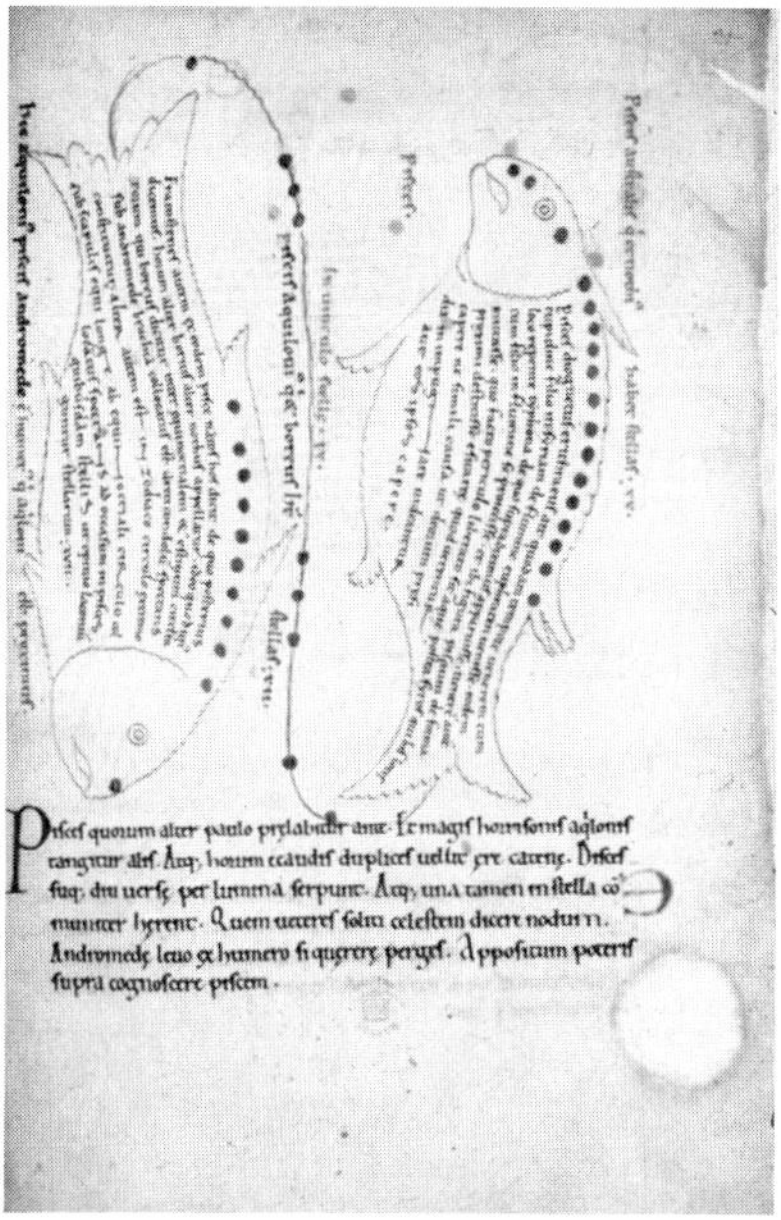

図６、７

魚座（上）と射手座（下）の図。星座を論じるキケロの作品の写本が９世紀に作られ、それがさらに12世紀に筆写されたもの。神や神秘的被造物の絵画的イメージは、このような作品を通じて中世に伝えられた。

他の場所で、司教や修道院長が果たすべき軍役の割当額が決められていた。このことが意味するのは、彼らは騎士役により王から土地を保有しており、その封臣も同じ条件で彼らから土地を保有しているということである。それは、ノルマン人と同様に、アングロ・サクソン人の血統の者にも当てはまった。ノルマン征服後の初代ウスター司教ウルフスタン（在位一〇六二―九五年）は、あるときは騎士たちと食事をし、あるときは修道士たちと食事をした、と伝記作者が伝えている。ウルフスタンは、非常に異なる生活様式をもつ二つの家政組織の長だったのである。バイユーのオドーの印章も同じ特色を示している。その片面には、強力な諸侯の印章と同じ図像、世俗権力を示す剣をもち騎行する人物像が描かれている。もう一方の面には、剃髪した聖職者の姿が描かれている。彼は、墓にまで携えていくことになる司教職の象徴、指輪と司教杖をもっている。このような人々は、どのようにして任命され、どのように統制されていたのだろうか。ウィリアムとその息子たちにとって自明だったのは、自分たちの封臣が司教に任命されるべきであり、その多くが王の統治において重要な役割を担うべきだという原則だった。王は司教区を「与えた」のである。これは当時の一般的な言い方だった。それは、叙任時の指輪と司教杖の授与において、目に見える形で示されていた。しかし、それは聖職者にとって誤りだと見なされるようになった。それは、とりわけ、（実際にしばしば行われたように）金銭の支払いがともなうときにそう見なされた。俗人による聖職叙任（王による指輪と司教杖の授与）は、一一世紀後期から一二世紀初期にかけて教皇が開いた一連の教会会議により糾弾された。イングランドでは一一〇六年に、ドイツの神聖ローマ帝国では一一二二年にヴォルムスの帝国会議において、双方が譲歩する形で妥協が成立した。イングランドでは、新しい司教は、まず土地に関して王に臣従礼を行った。その後、ほかの司教が指輪と司教杖を手渡した。しかし、王の意向は、中世の残りの時代、司教の任命において唯一ではないにしても決定的な要因であり続けた。

征服王の遺産

ウィリアム征服王の人生において不幸な出来事は、本人の責任ではないが、死ぬのに時間がかかったことだった。彼が最初にフランスで病に倒れたとき、聖職者たちが措置を講じた。オルデリクが述べたように、「司教、修道院長、修道士が彼の枕もとに立ち、死にかけている君主に永遠の生を得るための助言を行った」。この助言は、イングランドとノルマンディーに混乱をもたらした。ウィリアムには三人の生存している息子、ロベール、ウィリアム、ヘンリーがいた。四人目、次男のリチャードは、すでに征服直後に死んでいた。長男ロベールは、もともとイングランドとノルマンディーの両方にあるすべての土地に関して父親の相続人だと見なされていた。彼が実際に公の場でそのように認められる機会もあった。両地域の諸侯は彼に忠誠を誓っていたし、弟たちも同様だった。しかし、長男の地位はけっして安泰ではなかった。ロベールは、同時代の多くの者が獲得していたような独立的な地位を要求したが、拒否されていた。最終的にヴェクサン地方ジェルブロワでの戦いにいたる一〇七八年から七九年の争いにおいて、ロベールは、自らの手で父親を馬から引きずり下ろしたと伝えられている。ロベールは父親と和解したが、完全に許されることはなかった。彼は臨終の床に集まった者たちのなかにいなかった。征服王が長男から相続権を奪い、すべての遺産を生存しているなかで二番目の息子ウィリアム赤顔王に与えることを望んだというのは、ありそうなことである。しかし、聖職者たちは、ウィリアムがそのように行動しないよう説得した。ロベールには父親の相続財産ノルマンディーが与えられ、ウィリアム赤顔王には父親が新たに獲得した土地イングランドが与えられた。そして、ヘンリーには銀五〇〇〇ポンドが与えられた。ヘンリーは、「そこから何も差し引かれていないことを確かめるため」、それを注意深く数え、鍵をかけてしまい込んだ。ウィリアム赤顔王は、父親の死から二週間ばかり経過した九月二六日に、ウエストミンスターでランフランクにより戴冠された。

オルデリクは、そばにいた人々が王の死を見届けたときにとった行動について、いきいきとした描写を残している。「彼らのうち裕福な者たちは、即座に馬に乗り、自分たちの所領を守るため、可能な限りすばやく走り去った。」彼らの反応は理解できるものである。聖職者たちが主張した征服王の遺産の分割は、忠誠の問題をひき起こし俗人の立場を脅かした。彼らは、いまや異なる二人の主君をもつイングランドとノルマンディーに土地をもっていた。王ウィリアム二世とロベール公は非常に性格の異なる人物であり、両者は父親の領土を再統合しようとしていた。オルデリクは、諸侯が次のように述べたと想像した。「われわれは、いったいどうしたらそれほどまでに異なり、それほどまでに遠く離れて暮らしている二人の主君に適切に仕えることができるのだろうか。」少なくとも諸侯のいく人かの答えは、赤顔王を廃位すべきだというものだった。諸侯とロベールどちらが率先して行動を起こしたのかはわからないが、一〇八八年の春から夏にかけて、ノルマンディーの有力者、バイユーのオドー、モルタンのロベール、モンゴメリーのロジェ、クータンスのジョフロワを首謀者とする反乱が起こった。彼らは、イングランド南部のロチェスターとペヴンジーに重要な城をもっていた。これらの城は、ノルマンディーから容易に補給を受けることが可能だったが、それは実際にはうまく機能しなかった。ロベールが公領の資力を活用することができなかったのである。これにたいして、ウィリアム赤顔王の権威の構造は、しっかりと維持されていた。州長官、アングロ・サクソン人の一般召集軍、イングランドの高位聖職者、すべてがウィリアムの側についた。反乱は失敗した。そして、そのとき、イングランドとノルマンディーの統合へと導く圧力がロベール公にかけられた。一〇九一年初め、ウィリアム赤顔王は、ノルマンディーへと渡り、ロベールとの協定により、それまでに占領していた上ノルマンディーのいくらかの領土を確保した。ヘンリーを相続から除外する一方で、それぞれがお互いの相続人となるべきことが合意された。

イギリス諸島では、ノルマン人の権力が、ウィリアム赤顔王の比較的短い治世に、スコットランドとウェールズの辺境領地方へいちじるしく拡大した。王と大諸侯の利害が一致したため、共同でその試みを行うことができた。征服王は、辺境領地方を拡げるよりも、その安定確保に気を配っていた。彼は、一〇七二年スコットランド人の王マルカムとアバネシーで協定を結んでいた。スコットランド人の王は協定に従い、臣従礼を行い、人質を差しだし、王の敵を援助しないと約束した。この協定は一〇八〇年に更新された。翌年、征服王は、自ら軍の先頭に立ってウェールズ南部に進軍した。デハイバース公国の新たな支配者リース・アプ・テウドルは、イングランド王に臣従礼を行い、貢納金を治めたようである。征服王はこれらの協定に満足したように思われる。ウェールズ人の王やスコットランド人の王がその見返りに何かを得たとしても、それについては語られていない。しかし、彼らは、ウィリアムのノルマン人従者による攻撃にたいして安全の保証を得たのかもしれない。ウィリアムは、家臣に自分で防御するよう求めた。ドゥームズデイで追認された彼らの保有地は、これらの協定のため過小に報告されている。ヨークシャーは、調査が行われた最北の州である。後にランカシャーとなる州は、二つの部分に分かれている。リブル川とマージー川のあいだに位置する南部は、チェシャーの付属領域であり、リブル川の北の土地は、ヨークシャーの記載部分にたんなる集落リストとして記述されているにすぎない。チェスターの南では、モンゴメリー家のシュルーズベリー伯領がウェールズ中部に対峙して置かれていた。また、ウィリアム・フィッツ・オズバーンが最初に保有していたヘリフォード伯領が、グロスターの王領都市とともに、ウェールズ南部への入口を支配していた。ほかの証拠から判断して、ノルマン人がこれらの境界地方を越えていくらか内部へ侵入していたことは明らかである。南部のチェプストウや、中央部のモンゴメリー（伯のノルマンディーの主要な居住地にならってそのように命名された）や、北部のリズランのような城は、ノルマン人の野心の限界ではなく、その進出の途中の段階を跡づけるものなのである。最近発見されたカーディフで打造されたウィリアム征服王の硬貨は、後のウェールズの首都が以前に考えられていたよりも早い段階でノルマン人の重要な根拠地となっていたことを示している。一〇八〇年に建設されたタイン川北岸の「新しい城（ニュー・カースル）」は、やがて重要な港町に発展するであろう。

ノルマン人たちは、一〇九〇年代には、これらの境界と協定を超えて進んでおり、その結果反攻をひき起こすことになった。北部での重要な事件は、一〇九〇年代初期にイングランドの都市としてカーライルが再建されたことである。そこに城が築かれただけでなく、王は「その地で定住し耕作する非常に多くの農民を妻や家畜とともに」その地域に送り込んだのである。スコットランド人の王マルカムは、赤顔王の政策の意味するところを理解し、明らかにうろたえた。彼は、一〇九二年、途中ダラムに立ち寄りその新司教座聖堂の礎石を置いた後、赤顔王の宮廷へ南下してやって来た。彼は、新しい定住地にたいする支配権を認めてもらうことを期待していた。しかし、それは拒否された。そのため、一〇九三年初めに襲撃が行われた。それは、反乱と見なされるものであり、スコットランド人の王とその長男の死を招くことになった。続く四〇年のあいだマルカムのほかの四人の息子が王位を継いだが、ノーサンブリアはしっかりとノルマン人の支配下に置かれた。ウェールズでも同様にノルマン人の権威の拡大が見られた。その土地の人々による同じような、ただいくらか成功した反攻が行われた。「しかし、その後、フランス人はブリトン人のすべての土地を奪った」、とウェールズの年代記が一〇九三年に関して伝えている。北部では、ノルマン人の進出は一〇九八年にアングルシー島まで達した。南部では、カーディガン、ペンブルック、カマーゼンが同じく一〇九〇年代に建設された。赤顔王は、自分の家臣たちの野心を積極的に支持した。

ウィリアム赤顔王、地歩を固める

ウィリアムの家臣たちがスコットランドとウェールズの辺境地方でノルマン人の権力基盤を固めようと奮闘しているとき、ノルマンディー内部の権威の構造が脅かされていた。ロベール短長靴公（クルトゥーズ）の弱体化した支配のもとでノルマンディーの権力が崩壊していく様子を、オルデリクがすばらしい文章で描写している。

ロベールは、売春婦や道化者たちとのつき合いをやめるどころか、みだらにもその者たちをそそのかしていた。そして、浪費をほしいままにしたため、彼は、広大な公領の富にもかかわらず、しばしば文なしだった。また、着る服にこと欠き、一二時まで寝ていて、教会へ行きミサにあずかることもできなかった。着るものがなかったからである。取り巻きのならず者やふしだらな女どもが、彼の弱さにつけ込んで、とがめを受けることなくしばしばズボンや長靴下やほかの衣類を奪っていたのである。

これほど常軌を逸した宮廷は、その権威を遠くへ及ぼすことはできなかった。ミサをおろそかにする支配者は、神の支持を長く得ることはできないであろう。オルデリクは、現代なら政治的に解釈されるに違いない事件を道徳的に説明しようとしたのである。一〇九一年の協定の後、ウィリアム王とロベール公がともにノルマンディーに権力基盤をもっていた。赤顔王の基盤は上ノルマンディーにあったが、彼は、そこで、一〇九一年に得た諸集落に加えて、一〇九三年にフランドル伯ロベールと結んだ協定によりさらに確実な安全の保証を得ていた。

その協定は軍役の用語で表現されているが、純粋に傭兵契約に関するものだった。この協定では、フランドル伯が王を援助するためイングランドに兵を提供し、さらに伯自ら従軍する条件がやや詳細に規定されている。協定が想定していたのは、フランス王かほかの者たちによる侵略もしくはイングランドの伯かほかの家臣による反乱だった。国の支配を危うくするような侵略・反乱が予期されていた。一〇〇〇人の軍勢が提供されることになっており、イングランド王がその扶養に責任を負っていた。同様の規定がノルマンディーとメーヌに関しても定められていた。契約により家臣となったフランドル伯には、年四〇〇マルクがイングランド王から支払われることになっていた。ノルマンディーの歳入に比べれば、それは小さな額だった。赤顔王のもっとも重要な野望は、ノルマンディーの支配であり、無能な長兄から公領を奪取することだった。ノルマンディーを直接攻撃しようとする一〇九四年の試みは、フランス王がロベールの援助にやって来たため挫折した。

やがて、赤顔王に幸運が巡ってきた。それは、第一回十字軍の勧説だった。勧説者は、一〇八八年に教皇となったウルバヌス二世だった。最初の勧説場所は、彼が教会会議を召集したクレルモン・フェランだった。ウルバヌスは、そこから北へ向かい、ル・マン、トゥール、ブロワへと赴いた。メッセージはどこでも同じだった。聖地、キリスト受難の場所がサラセン人に奪われ、西方からの巡礼者がそこで異教徒に迫害されている。西ヨーロッパの騎士たちは、ただちに彼らを助けにいく義務がある。教皇は、騎士たちの世俗的関心事に保護を与え、彼らの罪に赦しを与える。これは魅力的な取引内容だった。十字軍の理念はヨーロッパ貴族層の心を捉えた。ただ、あらゆる人々が招かれたが、選ばれる機会をもつ人はきわめて少なかった。このときからほぼ五〇年後、ウォリングフォードの領主ブライアン・フィッツ・カウントは、自分の司教ブロワのヘンリーととげとげしい書簡のやりとりをすることになる。ブライアンの家臣は、ウィンチェスターで開かれる儲けの大きい司教の歳市へ品物をもっていく人々を略奪していた。司教は、いつも通りの説教をしたが、そのお返しに非日常的な歴史的教訓を教えられた。彼は、第一回十字軍について詳細に聞かされたのである。教皇がトゥールへやって来た。これは、ブライアンが憶えていた場面だった。そして、多くの者が教皇の呼びかけに応えて、妻や家族のもとを去った。ブライアンや同じような熱情の持ち主が、人々とともに旅立った。彼らは司教の説教を必要としていなかった。彼らも同じくキリストの召命を受けていたのである。

ロベール公は、一〇九六年二月、十字軍参加を表明した。赤顔王はロベールに必要な経費をまかなうため現金で一万マルクを貸し、その見返りとして留守中のノルマンディーの管理権を与えられた。赤顔王が九月までにその額を用立てると、ロベールは即座に出発した。ウィリアムは、カーンの修道院から父親の戴冠の宝器、王冠・王笏・王杖を買い取った。彼は、いまや父親の権威の象徴を手に入れ、その領土にたいする完全な支配権を確保したのである。その権威には、家門の古来の権利主張が、とりわけメーヌとヴェクサンにたいする権利主張が含まれていた。彼はヴェクサンで事前に足固めをした。彼は贈与によって諸教会の支持を得ようとした。バトル修道院から強奪した金で高価な祭服（カズラ）が作られ、フリーのサン・ジェルメ教会に与えられた。ウィリアムにはヴェクサン地方の大諸侯のなかに同盟者がいた。もっとも著名なのはボーモン家であり、彼らはその伯位名をムーランからとっていた。ウィリアムは、ジゾールに城を築き始めた。オルデリクには、それが「ほとんど難攻不落なもの」に思われた。ヴェクサンは価値ある報酬となるであろう。今こそそれを奪取すべきときだった。なぜなら、セーヌ川の交易は活況を呈し始め、経済的・封建的利害のバランスはパリに傾きつつあったからである。しかし、赤顔王は、なんら実質的な収穫を得ることなく、退却を余儀なくされた。諸侯たちは、成功する見込みはメーヌのほうが高いと進言した。そして、それが事実であることが明らかとなった。メーヌは、ノルマンディーの南に面した伯領で、規模は小さいけれども、戦略上重要な位置にあった。その首都ル・マンは、フランス北西部における重要な幹線道路の交差点に位置していた。その支配は、アンジュー家とのあいだで争われていた。その支配は間接的なものとならざるをえなかった。それは、同地の貴族とル・マンにおける二大勢力、市民（一〇七〇年にコミューンを形成し自治権を主張していた）と司教および高位聖職者を通じて行使されねばならなかったのである。ヴェクサンと同じように、この時点でノルマン人の支配の拡大を恐れていたのは貴族層だった。その指導者は、エリア・ド・ラ・フレーシュだった。彼は、メーヌ伯領への権利を主張しており、アンジュー家は当然それを支持していた。一〇九八年の初めにエリアが捕虜とされたことにより、赤顔王は有利な立場に立った。ル・マンのアンジュー派の守備隊は、短期間の攻囲の後、交渉により合意に達した。それに従い、エリアは自由の身とされ、両派の地位は征服王の時代と同じ状況のままとされた。赤顔王はそれ以上のものを望まなかった。ウィリアムは、入市儀式により入城することが許された。その名声は絶頂に達した。

教会との関係では、ウィリアム赤顔王は、ほとんど成果をあげることができなかった。ランフランクは、すでに一〇八九年に死んでいた。王は、二年のあいだ大司教座の収入のほとんどを着服したが、その後再びベック修道院に目を向け、その修道院長アンセルムをカンタベリー大司教に任命した。アンセルムは、ヨーロッパ中に名の知れわたった学者であり、やがて聖人となる人物だったが、同時に、教会の特権がより厳格に規定されつつあった時期において、その特権を思慮深く賢明に擁護する人物でもあった。アンセルムとウィリアム赤顔王の論争から明らかになるのは、高位聖職者が宗教的指導者かつ王の助言者であるのと同時にその封建家臣であったときに両者が直面する困難さである。王と大司教は何度か論争したが、それは現在では世俗的事項と見なされるものに関係していた。最初の論争が起こったのは、アンセルムの任命直後、彼が王にノルマンディーでの出費のために五〇〇ポンドを支払うと申しでて、それ以上の額を要求され拒否したときのことだった。アンセルムは、任命直後のそのような支払いが聖職売買と見なされるのを恐れていた。王は、強制取立てについて叱責されると、高圧的な態度でアンセルムに去るよう命じた。「おまえの金をもっていけ。俺の金は十分だ。立ち去れ。」そこで、アンセルムは、その金を貧しい人々に分け与えた。数年後、一〇九七年、その年のウェールズ遠征のためにアンセルムの大司教区から送られた軍勢の質に関して論争が生じ、彼はその直後亡命することになった。アンセルムは、教皇庁で好意的に迎えられ、(彼の叙任時に見られたような)俗人による聖職叙任が禁止されていることを直接教えられた。いったん命じられると、彼は、その法に厳格に従った。ウィリアム赤顔王は、そして後にヘンリー一世は、アンセルムとの論争によって現実には何も失わなかったが、イングランド王権の道徳的権威は一〇年かそれ以上弱体化し、その争いが解決されるまで確かな回復は見られなかった。

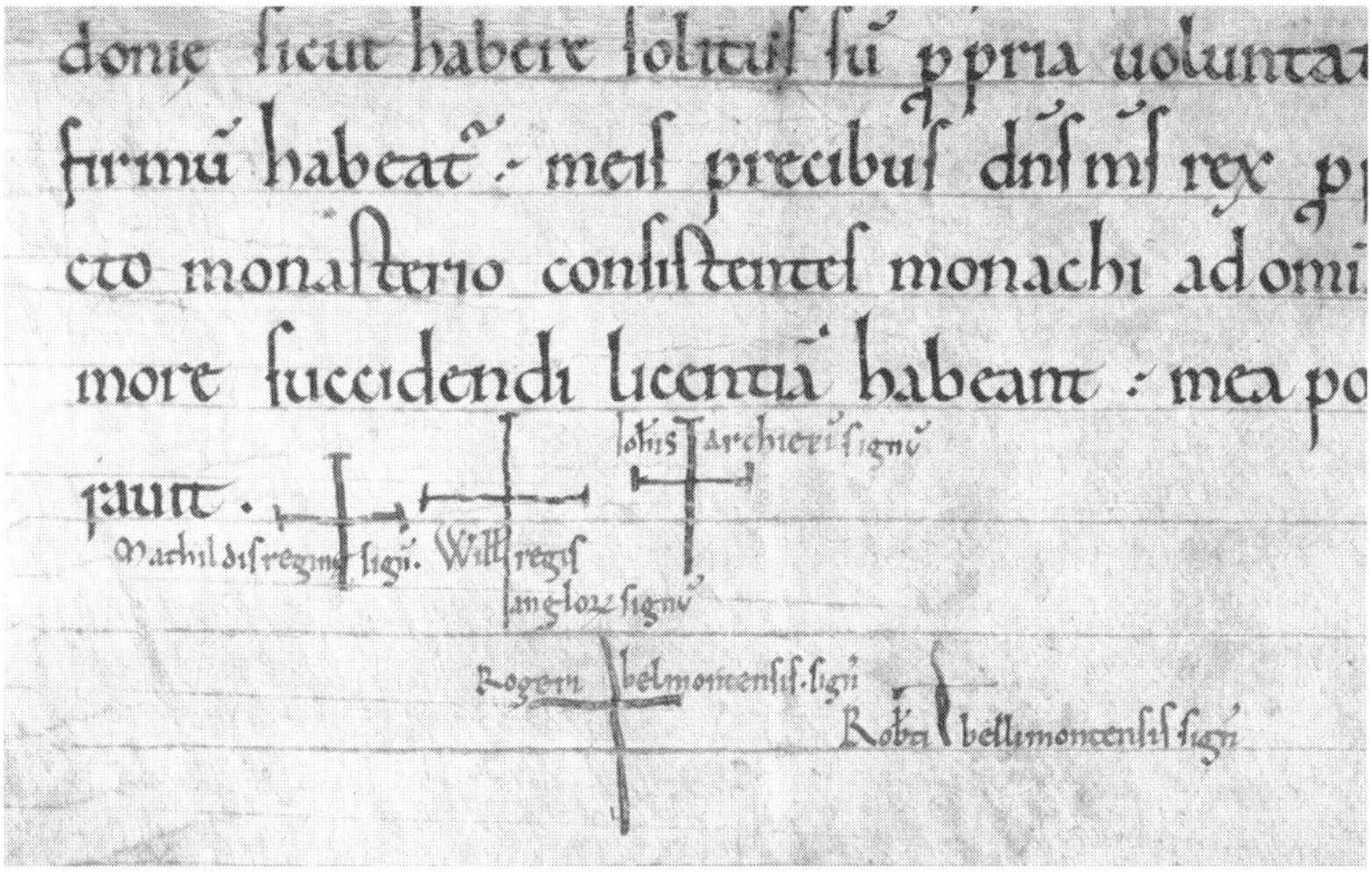

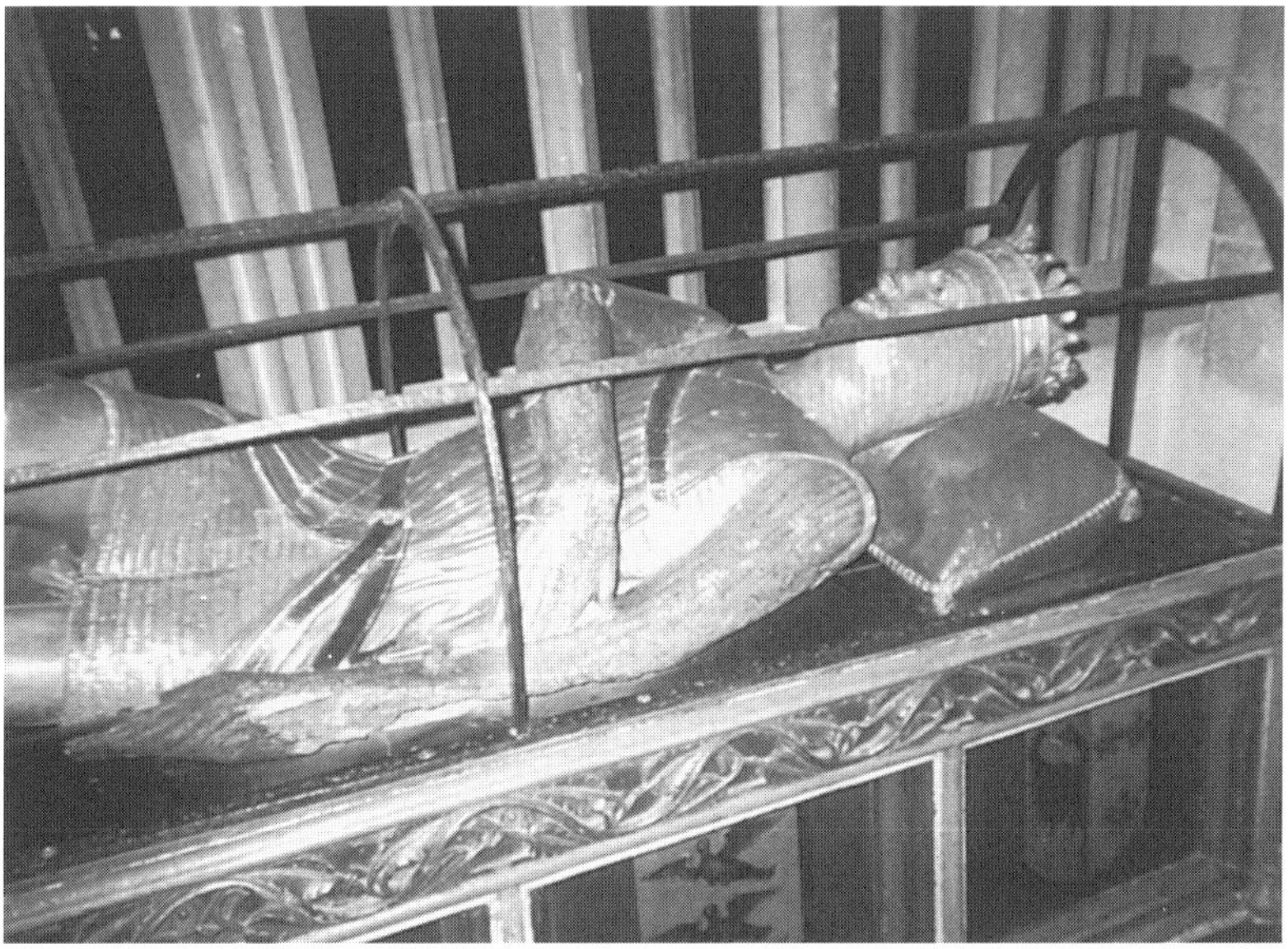

図 8（上）　カーンのサン・テティエンヌ修道院の証書。十字によって署名されている。上段中央の十字がウィリアム１世のもの、上段左が王妃マティルダのもの。

図 9（下）　ノルマンディー公ロベールの墓碑像。現在のグロスター主教座聖堂。13世紀中葉（小王冠はさらに後のもの）。このすばらしい墓碑像の作成は、ヘンリー３世によるノルマンディーの支配権の請求と関係があると言われてきた。この公領は、1204年、ヘンリーの父、ジョン王により失われた。

ウィリアム赤顔王の死

ウィリアム赤顔王は結婚しなかった。彼の宮廷は聖職者によって悪の巣窟だと非難されていた。この前提から、安易に一般的に、王は同性愛者だったと推測されている。このことは確かではないし、おそらくありえない話だろう。王の「醜悪な姦淫と繰り返される姦通」としてオルデリクによって非難されたものは、まったく日常的な不品行の多くを指しているのかもしれない。ウィリアムが一〇九三年にスコットランド人の王マルカムの娘イーディスとの結婚を考えていた可能性がある。ウィリアムは、イーディスに面会するという口実でウィルトン女子修道院にやって来たが、王が政治の問題を議論しつつ庭を歩きながら同時に女性たちをじっと観察していたというまことしやかな話が伝わっている。ウィリアムは結婚する気がなかったのかもしれない。彼は、結婚生活につきものの喧嘩と小言が我慢できなかったのかもしれない。そして、彼は、自分にはまだ時間が十分あると考えていたのかもしれない。

王は、そう考えていたかもしれないが、やがて自らの誤りを悟らされることになった。ウィリアムが死んだときの様子は、『アングロ・サクソン年代記』において、きわめて簡潔に述べられている。一〇九九年八月二日、「聖ペトロの鎖の祝日（ラマス）の翌朝、ウィリアム王は、狩猟中に自分の家臣の一人が放った矢に当たった」。この記述は、これまでさまざまな形で潤色されてきた。これは事故ではなく、ノルマンディー公ロベールが十字軍から帰国する前にヘンリーを王位に就けようとする陰謀であると言われてきた。王の死が陰謀の結果であるという議論がいくつか存在しているが、そのどれも検証に耐えるものではない。王の死は予言されていたという噂が流布していた。オルデリクは、グロスターの修道士の話として、そのような噂を一つ伝えているが、このような話はほかにもいくつかあった。しかし、そのいずれも事前に予言されたものではない。著名人の死は説教師がよく扱う題材の一つだったのである。

ヘンリーが王位継承を確保するために迅速に行動したのは事実である。兄は八月二日に死に、ヘンリーは八月五日ウェストミンスター修道院で王に戴冠された。しかし、迅速さは常に不可欠なものである。ロベールがノルマンディーに戻ってきていたとしても、状況はさほど変わらなかったであろう。致命傷を与えた矢は、ほぼ確実にウォルター・ティレルによって放たれたと思われる。しかし、ここでも探索の道は閉ざされてしまう。晴れた夏の日にニュー・フォレストを騎行する赤顔王の騎士仲間の一人、フォワの領主・ポントワーズの城主を暗殺者に変える理由は何もないからである。王の死は事故だったのである。

ウィリアム赤顔王は想像をかき立てる人物だった。彼の死の物語は、彼に関する多くの逸話の最後のものにすぎなかった。修道士イードマー[☆10]によれば、カンタベリー大司教は、「立ち去れ」と言われた。王は、俗人にはもっと抑制がきかなかった。一〇九八年、エリア・ド・ラ・フレーシュは、最初王に臣従を申しでたが、拒否されたため、メーヌでの自分の地位を取り戻すと脅した。修道士マームズベリーのウィリアム[☆11]によると、エリアは、次のような言葉が耳に鳴り響くなか追い払われたという。「おまえが何をしようと俺が気にとめるとでも思っているのか。あっちへ行け。出ていけ。消え失せろ。勝手にしやがれ。」この話に品よく手を加えることは可能である。しかし、言葉自体は一貫している。それは、直接的でくだけた用法である。話し方は人柄を表している。彼は、短気だったが、忘れるのも早かった。家臣は安心してウィリアムに仕えることができた。そして、その成功は仕える者に利益をもたらした。これは中世社会におけるよき主君の理想的な形だった。赤顔王は、当時の聖職者の歴史家が与えた評価以上に、度量の大きい人物であり、よき王だったのである。

ヘンリー一世治世初期

征服王の末子、三二歳のヘンリーは、いまやイングランド王となった。彼は強大な権力をもつ王となる。しかし、若い頃、彼の立場はことのほか不確かなものだった。彼は戴冠時に、支持を期待して、悪弊を改革し伝統的手法で統治を行う王として証書(チャーター)を発給した。アンセルムは亡命中だった。ヘンリーは、大司教と、そして教会全体と和解する必要があるだろう。しかし、当面必要なのは俗人諸侯の支持であり、この証書は彼らの不満を解消することを意図していたのである。相続上納金(レリーフ)、つまり封土相続のために支払われる金銭は、「公正かつ適切」であるべきだった。封臣の娘の結婚に関して王から許可を得ることは、当然のことと見なされてはならず、許可されたときに金銭の支払いが要求されてはならなかった。寡婦は、もし望むなら、独身のままでいることができた。王ではなく、親族が未成年の子の監督権（「後見権(ウォードシップ)」）をもつべきだった。所領の没収は、征服王の前任者たちの慣習、「エドワード証聖王の法」に従って決定されねばならない。慣習という語が統治全般において重要な意味をもった。ウィリアム赤顔王は、調達・補給の達人として多大な名声を得ていた。たとえば、サン・ドニ修道院長シュジェールは、ウィリアムを「あの偉大なる支払いの名人・騎士の調達者」と呼んでいる。一一〇〇年の戴冠の証書からうかがい知ることができるのは、赤顔王のもとで封建関係全体が金銭を媒介とする傭兵の雇用関係に変質したと多くの者が感じていたということである。ヘンリーには、彼らの感情がよくわかっていた。中世の王の年少の息子にはそれがよく理解できた。なぜなら、金銭による傭兵契約ではなく、所領を得て諸侯階層の有力な構成員となることが、彼らにとって究極の願望だったのだから。

それゆえ、約束がなされた。もし約束が守られていたら、年に四〇〇〇ポンドから五〇〇〇ポンドの収入の減少を

図10（上）　中世の戦争における兵站活動。《バイユーの綴織》から。１人分の鎖帷子を運ぶのに2人の屈強な男が必要だった。軍隊への供給品、槍と剣をいたるところに見ることができる。

図11（下）　戦闘場面。《バイユーの綴織》から。ノルマン人の騎兵がアングロ・サクソン人の盾の壁に突進している。

図12（上）　ロンドン塔のホワイト・タワー。当時の水準では巨大な建造物であり、ノルマン人の権力を象徴的にも現実的にも誇示する存在だった。

図13（下）　ノース・マーデンの教会（サセクス）。ノルマン征服直後に建てられた教会の１つ。ロンドン塔に比べれば規模は小さいが、これも石造りである。

図14　ダラム司教座聖堂の身廊を東に向かって臨む。1093-1128年頃。がっしりした聖堂の巨大な柱は石造建築技術の最高水準を示している。

図15（上左）　ダラム司教座聖堂の青銅製ドア・ノッカー。1180年頃。ライオンが教会の聖域を守っている。

図16（上右）　キルペック教会の南入口（ヘリフォードシャー）。12世紀中葉。

図17（下）　ファウンテンズ修道院の地下室（北ヨークシャー）。12世紀後半。修道院のこの部分は助修士によって使われていた。彼らの寝所はこの地下室の上に位置していた。

図18（上）　チチェスター司教座聖堂の身廊。ワイト島のクワー石が使用された２階の柱廊は、11世紀後期に造られた。

図19（下）「自然の摂理に欠かせぬ場所」。ロウチ修道院の下水溝に架かったアーチ構造（南ヨークシャー）。

図20　薬用植物誌。1200年頃。ハーブはその薬効によって高く評価されていた。この書はその効能を説明するもの。

図21　紋章盾集。紋章集として知られる最古のもの。マシュー・パリスの作。1244年頃。

図22（上）　マシュー・パリスのイングランド地図。

図23（左頁）　ローマへの道を示した図。マシュー・パリスの自筆。1250年代。道は、ロンドンから発して、カンタベリーを経由してドーヴァーに行き着く（左段、下から上へ）。道はそれからドーヴァー海峡を渡り、フランスへと達する（右段、下から上へ）。１日の旅程が示されており、明敏な旅行者の興味に資する主要な建築物も記されている。

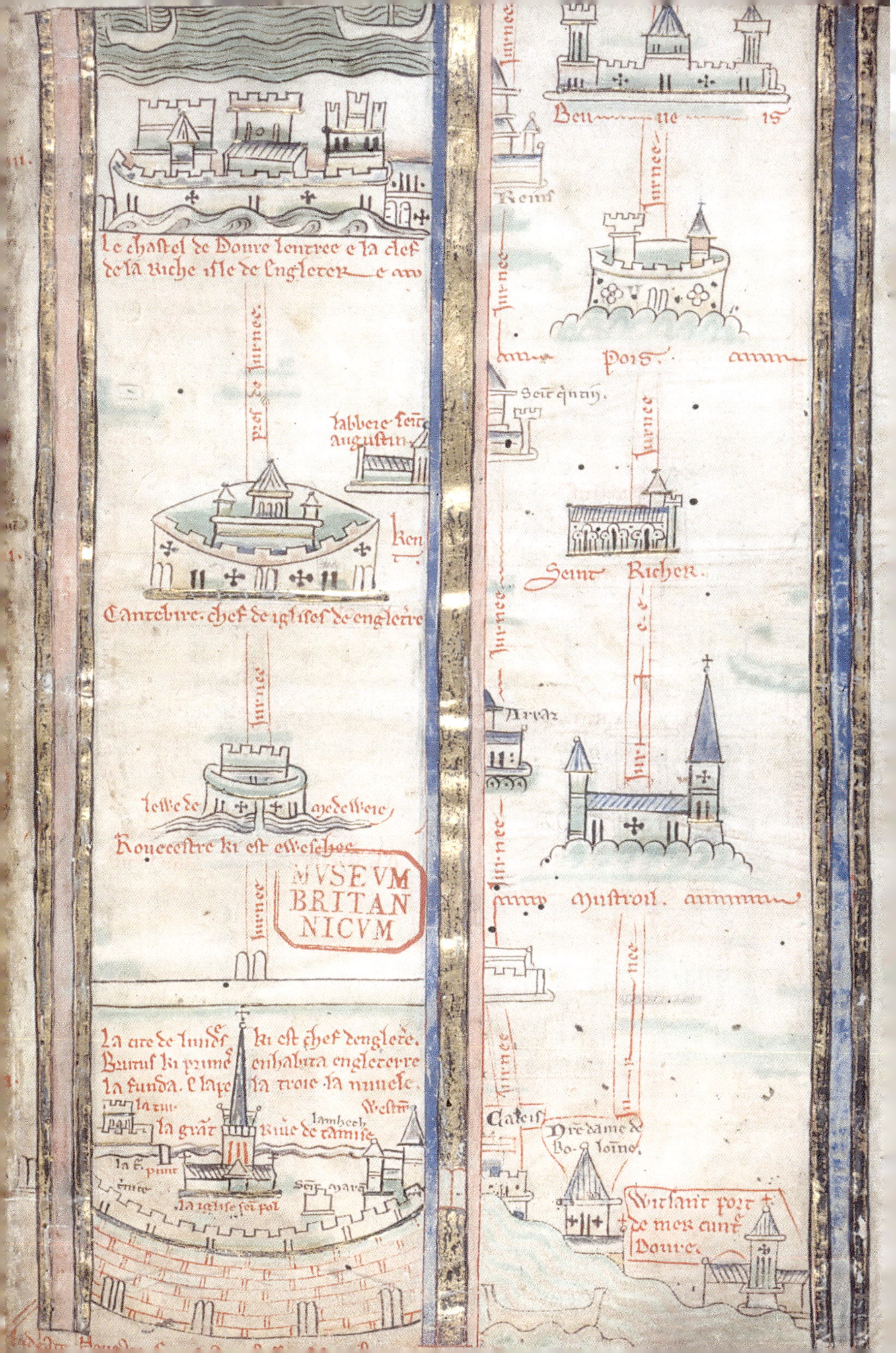

Le chastel de Doure lentree e la clef
de la Riche isle de Engleterre
Jurnee
labbeie seint augustin
Cantebire. chef de iglises de engletere
Jurnee
Rovecestre ki est eveschee
Jurnee
MVSEVM BRITANNICVM
Seint Richer
Pois
Mustroil
Caleis
Witsant port de mer cuntre Doure

図24　キリスト磔刑図。『イーヴシャム詩編集』から。13世紀中葉。十字架の下には、この詩編集を発注した修道院長の姿が描かれている。

図25（上）　エドワード１世と王妃カスティリャのエリナーの像。リンカン司教座聖堂。

図26（下）　カエルナーヴォン城の南側城壁（ウェールズ、グウィネッズ地方）。セイオント川越しに見る。

『シャフツベリー詩編集』からの２頁
図27（上）　神が大天使ガブリエルを遣わす。
図28（左頁）　キリストの墓の女たち。

図29（上）　幼な子キリストを抱いて運ぶ聖クリストフォルス。『ウェストミンスター詩編集』から。13世紀中葉。

図30（左頁）　『シャーボーン・ミサ典書』からの１頁。13世紀後期。このミサ典書は、右上に描かれたムネアカヒワの絵に見られるように、真に迫る種々の鳥の描写で知られている。

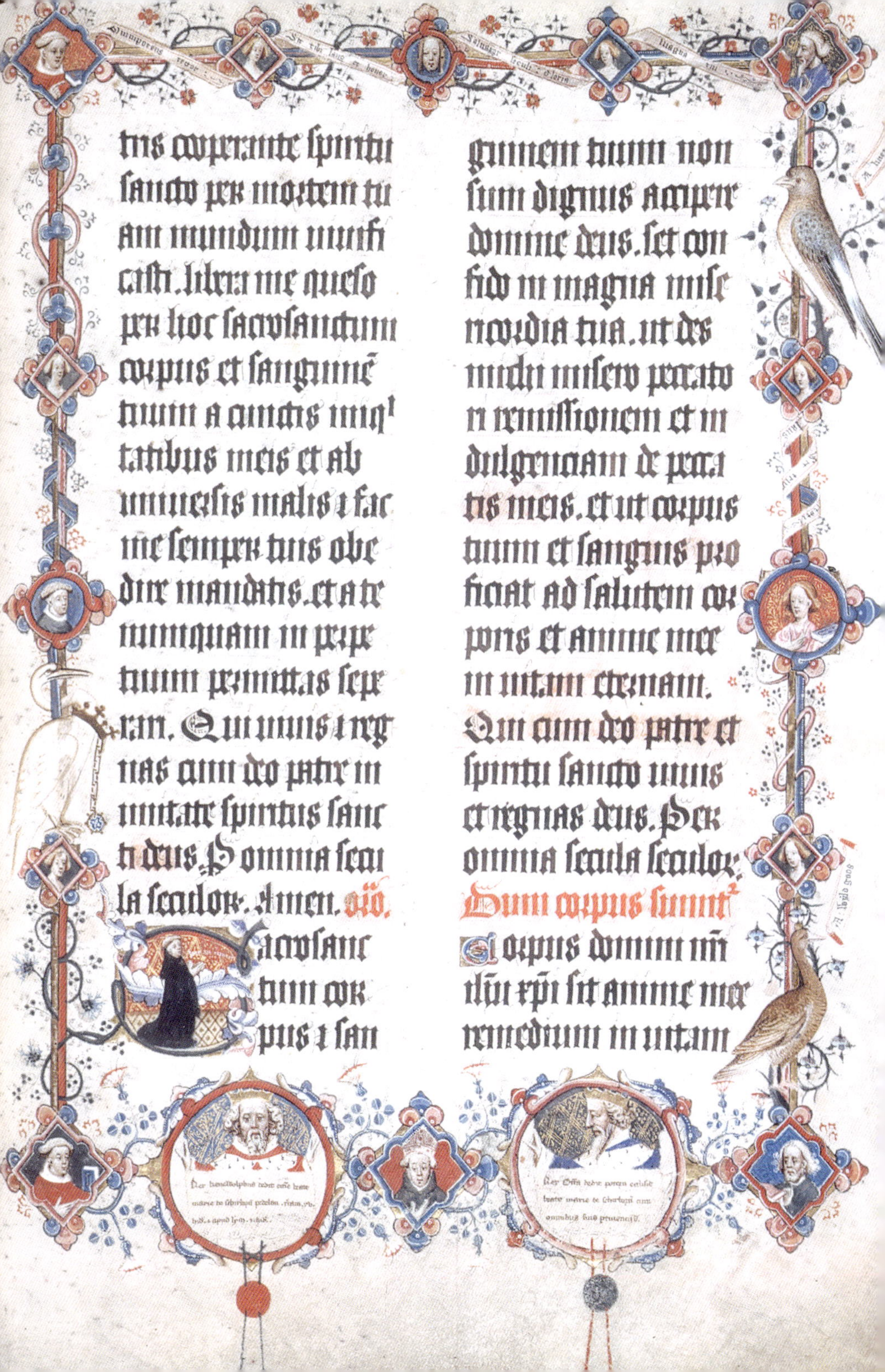

tis cooperante spiritu
sancto per mortem tu
am mundum uiuifi
casti. libera me queso
per hoc sacrosanctum
corpus et sanguinē
tuum a cunctis iniq[ui]
tatibus meis et ab
uniuersis malis ⁊ fac
me semper tuis obe
dire mandatis. et a te
numquam in perpe
tuum permittas sepa
rari. Qui uiuis ⁊ reg
nas cum deo patre in
unitate spiritus sanc
ti deus. Per omnia secu
la seculorum. Amen. Oīo.
Sacrosanc
tum cor
pus ⁊ san
guinem tuum non
sum dignus accipere
domine deus. set con
fido in magna mise
ricordia tua. ut des
michi misero peccato
ri remissionem et in
dulgenciam de pecca
tis meis. et ut corpus
tuum et sanguis pro
ficiat ad salutem cor
poris et anime mee
in uitam eternam.
Qui cum deo patre et
spiritu sancto uiuis
et regnas deus. Per
omnia secula seculorum.
Dum corpus sumit
Corpus domini nostri
ihesu christi sit anime mee
remedium in uitam

図31（上）　バイランド修道院、南翼廊のタイル張りの床（北ヨークシャー）。13世紀。

図32（下）　ピーターバラに近いロングソープの館。1330年代頃。ミッドランド地方のこの荘館の所有者たちは、居室で過ごすとき、このような驚くべき一連のイメージに囲まれていた。

招いただろうと推測されている。約束がなされた背景には、侵攻への恐れがあった。それは王位継承請求者による侵攻であり、ヘンリーはこの時点でこの人物のノルマンディー統治の権限に異議を唱えておらず、多くの者はこの人物のイングランド統治の権限がヘンリーのものより優っていると考えていた。この人物こそ、ヘンリーの長兄ノルマンディーのロベールだった。一一〇〇年におけるロベールの権利主張は、一〇八七年におけるよりも強く、より強力に支持され、より積極的に追求された。一一〇一年七月、ロベールは、ヘンリーの王位を求めてイングランドに上陸した。敵対する両軍は、ハンプシャーのオールトンで会戦した。この場所は、中世には荒れ地で、追いはぎの巣窟だった。両指導者は和平協定を結ぶべきであると、諸侯は主張した。そして、両者は従った。ヘンリーがイングランドを保持し、年金二〇〇〇ポンドを兄に支払うことが同意された。ロベールは、ヘンリーのもつドンフロンの城以外のノルマンディー全土を保持することになった。両者は反乱諸侯を赦免するであろう。この協定は、一一〇一年の勢力関係を反映したもので、それ以上のものではなかった。勢力関係は変化しえた。そして、ヘンリーは寛大な人間ではなかった。

　最初の被害者はモンゴメリー家だった。一一〇二年の復活祭、ベレームのロベールは、自分に向けられた四五に及ぶ嫌疑の長大なリストにたいして申し開きをするよう、ヘンリーの宮廷に召喚された。ロベールは、一〇九四年に死んだシュルーズベリー伯モンゴメリーのロジェの長男だった。ロベールは、ノルマンディーにおける父親の土地（当時の言葉では「相続財産（パトリモニー）」）を継ぎ、弟のユーグには「獲得財産（アクウイジション）」と呼ばれるもの、つまりイングランドにおける父親の広大な土地を相続させた。これは当時の一般的な慣行だった。これにより一人の子以外の要求が満たされ、ノルマンディーとイングランドが異なった主君によって支配されたとき、分裂した忠誠の問題が回避されたのである。しかし、一〇九八年、ユーグがウェールズで殺された。赤顔王は、当時ノルマンディーの支配者であり、公領内ではベレームのロベールの援助に大きく依存していたため、彼にユーグの土地を与えた。海峡の両側にまたがる所領（クロス・チャネル・エステイト）の再統合は、ロベールとその家門にとって短期的な勝利を意味したが、長期的に見れば致命的だった。なぜなら、ベレームのロベールは、生まれと気質においてノルマンディーの領主であり、当然ノルマンディー公ロベールの同盟者であり、本質的にいまやイングランド王となったヘンリーの敵対者だったからである。嫌疑のリストは、一一〇二年にはほとんど意味をもたなかった。ロベールは、あえてヘンリーの宮廷に赴こうとはしなかった。出廷を拒否したとき、ロベールの城と土地は没収を宣告された。イングランドの彼の城は、一つずつ攻囲され、奪取された。最初にアランデル城、次にブリッジノース城、そしてシュルーズベリー城と続いた。これらの城が奪取されると、このノルマンディーの有力家門のイングランドにおける権力は消滅した。

このような者たち、ノルマンディー公ロベールの支持者たちの代わりに、ヘンリー王は、やがて、ノルマンディーで仕えていた自分自身の家臣たちを、たとえばロバート・フィッツ・ハーモン、アヴランシュのヒュー、リチャード・ド・レドヴァーズなどを据えた。彼らはノルマンディー西部の出身だった。ロベール公は、一一〇一年の和平協定の規定にもかかわらず、公領西部の支配を取り戻せなかったようである。一一〇五年、ヘンリーは、バルフルールに上陸し、抵抗を受けることなく南へ進軍することができた。一一〇六年九月、どちらの領土か明白ではない土地タンシュブレーにおいて、二人の兄弟は再び対峙した。そして、今回、調停はなされなかった。ノルマンディー公ロベールは、弟によって捕虜とされ、一一三四年に死ぬまで、最初はソールズベリーで、それからブリストルで、地位・体面を尊重されながらも厳重な監禁状態に置かれた。

タンシュブレーの戦いは、ヘンリー一世治世のもっとも重要な事件の一つである。それは、イングランドとノルマンディーを統合し、アングロ・サクソン人とノルマン人双方の政治生活にたいして唯一の中心を生みだしたのである。この戦いの前後数ヵ月のあいだ、ヘンリーは、両地域の統合を強調し、それがアングロ・ノルマン共同体全体の支持にもとづいている点を強調していた。まず教会と和解する必要があった。アンセルムは、一一〇三年、俗人による聖職叙任の問題に関して妥協を探るためローマへ赴いたが、当時彼の支配者のどちらもそのことに熱心ではなかった。教皇は妥協を拒否し、王はカンタベリー大司教（このときまでに年価値一六三五ポンドをもつイングランド最大の諸侯領）の収入を懐に入れることで対抗していたのである。差し迫ったロベールとの対決が、ヘンリーにこの問題を真剣に考えさせることになった。なぜなら、ヘンリーの王位にたいして十分な請求権をもつ者との決戦を破門された状態で行うことは、無謀なことだったからである。一一〇五年、レーグルにおいて、王と大司教はついに歩み寄り合意に達した。王は、もし自分の司教たちから臣従の誓約を確保できるのなら、俗人による聖職叙任の慣行を放棄しようと提案した。教皇は今回同意し、合意事項が確認された。それは、タンシュブレーの戦いの後まで正式に承認されることはなかったが、その戦いに必要な準備だった。一一〇七年八月に行われた正式な承認は、ウェストミンスターの王宮（ホール）において、「王国の司教、修道院長、貴顕の者たちの面前で」公の場で行われたものだった。空位となっていた司教職や修道院長職が補充された。「一度にそれほど多くの叙任が行われたことは、誰の記憶にもなかった。」そのなかには、一一〇三年に修道院長マシューが死去した後空位となっていたピーターバラも含まれていた。ノルマンディーについても、新たな施政方針が必要だった。

〔一一〇六年の〕一〇月中旬、王は、リジューを訪れ、ノルマンディーの全諸侯を召集し、神の教会に多大な利益をもたらした大会議を開いた。

オルデリクが述べているように、それは明らかに満足のいく結果をもたらした。ヘンリーは、平和を提供し、「すべての合法的な相続人」の相続を保護し、自分の父親の領土の回復を宣言したのである。これらすべては、ノルマンディーに関する法の制定であるが、それは「王の権威によって」なされたのである。王の権限は、イングランドに由来する。聖職者とイングランドの人々は、ヘイスティングズからタンシュブレーまでの四〇年のあいだに、アングロ・ノルマン王家をしっかりと支持するようになっていたのである。それは一つの章の終わりを意味した。

第二章　宮廷の生活　一一〇六―一一五四年

タンシュブレーの戦いの後、ヘンリー一世の地位は安泰だった。オルデリクは、一一三〇年代にまとめた記述において、ヘンリーが治世初期のこの段階で成し遂げたことを要約している。

ヘンリーは、治世第八年にイギリス海峡の両側で支配権を確立した後、統治下にある人々に平和を提供することにたえず意を注ぎ、厳格な法に従い犯罪者を厳しく罰した。彼は、溢れんばかりの財貨と奢侈品で満たされ、いとも簡単に肉欲の罪に身を委ねた。彼は、罪深いことに、少年のときから老いるまでこの悪習の虜となり、愛妾たちに数多くの息子と娘を生ませた。

この短い文章のなかに治世の主要な特色を見ることができる。確固たる平和がイングランドで確立され、さらに近隣の地域にも拡げられた。ヘンリーは法にたいする違反に罰金を科した。彼は、非常に裕福であり、好色で知られていたが、「この肉欲の罪」には重要な政策的要素を見いだすことができる。

イングランドの周辺に住む人々が有益な証言を残している。ヘンリーの権力については疑うべきものは何もなかった。『諸公年代記』[☆1]のウェールズ人作者にとって、ヘンリーは、「ブリテン島全土とその権力者たちを自らの権威のもとに屈服させた人物」だった。ウェールズ北部と中部の現地の支配者たちと、ウェールズ南部と辺境領地方で勢力争いをしていたアングロ・ノルマン人領主たちは、それぞれ異なった形でヘンリーの権力を感じていた。ウェールズの王たちはヘンリーの宗主権を認めさせられた。彼らは、アングロ・ノルマン世界の宮廷生活にかかわることを余儀なくされ、それにともなう義務・負担を受け入れねばならなかった。そのなかには臣従関係の義務・負担があった。『アングロ・サクソン年代記』によると、一一一四年に、「ウェールズの王たちは、ヘンリーのもとへやって来て、家臣となり、誠実誓約を行った」。ヘンリーは、自分の家臣のなかで誰がウェールズの王たちの隣人となるべきかについて、細心の注意を払った。グラモーガンの領主ロバート・フィッツ・ハーモンは一一〇七年に死んだ。彼の相続人である娘は、結婚により、ヘンリーの庶子のなかで年長の、ほぼ確実に最年長であったと考えられるグロスターのロバートに与えられた。一一〇二年にモンゴメリーのアルヌーから没収されたペンブルックは、王が保持した。多くのフランドル人がガウワー半島に定住させられた。キドウェリーは、ソールズベリーのロジャーに与えられた。彼は、ヘンリーの行政組織の長であったが、ウェールズ南部にも関与することが期待されていた。さらに西の地域、カマーゼン周辺の地域は、この段階のノルマン人の勢力拡大に特徴的な方法で封建化された。城と都市と修道院が世俗的権威と宗教的権威のあらゆる側面を支配したのである。リース・デイヴィスの言葉を引用するならば、この地域では、ウェールズの君侯たちは、「抑圧され困窮した豪族の地位にまで貶められていた」。

スコットランドでも同様に、一二世紀初期はイギリス諸島の政治的統合に関して重要な段階だった。ノルマン人は、北へと進軍し、封建社会固有の階層秩序という独特な考えをもち込んだ。この点で重要な人物はスコットランド王デイヴィッド（在位一一二四―五三年）だった。デイヴィッドは、一一一三年、ヘンリー一世によりサンリスのモードと結婚させてもらい、イングランドの伯となった。モードは、一〇七五年に処刑された伯ワルセオフの娘で彼のハンティンドン・ノーサンプトン諸侯領の相続人だった。デイヴィッドは、スコットランドに新たな貨幣制度をもたらし、新たな社会的・人的関係を広めた。彼は、イングランドの貨幣を模範として、独自の貨幣を発行した。彼の現存最古の証書は、ロバート・ブルースにアナンデイルの領地を与えたものである。ロバートは、後のスコットランド王の先祖であるが、名前をコータンタン地方のブリスからとっている。コータンタンは、ヘンリーの即位以前の権力基盤だったノルマンディー西部に位置している。ロバートは、アナンデイルを一〇騎士の奉仕義務により封土として保有することになっていた。彼は、当然のこととして城を築いた。彼の領主、スコットランド王デイヴィッドも同じように行動した。新しい城が築かれ、新しい都市がそのまわりに発展した。そのなかでとくに重要なのは、ベリック、ロクスバラ、エディンバラ、スターリング、パースだった。一五世紀の年代記作者によると、デイヴィッドも、「その当時、自分の領地に教会と修道院を配置していた」。イングランドとの関係は緊密だった。貴族層が同じ言語、フランス語を話していただけでなく、農民層も同じ言語、英語を話していた。ケルト語世界を分かつ言語上の境界はフォース湾の北に位置していた。

ヘンリー一世とその役人

スコットランドとウェールズの王たちとその従者が訪れたヘンリー一世の宮廷は、アングロ・ノルマン世界の中心にほかならなかった。それは巡歴する宮廷だったが、定期的に訪れる拠点が存在していた。王の臣民は、その保護を得ようとするならば、時には相当な距離を旅せねばならなかった。フェカンの修道士たちの執事（ステュワード）は、一一一〇年七月五日、スタンフォードでヘンリー一世を見つけ、土地譲与の承認を得た。一一〇八年頃、ノッティンガムにおいて、ノリッジ司教とセトフォードの修道士たちは、最近死んだ「ロジャー・バイゴッドの遺体」の埋葬に関する権利について言い争いをした。おそらくその翌年、ルーアンにおいて、ウォルター・ビーチャムは、ウスターの州集会に送られる令状を発給してもらった。それは、ウォルターがエルムリーの自分の荘園に放ったキジをいかなる者も捕獲してはならないと命じたものだった。リンカンシャーのラプスリーのヒューは、ハンティンドン郊外のブランプトンで発給されたヘンリーの令状を受け取った。それは、レスターシャーのビーヴァーの修道士たちに「ヒューの納屋の入口の前で平和のうちに」彼らの権利である十分の一税を徴収させるよう命じていた。「もし実行しないならば、リンカン司教とラルフ・バセットがそのように取り計らうであろう。」この世紀の終わり頃、ウォルター・マップは、ヘンリー一世時代の特色として、王が巡歴路を事前に公表しており、人々は王の一行がどこにいるかを知っていた、と回想している。ヘンリー一世の尚書部（チャンセリー）☆2で発給され現在まで伝えられている約一五〇〇通の証書を読むと、この印象の正しさが確認される。決まった場所が存在していた。一一二九年に王がフォントヴローの修道女たちに多額の年金を授与したとき、彼は、そのなかでもっとも重要な場所を思い浮かべた。ヘンリーは、修道女たちに毎年「ルーアンのドゥニエ銀貨で」一〇〇ポンドを与え、さらに三〇マルクをロンドンで、二〇マルクをウィンチェスターで与えると約束した。王がこの三ヵ所を長期間訪れないということは、ありえなかったようである。そこには、「溢れんばかりの財貨と奢侈品」が存在していたのである。

日々必要とされる決まった業務が処理されねばならない。それは、個々の人間の取り組みと細心の配慮の結果達成された。ヘンリーの日常業務は、確信をもって、とりわけ一人の人間に結びつけることができる。それは、一一〇二年から一一三九年までソールズベリー司教だったロジャーである。アヴランシュ司教区の司祭だったロジャーは、ヘンリーが王となる前から、その右腕として働き、「ヘンリーの私的な事柄を管理し、家政が奢侈に流れないよう配慮していた」。ニューバラのウィリアム☆3は、自分の年代記のなかで重要な登場人物を印象づけるのにおもしろい逸話を紹介するのを常としていたが、彼によると、ロジャーは最初、短い時間でミサをあげることでヘンリーの目をひいた

図33（上左）　ヘンリー１世の貨幣。

図34（上右）　スコットランド王デイヴィッド１世の貨幣。デイヴィッドは、スコットランド王であると同時にイングランドの土地保有者でもあった。彼の貨幣はイングランドのものを直接に模範としている。

図35（下）　オールド・セアラム（ウィルトシャー）の航空写真。この定住地は、鉄器時代の丘陵に作られた要塞の土塁と空堀により形成されていた。ノルマン征服の後、城と司教座聖堂がここに造られたが、その跡は今も土地に刻まれたままである。新しいソールズベリーの町は13世紀初期に２マイルほど南の野に建設された。

という。「兵士たちは、軍事に携わる者にとって彼ほどふさわしい礼拝堂付司祭はほかにはいないと考えた。」ロジャーは、かつてノルマンディーで得ていた地位をイングランドで受け継いだのだが、その経歴は彼の広範な能力を示している。ロジャーがとりわけ気を配ったのは財政政策であり、彼が一一一〇年頃に確立した記念碑的業績が財務府(エクスチェッカー)である。彼は自分の親族を訓練し、仕事を手伝わせた。甥のナイジェルは、最初の財務府長官(トレジャラー)であり、後にイーリー司教となった。ナイジェルの子リチャードはイーリーの修道士たちによって教育され、彼もまた一一五八年に財務府長官となった。リチャードは、『財務府についての対話』☆4を書き、自分と親族の多くがその発展に尽くした制度の機能について説明した。リチャードは、その序文のなかで自分たちの尽力について誇らしげに述べている。彼の主張によれば、聖職者がたんに宗教上の権能においてのみでなく財務行政の中心で王のために働くことは、まったく適切なことだった。「王の権力は、手持ちの財貨の増減に従って強くなったり弱くなったりするため」、財務行政ほど重要な仕事はほかにはなかったのである。これは、一一七〇年代に書かれたものだが、ヘンリー一世政府の公式見解でもあった。

　財務府は、宝蔵庫(トレジャリー)の特別な会合に与えられた名称だった。それは、年に二回州長官の会計報告を検査するために開かれたものである。その名称は、宝蔵庫の役人がその上で計算を行ったチェス板状の台に由来する。すべての王の収入についてここで会計報告がなされたわけではない。王を探して特権の授与や結婚の許可を求めたり王の怒りをなだめようとした人々は、金銭を支払うことが得策だった。この金は直接王の懐に入った。それは、（財政史家が好む言い方をするならば）「寝所部の(チェインバー)」収入であり、正式な会計報告を必要としなかったのである。財務府での会計報告は、州長官(シェリフ)が納入する王権のより経常的な収入に関するものだった。州内の王領荘園(マナー)、そして州長官が（しばしば王城に）活動拠点を置く州都は、定額の金銭を支払った。これらが州長官の請負料(ファーム)を構成していた。請負料という語は、ラテン語の「フィルマ」に由来し、「定額の」もしくは「確定した」くらいの意味だった。州長官は、年に二回ウィンチエスターにやって来た。復活祭には、州長官は半年分の請負料の報告をすることになっており、会計「予備検査（ヴィユー）」、中間報告の検査がなされた。彼は、四半期ごとに地代を徴収することになっていたため、現金を携えていた。聖ミカエル祭（九月二九日）には正式な会計検査がなされ、収支決算が行われた。これは単純なものではなかった。州長官は、そのときまでにすでに支払い命令を実行していた。たとえば、修道院への喜捨の支払い、特定の個々の支払い命令、王が負債を負っている人々への支払い、王の恩顧を受けている役人（とくに財務府の役人）への土地税免除などである。州長官は、割り符（タリー）[☆5]の袋と証書の束を携えてウィンチェスターへやって来た。これらの記録類は、納入すべき額から控除がなされる前に、公の場で厳格に吟味された。彼が納入した貨幣は、ヘンリー一世治世末までに、試金がなされるようになっていた。いくらかの貨幣がサンプルとして取りだされ、熔解され、全体の質が確かめられた。州長官は、不安なおもちでこの過程を見守った後、検査台脇の指定された席に座り、自分の会計報告が項目ごとに吟味されるのに立ち会った。マートン修道院の修道士たちによれば、州長官すべてのうちで、その修道院の創設者であった騎士ギルバートだけが財務府での会計検査のとき陽気に振る舞っていたという。

　財務府は当初から記録を保存する組織だったが、ヘンリー一世治世に関しては一組の会計記録しか残っていない。それは、一一二九年の聖ミカエル祭から一一三〇年の聖ミカエル祭までの会計年度を扱ったものである。それは、「財務府大記録（パイプ・ロール）」と呼ばれる最初のものであり、ほかに例を見ない記録である。ドゥームズデイ・ブックからは、王国全土の全般的な資産に関する情報を得ることができる。しかし、より特定の問題、イングランド王権の財源は何だったのか、王は王国の富をどれだけ活用することができたのかという問いは、この財務府大記録によってのみ可能となるのである。財務府大記録のもっとも印象的な特徴は、おそらく王の臣民の富に関するものだろう。人々は、王に彼らの富の分け前を要求する権利があるときや、王が自分の富の徴収を彼らに任せる必要があるとき、多大な額を喜んで支払ったし、少なくとも支払いを約束した。ジェフリー・ド・マンドヴィルは、ドゥームズデイで七四〇ポンドの価値がありその後価値が減少した所領の相続に関して、一三〇〇マルクの会計報告を行っている。ジェフリーは、二〇〇マルクを支払い、負債残高を翌年に繰り越した。ウィリアム・ポン・ド・ラルシュは、この年、宝蔵庫管理官(チェンバレン)職獲得のために負った負債一〇〇〇マルクのうち一〇〇マルクを支払った。彼は、この管理官職をロバート・モーデュイットの女子相続人との結婚により得ていた。土地税つまりデーン・ゲルドは、一一二九年から三〇年にかけても徴収されていた。王は、これも臣民と分け合っていた。一一二九年から三〇年における査定額は四三五五ポンドだったが、二三七四ポンドが実際に徴収され、一八一〇ポンドが支払いを免除された。支払いを免除された額も、実際に農民から徴収され、王ではなく土地保有者の収入となった。王は自分の村や都市からの収入があり、それは、一一二九年から三〇年の総収入二万三〇〇〇ポンド弱のうちの九〇〇〇ポンドを占めていた。ほかの大きな収入は王の裁判権によるものだった。一万ポンド以上が、この年、御料林法違反も含めて、判決への支払いや犯罪・軽罪にたいする科料として納入されることになっていた。このうち四分の一弱のみが実際に納入された。王への負債額は、財務府大記録にいったん記載されると、確定されたものとなったが、実際の支払いは常に王の自由裁量もしくは負債者の任意に委ねられていた。この年、以前からの未払い負債額三万九〇〇〇ポンドについて会計報告がなされている。そして、五〇〇〇ポンドが支払いを免除された。これは王の実際の収入の約二〇パーセントに相当する額である。支払いの免除は王の恩顧のしるしであり、それまでになされた奉仕にたいする報酬だった。

オルデリクが印象的な言葉で述べているが、王ヘンリー一世は、「塵のなかから家来をとりたて」、「彼らを伯や有力な城主たちの上に据えた」。オルデリクの頭にまず浮かんだのは、ジェフリー・ド・クリントンだった。彼の名はオックスフォードシャーのグリンプトンに由来している。それはウッドストックの王の狩猟用の館の近くにある村だった。ジェフリーが最初に頭角をあらわしたのは、おそらく王の有能な地方役人としてであろう。彼は、やがて州長官となり、治世の終わりまでにイングランドのあらゆる場所で顔が知られる存在となった。一一二九年から三〇年の財務府大記録によると、この年と前年、ジェフリーは、王の代理人として一八州を訪れ、王の訴訟を主宰し、ほかの州長官が彼の水準までたかめて職務を執行できるよう取り計らった。同じ会計記録は、ジェフリーが五七八ハイド分の土地税、デーン・ゲルドが免除されたことを明らかにしている。ドゥームズデイの記録から概算すると一ハイドにつき二ポンドの価値があることになるので、彼は、まさに伯並みの収入を得ていたことになる。彼は、この富を権力誇示のために使用できた。彼の権力の中心は、ウォリックシャーのケニルワースだった。彼はそこに城を築き、修道院を建設した。それは、後にアウグスティヌス律修参事会員の重要な修道院となった。甥の一人ロジャー・ド・クリントンは、一一二九年にコヴェントリー司教となった。[☆6] 噂では、ロジャーはその特権を得るために二〇〇〇ポンドを支払ったという。オルデリクが言うように、この手の人物はイングランドのほかの地方にもいた。彼らについて同じような話を語ることができる。たとえば、ミッドランド地方東部で多大な所領を得たラルフ・バセットとその子リチャードについて、また、イングランド北部のナイジェル・ドーヴィニー、イングランド西部のペイン・フィッツ・ジョン、テームズ川流域地方(ヴァレー)のブライアン・フィッツ・カウントについてである。この者たちはヘンリー一世にたいして強い忠誠心を抱いており、そのうちの何人かは、ヘンリーの死後起こった内乱のなかでその忠誠心をさらに強めていった。一一四〇年代、ブライアン・フィッツ・カウントは、ヘリフォード司教ギルバート・フォリオットに書簡を送り、自分の主君の思い出、「私を育て、私に武器と所領を与えたよき王ヘンリー」の思い出にたいする深い愛着の念を吐露した。司教は同意し、明らかにブライアンの言葉を模倣して、ヘンリー一世の「すばらしき黄金時代」と述べた。しかし、それはたんなる模倣ではなかった。黄金という語を付け加えたのは司教だった。ブライアン・フィッツ・カウントとその仲間たちは、王に仕えることにより富を得ていたのである。

法の執行

王は「犯罪者を厳格な法に従って厳しく罰した」、とオルデリクは述べている。王の役人は見せしめのために処罰される可能性があった。『アングロ・サクソン年代記』によると、一一二四年、イングランドの貨幣製造人たちは、ソールズベリーのロジャー主宰のもとウィンチェスターでクリスマスに開かれた宮廷に召喚された。王はノルマンディーに滞在しており、その軍隊は受け取った貨幣の質について不平を述べていた。貨幣製造人は処罰された。「彼らがウィンチェスターに到着すると、彼らは一人ずつ連れていかれ、右手を切り落とされ去勢された。」この年代記の作者は、ほかの個所ではアングロ・サクソン人の受難に非常に同情的なのだが、ここではそのような気持ちを示していない。「なぜなら、彼らは重大な不正行為によって国を荒廃させたのだから。」封建的行動規範にたいする違反もまた、厳しい処罰を招いた。ヘンリー自身の二人の孫娘、ブルトゥーユのウスタシュの娘たちが人質として王にひき渡された。それとひきかえに渡された人質の少年が目をくり抜かれたとき、二人の少女はその父親の監督下に移された。彼は少女たちの目をくり抜き鼻をそぎ落とし、息子の仇を討った。これは、「怒れる王の許可により」なされたのである。この事件はイヴリーにある辺境地方の城をめぐって生じたものだった。リューク・ド・バールは、ヘンリーの家臣ではなかったが、封建的慣行に反して、囚われの身から解放されたときに誓った約束を破り、ヘンリーに関する卑猥な詩を作るという過ちを犯してしまった。その詩は広く流布し、多大な賞賛を得た。リュークには盲目にする判決が下された。ヘンリーの宮廷の構成員は、農村地方を略奪すると、盲目にされ四肢を切断されると脅されていた。ヘンリーは自分とその宮廷の名声を非常に意識した人間だった。

ヘンリーは、「イングランド全土の狩猟権」を主張した。御料林法（フォレスト）[☆7]の厳格な執行に言及することは、ノルマン朝諸王の追悼詩に常に見られることだった。それは驚くに値しない。イングランドの広大な領域が御料林裁判権のもとに置かれていた。経済が発展し、それにともない人口増加の圧力が土地にかかるようになり、さらに王権が伸長すると、森がイングランドの政治生活における軋轢の場となった。財務府大記録のなかで御料林への言及が増加した。財務府大記録では、二二州で、また証書でさらに三州で、御料林裁判権下の土地が存在すると言及されている。御料林法は非常に厳しいものだった。『財務府についての対話』の著者は簡潔に次のように述べている。「御料林法のもとでなされることは、絶対的な意味で正当だと言われるのではなく、御料林法に合致している限りで正当だと言われているのである。」御料林法は広範な事柄に関係している

それが関与するのは、土地の開墾、木材の伐採、御料林の焼却、狩猟、御料林内での弓矢の携行、犬を不具にするという悪しき慣習、鹿狩りの補助に駆けつけない者、囲い地の家畜を放牧する者、御料林内での建築、召喚に応じないこと、御料林内で犬を連れた者と遭遇すること、皮と肉の調達などである。

これは長いリストである。それは富める者にも貧しい者にも関係する事柄である。王の州長官で城代だったグロスターのウォルターは、死んだとき、狩猟の罪で王にたいして一〇〇ポンドの負債を抱えていた。

御料林法の刑罰は厳しいものだったが、それは現存する御料林制度を維持する手段と見なされねばならない。それはノルマン朝・アンジュー朝王権による支配の重要な構成要素だったのである。御料林はまず資源を提供した。一一二九年から三〇年のニュー・フォレストの御料林官は、鹿肉とチーズをクラレンドンからサウスハンプトンまで運搬した費用を自分の二五ポンドの請負料から控除するよう要求した。この世紀の終わりには、リチャードの大陸での戦争を援助するため、鉄がディーンの森から送られた。また、御料林は根拠地となる場を提供した。狩猟用の館は、と

りわけ一二世紀には、支配の中心として城と同じくらい重要だった。オックスフォード近郊のウッドストックの館は、ヘンリー一世にとって「お好みの隠棲場所」だった。ヘンリー二世が愛妾「麗しのロザモンド」・クリフォードを囲った場所は、ウッドストックだった。ヘンリー一世の愛妾たちの所在についてはあいにく言及されていない。しかし、マームズベリーのウィリアムによれば、王は、モンペリエのギヨームから贈られたヤマアラシなど、海外から送られた動物をウッドストックで飼育していた。ノーサンプトンシャーのロッキンガムの王城は、周辺の森の名前の起源となっていた。一〇九五年、アンセルムはそこで裁判を受け、そこから亡命の旅へと向かった。ハンティンドン郊外のブランプトンで、一一二〇年のクリスマス、王は前年の傷心から回復した。一一一六年、ピーターバラ修道院に関係した訴訟が王の宮廷で審理されたとき、彼はブランプトンに滞在していた。約一世紀後、ジョンの治世に、その地域の人々は、ヘンリーと王妃がブランプトンの木造の礼拝堂で三度王冠を戴いたことを記憶していた。彼らは、そこに多くの人々が集まっていたことを憶えていた。そのため、諸侯の宿舎用の土地が用意されていた。これは考慮すべき重要な問題だった。館は大きな家政組織を扶養しなければならなかったのである。近隣の修道院にも援助が求められた。ヘンリー一世は、自分の家政組織の一部がエインシャム修道院に滞在させてもらうこととひきかえに、王の狩猟時に勢子を提供する義務から修道院を解放した。すべてが狩猟を中心に決められていた。狩猟は重要な営みだったのである。

王位継承問題

一一二〇年、王は、ブランプトンでクリスマスを過ごした後、ウィンザーに移動し、そこでルーヴァン伯の娘アドリザと結婚した。これはヘンリーにとって二度目の結婚であり、宮廷儀礼は最小限にとどめられた。王は早急に相続人となる男の子を必要としていたのである。アドリザは、後に二番目の夫から数人の子供を得るが、ヘンリーの子を生むことはなかった。このこと自体は驚くことではない。しかし、ヘンリーが相続人を必要としたことは驚きである。彼の最初の妻は、スコットランドのマーガレットの娘二人のうちの一人、イーディスだった。彼女はロムジー修道院で教育された。そこは当時、「教養とよき作法の両方」を習得するための最良の花嫁学校だった。彼女は多産であり、一一〇一年の結婚の後二年間で、ヘンリーのために最初に娘を、次に息子を生んだ。子供たちは、ノルマン民族の偉大な英傑にならい、マティルダとウィリアムと名づけられた。しかし、ここで出産は終わる。人間の出産能力は、その絶頂期においても不確かなものであるため、ここで変な推測をするのは意味のないことかもしれない。しかし、イーディスがその後ヘンリーの子供を産まなかったことは奇妙である。ヘンリーは、イングランド王のなかでももっとも多くの子供をもうけた王なのである。彼は、知られているだけで、六人の母親から二一人の庶子をもうけた。一四人の庶子をもうけたことが知られているチャールズ二世のみがこの記録にいくらか迫ることができる。「彼は人生を通じて肉欲にふけった」、とオルデリクは述べている。しかし、別の修道士、マームズベリーのウィリアムは、それとは少し違った興味深い考えを伝えている。彼によれば、ヘンリーは欲情の奴隷ではなくその支配者だった。これまで見てきた性的交渉のあり方には政策的配慮があったという。確かにそうなのかもしれない。征服王の帝国は子供たちの紛争により分断された。よい生まれの庶子は地位の高い男女と結婚させることができた。そして、競合者のいないただ一人の相続人が父親の遺産を継承するのである。

イーディスの二人の子供の成人後の経歴は、当時のヘンリーの政策のもっとも重要な特質を反映している。一一〇九年、ドイツの皇帝ハインリヒ五世は、使節として「いでたち・装いにおいて卓越した」者たちを派遣し、マティルダとの結婚を申し込んだ。彼らは最高のもてなしを受けた。そして、一一一〇年、幼い少女はドイツへ送られた。彼女は、そこで新しい言葉と「国の風習」を学ばねばならなかった。一一一四年、彼女は結婚した。この婚姻による同盟は、双方にいくらかの利益をもたらした。ヘンリー一世は、強力だが歴史の浅い王権の地位を高めた。ドイツの皇帝は、婚約者とともに一万マルクを下らない莫大な量のイングランド銀貨を得た。それは、一ハイドにつき二シリングの割合で課せられた特別な土地税の徴収により集められたものだった。この額はローマ遠征の費用に充てられた。皇帝は、この軍事力により、一一一一年、教皇パスカリス二世から叙任権問題に関する譲歩を勝ち取った。一〇年以上も後に、一一二三年のカンタベリー大司教選挙に関して皇帝が王を支持することになるが、この時期まで依然としてヘンリーが当てにできる貸しが残っていたのである。マティルダは、その長い人生を通じて、けっして帝妃(エンプレス)という称号を捨てることはなかった。父親は彼女をとても誇りにしていた。

これは、すばらしい同盟関係だった。しかし、ヘンリーの政策の中心はフランスにあった。フランスのカペー朝諸王は、境界地域を巡回し、なんとかその向こうにある伯領や公領の勢力バランスを操作し維持しようとしていた。いまやアングロ・ノルマン諸王によって確立された権力は、彼らにとって、フランス内の状況を不安定化させる勢力以外の何ものでもなかった。ヘンリーを弱体化させる試みにおいて、フランス王ルイ六世〔在位一一〇八―三七年〕には有利な点がいくつかあった。今日のわれわれには当時よりも明確に理解できることだが、その一つは、ルイの王家の血統が安定していたことだった。もう一つは、ノルマンディーへの相続請求権をもつ人物が存在していたことだった。彼の請求権は、ヘンリーのものと同じくらい強力だった。その人物とは、ノルマンディーのロベールの子で、同じくギヨーム〔ウィリアム〕という名であり、クリトン、つまり「若者」というあだ名で知られていた。彼は有望な若者であり、フランス王はことあるごとにヘンリーに対抗して彼を支持していた。

ヘンリーは、同盟者を必要としており、多くの伯家を自分の宮廷の生活に結びつけることにより、その必要を満そうとしていた。ブルターニュ公は一一〇六年にヘンリーに臣従礼を行い、その息子はヘンリーの庶出の娘、もう一人のマティルダと結婚した。ブルターニュの領主たちはアングロ・ノルマン朝の宮廷にしっかりと結びつけられることになった。ブロワ家との関係も同様に確固たるものだったが、その代償は高くついた。彼らは、やがてヘンリーの成し遂げたことの多くを破壊することになる。征服王の娘アデールはブロワ伯エティエンヌと結婚した。エティエンヌは、十字軍出征時の一〇九八年、アンティオキアから逃亡したことによりヨーロッパ中で悪評を得ていた。この二人の年長の子ティボーは、一一〇七年から一一五二年までブロワ伯の地位にあった。歴史的地理的理由で、ティボーは、フランス中北部のもう一つの内陸権力、カペー家と対立していた。ヘンリーは、伯ティボーの弟たちに多大な好意を示し恩恵を与えた。スティーヴンは、モルタン伯に任じられ、（ほとんど成功しなかったが）ヘンリーとともに軍事遠征に参加し戦った。彼は、イングランドにいくつかの領地を与えられ、一一二五年には、ブーローニュ伯領の女子相続人、さらにもう一人のマティルダと結婚させてもらった。別の弟ヘンリーは、クリュニーの修道士だったが、彼も同じように教会内での昇進の恩恵を惜しみなく与えられた。彼は、まずグラストンベリー修道院長となり、その後さらにウィンチェスター司教を兼任するようになった。彼の所領は、評価額で兄スティーヴンのものに匹敵した。ヘンリーの地位も同様に戦略的なものだった。この二人は、自分たちが果たすべき役割をきちんと理解していた。ヘンリー王自身は、二人への好意によって与えたものが大きすぎるとは考えていなかったであろうし、また、彼らだけを特別に気にかけていたわけでもなかっただろう。一一一九年にノルマンディーの境界地方のジゾールでヘンリーと教皇カリストゥス二世が会談したときのことについて、オルデリクが興味深い記述を残している。ヘンリーは、甥ギヨーム・クリトンの処遇について教皇から非難されたとき、自分はその若者を歓待したいとずっと望んでいるのだと告白した。そして、ヘンリーは次のように述べたと伝えられている。「私は、ギヨームにイングランドの三つの州を与える提案すらしました。彼がそれらの州を管理し私の宮廷の請願者たちのなかで成長することができるようにとの思いからです。」これは、興味深く暗示的な言葉である。「インテル・アウリコス・オラトレス」、つまり「王の宮廷（アウラ）において恩顧を請い求める者たちのなかで」と述べられているのである。しかし、征服王の長男から生まれた唯一の息子、ギヨーム・クリトンは、この言葉に心を動かされなかった。

アンジューとの関係は、ヘンリーの辺境地方の関心事項のなかで、もっとも不安定なものであり、同時にもっとも重要なものだった。ヘンリーの嫡出の子供たちには、この点に関して果たすべき重要な役割があった。タンシュブレーの戦いの後、ヘンリーにとって最初の深刻な脅威は、一一〇九年に伯フルク五世が登位した後にやって来た。その翌年、フルクはメーヌの支配権を手に入れ、ヘンリーがその占有に関して当然なされるべきだと考えた臣従礼を拒否した。フルクは一一一三年二月になってようやく臣従礼を行ったが、それは、自分の娘マティルダとヘンリーの子ウィリアムとの結婚を取り決めた協定の一部としてなされたものだった。六年後、アンジュー伯が十字軍へ出発するため、和平により紛争の第二段階に終止符が打たれた。和平は六年前に合意された結婚をともなうものだった。もしフルクが十字軍出征中に死んでいたら、もし彼の船が沈没していたならば、ヘンリーの子がアンジュー伯領を相続していただろう。しかし、フルクだけが致命的な一撃を免れた。実際に死んだのは、若者、「人々の希望を一身に集めていた人物」のほうだった。オルデリクにとって、その希望とは、なによりも平和のことだった。一一二〇年一一月二五日、王の一行は、風向きが順風へと変わった夕刻バルフルールから出帆し、ノルマンディーからの帰路に就いた。そのなかの一艘、「白船号（ホワイト・シップ）」は、若者の一団が乗り込み、最後に出帆した。そして、その船は岸近くの岩にぶつかり難破した。闇は深く、海は冷たかった。乗っていた二〇〇人のうち、ただ一人、肉職人のバートルドだけが生き残った。この事件は一つの世代を丸ごと奪い去った。「非常に多くの土地から正当な相続人が奪い去られ、大きな不幸が続いた。」ほとんどの相続人は別の者が取って代わることができたし、実際にそのように処理された。しかし、「イングランド王国の正当な相続人と見なされていた」ウィリアムは、取って代わられることができなかった。ブロワのティボーは、この難破により自分の妹を失った。王の子が死んだとヘンリーに告げたのは、ティボーだった。

ヘンリーは、あの冬の夜に望みが潰えた事実から完全に立ち直ることはできなかった。だが、それによって完全に

図36　「白船号」の沈没を悲しむヘンリー１世。14世紀初期にロンドン市の自治政府のために作成された一群の法的文書の１頁から。

打ちのめされることもなかった。彼は二ヵ月のうちに再婚した。しかし、すでに述べたように、それは無駄だった。アドリザが身籠ることはなかった。一一二〇年代は、統治・行政においてますます自信が深められた時期だと言われているが、王位継承という重大な問題においては困難な一〇年であり、時には絶望的な時期だった。この一〇年は、「白船号」の難破後、ギヨーム・クリトンがヘンリーの相続人として有力な請求権をもつと考えられた時期だった。フランス王とアンジュー伯は、その請求権を可能な限り強く支持した。一一二三年と一一二四年にノルマンディーでヘンリーにたいして起こされた反乱を背後で画策したのは、この二人だった。この反乱は、王位継承が不確かだったため、きわめて深刻なものとなった。一一二四年四月、ヘンリーがルーアンの南西にあるブールテルールドで勝利を収め、内乱は鎮圧された。そして次に述べるアンジュー家との結婚により、フランス王家とアンジュー伯家との同盟関係が破壊された。これが、その結婚の主要な目的の一つだった。フランス王の対応は、ギヨーム・クリトンへの支持を強めることだった。ギヨームは、まずヴェクサン伯領を与えられ、それから一時期フランドル伯にも任じられた。彼は、フランドル伯位をシャルル善良伯の死後得たのである。シャルルは、一一二七年三月二日、ブリュージュの自分の城の礼拝堂で跪き祈っているときに暗殺されたのだった。もしギヨーム・クリトンが多くの伯位請求者にたいしてフランドル伯の地位を維持できていたならば、彼はヘンリーの脇腹に深く刺さった棘となっていただろう。このとき、幸運がやっとヘンリーに巡ってきた。ギヨーム・クリトンは、一一二八年七月、伯領の東の境界地方で、アロストの攻囲のさなかに殺された。オルデリクは、ギヨームの死がヘンリー一世治世の重要な事件だと理解しており、そのことを記録する際、あえて一一三四年のノルマンディーのロベールの死にも言及している。

ヘンリーは、このときまでに、娘の帝妃マティルダに継がせることで相続問題を解決しようと決めていた。そのための好機は、一一二五年にマティルダの夫、皇帝ハインリヒ五世が死んだことによりもたらされた。マティルダは翌年イングランドへ呼び戻された。彼女は気が進まなかったが、帰国した。それに続いて生じた議論では、ある者たちはマティルダの継承権を支持し、またある者たちはギヨーム・クリトンの継承権を支持した。王は自分の考えを押し通した。一一二七年一月一日、宮廷の人々はマティルダを相続人として認め、忠誠の誓約を行った。ウスターのジョンによると、もしマティルダが「適法な夫をもつようになるならば」、彼女は彼と共同で相続することになっていた。その後夫となったのは、アンジュー伯ジョフロワという人物だった。二人は一一二八年六月に結婚した。その結婚は、翌月にギヨーム・クリトンが死んだ後でさえ、アングロ・ノルマン諸侯のあいだでは評判がよくなかった。一一三一年、諸侯は、再び召集され、マティルダにたいして一一二七年に最初に行った誓約を更新しなければならなかった。マティルダとジョフロワの結婚には、常にその場しのぎのものだという雰囲気が漂っていた。しかし、その主な目的は、マティルダに二人の息子が生まれたことにより、最初は一一三三年三月にヘンリーが、そして一一三四年六月にジョフロワが生まれたことにより達成された。

ハンティンドンのヘンリーは、人生最後の数ヵ月におけるヘンリー一世を勝ち誇った祖父として描いている。彼は、幼い子供たちの近くにいることができるようノルマンディーに滞在した。しかし、実際には、彼らの誕生が事態を複雑なものにしており、王はそれが原因でその地にとどまっていたのだった。マティルダと夫は、来たるべき継承のためになんらかの保証を要求した。彼らは、権力の源泉となるもの、ノルマンディーとアンジューの境界地方にある城を与えるよう要求したのである。そして、彼らは、ヘンリーにたいしてさらに次のように要求したと思われる。ヘンリーは、「イングランドとノルマンディーのすべての城に関して」、今度は、究極の相続人となる者の親である二人に臣従礼を行うべきだというのである。ヘンリー一世は、娘婿がノルマンディーの領土内に武装して侵入してきたことに激怒した。ヘンリー自身、若いときにずっと待たされてきた。彼は、ほかの者にも忍耐を求めた。伝えられているところでは、ヘンリーは、マティルダを力ずくで夫から引き離そうと考えていたらしい。しかし、その機会が訪れることはなかった。ヘンリーは、一一三五年一一月二五日の夜、ノルマンディーの狩猟用の館の一つ、リヨン・

ラ・フォレで激しい病に襲われ、一週間後に死んだ。「彼が食したものが原因に違いない。」これまで出された多くの説のなかで、ヤツメウナギの食べすぎというのがもっとも人口に膾炙した意見である。遺体はまずルーアンへ運ばれ、そこで内臓が取りだされ、それからレディングへ移送された。遺体は、そこで、彼が創建したクリュニー修道会の修道院に埋葬された。王妃アドリザは、最愛の主人の墓前で永遠に灯明をあげてもらうため、ふんだんに喜捨を行った。

スティーヴン王と帝妃マティルダ

王の選んだ継承者マティルダは、葬儀に参列しなかった。彼女は、相続の権利を要求して、夫とともにアンジューからノルマンディーへやって来たが、侵略者と見なされた。ノルマディーの諸侯たちは、王位継承について話し合うため、ル・ヌーブールに集まった。その場所に重要な意味がある。そこは公領の至便な中心地に位置している。しかし、そこはボーモン家の権力の中心地でもあった。イングランドの王冠をマティルダではなくその従兄であるブロワ伯ティボーに率先して提供したのは、ノルマンディーの諸侯たちだった。ティボーは、マティルダと同じように、ただし母親を通じて、征服王の孫に当たる。しかし、諸侯たちがまだ細かな点を詰めている段階で、知らせが届いた。ティボーの弟ブロワのスティーヴンがすでに一一三五年一二月二二日にイングランド王として戴冠されたというのだった。スティーヴンは、ヘンリーが死んだことを知ると、即座にイギリス海峡を渡り、ロンドン市民の支持を得た。彼は、ケント、エセクス、ブーローニュに権力基盤をもっており、ロンドン市民の生命線である大陸への最短渡航ルートを支配していた。市民はスティーヴンを強く支持した。ソールズベリーのロジャーが三〇年にわたり統括してきた行政組織は、即座にスティーヴン支持に回った。クーデターは周到な計画と迅速な説得を必要とする。スティーヴンに弟ヘンリーの支持がなければ、すべては無に帰していただろう、とマームズベリーのウィリアムは述べている。前王は、一一二九年に、ヘンリーをウィンチェスター司教に任命していた。この行為により、一一三五年のクーデターは可能となったのである。ロンドンとウィンチェスターは権力の要だった。スティーヴンが選ばれたのは、ある特定の宮廷人グループのおかげだったが、それだけで彼の成功が説明されるわけではない。中世の王の地位は、次のうちの一つの手段により、もし可能ならば二つ以上の手段により確保された。その手段とは、政治共同体のさまざまなグループによって選挙されること、前王によって相続人に指名されること、前王との血縁により、できれば直系の血縁により相続することである。一一三五年に起こったことから考えると、この順番は逆にしたほうがよいかもしれない。ヘンリー一世は最初、相続によって王の系統を維持しようと考えていた。王位は自分の嫡出子へ伝えられるはずだった。「白船号」難破の後、マティルダがヘンリーを継ぐべきだという考えは、多くの支持を得ることができなかった。ヘンリーは、彼女を自分の相続人に指名し、事前に選挙の手順を踏まねばならなかった。遺言による取り決めと同じように、継承者の指名もいつでも変更することができた。スティーヴンの一派は、王が考えを変えたという宣誓証言を王の執事（ステュワード）からひきだすことに成功した。そのような証言は証明されうるのだろうか。それは不可能である。それゆえ、ヘンリーの存命中にマティルダにたいしてなされた誓約が常に彼女の継承権請求のもっとも重要な根拠となったのである。これに対抗するため、スティーヴンの戴冠の証書は、付随的にであれ自分を支持したすべての人々を詳細に列挙しているのである。彼は、聖職者と民衆により選ばれ、カンタベリー大司教により聖別された。そして、その王位への指名は教皇により承認されたのである。選挙されたという点が強調されているが、それは適切なことだった。それがスティーヴンの成功の鍵だった。すでに述べたように、選挙は戦略的地位にある少数の人々により確保された。しかし、その背後には政治共同体のより広い支持があった。民衆はスティーヴンに好意的だった。彼は、「性格がよく、すべての人にとって愛想がよく」、「優しく」、「思いやりがあった」。彼は人々に人気があったから、王になったのである。

スティーヴンは完成された宮廷人だった。スティーヴンは、自分の治世初期の宮廷が壮麗な場となるよう配慮した。一一三六年の復活祭、ウェストミンスターにおいて、アングロ・ノルマン世界のほとんどすべての有力者が、ウィンチェスターの弟の教会への譲与の認証者となっている。認証者のリストは、三名の大司教、一三名の司教、五名の伯で始まり、合計五五名の名前を列挙している。宮廷はウェストミンスターからオックスフォードに移り、王はそこで、以前教会にたいして約束したことを文書に認めさせた。財政的側面から考えるならば、そのなかでもっとも重要なのは、空位期における教会の管理に関係したものだった。王は、そこからの収入を得てはならず、また聖職位に任命された者から金銭を取ってはならず、さらに新たに聖職位に就く者の選挙の過程にいかなる方法によっても干渉してはならなかった。司教座聖堂参事会がその選挙を行うのである。教会法に則った選挙が行われるべきである。このような言い回しで、すべての聖職者の耳に聞き慣れた響きをもつ言葉で、問題となっている点すべてが要約されているのである。この証書には新たに一名の認証者が加わっている。それは、すべての人が待ち望んだ人物、ヘンリーの年長の庶子、グロスターのロバートだった。マームズベリーのウィリアムは、けっして人を欺くほどではないにしても、常にロバートの行動の記述に可能な限り巧みに手を加えているのだが、彼によると、ロバートは王に「条件付きで」臣従礼を行ったという。だが、現実には、すべての臣従礼の行為が条件付きである。ロバートには宮廷に来る以外に選択肢がなかったのである。彼は、腹違いの妹の継承権の請求を推し進めるのには乗り気ではなかった。彼は、誰が王となるべきかと尋ねられて、マティルダの子、ヘンリーだと答えた。このとき、ヘンリーは二歳にすぎなかった。

マティルダは孤立した。彼女は、「とある理由のため」イングランドへ渡らなかった。彼女は再び身籠っていたのだった。三男ギヨームが一一三六年八月に生まれた。このことが彼女の妨げになったに違いない。より重要な点、またスティーヴンと比べたとき致命的と思われる点は、彼女がイングランドに拠点をもっていなかったことだった。マティルダが、このような不利な状況を抱えて、どのようにして自己の継承権の請求を実現しようとしていたかについては、想像するよりほかにない。スティーヴンの弱点、つまり、彼の権威が及ぶ領域の境界地方、さらに彼の支配の根拠を最初に攻撃することは、まったく理にかなったことだった。スティーヴンの境界地方は広範囲にわたった。彼はイングランドとノルマンディーの両方を相続していた。彼は、この両地域を同時に相続した最初の王だった。最初の脅威は、帝妃の叔父、スコットランドのデイヴィッドによるものだった。彼は、前王が墓に葬られる前に、イングランドに侵入していた。スティーヴンはデイヴィッドにたいして迅速に対処した。スティーヴンは主として傭兵で構成された軍を率いたが、それは「イングランドでは記憶にないほどの規模のものだった」。デイヴィッド王は和平を結んだ。その子ヘンリーにハンティンドン伯領が与えられ、彼は、そのために臣従礼を行った。ヘンリーは、スティーヴンの復活祭の宮廷に出廷していた。マティルダの夫、アンジュー伯ジョフロワも、同じく、彼女のために拠点を確立するのに失敗した。スティーヴンは、一一三七年の春、ノルマンディーに渡った。彼は、年二〇〇〇マルクの年金の約束で兄のブロワ伯ティボーの支持を取りつけ、さらに自分の子ユスタスにノルマンディーに関して臣従礼を行わせることにより、フランス王の支持も得た。スティーヴンは、これらの手立てをアンジュー家との対戦の準備だと考えていたはずである。しかし、それが始まる前に、彼の軍司令部の中枢が口論と非難の応酬で混乱してしまった。グロスターのロバートは次のように主張した。フランドルとブーローニュから連れてきたスティーヴンの軍勢の指揮官であったイープルのギヨームが彼を待ち伏せして襲う計画を立てていたというのである。多くのノルマン人がスティーヴンの陣営を去り、家路へと就いた。王は、このことに激怒したと伝えられている。

彼らは、私を王に選んだのに、なぜ私を捨てるのか。神に誓って、けっして私を玉座をもたぬ王とは呼ばせはしない。

翌年、一一三八年、マティルダの腹違いの兄グロスターのロバートとその叔父スコットランド王の両者がスティーヴンへの支持を撤回した。彼らは、一一三六年にスティーヴンと和平を結んでいた。ロバートは、旧世代の紳士的人物であり、しかるべき手順に従ってスティーヴンへの忠誠を破棄した。スティーヴンは、これを受けて、イングランド西部にあるロバートの所領支配の拠点、ブリストルを攻囲した。この攻囲はなんら成果をあげることなく終わるのだが、王がこの作戦に忙殺されているとき、スコットランド人がイングランドに再び侵入した。彼らは評判通りに行動した。北部の女性の貞節と聖人の聖域が汚され、ノルマン人がイングランド北部に確立していた有利な状況すべてが危機にさらされた。北部諸侯は、ヨーク大司教サースタンにより手際よく召集され、戦闘を開始した。サースタンは、若いときヘンリー一世の宮廷で「接待係」として仕えていたが、彼の今回の使命はスコットランド人を追い返すことだった。イングランドの一般召集軍も、諸聖人の旗のもとで、ノルマン人とともに戦い、勝利を得た。後に「旗の戦い（バトル・オヴ・ザ・スタンダード）」として知られることになるこの戦闘は、一一三八年八月二九日にサースクの町近くで行われたものだが、スコットランド人にとって大きな敗北となった。しかし、それに続いてなされた和平協定により、スコットランドの王の子にたいするノーサンバーランド伯領の譲与を含め、いくつかの譲与・譲歩がなされた。スティーヴン王は、「問題を処理するとき、常に敵ではなく自分自身がより損害を被る形で終わらせた」、とマームズベリーのウィリアムは述べている。ウィリアムは、今述べた話を思い浮かべていたのかもしれない。

一一三八年の和平協定がなぜスコットランド人にたいしてそこまで寛大だったのかという問いを解く鍵は、明らかに、その夏教皇特使のオスティア司教アルベリクスがイングランドに滞在していたという事実に見いだすことができる。彼は、教皇インノケンティウス二世の特使だった。一一三八年一月に対立教皇アナクレトゥス二世が死んだため、インノケンティウスの権威はいまや疑問の余地のないものだった。アルベリクスは、ベック修道院長セオボールドをカンタベリー大司教に任命した教会会議を主宰し、スコットランド人との和平締結に積極的だった。しかし、彼の教皇特使としての主要な使命は、一一三九年の復活祭にローマで開かれる第二ラテラノ公会議にイングランドの聖職者を召集することだった。スティーヴンにはこの公会議の重要性が理解できた。なぜなら、スティーヴンが誓約を破棄し王位を簒奪したという、マティルダの主張がそこで完全に否定される可能性があったからである。スティーヴンは支持者を送った。彼らは、スティーヴンがイングランド教会にたいして行った特権授与について伝えるよう事前に指示されていた。彼らがもち帰ったいくつかの証書において、「わが最愛の子スティーヴン」、「輝かしきイングランド人の王」によりなされたその特権授与は、そのままの言葉で再び承認されていた。スティーヴンとマティルダの主張がそれぞれ審議された。そして裁決は延期された。それは、必ずしもスティーヴンが望んだものではなかったが、マティルダにとっては大きな敗北だった。

帝妃（エンプレス）、権力を争う

マティルダがどのような計画を立てていたとしても、それは明らかに頓挫した。マティルダの立場は、いくつかの点において、スティーヴンの治世が始まったときよりも悪くなっていた。彼女は最後の絶望的な賭けに出た。彼女はイングランドに上陸した。上陸場所を選ぶのは簡単ではなかった。マティルダは、ヘンリー一世の未亡人でアランデルを寡婦産として保有していた継母のアドリザの助力を当てにした。彼女は、一一三九年九月二〇日ポーツマスに上陸し、アランデルをめざした。スティーヴンは、海岸を監視するために配置された者たちが責務を果たせなかったことに激怒した。彼らはスティーヴンをジレンマにおちいらせることになった。その解決は想像以上に困難だった。スティーヴンは、地位身分において自分と対等な二人の意志の固い女性を孤立させてはいたが、自分の権力下に置いたわけではなかった。彼女たちが犯した罪は封建的儀礼にたいする罪だった。しかし、われわれと同じくスティーヴンにも明白だったが、帝妃のほうがより脅威だった。実際の交渉の過程をうかがい知ることはできないが、それは優柔不断で致命的な行為で終わった。スティーヴンにより、通行の安全を保証されブリストルで腹違いの兄ロバートに合流する許可がマティルダに与えられた。そして、彼の弟ウィンチェスターのヘンリーが途中まで彼女に同行した。その話を聞いたとき、人々は当惑した。しかし、人々は、それがまったくスティーヴンらしい行動だと考えただろう。『アングロ・サクソン年代記』を書いたピーターバラの修道士が、感想を述べている。王は、「寛大で善良で穏和な人物であり、法による罰を厳格には科さなかった」。彼は、「報復を行わない人物だった」。一一三六年初期にボールドウィン・ド・レドヴァーズがスティーヴンに反抗してエクセターで籠城し、さらに一一三八年にはジェフリー・タルボットがヘリフォードを要塞化した。どちらの場合も守備隊は降伏したが、彼らは自由の身とされた。これが支配領域全体に広まっていた王の評判だった。彼はけっして恐れられることはなかった。

一一三八年夏に起こったグロスターのロバートの離反から一一三九年九月のマティルダの上陸までの期間は、イングランドの人々に大きな不安を与えた時期だった。あらゆる階層の人々にとって、「城や都市に生活に必要なものを蓄え、しかるべき武装をした兵士を確保すること」が賢明だと思われた。このことは、俗人だけでなく聖職者にも当てはまった。王の弟ウィンチェスター司教ヘンリーは六つの城を支配していた。また、ソールズベリー司教ロジャーは四つの城を支配しており、そのなかにはシャーボーンとディヴァイジズがあった。この二つの城は、最新の様式で築かれており、とりわけ戦略上重要な意味をもっていた。このことは、いく人かの世俗諸侯、とくにその行動思考様式がノルマンディーで培われた諸侯の感情を害した。ノルマンディーでは、すべての城は、私的所有物ではなく公共建造物であり、非常事態には支配者に明け渡されねばならなかったからである。この時期は、非常事態ではなかったのだろうか。明らかにそうだった。司教たちの忠誠心は当てにできたのだろうか。これはそれほど明確ではなかった。噂が飛びかっていた。そして、スティーヴンは、ついにそれに対処する決心をした。一一三九年六月、オックスフォードの王の宮廷において、司教ロジャーとその甥たちが逮捕された。城の明け渡しが忠誠の証しとして要求された。イーリー司教ナイジェルは逃亡し、愚かなことに、ディヴァイジズに守備隊を配置し、噂になんらかの真実があったことを証明してしまった。強い脅しにより、彼は城の明け渡しを余儀なくされた。脅しの一つは、ソールズベリーのロジャーの子であった尚書部長官を城壁の前で絞首刑にするというものだった。この知らせは広まり、その過程で脚色されていった。ある話では、司教ロジャーは牛舎に収監された。別の話では、ロジャーの愛妾ラムズベリーのマティルダがディヴァイジズの城主として自分の子の命乞いをしたことになっていた。この事件には続きがある。ウィンチェスターのヘンリーは、彼自ら城をもっており、さらに教皇特使の権威を最近与えられていた。彼は、一般に「司教逮捕事件」と呼ばれているこの出来事を自分の権威を試す機会として利用することになる。教会会議が召集され、王は自分の行為にたいして弁明するよう呼び出しを受けた。しかし、この会議は、解決よりもむしろ混乱をもたらした。王が公の場で屈辱を味わわされることはなかった。それどころか、「教皇特使と大司教は、王の部屋で嘆願者として彼の足下にひれ伏し」、「俗権（レグヌム）と教権（サケルドティウム）のあいだに分裂を起こさせないよう」懇願した。この行動は少しばかり遅すぎた。教皇特使の兄は彼にたいして激怒し、行政組織の長は不興をこうむった。スティーヴンを権力の座に就けこれまで彼を支えてきた合意は、すでに崩れ去っていた。それは政治共同体の分裂であり、広範囲にわたるものだった。それはスティーヴンの宮廷の一体性を崩壊させたのである。

　宮廷は国の政治生活の中心であることをやめた。もしスティーヴンが今後事件の先導者ではなく追従者のように見えるならば、それはこのことが原因である。人々は独自の道を探った。ウィンチェスターのヘンリーは、フランスへ行き、兄ブロワのティボーとフランス王と会談した後、王位継承に関する協定案を携えて戻ってきた。「もし言葉に行動がともなっていれば、それは、国に利益をもたらしただろう。」マティルダとその支持者たちは、その案を受け入れる気があったらしい。そのことから推測されるのは、その案が、最終的にマティルダの子ヘンリーが継承するというものだったということである。スティーヴンには、その相続人によるイングランド王位継承を除外した懐柔案が提示されたと考えられる。スティーヴンは拒否し、数ヵ月後に、治世のなかでもっとも重要な戦いが起こった。これは偶然ではない。戦争は、あらゆる手を探り尽くし、対戦から失うより得るものが多い者が訴える最後の手段である。戦争は焦点を必要とする。今回は、リンカンの王城の支配をめぐる争いが焦点となった。チェスター伯ラーヌルフとその父親違いの兄ルーメアーのウィリアムは、相続権にもとづいて、その城代職の権利を要求していた。しかし、スティーヴンは、前王と同じく、官職の相続を好まなかった。また、同時に、イングランド東部の主要な港の支配を維持することは、スティーヴンにとって重要なことだった。リンカンは、トークジー経由でトレント川に接続している主要な港の一つだった。スティーヴンは、リンカン市民たちに城にたいする権利を主張するよう促されたとき、迅速に対処し、一一四〇年のクリスマスにラーヌルフとその弟を急襲した。ラーヌルフは逃亡したが、その妻は捕らえられた。彼女はグロスターのロバートの娘だった。ラーヌルフは彼に援助を求めた。家門の権利主張は無視されえなかった。ロバートはすぐさま対応し、「とても恐ろしく耐えられないウェールズ人の集団」を西部地方からリンカンへひき連れていった。ラーヌルフはチェシャーで軍勢を集めたが、その一部は同様にウェールズ人だった。二人の伯は途中で、おそらくラーヌルフのミッドランド地方の拠点、レスターシャーのカースル・ドニントンで軍を合流させた。スティーヴンの家来たち、「不誠実で党派に分裂した伯ども」とハンティドンのヘンリーが呼ぶ者たちは、わずかな従者を提供しただけだったが、王はそれでも家中の戦士と傭兵からなる強力な軍勢を召集することができた。歩兵主体の軍勢が、騎士主体の王の軍勢と対戦した。そして、歩兵軍が有利な状況下で勝利を収めた。王は、わずかな家臣を除きすべての者に見捨てられたにもかかわらず、勇敢に戦ったが、結局降服を余儀なくされた。彼は捕

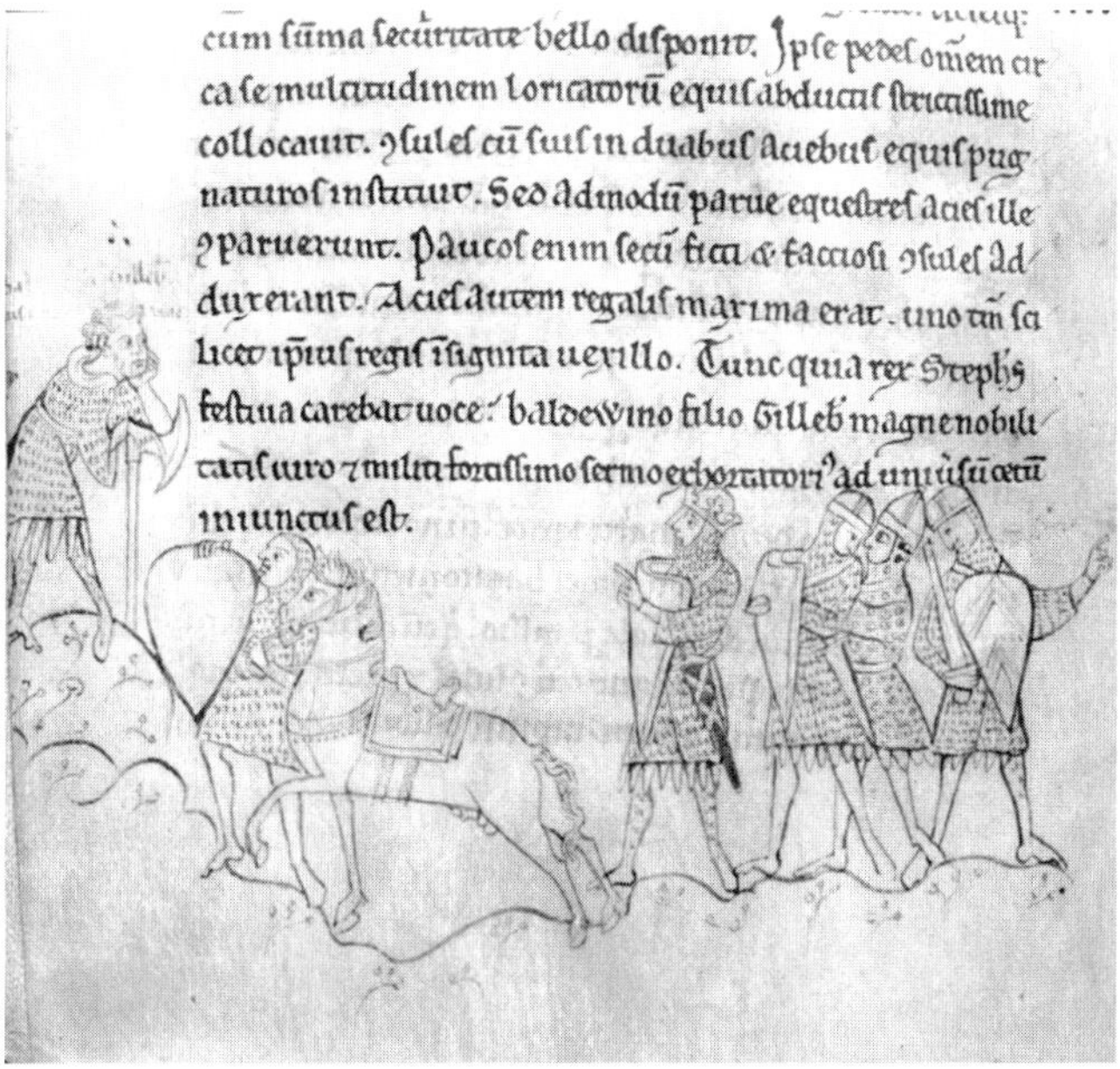

図37（上）　リンカンの戦い（1141年）。広く読まれたハンティンドンの助祭長ヘンリーの年代記から。この絵は同年代記に記された一つの逸話にもとづいている。戦いの前に、ボールドウィン・フィッツ・ギルバートが王軍にたいして、戦意を高揚させ、武勲をたてるよう訓戒している。スティーヴン王（中央）の声が弱々しかったため、王はこの役目をボールドウィンに代行させたのである。

図38（下）　ムーラン伯ウォールランの印章。ウォールランはスティーヴィン王からウスター伯に任命され、この新たな権威ある地位を示すために両面からなる印章を作った。「剣」が描かれている側は「ムーラン伯」であることを、王の印璽にならって「旗印」が描かれている側は、「ウスター伯」であることを示している。

虜としてブリストルへ連行された。

状況は、いまや、マティルダの王位継承にまったく有利なように思われた。一一四一年には、前回、一一三五年と同じように、権力奪取の鍵はウィンチェスターとロンドンだった。以前と同じように、このときも、黒幕はウィンチェスターのヘンリーだった。彼は今では、さらに教皇特使という責務を負っていた。彼は、政治的変化に追随する形で、マティルダの称号を受け入れた。その称号は非常に興味深いものだった。そのとき以降、マティルダは、女王ではなく、「ドミナ・アングロルム」、つまり「イングランド人の女主君」と呼ばれた。しかし、彼女は、いまや自ら王の権力を行使し始めた。彼女は、自らの名で、証書を発給し貨幣を発行し始めた。彼女はロンドン市民に王の援助金を要求した。しかし、彼女はロンドンになんら確固たる拠点を確立することができなかった。スティーヴンが捕囚の身でありながら、なぜそうなったのだろうか。年代記作者の考えでは、その理由は、とりわけマティルダの性格上の欠陥だった。マームズベリーのウィリアムは、彼女を「エアデム・ウィラゴ」と呼んだ。この言葉は英語では翻訳する必要はないが、あえて言い換えるならば「男勝りの女」ということになるだろう。「彼女は、女性にふさわしい慎み深い立ち居振る舞いの代わりに、極度に傲慢・尊大な態度をとった。」彼女は、その行動すべてにおいて専断的でわがままだった。彼女は助言を受け入れなかった。彼女は明らかに思慮が足りなかった。たとえば、ダラムの新司教を指輪と杖により叙任しようとしたことや、ロンドンの新司教から金銭を取ろうとしたことは、思慮の足りないことだった。これらの記述は、たんに性別にたいする偏見を表明しているだけではない。マティルダはロンドンを敵の領土と見なしたが、それには理由があった。スティーヴンの王妃がテームズ川南岸に軍を集結させていた。それは、マティルダだけでなく首都にとっても脅威となっていた。ロンドン市民は、教会の鐘を打ち鳴らし、武器を取り蜂起した。帝妃は追い払われた。

帝妃の立場は、これまでもずっと曖昧なものだった。彼女は本当に自分自身の権利で女王になろうと望んでいたのだろうか。彼女は一時期そのように考えていたかもしれない。しかし、彼女の支持者たちは、いまや幻滅を感じていた。マティルダは、ロンドンからオックスフォードへ移動した。彼女は、オックスフォードであまり積極的でない支持者、エセクス伯ジェフリー・ド・マンドヴィルと協定を結んだ。彼女は彼にイングランド東部の強大な権力と広大な所領を譲与した。ここでの関心事は、ジェフリーが要求した保証だった。マティルダは約束しなければならなかった。彼女は、「可能な限り」次のように保証すると約束した。夫のアンジュー伯と息子のヘンリー自身が彼女の譲与の擁護を誓約するであろうし、また、可能ならば、フランス王もそうするであろうと。その証書は必ずしも、女性が行った約束が作成された文書に値しないと述べているわけではないけれども、それに近い状況を示している。この秋の一連の出来事は、マティルダが男性と一緒でなければ行動できないという同じ教訓をしっかりと認識させた。ロンドンを失ったマティルダは、今度はウィンチェスターを攻略することにした。この都市も、彼女が支配できない領土であることが明らかとなった。彼女はまた撃退されたのだが、今回は衝撃を受けほとんど意識のないまま逃走した。彼女は、馬にくくりつけられ、「あたかも死体のように」運ばれた。ウィンチェスターから退却する途中、グロスターのロバートが捕虜となった。彼は妹の成功にとって決定的に重要な存在だった。マティルダには、交換としてスティーヴンを解放する以外に選択肢はなかった。このとき以降、疑いもなく、幼いヘンリーの王位継承権が、母マティルダと伯父グロスターのロバートにより追求されるようになった。ヘンリーの王位継承へといたる重要な段階は、父親によるノルマンディーの占領だった。リンカンの戦いは、ノルマンディーの諸侯による抵抗を崩壊させた。ムーラン伯ウォールランのような重要な支持者の離反と全般的な戦意喪失の結果、アンジューのジョフロワは、メーヌ経由でノルマンディーに侵入し、（グロスターのロバートの援助を受けて）ノルマンディー西部を占領し、さらに東部へ進軍することができた。ジョフロワは、一一四四年四月、ノルマンディー公に叙された。この軍事行動のあいだに、アングロ・ノルマン帝国は最終的に分裂し、この帝国の歴史を年代記に記してきたオルデリク・ヴィターリスもこの世を去った。

「キリストと聖人たちが眠り込んでしまった」

一一四〇年代には、かつてヘンリー一世の支配下にあった領土は縮小し、三人の異なった統治者により支配されるようになっていた。アンジューのジョフロワがノルマンディー公だった。主としてディヴァイジズに滞在したマティルダとともに、グロスターのロバートがイングランド西部を押さえていた。そしてスティーヴンがイングランド王にとどまっていた。それぞれが自分の支配下にある人々になんらかの保護を与えていた。『スティーヴン事績録』の作者が伝えるところによれば、グロスターのロバートとその支持者たちが「海から海へいたるイングランドの半分の領域を彼ら自身の法と布告のもとに置いていた」。ロバートは、その地域に、真の平和ではなく「平和の影」を提供していた。なぜなら、彼は、保護の代償として軍事的奉仕もしくは城塞建設の労働を要求したからである。当時の年代記作者にとって、これらの城は専制的権力の象徴だった。スティーヴン治世には、城がキノコのようにあらわれ出た。和平が最終的に達成されたとき、無許可の城の取り壊しがまず優先して行われるべきことだった。年代記のある版では、そのような城が一一〇〇も存在したと述べられている。「力ある者は誰もが自分のために城を築き、王に逆らってそれを保持した。」『アングロ・サクソン年代記』は、無政府状態に関して古典的となった記述のなかでこのように伝えている。「彼らは全土をこのような城で満たした。」そして、城が築かれると、「彼らはそれを悪魔と邪悪な者たちで満たした」。人々は、金銭略奪のために拷問にかけられ、逆さ吊りにされ、鰊（にしん）の薫製のようにいぶられ、蛇やヒキガエルのいる地下牢に投げ入れられた。「人々はこのようにして死んでいったのである。」すべての者が破滅した。農村地帯では、名の知れた村々が寂しく人気もなく存在しているのが見られるだろう。農民は、男も女もあらゆる世代の者すべてが死に絶えた。畑は（秋が近いため）すばらしい収穫で色づいているが、耕す者たちは壊滅的な飢饉によりすでに奪い去られていた。イングランド全土が悲しみと災いの衣で覆われている。

次の簡潔な表現がすべてを要約している。「キリストと聖人たちが眠り込んでしまった、と公然と主張された。」

聖人たちが眠り込んでしまった時期は、しばしばスティーヴン治世の「無政府状態」として言及される。厳密な意味では、無政府状態とは統治の欠如を意味する。実際にそうだった。スティーヴンの統治は、一一四一年以後、非常に限られた地域でのみ機能していた。このことは貨幣によって知ることができる。貨幣は、イングランド南東部においてのみ、中央の統制のもとスティーヴンの名前で発行されていたにすぎなかった（同治世様式1と様式2）。ニューカースルとカーライルでは、スコットランド人の王が貨幣を発行した。ブリストル、ウェアラム、カーディフ（そして一時期オックスフォード）では、帝妃の名前で貨幣が発行された。いく人かの諸侯は、この状況下で大胆にも自らの名前で貨幣を発行した。最近ボックス（ウィルトシャー）で発見された埋蔵貨によって知られるように、グロスターのロバートも貨幣を発行していた。同様に、ソールズベリー伯パトリックも、また南ウェールズではヘンリー・ド・ニューブールが同じように行動した。このような事実は、地方権力の状況を、年代記作者たちが非難した非合法権力の実態を示しているのである。

このことは、しかしながら、より全般的な意味での無政府状態、地方における完全な秩序の崩壊が存在したことを意味するわけではない。地方の秩序は常に、王の責任であるのと同時に諸侯の責任でもあった。領域内で自分の利益を追求し、自分の家臣や支配下にある者の行動を統制することは、諸侯自身の利害にかかわることだった。そのような関心は、一一四九年と一一五三年のあいだにチェスター伯とレスター伯によって結ばれた協定に見ることができる。それは、多く存在した似たような協定の典型的な事例である。リンカン司教の面前で結ばれたこの協定が意図したことは、レスターシャー地方の非軍事化だった。いかなる新たな城も、両派の同意なくして、この領域（境界の諸城により範囲が確定されている）に建設されてはならなかった。もし建設されたなら、両伯が協力して破壊するであろう。しかし、彼らは、自分たちの意志だけですべてが自由になるわけではなかった。彼らは、自分たちがそれぞれ異なる主君に従って戦わねばならない状況を想定していた。つまり、レスター伯がスティーヴン王のために、またチェスター伯がマティルダの子ヘンリー公のために戦わねばならない状況がありえたのである。そのような場合には、彼らは、二〇人の騎士のみをひき連れていくこと、そして戦闘の過程で略奪したものすべてを返還することを約束していた。この協定は、両者のあいだで起こった紛争から、また同じく自分たちの家臣の勝手な行動を抑制しようとする気持ちから生じたものだった。ラルフ・デイヴィスによって正しくも「諸侯の平和」と呼ばれたこの問題に関して、聖職者たちにも果たすべき役割があった。彼らは異なる武器で戦った。聖職者たちは、世俗権力、つまり伯たちが前述のような協定において前提としていた地方権力による強制取り立てと見なしうるものを厳しく批判するようになった。一一五一年の四旬節・喜びの主日にロンドンで開かれた教会会議は、政治権力の悪弊にたいして「新たな救済策を探すこと」に努力した。彼らは、農民に課税したり農業や建設の労働を課そうとするすべての者を破門した。王による労働と税の徴収だけが許された。聖職者たちは、王権の権利を明確にし、農民の保護を王権に委ねたのである。

アンジューのヘンリー

スティーヴン治世末期の主要な年代記史料は、その作者がよくわからない『スティーヴン事績録[☆8]』である。この年代記は一貫してスティーヴン支持の立場だったが、驚いたことに、一一四七年にマティルダの子ヘンリーがノルマンディーからイングランドへやって来たとき、彼を「イングランド王国の正当な相続人、正当な継承権請求者」と呼んでいる。ただ、これは驚くほどのことではないのかもしれない。スティーヴンが正当な王であり、ヘンリーがその相続人だというのは、それまでずっと提示されてきた考えである。それは、とりわけウィンチェスターのヘンリーによりたえず主張されてきたもので、着実に人々の支持を得るようになってきていた。しかし、それには、スティーヴンにとってもその子ユスタスにとっても得るものがなかった。一一四七年のヘンリーの上陸とともに、イングランドの政治の焦点が一世代動いた。その年、ヘンリーは一四歳であり、当初、若さゆえの情熱と自分の権利主張の正当性への確信だけが彼を支えていた。ヘンリーは、自分があらわれたことにより支持者が集結することを望んでいた。しかし、そのようにはならなかった。ヘンリーは、すぐに自分の軍に支払う資金がなくなってしまい、母親も伯父も彼を援助しようとはしなかった。ロバートが援助を拒否したのは、驚くにあたらない。彼は忍耐を学ばされてきた。そして、いまやその生き方がその人柄を作っていた。彼は、その年の終わりを迎えることなく、一一四七年一〇月三一日に死んだ。マティルダは、翌年初め、イングランドを去り、ルーアンに落ち着いた。彼女は、その後二〇年生き、聴罪司祭を通して常に政治的な話題に通じていることを好んだが、そのとき以降傍観者の地位にとどまった。ある意味では、彼女は、それまでもずっと傍観者だった。ヘンリーは自力で行動した。彼は、一一四七年、スティーヴンに金を求めることを余儀なくされた。スティーヴンは、「自分が権力にとどまっている限り」、親族であるヘンリーに好意的に接した。スティーヴンはヘンリーに帰国の費用を与えた。この話は広まった。それは、スティーヴンの優しい性格を表している。しかし、それはヘンリーにとって屈辱だった。ヘンリーは、一一四九年、叔父であるスコットランドの王から騎士叙任を受けるため、再びやって来たが、そのときもまた成功を収めることはなかった。ヘンリーが滞在していたスコットランドの宮廷にはチェスター伯も加わった。伯はそこでヘンリーに臣従礼を行ったはずである。

その結果、すでに考察したチェスター・レスター協定が結ばれたのである。このときイングランド北部へのさらなる攻撃が計画されたが、スティーヴンはヨーク市民たちからその知らせを受けて対応し、侵入の脅威を取り除いた。スティーヴンの子ユスタスが猛追するなか、ヘンリーは、カーライルからミッドランド地方西部を抜けてブリストルへ退却し、なんら成果をあげることなくノルマンディーへ戻った。

一一五〇年代初期に勢力のバランスが変化した。一一四七年と一一四九年にヘンリーが人々の心を捉えるのに失敗した理由は、ただたんに彼が若かっただけでなく、彼が大陸になんら資力・資産をもっていないことだった。いまや、そして突然に、彼は資力を得ることになった。まず一一五〇年、彼はノルマンディー公となった。これは、彼が成人したときに、父親から与えられたもので、彼の相続財産と見なされた。次いで一一五一年九月、父親アンジューのジョフロワが死に、ヘンリーがアンジュー伯として後を継いだ。ヘンリーはいまや一八歳である。彼は、数ヵ月のうちに、土地なしから大領主になった。彼の幸運の連続はそこで終わらなかった。一一五二年三月、ルイ七世が妻アキテーヌのアリエノールと離婚した。アリエノールは裕福な女子相続人だった。彼女はアキテーヌ公ギヨーム一〇世の娘で、夫にラングドックの重要な領域をもたらしていた。しかし、一四年の結婚期間に彼女が王にもたらしたのは、娘のみだった。彼女は離縁された。二ヵ月のうちに、彼女はヘンリーと結婚した。トリニーのロベール[☆9]がいくぶん皮肉を込めて述べているように、結婚式は、「急いでか事前の計画に従ってかわからないが」、ル・マン司教座聖堂で行われた。フランス王は、この結婚の知らせを聞いて激怒した。もしアリエノールが新しい夫の息子を生んだら、彼の娘たちはアキテーヌのすべての権利を失うことになるのである。フランス王主導のもと、フランス内のこの権力バランスの急激な変化に脅威を感じた者たちのあいだで多くの同盟が結ばれた。一一五二年夏のノルマンディー南部辺境地方での出来事が、ヘンリーのイングランドでの成功にとって重要であることが明らかとなるであろう。ヘンリーはフランス王によるあらゆる動きに対抗した。彼はヴェクサンに侵入し、彼にたいする同盟は崩壊した。ヘンリー

図39a(上)　スティーヴン王の貨幣。ヨークで発行されたもので、２人の人物像が刻まれている。

図39b(中上)　スティーヴン治世に諸侯により打造された貨幣。これもヨークで発行されている。

図39c(中下)　ヘンリー２世の印璽。

図39d(下)　ヘンリー２世の貨幣。

は、そのような状況になって、やっとイングランドへと出帆することができた。彼は、一一五三年一月に上陸した。彼は、いまや、自分の疑いえない相続権の請求を裏打ちする資力をもっており、しかも、それはルーアンのいく人かの裕福な市民によって増強されていた。ヘンリーのみが、イングランドとノルマンディーの統一的統治の可能性を提供できたのである。

以上が、和平が締結される前一年間の経過である。合意がなされた条件はよく知られている。両派は、少なくとも一一四〇年初期以来交渉を続けてきた。ヘンリーがスティーヴンを継ぐ。そして、ユスタスは父親がイングランド王即位以前に保持していた（非常に広大な）土地のみを享受する。それには、イングランド南東部のブーローニュ諸侯領の土地が含まれていた。父親がこの条件を受け入れざるをえないことが明らかとなると、ユスタスは宮廷を去った。彼は、八月に子供を残さずに死んだ。そして、同じ月に、ヘンリー公の最初の息子が生まれた。スティーヴンにはもう一人の息子ウィリアムがいたが、彼は兄が拒否した条件を受け入れる用意があった。彼は、すでにイースト・アングリアにあるウォレンヌ家の大所領の女子相続人と結婚していたからである。権力委譲の条件が一一月までに合意された。ヘンリーによる相続の問題は、養子という法的観念に訴えることにより解決された。スティーヴンはヘンリーを自分の相続人とすることで面子を保った。スティーヴンは選挙により王位を継承した。ヘンリーは相続人指名により継承することになる。しかし、両者を除いた政治共同体から見ると、ヘンリーは相続権により王位を継承するのである。スティーヴンは、その人生の残りの期間、王であり続けることになる。

余は、イングランド全土において、余に属する地方と公に属する地方の双方において、王の裁判権を行使するであろう。

これは、うまく機能するように思われた。しかし、それには棘が隠されていた。ヘンリーには、王位簒奪者と見なす前任者の譲与を認める気はなかった。ヘンリーはこの点について偽る気持ちはなかった。スティーヴンが安らかに眠るには、協定のなかで、ファーヴァーシャム修道院にたいするスティーヴンの譲与が有効であると明記されねばならなかった。この修道院は、ヘンリー一世のレディング修道院と同じように、スティーヴン自身が建設したものだった。主要な城は協定のなかで名前を明記されている城代に与えられた。同時に、すべての無許可の城は破壊されることになっていた。スティーヴンのフランドル人の傭兵は故国へ送り返されることになっていた。それは非常にうまく練られた協定だった。それは必要な限り維持されることになっていた。しかし、その期間は、結局、数ヵ月にすぎなかった。スティーヴンは、一一五四年一〇月二五日、腸内出血のため、六〇歳くらいで死んだ。

第三章　アンジュー帝国　一一五四―一二〇四年

ヘンリー二世は、単純でわかりやすい人間であり、健康に恵まれ、限りない活力に満ちていた。彼の治世には、単純でわかりやすい統治理念がいくつか提示された。ヘンリーは、そのような理念を即位時にもち込んだのである。それは、彼が即位前に発給した証書のなかでそれとなく述べられており、一一五三年の和平協定のなかで明確に示されていた。一一五三年初期、彼は、ブリストルのセント・オーガスティン修道院のために証書を発給した。彼が一〇年前イングランドへはじめてやって来たときに教育を受けたのは、この場所だった。そこの修道士たちがそのとき自分を保護し、自分の王位継承権請求を支持したことを、ヘンリーは認めた。その見返りとして、彼は、修道士たちがすでに保持しているものであれこれから獲得するものであれ、「イングランド王権に属する」土地や地代を彼らが保有することを擁護するであろう。彼は、「わが祖父ヘンリー王の魂の救済のために」さらに譲与を行った。そして、「神の恩寵により自分の相続財産を獲得したときには」さらなる譲与を行うと約束した。この一通の証書で提示された理念を、彼は生涯追求することになる。

ヘンリーはかつて自分の利益を擁護してくれた人々を支持することになる。彼は王の権利を擁護するであろう。彼は、過去二〇年間に王の権威と見なされていたものではなく、自分の祖父の相続財産、つまりヘンリー一世が行使したすべての権利を確保するであろう。これ以外にも追求すべきものがあった。妻アリエノールを通して、ポワトゥー伯とガスコーニュ公に代々伝えられてきた請求権がヘンリーのものとなっていた。彼は、その権利を精力的に追求した。ヘンリーは、いまやフランス西部の広大な領土を支配していた。イングランド北部のニューカースルからフランス南部のボルドーまでの距離は、直線距離で七〇〇マイル（一一二五キロメートル）以上もある。中世の宮廷は、中世の道を一日二〇マイルも移動すれば上出来だった。伝達・移動が非常に困難だった時代には、統治理念が単純なのはむしろ好都合だった。

また、この理念を実行に移す際に王が現実的・実利的な人間だったことも好都合だった。このことは、ヘンリーによる顧問官の選択において、もっとも明瞭に示されている。一一五三年の和平合意において、俗人のなかで最初に名前があげられているのは、レスター伯ロバートとサセクス伯ウィリアム・ドーヴィニー（一一五一年に死去した王妃アドリザの二番目の夫）だった。この二人は、イングランドの伯のなかで、もっとも地位の高い人物だった。リチャード・ド・ルーシーは、現在まで伝えられているスティーヴンの証書のうち一三五通で認証者となっているが、彼も同じく重要な人物だった。彼は、一一五三年の協定において、ウィンザー城とロンドン塔の城代と記されている。数年の後、レスターのロバートとリチャード・ド・ルーシーの地位は、行政長官職☆1への任命により証明された。この職により、彼らは、常に旅をしていたと思われる王に代わり執行権力を行使することができた。顧問官のリストに、ヘン

図40　リーヴォー修道院（北ヨークシャー）。教会の身廊は比較的わずかしか残っていないが、現存している東部分と交差廊は、シトー会修道院建築の最高の技術を示している。

ることができる。この五人は、内乱時には二派に分かれて戦ったが、ともにヘンリー二世に仕えた。彼らは、長命だった。帝妃は一一六七年に修道女として死んだ。このグループから最初に俗人が抜けたのは、一一六八年にレスターのロバートが死んだときのことだった。コンウォールのレジナルドは、一一七五年まで生きていた。ウィリアム・ド・ヴィニーは一一七六年に、リチャード・ド・ルーシーは一一七九年に死んだ。ヘンリー二世は、古い世代と協調して行動したという点で、中世の諸王のなかでは稀な存在だった。

ヘンリーは、少なくとも治世の初めには、警戒すべき同世代の者を多く抱えていた。スティーヴンの次男、ブーローニュのウィリアムは、父親の土地すべてを相続しており、さらにウォレンヌ家の女子相続人がもつイースト・アングリアの所領を結婚により獲得していた。この二つの所領のおかげで、ウィリアムは非常に独立的な地位を享受していた。しかし、彼とヘンリーとの関係は、常に良好で、温かみさえ感じさせるものだった。ウィリアムは、一一五九年のトゥールーズ遠征でヘンリーの野心のために戦っているさなか、自分の本拠地からはるか離れたこの場所で戦死した。彼は子孫を残さずに死んだ。スティーヴンの娘メアリーが血統を存続させることになったが、人々はそのことに当惑した。なぜなら、彼女は、すでにロムジーの女子修道院長に任命されていたからである。カンタベリー大司教はメアリーの結婚に憤慨していると表明したが、教皇は理解を示した。しかし、一一五三年にウィリアムに譲与された全領土のうち、ブーローニュ伯領だけが、フランドル伯の弟でメアリーの夫となったマチューに与えられた。同様に、ヘンリーの弟ジョフロワも潜在的脅威だった。父親の遺言では、ジョフロワになんらかの独立した領地が与えられることが想定されていたからである。ジョフロワはそれを拒否され、代わりにブルターニュ公、つまり兄の野心を遂行する地位に任命された。彼もまた若くして死に、子孫を残さなかった。年代記作者たちは、潜在的に権力をもつこれらの若者たちにほとんど注意を払っていないが、ヘンリー二世は注意深く監視していたであろう。

年代記作者たちは、ヘンリー二世治世の初めの数ヵ月間に関して、二つのことに注目している。傭兵軍は、太陽を前にした朝霧のように消え失せた。そして、王は、「王権に属する都市、城、村」を自らの手に取り戻した。ヘンリーは、とりわけ城に関心を示した。すべての王の城が明け渡されねばならなかった。ただし、恭順な態度を示した者に王の城が再び譲与されることもありえた。恭順な態度は、ウィリアム・ドーヴィニーの行動に示されている。彼は、一一五一年か一一五二年に、修道院を建設するためバックナムの荘園（マナー）をアウグスティヌス律修参事会員たちに譲与した。そこにあった城は破壊されることになった。少し後、新しい城が、王の許可を得たうえで、数マイル離れたニュー・バックナムに築かれた。同じ頃、ヘンリー二世の治世初めの数ヵ月間に、ウィリアムは、アランデルの諸侯領をその城とともにいったん放棄し、再び譲与され、伯位を承認された。一一五三年の和平協定の策定者たちも含めて、すべての者がウィリアムのように自分の考えを明確に示したわけではなかった。ウィンチェスター司教ヘンリーは、自分の城を明け渡すことを拒否し、クリュニーに退いたが、城は没収された。ヨーク伯オーマールのウィリアムは、スカーバラ城を明け渡すことを拒否した。城と伯領がともに没収された。このような圧力が何世代にもわたってかけられ、王権に多大な利益をもたらした。R・アレン・ブラウンの計算によれば、一一五四年には、四九の城が王の支配下にあり、二二五が諸侯の手中にあった。割合は、一つの王の城に対してほぼ五つの諸侯の城ということになる。一二一四年には、九三の王の城に対して一七九の諸侯の城が存在していた。つまり、このときまでに、割合は一対二以下に変化していたのである（ただし、統計のもととなっている城はすべてが同じものというわけではない）。これは、イングランドの権威の状況が大きく変化したことを示している。

ある年代記作者によると、城は「王国の骨格」だった。ヘンリーは城を鉄と石で強化することに努めた。彼の治世の財務府大記録（パイプ・ロール）には、約二万一〇〇〇ポンドが城の工事に費やされたと記録されている。そして、この額のうち、かなりの部分が少数の城に振り向けられていた。ヘンリーは、約六五〇〇ポンドをドーヴァー城に費やし、一〇〇〇ポンド以上を、それぞれニューカースル・アポン・タイン、ノッティンガム、ウィンザー、ウィンチェスター、オーフォードに費やした。オーフォードは、この治世における唯一の新しい城であり、ヘンリーの即位時に王の城がまったく存在しなかったサフォークに築かれたものである。スカーバラには六五〇ポンドの資金が投入されたが、そのほとんどは新しい天守に費やされた。もし諸侯や伯が王と張り合って新しい様式で築城したならば、彼らも同じような費用をかけねばならなかったであろう。ヘンリー二世治世末、サリー伯ハムリンは、ヨークシャーのコニスバラで、それ以前の「小丘と曲輪（モット・アンド・ベイリー）」型の構造に代えて、石の城を築いた。曲輪は石の壁で囲まれ、天守がそれに接して築かれた。天守は四階建てで、入口は二階にあった。上層の階には、暖炉や便所があり、聖具保管室を備え豪華に装飾を施された礼拝室が置かれ、さらに、曲輪の井戸へたえず水を汲みに行かなくてもすむように貯水槽も設置されていた。ヘンリー二世治世は、木の城から石の城へと大きな変化が起こった時代だった。

　ヘンリーは、イングランドで王の城の多くを取り戻した後、一一五六年二月ノルマンディーへ渡った。ヘンリーのそれまでの成果の知らせは、彼よりも先に届いていた。彼は、シノンでフランス王ルイ七世と会い、ノルマンディー、アンジュー、アキテーヌに関して自ら臣従礼を行った。ヘンリーは、自分の相続した土地を確保した後、さらにその先へ目を向けることができた。隣人を家臣にすることにより自分の領土の境界地方を安定させることは、すべての封建領主が望むことだった。イングランド北部では、境界地方を防御するだけではなく、境界を設定し直す必要があった。スコットランド人は、スティーヴン治世に、ノーサンバーランドの多くの地域を支配するようになっていた。一一五七年五月、スコットランド人の王マルカム四世は、「お互いの力関係を考慮して」、カーライルとニューカースルを返還し、伝統的境界を復活させた。マルカムは、その見返りにハンティンドン・ノーサンプトン伯領を与えられた。それは、一一五三年にサンリスのサイモン伯が死んだため、たまたま空位となっていたものだった。ヘンリーは、自分の弟やスティーヴンの子ウィリアムと同じように、スコットランドの王を自分の宮廷に引き入れ、彼を自

12世紀の２つの石造天守

図41（上）　オーフォード城。ヘンリー２世によってあらたに建設された城のなかで、もっとも重要なもの。イースト・アングリア地方での権威を高めることが意図されていた。

図42（下）　コニスバラ城（南ヨークシャー）。ウォレンヌ伯家の広大な所領における北部の前哨地。

分の領土の一体性維持の象徴的存在とし、さらにその維持の責務を担う者としたのである。

　フランスにおけるヘンリーの境界地方は、より多くの問題を抱えていた。新帝国の領土は、二ヵ所で、北部ではヴェクサンで、南部ではベリーでカペー家の王領と接していた。続く五〇年間に、この二つの地域で火花が散ることになる。ヴェクサン地方がより重要だった。ルーアンからパリへ向かう主要な交通路はセーヌ川であり、重要な橋のいくつかがヴェクサン地方にあった。スティーヴン治世後半には、ノルマンディー側のヴェクサンがフランス王のものとなっていた。ヘンリーはそれを取り戻そうとしていた。一一五八年夏、彼は、尚書部長官トーマス・ベケットをパリへ送った。それは壮大な使節団だった。その構成は、二〇〇人の従者、八台の大きな荷車（そのうちの二台はイングランドの最高級のビールを積んだ大きな荷馬車）、二八頭の荷馬（より高価な品を積んだもの）だった。尚書部長官は、毎日の着替え、全部で二四組の新しい衣装を持参した。彼はこれらのものや、さらにほかの多くのものを後に残していった。彼は、目的を達成し、フランス王の娘マルグリットとイングランド王の長男ヘンリーが結婚するという合意を取りつけて帰国した。小ヘンリーはまだ三歳であり、その許嫁（いいなずけ）は腕に抱かれた赤ん坊にすぎなかった。そのため、すぐに結婚が行われることは期待されていなかったが、結婚の際にノルマンディー側のヴェクサンが嫁資となることが取り決められていた。マルグリットはヘンリー二世の宮廷に送られ、そこで養育されることになった。そして、ヴェクサン地方のいくつかの重要な城が神殿（テンプル）騎士修道会に渡され、結婚が実際に成立するまで、中立的な状況で管理されることになった。

　最後にもっとも野心的な企てが残った。それは、ヘンリーがアキテーヌ公としてトゥールーズの支配権を追求することだった。ヘンリーはフランス王に支持を求めたが、彼はこの点に関してあまり協力的ではなかった。それには理由があった。ルイ七世には、アキテーヌのアリエノールが生んだ娘たちがいた。それゆえ、ヘンリーがトゥールーズにたいしてもつ請求権は、同じようにルイの娘たちのものだと主張することも可能だったのである。ヘンリーは武力に訴えた。一一五九年夏、彼の領土のいたる所から大軍勢がポワティエに召集された。ルイは、可能な限り効果的な方法でヘンリーに対抗した。彼は自らトゥールーズへやって来て、その防御に加わった。ヘンリーにとって宗主を直接攻撃することは、外交的にも現実的にも危険をはらんだものだった。スタッブズ主教[☆2]はこれを「封建的固定観念」と呼んだが、実際にはそれ以上のものだった。これまでヘンリーが獲得したすべてのもの、それは、巨大だが、自ら行った忠誠の誓約にもとづいたものだった。少し前に忠誠の誓約を行った主君への攻撃をヘンリーに思いとどまらせたのは、固定観念ではなく、政策的配慮だった。ヘンリーは退却した。彼は、この次にとった行動でささやかな成功を収めたが、とりあえずそれで満足しなければならなかった。その成功とは、以前合意した自分の息子とフランス王の娘との結婚を推し進めたことだった。一一五九年九月のハドリアヌス四世（かつて教皇となった唯一のイングランド人）の死去に続いて行われた選挙は、紛糾した。その継承者アレクサンデル三世はヘンリーの支持を得た。それは、教皇にとってきわめて重要なものであることがやがて明らかとなる。アレクサンデルは、その見返りに、子供たちの早すぎる結婚にたいして特免を与えた。一一六〇年一一月二日、結婚が執り行われ、前述の城がひき渡された。ソールズベリーのジョン[☆3]は、一一六四年にパリでルイ七世を訪問したとき、儀礼的なものだが会話をする機会を得て、若き花嫁の挨拶を伝えた。ジョンは最近彼女と話をしたばかりだった。彼女が死んでいてくれたほうがよい、と父親は答えた。「余は、彼女が何かよいことをもたらすとは考えられないのだ。」これは、悲観的でシニカルな発言である。世界はすでに変化していた。そして、ルイには依然として後を継ぐ息子がいなかったのである。

イングランドの統治

ヘンリー二世は土地にたいする正当な権利というものを強く意識していた。彼は、以前、若いときに自分の相続財産を求めてイングランドへやって来たことがあった。「すべての者に以下のことを知らしめる」、とヘンリーの治世末年の証書が前文で述べている。

> 余の権利の簒奪者スティーヴン王の治世に、騎士封としてであれ教会への譲与としてであれ、王領地から多くのものが譲渡され失われたが、余は、神の恩寵によりイングランド王国を獲得したとき、それを回復した。

簒奪者の時代には内乱が起こり、その結果相続が争われるようになった。国単位で当てはまることは地方規模でも妥当した。土地に関する争いは暴力に発展する可能性があった。ヘンリーが回復した王の権利のうちで、平和維持にたいする責任がとりわけ重要だった。彼の治世のあいだに、土地法と刑法が根本的に改革された。

王の関心は、一一六六年に国を巡回した裁判官たちへの命令によって知ることができる。彼らには、審問すべき事項と実行すべき命令が与えられた。これらすべてが一括して「アサイズ」と呼ばれた。それは、後の時代ならば法令（レジスレイション）と呼ばれるであろう討議の記録だった。それは、クラレンドン条例（アサイズ）と呼ばれ、犯罪を扱っていた。地方の陪審（ジュアリー）は、治世初め以降裁判を免れていたすべての殺人者と盗人を告発するよう求められた。たとえその領主がどれほど有力であっても、いかなる者もその審査を免れることはできなかった。裁判の方法は水による神判であり、すべての者が同じように網に入れられて、あるいは、より一般的にはそのまま、竪穴に投げ入れられた。ウィルトシャーの州長官は、「盗人たちの判決用の」竪穴を新たに掘るために五シリングを、また、その穴を祝別した司祭への報酬として二〇シリングを会計報告の際免除されている。容疑者は、明らかに相当汚れていたと思われるこの聖水のなかへと浸された。そのような困難な状況では、人間の本能は当然息をすることを求めるであろう。そして、浮かびあがることは、一般に有罪の証しだと解釈されていた。それゆえ、その試練にかけられた者のほとんどが嫌疑を晴らすのに失敗したことは、驚くに値しない。裁判官が訪れた州では、非常に多くの者が死刑や身体の切断を宣告された。ヨークシャーでは、一二〇人が「水による判決で」死に、彼らがもっていた動産は全部で四六ポンド・一六シリング・〇ペンスの価値があった。その地の州長官はよい働きをした。彼は注目され昇進した。彼の名前はラーヌルフ・グランヴィルだった。

土地の権利をめぐる訴訟において、またいくつかの刑事訴訟において適用される手続きは、決闘による神判だった。ヘンリーの裁判所の訴訟手続きに関する教科書は、今述べたラーヌルフ・グランヴィル[☆4]の名前で呼ばれているが、それは決闘による神判の記述で満ちている。決闘による神判は、一八一九年の議会制定法により公式に廃止されるまで存続した。聖職者はそれに反対していた。剣は彼らの武器ではなかった。しかし、伝統と民衆の支持がそれを存続させた。一三世紀初期に書かれた聖ウルフスタンの奇跡の一つに関する話が、この神判について血なまぐさい一部始終を詳細に伝えている。発端は、一二一七年の聖霊降臨の祝日にウスター近郊のエルダーフィールドのトーマスとノースウェイのジョージのあいだで生じた居酒屋での喧嘩だった。しかし、ことの起こりはそれよりもはるか以前のことだった。というのは、トーマスがジョージの妻となかば公然と恋愛関係にあったからである。ジョージが殴り合いで負傷した。けがを負わせることは重罪だった。ジョージは事件を裁判所に訴えると主張した。一二二一年に裁判官が巡回してきたとき、彼の隣人たちで構成された陪審団は、彼が述べたことを事実だと認めた。両当事者は決闘を行うよう命じられた。決闘はウスターの町のすぐ外で行われ、若き間男トーマスが敗れた。裁判官は、トーマスの目をくり抜き、彼を去勢するよう命じた。ウスターの記述によれば、ジョージの一族が判決を執行した。トーマスの目が少しばかりの苦労の後くり抜かれ、さらに睾丸が切り取られ、土地の若者たちに投げ渡された。若者たちは、それでサッカーを始めた。犠牲となった者は、死にかけた状態でウスターの町へと運び入れられた。ジョージの傷つけられた部分は、そこで、前述の聖人により、そっくりそのままもとの形に回復された。グランヴィルは、このような決闘裁判を多く主宰していたが、それにたいする考えはきわめて明確だった。「たとえ長い時間をかけたとしても、ほとんどの場合、正義は決闘によっては得ることができないのである。」

決闘による神判がそれほどまで長く存続したのは、それに代わる検証方法が存在しなかったからである。しかし、その方法は、ヘンリー二世治世に陪審（ジュアリー）を組織的に使用することにより提供されるようになった。一二世紀の陪審は、二〇世紀のアメリカ合衆国や英国のように中立的な市民の集団ではなかった。ヘンリー二世の陪審は、誰が犯罪者か、誰が土地にたいする権利をもっているかを知っていた。それゆえに、彼らは奉仕するよう求められたのである。陪審には二種類あった。一つは、すでに述べたようにクラレンドン条例による裁判で使用された告発（プレゼントメント）陪審であり、もう一つは事実認定（リコグニション）の陪審である。後者は、審問に答えるために、つまり重大な事実だと思われることを公に「認定（リコグナイズ）」するために出廷したのである。新侵奪不動産占有回復訴訟（ノヴェル・ディシーズン）（最近なされた土地の奪取に関する訴訟）では、三つの事項について審問がなされた。最初に、原告Aは被告Bにより土地を奪われたのかどうかについて審問がなされた。次に、その土地が自由保有地かどうかについて、そして最後に、土地の奪取が最近のことかどうかについて審問がなされた。このような審問が法廷で行われた。三つとも「しかり」であるならば、土地が原告に回復された。土地と教会の相続に関する事案も同じような方法で処理された。本質的な問題にたいする複雑な権利主張を少なくすることで、その訴えを迅速に処理することが可能となった。二〇件もの訴訟を一日の開廷期間で処理することが可能となった。

ヘンリー二世時代の訴訟手続きは官僚制的だった。それは文書による仕事を多く含んでいた。この点に関して重要な役目を担った人物、王権による地方統治の責任者は、州長官（シェリフ）だった。一一六六年には、王の封臣すべてが、自分たちから騎士役により土地を保有する者の名前と彼らの負う騎士役数のリストを作成するよう命じられたが、その命令を伝えたのは州長官たちだった。ヨークシャーの州長官ラーヌルフ・グランヴィルによると、その命令がなされたのは、まだ王にたいして忠誠の誓約を行っていない者たちにそのような機会を提供するためだった。しかし、グランヴィルの説明を疑う人も存在する。なぜなら、さまざまな種類の騎士保有地がリストで区別されるよう命じられているからである。最初の種別は、一一三五年のヘンリー一世の死去以前に作られた騎士役保有地であり、二番目のものは、それ以後に作られた保有地である。三番目は、（たとえば、ロバート・ド・ブルースが一五人分の騎士役を、ピーターバラ修道院長が六〇人分の騎士役を王にたいして負っていたように）王への騎士役奉仕「賦課額（クウォータ）」に応じるために封臣自らが提供すべき勤務の量を超えて存在している騎士役数である。王は実際には何を意図していたのだろうか。スティーヴン王の弟、ウィンチェスター司教ヘンリーは、安全策をとった。ウィンチェスター司教区とグラストンベリー修道院から提出されたリストでは、ヘンリーの家臣すべてが一一三五年以前に彼らもしくはその先祖たちに授与された土地を保有していると主張されていた。ヘンリー以外の者たちは、もし自分たちの賦課額以上の騎士封（ナイツ・フィー）をもっている場合、賦課額がより多い額で査定されるのではないかとの疑念を抱いていた。命令に応えた者たちのほとんどは、たびたび出されるようになっていたこの種の王の命令に慣れてきており、質問にきちんと対応した。いく人かは小領主だった。彼らの回答の語調は、この世で彼らが置かれていた状況に関して、わずかだが貴重なイメージを伝えている。ノーフォークのコルカークのウィリアムは、二分の一騎士役を王にたいして負っているにすぎなかった。

　それは、イングランドの征服以来のことです……私は奉仕が増やされることを望んでおりません。私は、なすべきことを果たしております。陛下、私はあなたに、また、あなたのご子息ヘンリー殿にも臣従礼をしておりますし、あなたの州長官にも奉仕を行っております。

州長官は王の権威の仲介者だった。それゆえ、彼らの活動を注意深く調査することはとても重要だった。一一七〇年、やがて州長官審問（インクウエスト・オヴ・シエリフズ）として知られるようになる調査を実行するため、裁判官たちが各州へ送られた。その審問は、地方行政のすべての業務、過去四年間における州長官とその下役への支払いに関係していた。その期間は州長官にとって多忙な年月だった。その時期に、彼らは、ウェールズへの何回かの遠征のために軍を召集し費用を取り立て、また、一一六八年の王の娘マティルダの結婚のために金銭を徴収した。責任の問題全体を複雑にする要因が存在していた。多くの地域で、その地方の土地保有者が、伝統的に、州長官とその下役を立ち入らせない権利をもっていた。彼らは、税を徴収し王の命令を実行するために自分自身の行政組織を活用していたのである。たとえば、ベリー・セント・エドマンズの修道院長は、サフォーク西部の広大な領域でそのような権利を保持していた。これらの私的特権的管轄領域（プライヴェット・フランチャイズ）と呼ばれる特権の保有者も、一一七〇年の審問を免除されなかった。「その保有者たちによって取り立てられたもの、さらに、その理由と回数を裁判官たちに記載させるように。」特権保有者たちの法廷での判決は審査された。それは非常に微妙で注意を要する仕事だった。

自分自身の法廷をもつということは、俗人領主にとっても有力な聖職者にとっても、領主権の重要なしるしであり、可能な限り擁護するに値するものだった。しかし、ますます力をつけてきた王の裁判権が領主たちを押さえ込もうとしたとき、彼らのうちでももっとも有力な者でさえ不満を述べる以上のことはできなかった。一一六五年もしくはその少し後、二五年以上も領主の地位にあり当時ロンドン司教だったギルバート・フォリオットは、その同じ期間ずっと知り合いだった行政長官レスターのロバートに書簡を送った。旧友の行動様式は変化していた。ギルバートの管轄下にあるロンドンのセント・ポール司教座聖堂の参事会員がロバートにより召喚されていた。

> ほとんど農民と変わらないその配下の者とともに、次にオックスフォードで開廷される法廷であなた〈ロバート〉の面前に出頭し、両者のあいだでなされ（主張されるところでは）証書に認められた契約が実行されないこと

について申し開きをするようにと。

これは認めがたいことだった。問題となっているのはささいなことであり、たとえ法廷へもち込まれたとしても、「この事案を審理し、原告にたいして十分な正義を提供するのは私〔ギルバート〕の務めなのです」。行政長官は、司教の頭越しに事案を処理するつもりだった。それは、司教の所領における彼の権威と所領を守る聖人の権威を弱めることになるであろう。「皇帝のものは皇帝に、神のものは神に返しなさい。ご機嫌よう。」これは、興味深い書簡である。司教は、たぶん相手が折れないだろうと思っていたが、とにかく探りを入れ、旧友の好意を求めているのである。この書簡により事態が好転したという証拠はない。官僚制は、それ固有の行動論理をもっている。同時代に書かれた『財務府についての対話』のなかの微笑ましい話がその点を明らかにしている。レスターのロバートは、行政長官として財務府を主宰していたが、御料林裁判官によって科されるいかなる科料からも自分を免除させる令状を王から獲得した。この令状が読み上げられたとき、ロバートの同僚は衝撃を受けた。なぜなら、財務府で働くすべての者は、その職務のゆえにそういった要求から自動的に免除されていたからである。問題点がロバートに指摘されると、彼は謝罪するよりほかなかった。

私が王から令状を得たのは、あなたがたの権利を侵害しようという意図からではありません。それは、王はよくおわかりではありませんが、アランとその一味の強圧的な要求から安易な方法で逃れたかったからなのです。

それは、王の主席御料林官アラン・ド・ネヴィルとその名にならって「アランの輩ども」と呼ばれた下役たちのことだった。このような興味深い話を伝える現代の閣議議事録はまず存在しないだろう。

ヘンリー二世とトーマス・ベケット

ヘンリー二世治世初期には、王が国家を統制していたのと同じように、カンタベリーのセオボールドがイングランド教会を統制していた。セオボールドは、自分が目をかけていた書記をカンタベリーの助祭長に任命することができた。そして、この助祭長は、一一五五年、王の尚書部長官となった。彼は、すべての問題が解決可能と思われた絶頂期に王に忠実に仕えたことにより、さらなる昇進を勝ちえた。彼は、一一六一年にセオボールドが死去した後、カンタベリー大司教に任命され、その翌年大司教として聖別された。この人物とは、トーマス・ベケットのことだった。彼の父親は、ノルマンディーの出身だがずっと以前から首都に定住していたロンドン市民だった。いまや王母として誰もが納得する役割を得ていた帝妃マティルダは、この任命を誤りだと考えたが、ヘンリーの宮廷内の者たちはそれに十分満足していた。叙任式において、行政長官レスターのロバートと王の子ヘンリー（彼はベケットの家政で養育された）が、新大司教を司教の座へと導いた。ウィンチェスターのヘンリーが儀式を司式し、同僚の司教たちが補佐した。この場面は教会と国家の協調関係を目に見える形で示していた。

この協調関係は、一年ばかり経過したとき崩壊した。それは、ある一面では個人的な確執によるものだった。二人の人間、王と大司教は、かつて親密な関係にあったが、いまや完全に仲違いしていた。公平に判断するならば、ベケットのほうが変わったのだと言うことができる。ベケットの変化は、きわめて大きなものだった。彼ははじめてミサをあげた。彼はイングランド司教団のなかで首位の座に就いた。彼は大きな修道士共同体の霊的師父となった。彼は、このような役割にたいして準備ができていなかったが、自分の地位にふさわしい印象を人々に与えようと強く意識していた。ベケットは、ボーシャムのハーバートに、自分の振る舞い方とそれにたいする人々の反応に注意を向けるよう求めた。このナルシシズム的要素は、ベケットの気質において重要だった。そのために、彼は、いまや王とまったく相容れない存在となったのである。いくつかの重要な局面で、その気質のために、ベケットがアンビヴァレントな状況におちいり、そして、その状況のゆえに、とても単純な人間だった王は、最初は彼が気まぐれな人間なのだと思い、その後謀反人だと考えるようになったのである。両者のあいだで最初に深刻な対立が生じたのは、一一六四年一月、ソールズベリー近郊のクラレンドンで開かれた王の宮廷集会においてだった。ヘンリーは、ベケットと同僚の司教たちに、ヘンリー一世がかつてイングランド教会にたいして享受していたのと同じ慣習と特権を認めるかどうか尋ねた。ヘンリーは彼らに、そのような慣習と特権が列挙された文書に承認のしるしとして印章を付与するよう求めた。行政長官リチャード・ド・ルーシーは後に、ベケットにより「そのような異端的罪悪の考案者」の一人として名指しされ、破門された。

ヘンリー二世が「慣習」と呼び、ベケットが「罪悪」と述べたものは、一般にクラレンドン法(コンスティテューションズ)と呼ばれた。それは、王により教会と国家の関係において正常で適切だと考えられたもの、王の言葉で言うならば「慣習的」だと考えられたものを提示しているのである。この関係は、高位聖職者が王にたいして負う騎士役と聖職者たちがますます確信をもって進めていた教会法の発展により複雑なものとなっていた。「慣習」が書き留められねばならないと王が主張した背景には、彼がとくに関心を寄せるさまざまな問題があった。その一つは、「犯罪を犯した聖職者」(もし俗人ならば死刑を宣告されるような犯罪で有罪となった聖職者)にたいする教会側の寛大な処分だった。ベケットの伝記作者の一人、ウィリアム・フィッツ・スティーヴン[☆5]があげている事件では、ウスターのある聖職者が人を殺し、その娘を強姦していた。ベケットは、この事件が世俗裁判所で審理されるのを拒否した。教会裁判所の科す刑罰は、しばしば聖職位の剥奪であり、犯罪者を俗人の地位に戻すだけだった。ヘンリーの考えでは、犯罪者は聖職位剥奪後その犯罪にふさわしい世俗の刑罰を科されるべきであり、彼は、それをクラレンドン法の第三条で求めたのである。ベケットは、「神は同じ罪のために二度裁くことはない」という教会法の言葉を引用して対抗した。しかし、問題は明確ではなく、ベケットはさらに議論を進めることをためらった。彼は、いったん慣習を受け入れたが、後になって考えを変えた。

一年も経たないうちに、ベケットは亡命した。彼は亡命するよりほかに選択肢がなかったと主張したであろう。しかし、実際には彼は、ヘンリーのルールでゲームをするには、あまりに忍耐力がなく、あまりに傲慢だったのである。まず第一に、彼は王の許可を得ることなくイングランドから出国し、そうすることにより慣習の一つを破ったのである。ベケットの配下の者たちは彼の逃亡を助けることを拒否した。ベケットは、九月、王の宮廷への召喚を受け、自分の法廷においてとある封臣の裁判を拒否したという訴えにたいして申し開きをするよう命じられたが、彼は、出頭もせず適切な方法で弁明することもしなかった。ノーサンプトンで開かれた次の宮廷集会において、王は攻撃の手を強め、数年前ベケットが尚書部長官だったときに受け取った金銭について会計報告をするよう求めた。大司教はいまや孤立していた。彼は宮廷の判決を受け入れることを拒否した。出廷していた司教たちは、ベケット廃位の承認を教皇に求めることに同意した。大司教の騎士たちは、臣従の誓約を破棄し、彼の家臣であることをやめた。感情が高ぶるなか、大司教は身の危険を感じ、突然、変装して宮廷を去った。ベケットは、一一六四年一一月二日、フランスに渡り、一一七〇年一二月一日までそこに滞在した。行政長官リチャード・ド・ルーシーは、ベケットの逃亡後すぐに、サン・トメールで彼を探し出した。リチャードはベケットに戻るよう懇願したが、彼が拒否すると、怒って臣従の誓約を破棄した。その怒りは理解できるものであり、最終的に生じる悲劇にとって重要な要件だった。リチャードとベケットはともに、行政長官として大司教として一〇年にわたりアンジュー帝国を運営してきた小グループのメンバーだった。それは、メンバーやその周辺の人々にとって、とても魅力的な集団だと思われていたに違いない。ベケットは、ただたんにそのグループを裏切っただけでなく、それがもつ魅力をぶち壊したのである。彼が赦されることはないだろう。

ヘンリー二世とベケットの論争は、衆人の耳目をそば立たせた大事件だった。それは、西方キリスト教世界を支配する者たちにとって、教会と国家の指導者たちにとって、非常に興味深いドラマだった。それは、ありとあらゆるものを備えていた。それは、高度な学問的議論に関係し、豪華な出演者を揃えていた。一番上には、対照的な性格をもつ二人の人物が置かれていた。この二人は、それぞれ、この世における自分の地位に関して明確な考えをもっていた。このほかに名脇役が多く配置されていた。彼らすべてが国際的な舞台で活躍していた。「あなたはこの知らせにびっくりするかもしれませんが」、とソールズベリーのジョンは大司教の亡命以前にベケットに書き送った。

> 私がノワイヨンにいた日に、ソワソン伯は、あたかも自分がすべてを見てきたかのように、〔一一六三年一〇月に〕ウェストミンスターで協議（コンファランス）された（よりふさわしい言葉を使うならば、相違（ディファランス）した）事項すべてを司教座聖堂参事会長に詳細に伝えていました。

ソワソン伯は、見てきたつもりになって話していたのである。現代の連続ドラマの愛好者のように、この種の人々は話の続きが知りたくてたまらないのである。

ドラマは、さらに六年間続くことになった。ベケットは、まずポンティニーのシトー会の修道院に滞在した。そして、二年後、ヘンリーが自分の領土内にあるシトー会の修道院に報復すると脅迫したため、ベケットはそこを去らねばならなかった。彼はサンスの町の近くにある修道院に移った。そこでの滞在費用はフランス王が支払った。ベケットは、これらの拠点から、自分の霊的権威を使ってヘンリーに譲歩させようとした。ベケットの存在を無視することはできなかったが、彼はもはや自分の思い通りにことを進めることはできなかった。ベケットは、他の者の野心のために働くことができるときのみ、その限りにおいてのみ、重要な人間となりえたのである。このことは、一一六九年の御公現の祝日に境界地方に位置するモンミラーユの町で開かれたイングランド王とフランス王の会談に見ることができる。二人の王のあいだの勢力バランスは、このときまでに少し変化していた。フランス王は、一一六五年には、三〇年近くに及ぶ結婚生活の後、三番目の妻から息子フィリップを得ていた。この子が「神の恩寵により」生まれたと記されているのも、もっともだった。アキテーヌのアリエノールによってヘンリーは五人の息子を得ており、そのうちの四人がこのときまで生存していた。モンミラーユでの主要な仕事は、ヘンリーの領土の継承について取り決めることだった。生存しているうちで最年長の息子、もう一人のヘンリーは、すでにフランス王の娘と結婚しており、父親の相続財産であるイングランド、ノルマンディー、アンジューを受け取ることになっていた。二番目の息子リチャードは、アキテーヌを継ぐことになっており、フランス王の次女アリスと結婚することが取り決められていた。この二人は、それらの土地に関して、フランス王に臣従礼を行った。三番目の息子ジェフリーは、ブルターニュを得ることになっていた。やがて、四番目の息子ジョンの心配をすべき時が来るであろう。彼は最近、最初の誕生日を祝ったばかりだった。

カンタベリー大司教はこの取り決めには直接関係がなかったが、モンミラーユに呼ばれた。これには別の意味があった。ヘンリーは大司教が帰国することを望んでいた。それは、不満をもち反抗する首座大司教は対外的に悪い印象を与えるという一般的な理由によるものだったが、同時に、彼にやってもらう特別な仕事が存在していたからでもあった。ヘンリーには、自分が生きているうちに最年長の息子を戴冠させるという希望があった。イングランド王位継承者がそのように指名されたのは、はじめてのことだった。王と大司教は、モンミラーユで四年ぶりに会った。支持者たちが遠くから見つめるなか、二人が馬の背に乗って話すうちに、昔の記憶がどっと蘇ってきた。王は、クラレンドンで文書に認めた慣習を放棄しそうになかった。ベケットの五人の前任者たちは、「そのなかには聖人もおり、その奇跡は光り輝いているのだが」、彼らすべてがその慣習を認めていたのである。ベケットは、和解するには、「聖職身分の慣習」に関して留保がなされねばならないと主張した。両者の関係は、すぐに最初の状態に戻ってしまった。そして、ヘンリーは翌年、ヘンリー小王の戴冠を強行した。それは、ウェストミンスターで挙行され、イングランドのほとんどの司教が出席した。ヨーク大司教が式を主宰した。この後、ようやくフレトヴァルで和解が成立し、ベケットの帰国が可能となった。戴冠は、明らかにベケットの権威を傷つけるものであり、彼の帰国を促すために行われたのかもしれない。彼は一一七〇年一二月一日、ケントに上陸した。彼は、一ヵ月も経たないうちに死ぬことになった。そして、彼が行った奇跡は前任者の誰のものよりも明るく光り輝くことになった。

幸せに帰国できる可能性はまったくなかった。六年にわたって留守にしたことは、ベケットの支配権を崩壊させていた。年に一五〇〇ポンドを超える彼の司教区の膨大な収入は留守中、王のものとなっていた。この金を徴収し、大司教の代わりに支配していた王の役人たちは、彼の帰還をけっして喜ばなかった。彼らは、ベケットと上陸の場所で会い、彼を災いの張本人だと非難し、小王を戴冠した者たちに科した破門の宣告を取り消すよう求めた。ベケットは、以前後見人となっていた小王に会いに行ったが、面会を拒否された。彼は、クリスマスの祝祭のためカンタベリーへ戻ったが、自分の長期にわたる不在期間に修道士となった者たちを受け入れるのに困難を感じていた。それは怒りと危険に満ちた帰還だった。いく人かの大司教の配下の者が、バイユーへ行き、王に苦情を訴えた。ヘンリーは再び怒りに満ちて、「生まれの卑しい聖職者」が自分の支配権を尊重しないことに不満を述べたが、それはクリスマスの日の出来事だったかもしれない。正式な使節団が大司教と対決するために出帆した。そのなかで、ベケットと個人的に争いごとを抱えていた四人が一足先に到着した。彼らの名前は、ウィリアム・ド・トレイシー、レジナルド・フィッツ・アース、ヒュー・ド・モーヴィル、リチャード・ル・ブレットだった。一一七〇年一二月二九日、彼らは、最初に大司教の邸宅で、それから大司教座聖堂の北翼廊で、ベケットと対峙した。激しい言葉が浴びせられ、ベケットが応酬した（彼は、けっしてもう一方の頬を差し出す人物ではなかった）。議論は怒りに満ちた激しい口論となった。それが終わったとき、大司教は死んでいた。自分の大司教座聖堂の主祭壇の前で、その頭蓋骨は打ち割られていた。

ヘンリー二世は、ベケットの死の知らせを聞いたとき、恐れおののいた。リジューのアルヌー[☆6]によると、「ヘンリーは三日間寝室に閉じこもり、食事もとろうとせず、誰からも慰めを受けようとしなかった」。教皇は、知らせを聞いてから一週間、イングランド人とは誰とも話そうとしなかった。この犯罪に王はなんらかかわりがないと伝えるため、使節が教皇庁へ派遣されたが、彼らは復活祭間近になってようやく面会を許された。調停はゆっくりと進んだ。王は、自分の治世に導入され「教会を害する」新たな慣習を廃止することを誓約した。これは小さな譲歩だった。なぜなら、彼は、なんら新しいものを導入していないと主張していたからである。彼は、教皇によって免除されない限り、聖地に軍隊を供給し、自ら十字軍に出征すると約束した。彼は、カンタベリーの教会にたいして、またベケットを支持したかどで罰したすべての人々にたいして、保護を与えると約束した。一一七二年五月、アヴランシュにおいて、このような条件のもとで和解が成立した。ベケットは翌年列聖された。彼は、死後一〇年で、七〇三の奇跡を起こした。カンタベリーの修道士たちは、その奇跡の記録を作成し、墓所にやって来る巡礼者たちの必要を満たすために働くという新たな使命を与えられたのである。

守勢に立つヘンリー

いかなる政府も弱点を抱えていると見なされ始めると、その立場はそういった認識だけで損なわれていくものである。中世の王は、聖務停止を科される恐れがあるときには、自分の世俗権力に注意を払わねばならなかった。一一七〇年代初期、ベケットの死去直後の時期には、ヘンリーの道徳的権威は失墜していた。彼の長い治世のなかで唯一深

大司教トーマス・ベケット最期の日々

図43(上)　ベケットはサンドウィッチ港に戻るが、そこでの歓迎は一様ではなかった。貧しい人々は船で漕ぎ出し大司教の祝福を受けようとしたが、王の家来たちはやがて襲う危険について警告したのである。

図44(下)　ベケットの殉教。上の部分は、４人の騎士の到着がトーマスに告げられる場面、左下の部分はその騎士たちが大司教トーマスを殺害し立ち去る場面を、その右は騎士たちがトーマス・ベケットの墓前で悔悛する場面を描いている。

図45　教会との和解の一部として、ヘンリー２世がベケット殺害の場所で悔悛し鞭打たれる場面。15世紀のステンド・グラスで、現在はオックスフォード大学のボードリアン図書館にある。

刻な反乱がこの時期に生じたのは、驚くに値しない。イングランドの聖職者、ジョーダン・ファンタスム[☆7]は、一一七三年から七四年にかけて起こった戦争の経過を記録するためにフランス語の韻文年代記を書いたが、彼は小王の置かれた立場から話を始めた。

領土をもたない王は、何をすべきか途方に暮れていた。
途方に暮れた者、それは高貴で慈悲深い小王だった。

この簡潔な記述の背後には、ある特別な不満があり、そして、おそらくかなり広範な陰謀の計画が存在していただろう。この不満とは、ヘンリーが、末子のジョンとフランス南部モーリエンヌの女子相続人との結婚を取り決めたことだった。ヘンリーはジョンにロワール地方の城、シノン、ミルボー、ルーダンを与えると約束した。しかし、アンジューの相続人と決まっていたヘンリー小王は、自分の権利だと感じていたものの引渡しを拒否し、逆に自分自身の領土をいくつか要求した。彼は、ジェフリーとリチャードとともにパリに逃亡し、ルイ七世により亡命中の王として遇された。ヘンリー小王は多くの約束をした。アンボワーズとトゥーレーヌ地方をブロワ伯に、ノーサンブリアをスコットランド人の王に与えると約束した。ヘンリー二世は、この二つの辺境地方を防御せねばならなかった。また、アングロ・ノルマン王国の中心部では多くの諸侯が離反した。四人の伯が王に反旗を翻した。それは、ノーフォーク伯ヒュー・バイゴッド、レスター伯ロバート（行政長官の息子）、チェスター伯ヒュー、ダービー伯ウィリアム・ド・フェッラーズだった。これにハンティンドン伯領が加えられねばならない。スコットランドの王ウィリアムは、戦争の勃発に際して、この伯領を弟のデイヴィッドに移譲していた。ヘンリーは多くの城を奪取したが、反乱者たちは二三の城を確保しており、彼らはとりわけミッドランド地方で強力だった。

年代記作者ディスのラルフ[☆8]は、反乱をヘンリーの政策にたいする反動だと理解した。これは、おおむね説得力のある主張である。しかし、それは、ある特定の諸侯が反乱を起こしたという事実を説明しない。それは、部分的には世代間の争いであり、若者たちの年長者にたいする反乱だった。小王がノルマンディーではじめて自分の宮廷を開いたとき、彼は全員がウィリアムという名をもつ一一〇人の騎士のために宴会を催した。彼の父親は、ほんの数ヵ月しか土地なし騎士の身分を経験しておらず、自分よりもはるかに年配の者たちから助言を受けており、若者の文化に共感を示さなかった。この時代には、若者の文化は、とりわけ明確に定義されるようになっていたのである。しかしながら、すべての反乱者が若者だったわけではない。反乱者の一人はノーフォーク伯であり、彼は前世紀の生まれだった。王の軍は行政長官によって指揮された。

リチャード・ド・ルーシー殿は、ほかの者にはできないことですが、戦争を遂行するうえで主君にとって大きな助けとなりました。

リチャードとともに、以前フランスで王と行動をともにしていたウィリアム・ドーヴィニーがイースト・アングリアのフォーナムで王の軍を率いて、そこで行われた戦い（一一七三年一〇月）でレスターのロバートを捕虜とした。ヘンリーは、その年の全期間をフランスで過ごすことができた。一一七四年の夏至の頃、ヘンリーは一ヵ月だけイングランドへ戻った。そのとき彼は、ベケットの墓所で公の贖罪を行い、その後数日のうちに、アニック城の前でスコットランド人の王が捕獲されたという知らせがもたらされた。ヘンリーは、ハンティンドンとノーサンプトンにあるスコットランドのデイヴィッドの城を奪取した。これによりイングランドの内乱は終結し、この後すぐに、ノルマンディーの反乱と結託して行動していたフランス王が講和を求めてきた。

ヘンリーは勝利時に示した雅量の広さにより賞賛された。スコットランド王家は没収の憂き目に遭った。彼らのミッドランド地方の伯領は、（戦争が終結する前に）競合するサンリス家に与えられたが、それ以外では、城の取り壊しと罰金が敗北の象徴として課された。レスターのロバートがイングランドの伯のなかでもっとも厳しい処遇を受けた。彼の土地は一一七七年一月まで回復されず、彼の城は一つも返還されなかった。レスターとグロビーの城は破壊され、マウントソレル城は王のものとなった。「州の人々は、その城が王の直轄領にあったと、宣誓証言した。」王は、王の大権、とくに御料林（フォレスト）に関する大権をきわめて厳格に適用することにより、自分の卓越した地位を人々に印象づけた。ジョーダン・ファンタスムによれば、王は反乱を前にして、誇らしげに次のように語っていたという。

奴らがどれほど王を脅そうと、誓って言うが、
王は鹿狩りや川辺での鷹狩りをやめたりはしない。

これは、王の卓越した支配権を示す隠喩以上のものである。一一七五年、御料林裁判官がイングランド中を巡回した。さまざまな巡回裁判区（巡察区（エアー））が全体で一万二三四五ポンドもの膨大な収入を王にもたらした。科料を科された者たちのリストは、まるで御料林地域に居住する人々の人口調査のようなものになっていた。犯罪者たちも、また、王の裁判官が自分たちに厳しい圧力をかけていると感じていた。一一七六年には、一〇年前のクラレンドン条例の内容が、ノーサンプトン条例（アサイズ）として再公布された。刑罰はさらに重いものとなった。一例を挙げるならば、評判のよくない者は、たとえ神判で無罪とされても、これからは四〇日以内に王国を去らねばならなかった。

公正な裁きを追求するヘンリー二世は明確な先入観をもっていた。彼は聖職者を王の平和への脅威と見なしていた。伝えられるところでは、一〇〇件もの殺人が、ほかの多くの犯罪とともに、ヘンリーの治世初期に聖職者によって

行われた。王は激怒していた。彼はモンミラーユでこの問題を再び取り上げた。王は主張した。わが聖職者どもは、

まったく不道徳で邪悪であり、その大部分は、神を汚す輩、姦通者、盗人、強盗、強姦魔、放火魔、人殺しだ。

ローマだけが司教を廃位できる。『バトル修道院年代記』[☆9]の作者によると、チチェスター司教は、一一五九年に、とある会話のなかでこのように主張したという。これにたいして、王が言った。「まさにその通りだ、司教は廃位されえないかもしれない。」そして、王は手で押すしぐさをした。「しかし、見よ。うまく押せば、司教を退けることができるのだ。」宮廷の人々は、王の手前仕方なく笑った。これは、ヘンリーのやり方そのものである。彼は相手の要求・主張を退ける名人だった。ヘンリーに影響力を及ぼそうとする者は、相手の土俵で彼をやり込める必要があった。ヘンリー二世らしさが非常によく出ている話が、リンカン司教ヒューの伝記作者[☆10]により伝えられている。ヒューは、「御料林官の圧政」に抗議し、その一人ジェフリーという者を破門に処した。王は、これが気に入らなかった。王は、森に入り、司教に出頭するよう命じた。ヒューがやって来たとき、宮廷は完全な沈黙に包まれていた。王は手の込んだジェスチャー・ゲームをしていた。その内容は、伝記作者が詳しく伝えていないため、よくわからない。しかし、王はやがて、指の革帯を巻き直す行為をした。司教は王のそばに座を求め、しばらくそこに座っていた。そして、言った。「ファレーズのあなたのご先祖のように見えます。」これは正解だった。王は転げ回って喜んだ。ウィリアム征服王の母親はファレーズ出身の革なめし職人の子だと言われていることが、いく人かの者たちにたいして説明されねばならなかった。すべての者が大喜びだった。ただし、鞭打たれた御料林官だけは別として。

もし年代記作者たちの記述が本当だとしても、ヘンリー二世の晩年には、このような楽しい場面はほとんどなかった。ヘンリーは、人生最後の一〇年間には、一一七九年一一月に戴冠したフランスの新王フィリップ尊厳王と対決す

ることになった。その年の少し早い時期、ルイ七世は、息子の生命が絶望的となったとき、当時もっとも御利益のあった聖人トーマス・ベケットの墓所で祈った。その祈りは聞き入れられ、息子の命が救われた。フィリップは、その長い治世のあいだに、アンジュー朝の初代イングランド王がかつて支配していた領土の大部分を取り戻した。一一八〇年代にもっとも影響力のあった年代記作者たちは、執筆しているとき、少なくともその歴史の一部を実際にまの当たりにしていた。そして、その一〇年間の雰囲気を伝えている二人の人物、ウォルター・マップ[☆11]とウェールズのジェラルド[☆12]は、同時に個人的な失望も味わっていた。よい教育を受け、洗練され、学識のあった二人は、自分たちが実際に得たものよりも少しばかりよい地位が与えられるべきだと感じていた。二人とも助祭長だった。ジェラルドはブレコンの、ウォルターはオックスフォードの助祭長だった。そして、二人とも司教になることを望んでいた。彼らの望みは叶えられなかった。彼らは、最後に、自分たちが仕えていた王を大変厳しく扱った。彼らはヘンリーを失敗者として描いた。統治者の失敗は道徳的に説明されねばならず、二人はヘンリーの全生涯を道徳的観点から吟味した。ウェールズのジェラルドは、三つのことでヘンリーを非難した。第一に、ヘンリーの結婚が法に反すること、第二に、彼が聖地を顧みなかったこと、そして最後に、フランス王権が神によって認められたものであること、この三点である。これらの点を順番に見ていこう。

ウォルター・マップによれば、アキテーヌのアリエノールは、「その不埒な目をヘンリーに向け」、彼と結婚するため「不当にも婚姻の無効宣告を得ようと企んだ」。これは、歴史を都合よく書き換える典型的な例である。なぜなら、婚姻の無効宣告を獲得したのは、「敬虔なルイ王」のほうだったからである。それは、すでに検討した理由によるものであり、当時一三歳だったサラディンとの伝説的な恋愛関係とは無関係だった。アリエノールの七人の子供たちのうちの最後は、一一六六年に生まれたジョンだった。その後、夫婦は離れて暮らし、次第に疎遠となっていった。アリエノールは、フランスに戻り、騎士道文化の中心地、ポワティエで宮廷を構えた。その文化は、明らかにその寵児リチャードに大きな影響を与えた。リチャードが、一一七〇年、一三歳のときに公位を与えられたのは、アリエノールの希望によるものだった。一一七三年春、ルーアン大司教は、アリエノールに「事態がさらに悪化する前に、あなたの主君、夫のもとへ戻るよう」促したが、それは、彼女の離反がもつ道徳的側面ではなく、政治的側面を考えてのことだった。その年の終わり頃、事態が悪化したとき、アリエノールは、パリへの逃亡中に捕らえられ、息子たちの反乱に責任があると断罪された。彼女は、ヘンリーの治世の残りの期間幽閉され、少なくとも二度と自由に活動することはなかった。アリエノールは、常に幅広い人気を得ていた。アリエノールを支持する人々、息子たち、トルバドゥール、聖職者や俗人たちすべてが、彼女が人気者になるように意を尽くした。アリエノールを遠ざけることは、ヘンリーにとって政治的に不可避なことだったが、自らの恥を公にさらすことでもあった。

ヘンリーは、同時代の人間との関係において、おそらくもっとも重要な二つの関係で失敗した。一つは妻とのことであり、もう一つはカンタベリー大司教とのことだった。ベケットの死により、彼は聖地の防衛としっかりと結びつけられた。彼は、毎年、膨大な額の資金を聖地へ送っており、一一八〇年代中葉にはそれは二万ポンドに達していた。これはきわめて巨額な戦費であり、十字軍をめぐる小さな政治世界においては勢力バランスを変化させうるほどのものだった。しかし、それはヘンリーの私的な資金であり、彼がやって来ることを想定して神殿(テンプル)騎士修道会とヨハネ騎士修道会に託されていた。しかし、彼が聖地に来ることはなかった。エルサレムの総大主教は、一一八五年、援助を求めて西ヨーロッパを訪問し、ヘンリーがこれまで自分が行った施しを列挙するのを聞いた。総大主教は問題点を簡潔にまとめた。「われわれは資金を必要とする君侯を望んでいるのであり、君侯を必要とする資金を望んでいるわけではない。」ヘンリーの資金は欺きによってのみ放出されえたが、その消費は大勝利によってのみ正当化されうるものだった。待ち望まれた勝利は、一一八七年、ヒッティーンの戦いにより絶望的となった。そこでサラディンが勝利を収め、フランク人の軍一二〇〇人の騎士のうち一〇〇〇人が殺されるか捕虜とされた。数ヵ月後、エルサレム自体が征服され、東方においてフランク人が確保できたのは、ティール、アンティオキア、トリポリといった海岸沿いの都市といくつかの城塞だけとなった。一一月、リチャードは、この知らせを聞くと、即座に十字軍出征を宣言した。ヘンリーは四日間話すことができなかったと伝えられている（これはベケットが死んだときよりも一日長い）。これは非常に深刻な問題だった。ヘンリーの懸念は理解できるものである。彼の資金は浪費され、その助言は無視されてきた。しかし、リチャードは十字軍理念を疑うことなく受け入れたのである。そして、リチャードはいまやイングランドの相続人だったのである。

ヘンリー小王は一一八三年六月一一日に死んだ。「不世出の不信心者、みごとな罪の館」、これがウォルター・マップによる最終的評価である。彼は、リチャードの権威にたいして、アキテーヌのさまざまな諸侯と同盟して戦っているさなかに死んだ。リチャードが彼の死を悼むことはなかっただろう。リチャードは、いまやイングランド、ノルマンディー、アンジューの相続人となった。年老いた王は、息子すべてに領土の手当てをすることを望んでおり、末子のジョンが兄に代わってアキテーヌを相続すべきだと提案した。リチャードは、その安定のために労を尽くしてきた支配領域を放棄することを拒絶した。ヘンリーは、リチャードからそれを取り上げる力をもたなかったが、彼にたいして公の支持を拒否することは可能であり、実際にそのように行動した。ヘンリーの態度は、老齢から来る醒めた心を反映していたかもしれないし、（同時代のいく人かが信じていたように）ジョンにたいする溺愛と彼を継承者にしたいという気持ちによるものだったのかもしれない。いずれしても結果は同じだった。三人の若者は、もはや自分たちの父親イングランド王に期待するものはなにもなく、若きフランス王フィリップ尊厳王の宮廷に引き寄せられていった。フィリップは彼らの野心を実現する機会を提供した。彼は喜んでそのように行動した。なぜなら、その野心とはアンジュー帝国の解体であり、これこそ彼がカペー朝の主要な政策課題としていたものだったからである。さらなる死が事態を単純なものとし、妥協の機会を提供することになった。ヘンリーの三番目の息子ジェフリーが、一一八六年、馬上槍試合（トーナメント）の最中に死亡し、パリのノートル・ダム司教座聖堂に埋葬された。

ヘンリーの息子のうちで有能な二人が残され、相続を争うことになった。一一八八年一一月、ボンムーランにおいて、フランス王とリチャードは、共闘してヘンリー二世に対抗した。彼らはリチャードとアリスの結婚を求めた。それは、一一六九年に約束されたものだったが、結局成就されることはなかった。二人は、リチャードをヘンリーの相続人として公に認めるよう要求したが、ヘンリーはこれを拒否した。ヘンリーは、山を動かすことのできる人間だったが、けっして橋を修理することができなかった。リチャードは、この時点で、父親の意図にたいする疑心が十分に正当なものだと感じるようになった。リチャードは、自分の主張が認められるまで、ヘンリーを追いかけるだろう。ヘンリーは、若い頃に好んだ滞在地、ロワール川流域地方の城に退いたが、リチャードとフィリップはそこまで追撃していった。一一八九年七月六日、シノンにおいて、ヘンリー二世は非嫡出子ジェフリーの腕のなかで死んだ。イングランドのもっとも偉大な中世史家、スタッブズ主教は、この点に関してヘンリーと同時代の批評家の判断を受け入れている。

> 嫡出の息子たち、子孫たち、無慈悲な政策の犠牲者かつ復讐者、愛に欠けた母親から生まれ愛を知らない子供たち、彼らは、自分たちが感じることのない愛情にもとづく最後の務めを私生児の手に委ねた。この私生児に生を与えたのは、かつて人に知られることなく過ちと堕落により育まれたが、見返りを求めることのない愛だった。

これは確固たる評価である。しかし、それは不当なものである。

「無慈悲な政策」というのは、正しくない。この二つの語は、われわれに誤解を与える。封建社会の政治はゲームだった。それは、多大な報酬を賭けて行われるものであり、大きな危険をともなうものだった。それは、「王が直接見守る」財務府の会計検査台のそばであろうと、巡歴する宮廷を追いかけるときであろうと、活動の中心近くにいる者にとっては、非常にエキサイティングなものだった。ソールズベリーのジョンは、一一六五年、情報を求めてベケットに書簡を送った。それは二人が亡命しているさなかのことだった。

そこで、お願いです、スコットランドの王があなたのもとへ遣わした特使について、フランドル伯から王へ送られた使節について、私に書き知らせてください。そして、あなたが王とウェールズ人に関して聞いたことについて、また、モンペリエ到着後の教皇について何か知っていることがあるかどうか、知らせてください。

封建社会の政治はそれ固有の儀礼的行動様式をもっており、使節が西ヨーロッパの宮廷のあいだをたえず往き来していた。配下の大諸侯に威厳のある職務を与えることは、ヘンリーの権力を構成する要素の一つだった。ウィリアム・ドーヴィニーは、一一六四年、コンンピエーニュのフランス王とサンスの教皇のもとに使節として派遣された。彼は、一一六八年には、王の娘マティルダをガスコーニュまで送り届けた。彼女は、そこでハインリヒ獅子公と結婚することになっていたのだった。このような職務は王との近しい関係を反映したものであり、伯はそれが価値あるものだとはっきりと認識していた。ウォルター・マップが伝えるところでは、この伯は、フランス王とイングランド王の会談の場にずかずかと入っていき、食卓で給仕していた召使からワインの入った壷をつかみ取ったという。ウィリアムは王の世襲献酌官だった。それが彼の仕事だった。ウォルター・マップは、『宮廷閑話集』のなかで述べている。「ウィリアムは、この壮麗な宮廷から傲慢さの代わりに礼節を奪い去ったのである。」光り輝く報酬を得ることに失敗した人物、ウォルター・マップの判断が誤っているとしても、彼は、ヘンリーの宮廷での興奮、そこで織りなされたドラマの様子をいきいきと伝えている。ヘンリーに関して下しうる最悪の評価は、彼が晩年、政治的主導権を握れなくなったこともあり、そういった興奮をいくらか失わせてしまったことだった。注目すべきもののない長い治世。ヘンリーの偉業はそのなかで成し遂げられたのである。

市場の発展

イングランドは、一二世紀後半には豊かな国だった。経済的変化の指標を具体的に提示するのは困難である。しかし、イングランドの経済は、この世紀に中世のほかのいかなる時期よりも急速に成長した。経済は、土地資源が増加したため、成長した。新たな土地が開墾され耕作されるようになり、より多くの家畜が牧草地に放牧されるようになった。経済は、市場の規模が拡大したため、成長した。けっして社会全体に及ぶものではないが、支配階級のエートスが、いくつかの重要な局面において消費を志向するものから利益を求めるものへと変化した。もっとも重要な変化は、土地が商品となり、一般市場で取引されるようになったことだろう。一一七六年に相続財産占有回復訴訟を起草した人々は、相続人が領主にたいして臣従礼を行う前に、父親の土地を相続し保有する権利を与えることを意図していたわけではなかった。しかし、現実にはそのような結果となった。土地の性格が変わり始めた。土地は、封建社会において人格的関係を保証するものから、売買可能な財産へと変化し始めた。もちろん、人間の心的態度は突然変わるものではない。しかし、土地の譲渡は簡単になったし、何よりも土地を借り入れの担保として使用することが容易となったのである。この変化によりインフレがひき起こされ、それは膨大な量の銀の流入によりさらに進展した。

銀が流入したのは、一一六〇年代以降、フランドル地方の毛織物製造業の増加する需要を満たすために羊毛輸出が拡大したからだった。この交易は、都市の発展を、とりわけ東部沿岸部の港町の発展を刺激した。ドゥームズデイ・ブックの簡潔な記述のなかにさえ、リンカンシャー沿岸地方における活発な経済活動の痕跡を見つけることができる。たとえば、バートン・オン・ハンバーでは、パン、魚、毛皮、さらにほかの多くのものに関して新たな関税が徴収されていた。後にグリムズビーが建設されることになるソルトフリービーでは、「ヘイスティングズからやって来た二四艘の船についてアンスガーが関税を徴収していると、ウィザムのアーチルが証言している」。ドゥームズデイは、古くからの荘園の中心地に焦点を当てているため、グリムズビーなどのように一二世紀のあいだに急速に発展することになる新しい都市の記述を残していない。ボストンもそういった都市の一つである。それは、一一八三年までに、年一〇五ポンドをリッチモンド伯領にもたらすようになっており、一二〇六年には、ロンドン以外のいかなるイングランドの都市よりも多額の関税を支払っていた。「イングランドのすべてのよき町と都市の収入と支出は、成長し増加している」、とベリーの修道士たちは一一九二年に述べ、自分たちの町だけがとり残されていると主張した。彼らは経済活動の分け前を望んでいた。その町の役人は、「ヤーマスから塩漬け鰊を積んで町を通過するロンドン商人の荷車」に一五ペンスを課した。ロンドン商人たちは、イングランドのすべての関税から免除されていると主張し、抗議した。この時期、ヤーマスとノリッジは、ともに鰊の利益により豊かになっていた。領主たちは、あらゆる商品・生産物によって成長しつつあった市場を活用するため、新たな都市を創設しようと競い合っていた。ストラトフォード・アポン・エイヴォンは、ウスター司教によりかつて村だった場所に建設され、大きな成功を収めた。それぞれ四分の一エーカーからなる都市保有地が設定され、特権が約束された。これ以外に制度的規定はなく、この新しい都市は活動を開始した。司教は利益を求めた。司教は同時に、農民にたいしても援助の手をさし伸べ、彼らの商品のための市場を居住地近くに提供した。

新たな土地資源を獲得したのは農民だった。それは、彼らに多大な富をもたらし、成長しつつあった物やサービスの市場を支えるのに役立った。植民活動、新たな土地の開墾や干拓には、二つの前線が存在した。それは森と沼沢地だった。御料林裁判官は、一一七六年に巡回したとき、許可なく土地を開墾した罪で、王の御料林内に位置する多くの村に科料を科した。すべての村落共同体がかかわっており、科料の額が割り振られた。一二世紀のもっとも有名な開墾者はおそらく、シトー会の修道士と俗人の助修士（コンウェルシー）[☆13]だろう。修道院の中心地から離れて配置された付属農場（グレインジ）は、ダービーシャー北部やヨークシャーのような地域にとりわけ多く見られた。その存在は、中央からのなんらかの統制によって植民が遂行されたことの証拠かもしれない。この種の領主は、実際には植民者というよりは事業家のような存在だった。彼らは、資本をもち、場所によっては自由農民から所領を買い取ることができた。しかし、この発展を中心となって推し進めたのは農民だった。このことは、フェンランド地方にも当てはまった。ここでは、一二世紀末から一三世紀初期にかけて広大な土地が開墾され、その大部分は非常に肥沃なものだった。ウォッシュ湾の後背地において、ノーフォークからリンカンシャー台地へいたる地域の中世の海岸線は、現在の海岸線から五マイルばかり内陸に入ったところで、現代の地図上の村々の分布により辿ることができる。これが、沈泥によって形成されていた沼沢地の境界線である。この時代、この境界線の海側の地域で一〇平方マイルもの土地が開墾され、内陸側の地域で一〇〇平方マイルが開墾された。植民開拓は新たな資源を生んだ。村の耕地が拡大され沼沢地が干拓されるに従い、村落共同体のあいだを隔てていた境界が消滅した。

　一二世紀末のイングランドでは、あらゆる場所で利益が得られるようになった。必要なものは、担保、願わくは土地による担保と私的な印章だけだった。それによって人々は、商取引をすることができたのである。「おまえは印章をもっているか」、と行政長官リチャード・ド・ルーシーがバトル修道院の一騎士に尋ねた。「はい」という答えが戻ってきた。この有力者は微笑んだ。「小身の騎士がみな印章をもつというのは、過去の慣習ではありえないことだ」、と彼は言った。それは、かつて王や諸侯だけにふさわしいことだった。この話はヘンリー二世治世初期のことである。この治世の終わり頃、ベリー・セント・エドマンズ修道院長サムソンは、個人的な印章を保持している修道士は全員申しでるようにと命じた。「その結果、三三個の印章が見つかった。」ほとんどの修道士が印章をもっており、そ

ウェールズのジェラルドによるアイルランドとウェールズの旅行記に描かれた２つの絵

図46（上左）　竪琴を奏でる女。ウェールズ人の音楽の腕前を描いている。

図47（上右）　あごひげを生やした女。アイルランドの驚異の１つとして描かれている。

図48（下）　城壁に囲まれた都市。『ラトレル詩篇集』から。コンスタンティノープルを描いていると推測されるが、これはイングランドのどの中世都市にもあてはまる光景だろう。

のうちのいく人かは領主のような生活をしていた。ジェフリー・ルスは、修道院荘園の四ヵ所を管理していた修道士の所領監督だったが、自分の収納箱のなかに二〇〇マルクの価値の金銀を所有していることが明らかとなった。この修道士にはほかに個人的な収入があったのかもしれない。しかし、その収入のほとんどは土地による利益だったはずである。

この時代には、財務府大記録（パイプ・ロール）のなかで、土地にたいする権利をもつ人々の後見権や結婚権を管理するために約束された金銭支払いの記録が多く見られるが、それは驚くべきことではない。王の礼拝堂付聖職者、スタンフォードのジョンは、ウォルター・ファーメッジの娘に関する権利を得るため四〇マルクを支払った。これ自体はたいした額ではないが、同僚八人がその保証人となっていることが注目に値する。これは、あたかも共同投資をしている事務員たちの中世版を見ているかのようである。ウィリアム・ド・スタトヴィルは、ギルバート・ド・ガンの後見権と結婚権を得るために一〇〇〇マルクの支払いを約束した。そのうちの六〇〇マルクは、この少年が成人したときに支払われることになっていた。ブレイクロンドのジョスリン☆14が書いたベリー修道院長サムソンの伝記は、おそらく中世の年代記のうちでもっとも有名なものだが、それは、これまで述べてきたような金銭支払いの約束の背後にある利益獲得の思惑といったものを明らかにしている。二〇〇ポンドの価値がある後見権が市場にあらわれたが、問題となっている少女はカンタベリー大司教ヒューバート・ウォルターの監督下にあった。そのため、修道院長サムソンは自分の利益を大司教に割り引いて売ることを余儀なくされた。しかし、サムソンは、この同僚聖職者が、問題となっている後見権をトーマス・ド・バーグに三〇〇ポンドで売り、差額をかすめ取ったのを知って悔しがった。しかし、それにもかかわらず、トーマス側の計算では、修道院長と大司教が上前をはねた後でも、利益を得ることが可能だったのである。

この時代の大土地保有者は、以前借地契約（リース・アウト）で貸し出していた所領を取り戻そうとした。ある騎士は、それまで年四ポンドの地代で借りていた一カルケイトの土地を再び賃借するため、修道院長サムソンに三〇マルクの支払いを申し

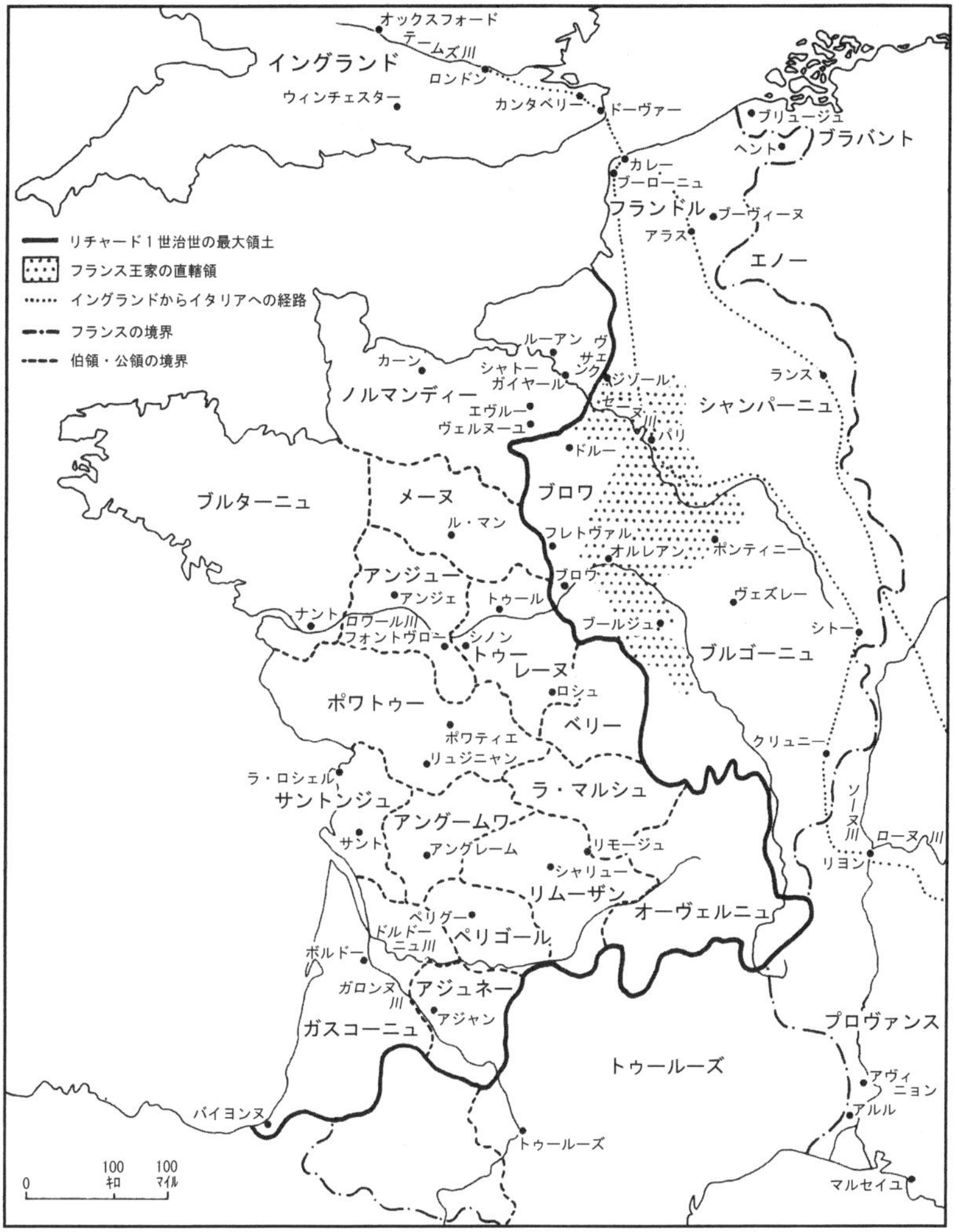

地図3　12世紀末のアンジュー帝国

地図ではフランスの主要な諸地方と中心地が示されているが、そのうち西部の大部分の地域はイングランドのアンジュー王家の支配下にあった。

出た。「しかし、修道院長は、彼を拒絶し、その年に二五ポンドを、翌年に二〇ポンドをその土地から得た。」伝えられているところでは、修道院長サムソンは「すべてのものを自分の手元に置いた」。ただし、ソープの荘園だけが例外だった。修道院長は、それをあるイングランド人に与えた。「なぜなら、彼は優れた所領請負人であり、フランス語を知らなかったからである。」リチャード王のフランスでの野心と十字軍遠征の費用を負担したのは、結局のところ、フランス語を知らないこのようなイングランド人の農民だったのである。

リチャード一世の治世

一四世紀初め、ある王の書記は、若き王エドワード二世の能力を真剣に疑い始めたとき、彼が祖先と同じように立派な資質を示してくれるとよいのだが、と考えた。ヘンリー二世は「精力的で勤勉」だった。リチャードは「勇敢」だった。ヘンリー三世は「長命」であり、エドワード一世は「賢明」だった（リチャードとヘンリー三世のあいだにくるジョン王は、さりげなく無視されている）。リチャードの勇敢さは伝説的なものとなっていた。彼は実際よりも過大な評価を得た王だった。その名声は、短い期間に、一一九一年六月八日から一一九二年一〇月九日にかけて第三回十字軍に参加した時期に確立された。そのとき、彼は、十字軍王国の海岸地域の多くを西方の支配下に確保した。彼は、アッカーの攻囲戦から戦いに加わった。この町は、一一八七年、ヒッティーンの戦いの後に、サラディンによって占領されたものだった。アッカーの守備隊は一一九一年六月一二日に降服した。リチャードは、その後、南に進軍し、エルサレムへの補給にとって重要な町ヤッファへと向かった。彼は、十字軍の補給路を分断しようとしていたサラディンに反撃を仕掛け、彼をアルスーフで打ち負かした。ヤッファは降服したが、リチャードはエルサレムに到達することができなかった。危険が大きすぎたのである。リチャードは、ときおり衝動的な行動をとる人物だったが、けっ

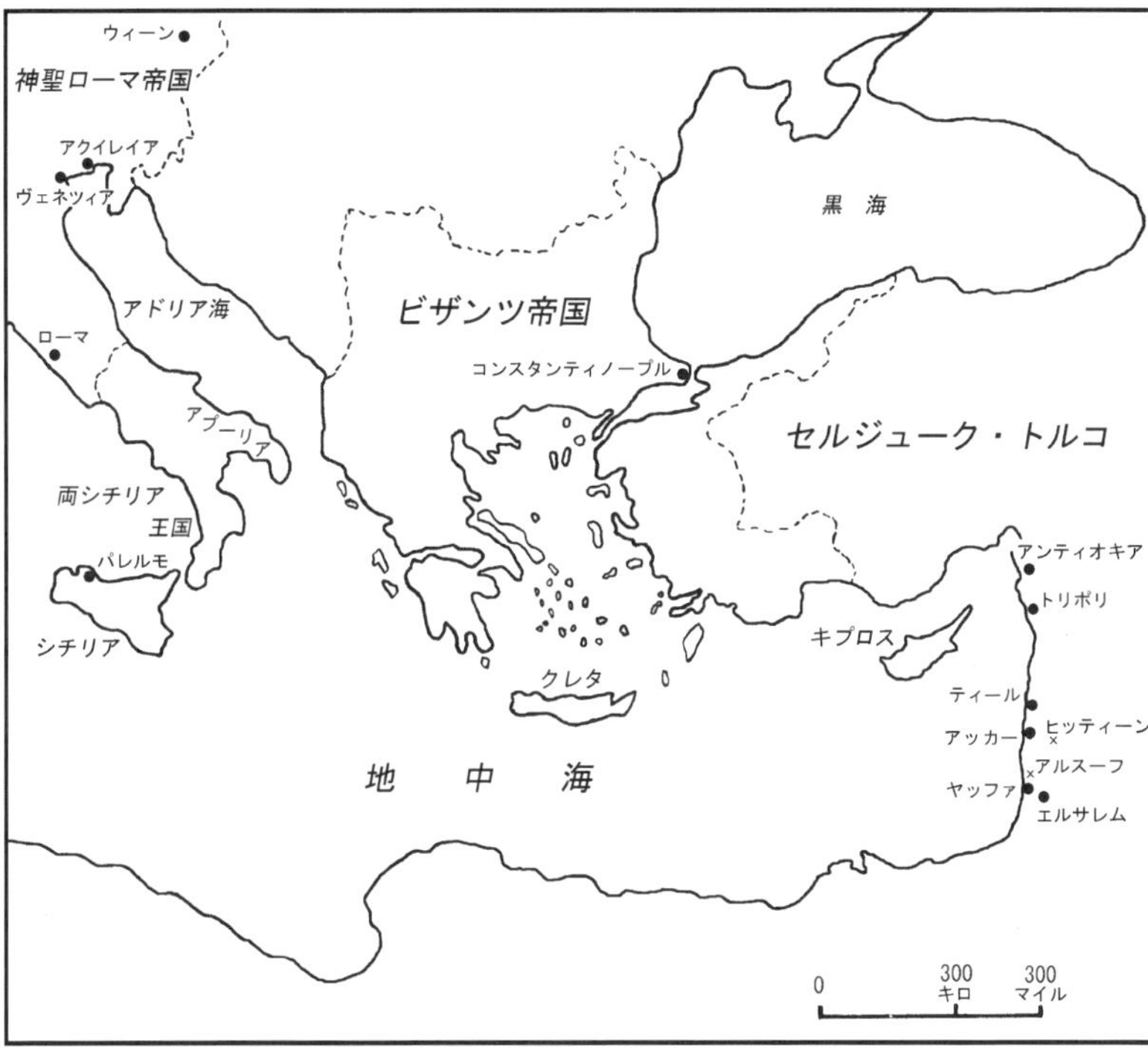
ウィーン
神聖ローマ帝国
アクイレイア
ヴェネツィア
アドリア海
ローマ
アプーリア
両シチリア
王国
パレルモ
シチリア
ビザンツ帝国
コンスタンティノープル
黒海
セルジューク・トルコ
アンティオキア
トリポリ
キプロス
クレタ
ティール
アッカー
ヒッティーン
アルスーフ
ヤッファ
エルサレム
地中海
0
300
キロ
300
マイル

地図4　十字軍の世界

して衝動的な指揮官ではなかった。人々の想像力を捉えたのは、サラディンとの対決だった。イングランド人は、十字軍のために多額の金を支払ったし、また、リチャードが帰国の途次捕虜となったとき、その解放のために以前に劣らない額の身代金を用立てた。しかし、イングランド人は喜んで支払った。イングランド人は、十分な数の聖人を得ていたが、軍事的英雄というものをほとんどもっていなかったのである。リチャードは、ベケットと同じように、またたくまに名声を得たのだった。

第三回十字軍は、理論的には、西ヨーロッパ・キリスト教世界の指導者たちによる共同事業だった。しかし、現実には指導者たちは分裂していた。アッコンの攻囲戦に参加していたイングランド人聖職者が故国へ送った書簡は、キリスト教徒軍の道徳的品性の欠如を嘆き、その分裂を強調している。「君侯たちはお互いに反目し、地位を争っている。」これは、フランス王とイングランド王の到着以前のことであり、その後の両王の対立はさらに人々を困惑させることになった。フィリップ尊厳王は、到着後数週間のうちに聖地を去った。彼はそのとき、リチャードのフランスでの権益を保護すると誓ったが、そうする気はさらさらなかった。一一九二年一〇月、リチャードが故国へ向け出帆したとき、西ヨーロッパでは敵対的な状況が待ち受けていた。トゥールーズ伯が、リチャードとその一行は、フィリップ尊厳王にそそのかされ、リチャードへの襲撃を計画しているという報告がなされた。そのため、リチャードはアドリア海を北上し、オーストリアとラインラントを経由して帰国しようとした。しかし、その地も友好的でないことがすぐに明らかとなった。彼らは裕福な巡礼者を装っていたが、オーストリア公の家臣に見破られ、捕らえられてしまった。公もまた、アッカーの攻囲戦に参加しており、そこでリチャードと仲違いしていたのだった。フリードリヒ・バルバロッサを継いだドイツの神聖ローマ皇帝ハインリヒ六世は、すぐにこの貴重な獲物を得ようと動いた。ハインリヒはドイツとイタリアで敵を抱えていたが、彼らはリチャードの同盟者だったのである。リチャードは、一一九三年のあいだ、まずシュパイアーで、それからマインツで幽閉され、一一九四年二月四日になってようやく自由の身とされた。

一一九三年月六月に王の解放が合意されたが、一五万マルクの身代金がその代償として要求され、即座に支払われた。捕囚のあいだ、使者がたびたび王を訪れ、イングランドの状況について知らせていた。

　イングランドからもたらされた知らせは、よいものではなかった。王の捕囚により国が不穏な状況におちいっていた。「諸侯すべてが動揺し、城が補強され、都市の防備が強化され、壕が掘られた。」しかも、リチャードの弟ジョンにたいする不平不満が高まっていた。ジョンは、リチャードの治世初めの数週間にほかの者よりも優遇された扱いを受けていた。彼はイングランドに広大な所領を与えられた。彼は、グロスター伯領の女子相続人と結婚することにより、イングランド南西部とミッドランド地方北部に土地を得ていた。これらの土地は、ジョンに独立性を提供していたが、イングランド統治における責任ある地位や戦略的重要性を与えたわけではなかった。ジョンは、リチャードの留守中に、こういった地位を獲得しようと企てたのである。リチャードはウィリアム・ロンシャンを行政長官に任命していたが、彼が諸侯の反感によって罷免され、イングランドから追放されたとき、ジョンが統治に責任を負う地位を得る可能性が生じた。リチャードが帰国の途次姿を消し、国防省による戦況報告の表現を使うならば、彼が「行方不明、死亡したものと推測される」と判断されたとき、ジョンは謀反を実行に移したのである。一一九三年一月、ジョンはフランス王と協定を結んだ。王は、ノルマンディーに侵入し、イングランドを侵略するために艦隊を準備させた。リチャードの弟の攻撃からイングランドとノルマンディーを防衛するのは、その役人たちの仕事だった。彼らは大成功を収めた。ルーアンはしっかりともちこたえ、イングランドのジョンの城は攻囲された。捕囚の身であれ、リチャードの居場所が明らかになると、フランス王は講和を求めた。リチャードが解放され、イングランドに帰国し、ジョンの反乱は挫折した。

　リチャードは、わずかな期間しかイングランドに滞在せず、弟を自分の代理の地位に任命しただけだった。彼は、一一九四年三月、サンドウィッチに上陸した。そして、五月一二日バルフルールに向けて出発し、二度とイングランドに戻ることはなかった。リチャード不在時のイングランドの歴史は、フランスにおける王の戦争のために資金と軍隊を集め送る物語だった。それは注目に値する話であり、それには際立った英雄的人物が存在した。それは、ヒューバート・ウォルターだった。彼は、行政長官ラーヌルフ・グランヴィルのもとで訓練を受け、行政組織の役職を昇っていった。彼は、リチャードとともに十字軍に参加し、軍隊にキリスト教的規律を回復し、物資補給において優れた能力を発揮した。リチャードは、一一九三年、牢のなかから書簡を送り、ヒューバートのカンタベリー大司教任命を支持した。ヒューバート・ウォルターは、ソールズベリーのロジャーによく似た財務行政家だった。彼の経歴は、発想と規模において目を見張るべき金銭の徴収によって彩られている。サラディン・タイズ（十分の一税）は、第三回十字軍の費用を捻出するために徴収された。それは、土地税ではなく動産査定にもとづいているという点で新しいものだった。リチャード解放のための身代金徴収もヒューバートらしい特質を示している。これは、以前のやり方を踏襲しており、非常に厳しいものだった。俗人は年収の四分の一を抵当にして金を借り、聖職者は聖杯（カリス）や銀の皿を質に入れた。シトー会修道士は（そのような高価な器具をもつことを拒否していたため）羊毛刈り入れ量一年分相当の額を借金して支払った。一一九七年、リチャードは、一年を通してノルマンディーで勤務できる騎士三〇〇名を送るよう要求した。これは前例のないことだった（このような方策は、王の軍隊が指揮官不足で困っている状況を示唆している）。この新しさのために反対の声があがった。しかし、ヒューバート・ウォルターは必要とされた人数を確保した。伝えられるところでは、彼はこの時期、過去二年間に一一〇万マルクを大陸での戦費としてリチャードに送金したと主張していたという。この額は、誇張されていたとしても、驚くべきものである。中世の残りの時期に、これに匹敵する額がこれほど短期間に徴収された例は存在しないのである。

ヒューバート・ウォルターは、驚くべき資質と創意に恵まれた役人だった。この時期、王の書状に関して最初の恒常的な記録があらわれた。これ以後、封緘書状録（クロース・ロール）と開封書状録（パテント・ロール）（封印方法に従って区別されるもの）により、イングランド政府の日々の活動を知ることができるようになった。☆15 地方行政においても、また変化が見られた。一一九四年九月、ヒューバート・ウォルターは各州に検屍官（コロナー）を配置した。検死官は、突然生じた疑義のある死亡に関して報告する義務を負っていた。検屍官録（コロナーズ・ロール）はそれゆえ、イングランドの犯罪を研究する歴史家にとって必要不可欠な史料となっている。また、ヒューバートは、ユダヤ人にたいしてなされた負債と抵当についても記録を残すよう命じた。イングランドの地方史を研究する者にとって、三分割最終和解譲渡証書（フィート・オヴ・ファイン）も同様に欠かすことのできない史料である。これは、ヒューバート・ウォルターの優れた発想を示すもう一つの例である。紛争を終結させようとする両当事者は、これまでは、一葉の羊皮紙に合意事項を二通書き記して「最終和解譲渡証書」を作成し、それを二つに分割し、それぞれ相手側の文書に印章を付与していた。いまやこれに三番目の写し、最終和解譲渡証書の「基部文書（フット）」が羊皮紙の下部に作成され、切り離され、公文書として州別資料のなかに保管されるようになったのである。一一九六年には、度量衡条例（アサイズ・オヴ・メジャーズ）によって、計量単位の一般基準が制定された。それは、毛織物、ビール、穀物、ワインの計量単位の一般基準を規定した。そして、「升と計量壷（ガロン）、鉄尺（ロッド）、天秤竿と分銅をイングランドのすべての州に送るために」、一一ポンド・一六シリング・六ペンスが支払われた。ヒューバート・ウォルターはどんなに細かなことにも目を光らせていた。一一九七年には、王がイングランドに帰国すると噂されていた。そこでヒューバートは命令を出した。ウィンチェスター城の台所を修理するように、また、サウスハンプトンからワインを運びイングランド南部の主要な狩猟用の館に備えておくようにと。

しかし、リチャードが帰国することはなかった。彼の政策の最重要課題は大陸領土の防衛だった。ヴェクサン地方とベリー地方の二ヵ所で戦線が存在した。リチャードは、この二つの地域に資源を集中し、そこで同盟者を得ようとした。外交的な大勝利が達成された。南部では一一九六年のリチャードの妹ジョウンとの結婚によりトゥールーズ伯との同盟が形成され、北部では一一九七年にエノー・フランドル伯ボードゥアンとの協定が成立した。後者の地域では、政治的圧力とともに経済的圧力が課せられた。「フランドルにいる王の敵どもに穀物を送った」者たちから膨大な額が徴収された。キングズ・リンとダニッチの商人たちは、それぞれ約一〇〇〇マルクの科料を支払った。このような政策とともに、軍事的方策もとられていた。その象徴的存在が、セーヌ川沿いのレ・ザンドリーに築かれたシャトー・ガイヤールであり、それは現在においても、リチャードの軍事的才覚と野心を示すものとして聳えている。戦場においても勝利が得られた。その規模は小さいが、非常に宣伝効果のあるものだった。一一九四年、ヴァンドーム近郊のフレトヴァルにおいて、リチャードは、フィリップ尊厳王を戦場から駆逐し、その財貨・財宝と大量のフランス王文書を奪った。一一九八年にはジゾールにおいて、フランス軍は、迎撃され、混乱状態で城へと逃げ戻った。城の橋が重装備をした者たちの重みに耐えかねて落ち、少なくとも二〇名の騎士が溺れ死んだ。

リチャードは、外交と戦争において戦略家として卓越した才能を示し、フランス王に反撃し、相手の領土を荒らし悩ませた。彼は、十字軍出征と捕囚の期間に失った領土を取り戻すことができた。しかし、それにもかかわらず、彼は守勢に回っていた。シャトー・ガイヤールは防御施設であり、ノルマンディーへの主要な攻撃路を守っていた。攻撃する側にいたのはフランス王だった。フィリップは、一一九〇年代に重要な土地資源を手に入れ、それをより効果的に使用するために行政制度を発展させた。彼は新たな同盟者を獲得することができ、リチャードは、彼らに対抗するために新たな資金や人的資源を注ぎ込まざるをえない状況に追い込まれた。一一九九年春、リチャードは、そのような流れのなかで不可避となった遠征を行った。彼は、リモージュ副伯とアングレーム伯と対決するため、南へ向かった。王は、シャリュー・シャブロルの攻囲戦で弩の矢を受け、その傷は壊疽(えそ)となった。彼は一一九九年四月六日に死去した。その遺体は、フォントヴロー女子修道院へと運ばれ、母親と父親のそばに埋葬された。リチャードはフランスに埋葬された最後のイングランド王となった。

第四章　マグナ・カルタとその後　一二〇四―一二五八年

リチャード一世死去の知らせは、フランス南部からイングランドまで届くのに一一日を要した。状況は危機的だった。リチャードはイングランドを五年間離れていた。継承に関しては何も決まっていなかった。「城をもつほとんどすべての者が、伯や諸侯と同じく司教たちまでもが、そこに兵を配置し、食糧や武器を装備した。」ジョンは、いまだフランスにいた。彼には兄ジェフリーの子、ブルターニュのアーサーという対抗者がおり、アンジュー朝の支配領域の各地方では継承に関する慣習が異なっていた。ジョンにとってもっとも確実な継承請求権は、ノルマンディーに関するものだった。彼は賢明にもまずルーアンに赴き、一一九九年四月二五日、大司教から公領の剣を授けられノルマンディー公となった。一方、アンジュー、メーヌ、トゥーレーヌの人々は集まり、アーサーを承認した。ジョンはイングランドの統治を任されていた人々から支持を得た。大司教ヒューバート・ウォルター、行政長官ジェフリー・フィッツ・ピーター、伯ウィリアム・マーシャルは、王死去の知らせを受けるとすぐにイングランドに渡った。彼らはただちに主要な王の城へ守備隊を配置し始めた。ランカスターからドーヴァーまで、ヨークからエクセターまで、またウェールズ辺境領の全領域で、人々が「城を守備し、平和を維持するために」、動員された。「リチャード王死去の後」、四〇日の軍役にたいし一〇名の騎士と二〇名の役務保有者（サージャント）☆1に支払われた四〇ポンド。これが、財務府大記録（パイプ・ロール）

のなかに多く見られるこの種の典型的記載例だった。ジョンの助言者たちは、こうして時間を確保し、そのあいだに諸侯を召集し、大陸からの知らせにもとづき、ノルマンディーではすでにジョンが認められている点を強調した。五月二七日、キリスト昇天の祝日に、ジョンはイングランド王として戴冠された。彼は自分の王位獲得のためにもっとも尽力した者たちに伯領の剣を与えた。ウィリアム・マーシャルはペンブルック伯に、ジェフリー・フィッツピーターはエセクス伯に任じられた。ジョンは、当時の三大霊廟、聖オールバンズ、カンタベリーの聖トーマス、ベリーの聖エドマンドの霊廟に無償で宿泊し祈る機会を与えられた。少なくとも最後の場所では、王は人々によい印象を与えなかった。ジョンがその霊廟に与えた絹の布は、そこの聖具係から借り受けたものだったが、彼はその代金を支払わなかった。そして、彼は献金皿にわずか一三ペンスしか置かなかった。

ノルマンディーの喪失

ジョンは戴冠から一ヵ月もしないうちにイングランドを去った。なぜなら、対抗者が野放しになっており、彼を支持する有力者もいたからである。フィリップ尊厳王は、ジョンがフランスのリチャードの土地にたいする権利請求問題をフランス宮廷の裁決に委ねないことに、怒りをあらわにしていた。この問題は、一一九九年八月と一二〇〇年一月の二度、両王が直接会談した際に話し合われた。しかし、両者の主張を認める解決へ向けた交渉はすでに進行中だった。フランス王の息子ルイと、ジョンの姪でカスティリャのアルフォンソの娘であるブランシュとの結婚はその一部だった。一二〇〇年五月二二日、ル・グーレで両者は合意に達した。それは、和平達成の条件（フォルマ・パキス）をフランス王が告知する文書の形をとった。この文書はエヴルーの城と伯領の記述で始まっており、この問題が長大な全文の半分を占めている。フランス王が、この城と伯領を「リチャード王の正当な相続人として」、継承すると述べられている。ジョンは、相続上納金（レリーフ）として、またブルターニュの譲与にたいして、二万マルクの支払いを了承した。アーサーは、この後、ブルターニュをジョン王から保有することになった。ジョンは、リチャードの正当な相続人として、前述のものを除いて、父や兄が保有していたすべての領土を保有することになった。両者は人質を交換した。この文書は、さまざまな点で対等な者同士の和約という通例の文書儀礼に従っている。しかし、ジョンは、フランス王の家臣となったことにより、すでに相当な譲歩を余儀なくされていたのである。

ル・グーレで交わされたフランス王とイングランド王との和平は、長くは続かなかった。要衝の地にある者たちが忠誠の対象を変えたため、ジョン王は領土を失うことになった。そのような脅威は、次にポワトゥーで生じた。ここでは、リュジニャンのユーグが、一一九九年にラ・マルシュ伯となっていた。ユーグは、このとき、アングレーム伯領の女子相続人イザベルと婚約しており、やがて広大な領土を受け継ぎ、アキテーヌ公領内で支配的な地位を得るものと思われていた。ジョンは一二〇〇年八月三〇日に自らイザベルと結婚することで、この脅威に対処した。このような結婚は封建社会の政治において頻繁に見られるものであり、それに驚く者はほとんどいなかっただろう。そして、二人の結婚生活はとても幸せなものになった。しかし、婚約は契約であり、その不履行には補償が求められることになる。ジョンは、それを拒絶しただけでなく、リュジニャン家を攻撃した。彼らは自分たちの（そしてジョンの）封建宗主であるフランス王に訴えた。ジョンは、一二〇二年四月、この告発に応えるためパリに出頭するよう命じられた。イングランド王が出廷を拒んだため、フランス王の宮廷は、その大陸領土すべてが没収されるべきだと宣告した。ノルマンディーはカペー家の王領に組み込まれることになっており、ジョンのほかの領土はアーサーに与えられることになっていた。しかし、それはあくまでフランス側の目論見にすぎなかった。それは、戦いによって勝ち取られねばならなかった。最初の勝利はジョン側が手にした。彼は、ミルボーで、アーサーとリュジニャン家のいく人かの指導者、さらに「すべての敵対するポワトゥー人」を捕らえた。この不運な者たちは、厳重な警備のもとイングランドとノルマンディーの堅固な城へ送られた。アーサーは、まずファレーズで、それからルーアンで拘留された。この後、彼の消息は途絶えた。彼がどうなったのか明らかではないが、間違いなくジョンの指示によって殺害されたと考えられる。ジョン自ら手を下したとさえ言われている。

アーサーの死により問題は単純になったが、ジョンの主張が認められたわけではなかった。むしろより強大な権力同士による直接の衝突がひき起こされることになった。中立的立場にある者たちは、これを注意深く見守った。境界線のフランス側では、フランス軍が侵攻の準備をしていた。グルネー、リヨン・ラ・フォレ、ジゾール、ヴェルノン、そしてエヴルー、ノナンクールといった主要な城に軍勢が集結していた。ノルマン朝とアンジュー朝の王たちの亡霊が住み着くこれらの中心地は、いまやカペー家の支配下に置かれていた。それらの城は、二五〇〇人からなる軍隊によりしっかりと守られていた。おそらく、その十分の一は騎士によって構成されていた。この軍の人数自体は多くないものの、彼らは機動力に富み、十分な補給も受けた常備軍だった。確かに資金は重要である。彼らには、パリ貨で二万七三七〇リーヴル、換算して約一万ポンド相当の額が支払われていた。この二つの点において、ジョンは明らかに敗者だった。一二〇三年、アランソン伯セーのロベールは、ジョンをじきじきに迎え入れもてなした。王は五日後に出発した。彼は朝食をふるまわれ、それからル・マンへ向けて出発した。伯は夕暮れまでにフランス王と接触し、新たに臣従誓約を行った。ジョンは非常に驚き、証書の日付の部分にこの背信行為を記載した。彼の辺境の駐屯地は弱体化した。ル・ヴォードルイユはノルマンディーの外から連れてこられた守備隊により防御されており、ロバート・フィッツ・ウォルターとセアー・ド・クインシーは、この城を明け渡した。ジョンは、ノルマンディーの自分の要塞の運命を察し、一二〇三年一二月、イングランドへ退却した。シャトー・ガイヤールは、チェスターの城代ロジャー・ド・レイシーのもとで戦闘を続けていたが、一二〇四年三月八日に陥落した。この知らせを受けたジョンは、この城代のイングランドの領地を没収したが、まもなく家臣の助言を受け入れてこれを撤回し、彼の身代金として一〇〇〇ポンドを用立てた。その年の夏までに、公領全土がフランスの手に落ちた。ジョンは裏切られたと感じた。人々は、この後のジョンによる臣民の扱いには報復の意味合いがあると感じていた。

ジョンはノルマンディー回復の望みをけっして捨てなかった。しかし、いまや彼は計画を練り直さなければならなかった。バイユーの綴織（タピストリー）☆2のなかで、船大工たちがイングランドへ侵攻する船を作っていたように、イングランドの造船所は、シャトー・ガイヤール陥落の後、自国の商船からなる船隊を補足強化するため、仕事に取りかかった。一六の異なる港に配置された五二隻の船のリストが、一二〇五年に関して残っている。どの船も許可なく出航することが禁じられていた。また、新たな船がタイン川（資材費二四ポンド・八シリング、賃金五四ポンド・一シリング・二ペンス）やロンドン（三六〇ポンド・一〇シリング・三ペンス）やその他の場所で建造された。船隊はポーツマスに集められ、武器や補給物資の積み込みが行われた。一二〇五年四月一六日の令状が命じている。南西部地方とウェールズ辺境領地方の労働者で、「王の働き手となり、王の船を建造・操舵し、王から扶持を受けるに十分健康な者」は、全員この職務を果たすために申告するように、と。行政の手はずは完璧で、人員も揃ったが、この準備すべてが無駄となった。輸送すべき軍隊が存在しなかったのである。同年六月、ヒューバート・ウォルターとウィリアム・マーシャルは、諸侯たちには戦う意思がないことをジョンに告げた。王は激怒し、また船員たちも自分たちの労働や報酬が無に帰したことで、怒りをあらわにした。そして、その後一ヵ月も経たないうちに大司教が死去した。

聖務停止　一二〇七―一四年

カンタベリーにおけるヒューバート・ウォルターの後任を決める選挙はなかなか進まず、教皇庁とのあいだに深刻な軋轢が生じた。ジョン自身、そしてイングランドの司教たちやカンタベリー大司教座聖堂付属修道院の修道士たちには、それぞれの主張があり、共通の候補者を立てることができなかった。西ヨーロッパのほかの君主政に劣らぬ早さで権勢を高めてきた教皇庁は、この選挙について細目にいたるまで吟味する権利を主張した。重要な進展が教皇庁で見られた。二年間にわたる論争の後、ローマ教皇が推した候補者、スティーヴン・ラングトンが大司教に選ばれた。彼はイングランド人で、パリの学校で教授を務めた人物だった。ローマ教皇は彼を枢機卿に任命し、一二〇七年六月一七日、大司教として聖別した。ジョンは徹底してラングトンの就任を拒否した。そして王の意思に反して教皇の圧力に屈したカンタベリーの修道士たちに怒りの矛先を向けた。一握りの者を除いて、総勢六〇人を下らない数の修道士が、国外追放の憂き目に遭った。その大多数は、ヘントのサン・ベルタン修道院へ向かった。教皇庁の決定に従わず、自ら聖別した大司教を拒絶した王への制裁として、ローマ教皇はイングランドに聖務停止を科した。イングランドの聖職者は、聖務停止の規定に従い、司祭としての職務を執行することができなくなった。「幼児洗礼と臨終の告解以外の聖務は、執り行ってはならない。」つまり、現在緊急時に一般信徒も執り行うことが許されている種類以外の秘蹟の執行が禁止されたのである。実際に、イングランド全土で宗教活動が停止した。王は報復として、すべての教会財産の没収を命じた。没収した土地や、自分たちの土地を保持した者たちからの支払いは大きな収入となった。特殊な形の支払いも要求された。小教区の聖職者は、自分たちの愛妾のために支払いを求められた。一二一二年、主席御料林官ヒュー・ド・ネヴィルは、本来の職務のほかに、「聖職者の家財と愛妾たちに関して」一〇〇マルクの未払い分の負債を負っていた（「愛妾」と訳した語は、厳密には女司祭を意味する「サケルドティッシス」だが、これはたんに書記の戯れである）。大司教選挙をめぐる紛争は激しいものとなった。貞潔な修道士も罪深い司祭も同じように影響をこうむった。リンカンシャーの小土地保有者だったスティーヴン・ラングトンの父親は、息子の出世を祝おうと考えていたかもしれないが、カンタベリーの修道士たちの運命を耳にすると、自分の土地を捨てて、スコットラ

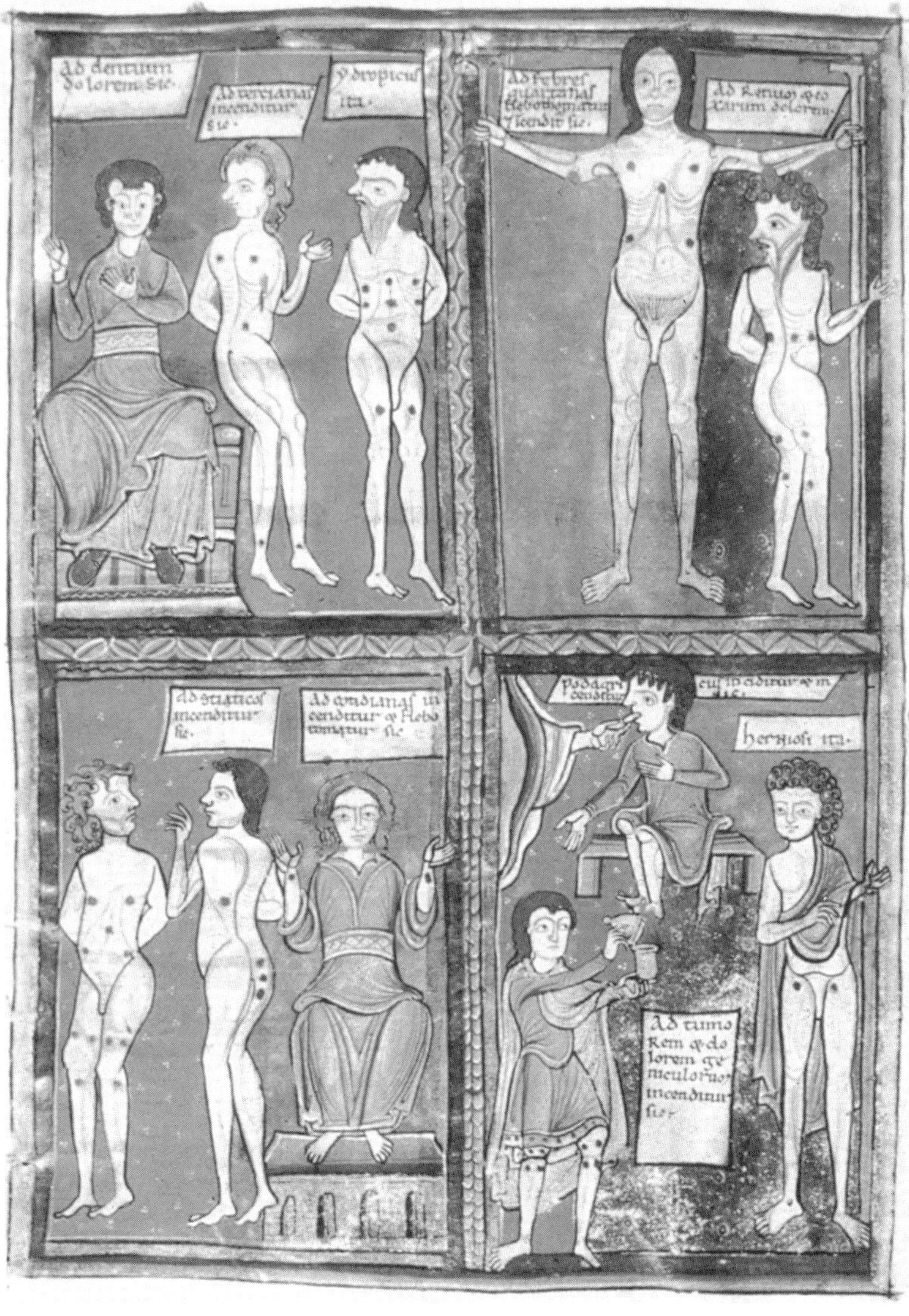

図49　1190年代の医学書の一部。歯痛、水腫、座骨痛、ヘルニアを含むさまざまな病気に効く焼灼療法のツボ（「ここをもぐさで焼け」と書かれている）を示す。

ンドのセント・アンドルーズ司教のもとへ避難した。

聖務停止のあいだ、ジョンの統治にたいする抗議は厳しさを増した。ここで重要なのは、人々の認識の仕方であって、行政組織の変化そのものではない。

たんなる財務府組織の変化は、諸侯たちにとって、自分たちと王権とのあいだの財政的関係を根本的に変えてしまうものに思われたかもしれない。

J・C・ホウルトは、このように適確に述べている。この時代の典型と言いうるような諸侯を探すのはむずかしいし、ハンティンドン伯デイヴィッドはむしろ例外的な事例だが、最近キース・ストリンガーが明らかにした彼とジョン王との関係の話は教えられるところが多い。スコットランド軍の侵攻の恐れが高まった治世の初め、デイヴィッドは兄のスコットランド王との調停を取りもった。その見返りにジョンは、デイヴィッドにたいし莫大な譲与を行った。一一九九年から一二〇二年にかけて、まずハンティンドンシャーの所領（ゴッドマンチェスターが中心地）やほかの州の所領がデイヴィッドに授与され、さらにオールコンベリーとブランプトンが加えられた。しかし、その後一〇年と経たないうちに、王は彼にまったく好意を示さなくなった。ユダヤ人への負債に関する三〇〇ポンドは、以前に免除されたものだが、今になって支払いを要求された。御料林法の侵害にたいする二〇〇ポンドの科料も、彼の所領のもつ特権により免除されるべきものだったが、賦課された。また、慣例となっていた軍役代納金の免除も黙殺された。一二一一年までに、負債総額は一一〇〇ポンドに上った。その翌年、ジョンは、自分の命を狙った謀略の存在を知ったとき、デイヴィッドもそれに加担しているものと疑った。デイヴィッドは、書状を通じて、息子が人質となっている点を指摘され、イングランドの主要居住地であるフォザリンゲイ城を王に明け渡すよう命じられた。ゴッドマンチェスターの荘園は取り上げられた。和解を探る方策が採られた。伯は高齢であり、マグナ・カルタをめぐる闘争や、その後の内乱において目立った働きをすることはなかった。ジョンは、彼を特別に厚遇していたわけでもなく特別に冷遇していたわけでもなかった。それでもデイヴィッドの経験は、なぜ多くの諸侯が蜂起に及んだかを知る手がかりを与えてくれる。長年にわたる忠誠と奉仕は、永続的な信用へと発展させられることはなかった。以前なされた譲与を無に帰するような財政的圧力がかけられ、次に謀反の嫌疑をかけられ、さらに、きわめてあからさまな報復行為がなされたのである。

ジョン治世の財務府大記録（パイプ・ロール）は、歴史家にとって魅力的な史料である。これにより、王の生活が思いのほか身近なものとなるのである。生活に必要なものが、領土を巡歴する王に供給された。一二一〇年一二月、王はヨークシャーのクレイク城に滞在した。テームズ川でカレイが捕獲され、その地の王のもとに届けられた。ウィンザーではクリスマスの祝祭の準備が整えられていた。一五〇〇もの杯、一二〇〇もの水差し、四〇〇〇枚もの皿が運び込まれた。食糧貯蔵庫では、三七六頭の豚が塩漬けにされ、さらに九〇〇尾の鱈（たら）、三〇〇〇尾のヤツメウナギ、一八〇〇尾の小鱈、一〇〇〇尾の鰊（にしん）がもち込まれた。胡椒（こしょう）、クミン、シナモン、クローヴ、ナツメグ、アーモンド、ナツメヤシ、イチジクなども、はるか遠方から供給された。これらは中世の香辛料交易で扱われる主要品目であり、厳密に記帳・計量され、会計報告がなされた。このほかには当然ワインも備えられた。常にワインが必要だった。すべての食事がワインとともに出された。聖金曜日でも同じだった。オーセールのワイン、イル・ド・フランスのワイン、ガスコーニュのワイン、アンジューのワインが運び込まれた。これらすべてが赤ワインだったが、これ以外に白ワインも備えられた。王は専属のワイン商人とひいきのワイン生産者を抱えていた。一二〇四年、粉屋のラルフはコルビエールの修道士からワインを買いつけた。リンカン司教ヒューがゆっくりとミサをあげているとき、食卓に着けないジョンは司教をせかす言葉を発したが、それも無理のないことだった。王にとって、一日を価値あるものにするのは、明らかに夕食だったのである。彼は、腹心として助言を与える諸侯や家中の騎士たちに囲まれて食事をした。この騎士たちは、やがて能力を認められ出世し、最新の流行を取り入れた新品の衣服を身に着ける地位に就くであろう。フランスの問題が彼らの脳裏から離れることはなかった。ノルマンディーから供出される騎士役は一二〇四年に失われてしまったが、それは、いかにして埋め合わせることができるのだろうか。王の都市民たちは、戦争遂行のために協力することはできないのだろうか。このような議論されるべき問題が多く存在していた。やがて蠟燭の火が広間で揺らぐ時刻となり、ワインの酔いが回ってくると、彼らはフランスからもたらされた最新の話題で賭けをしたり、自分の騎馬の武勇を自慢し合ったりした。一二一〇年、チェスター伯は、「自分が見つけたなかで最強にしてもっとも美しい極上の軍馬二頭」を王に提供した。冗談で次のように言う者もいた。「ウェールズにいないような美しい軍馬」を約束した者は、老いぼれた駄馬を差しだすことを考えていたのか。もしそうだとしたら、彼はましな馬を提供することを考えたほうがよい。なぜなら、王は馬にうるさいからだ。この種の会話は、王が読書をするため自分の寝所に退去するよう促す合図となったかもしれない。一二〇八年三月、ジョンは、ウィンザー城にある書物を読み尽くし、蔵書を補充するためレディングの修道士たちのもとへ使いを送った。彼は、代わりに「プリニウスと呼ばれる本」を修道士たちに貸し与えた。こうして床に就き、朝が来ると、彼は、少なくとも一二〇九年以降、新しい部屋着を着ることが出来た。王はその暮らしぶりを崩さなかった。しかし、彼が迎える朝は、ますます耐えがたいものになっていった。

　フランスの年代記作者によれば、一二一三年のある朝、フィリップ尊厳王は目を覚まし叫び声をあげた。「神よ、イングランドを征服せずにいるいかなる理由が今の私にあろうか。」これは、この年の早い時期のことと思われる。そして、この問いかけは根拠のあるものだった。イングランドには聖務停止が科されており、王は破門されていた。北部の諸侯の多くは公然と反旗を翻していた。そして、「純粋無垢なヨークシャーの人」、ポンティフラクトのピーターは、王は治世年[☆3]が終わるキリスト昇天の祝日（五月二三日）までに死ぬであろうと予言した。フィリップの子、王太子ルイが侵入に着手した。フィリップの厳命により、ルイがイングランド王となった場合でも、イングランドの諸侯たちは彼にではなくその父王にたいして優先臣従礼をすべきだということが決められていた。ノーサンプトンシャーのある騎士が一二四〇年代に回想したところによると、この年、ジョンは、フランス軍に対抗するため、イングランドの人々をケントのバラム・ダウンに結集させた。この状況下で、ローマ教皇が聖務停止を解く条件が知らされた。それは、衝撃的な内容だった。イングランドとアイルランド両王国が、まず神とローマ教会に引き渡され、その後ローマ教皇から封土として保有されるべきだというものだった。この新たな関係を認めるしるしとして、年一〇〇〇マルクの支払いが王に課されることになっていた。ジョンはこれを受け入れるほかなかった。もし拒否すれば、破門の状態のまま置かれるであろうし、そのような状態は、領土が侵攻の危機にさらされている王にとって、破滅をもたらすほど危険なものだった。

大憲章（グレイト・チャーター）

ジョンが正式に教皇の条件を受け入れたのは、一二一三年五月一五日のことだった。それから一週間のうちに、諸侯たちは書簡を送り、フランス王に侵攻を思いとどまるよう求めた。この忠告は、フランスの船隊がダムで壊滅させられたとき説得力を増した。ラングトンは翌月帰国したが、聖務停止が解かれたのはそれから丸一年後、一二一四年七月二日のことだった。一二一四年は、イングランド人にとって聖務停止から解放された年となった。それは、フランス人にとって、その後長く記憶されるブーヴィーヌの戦いの年となった。ジョンとその甥、ドイツの皇帝オットーを中心とした同盟者たちは、フランス人を挟撃しようと画策していた。ジョンは軍勢を率いてポワトゥーに入った。この動きはフランス軍の一部の注意をひくことができたが、その他の点では不成功に終わった。決定的だったのは北部での戦闘だった。フランスと神聖ローマ帝国の境界地方に位置するブーヴィーヌにおいて、ジョンの同盟者たちは、ソールズベリー伯率いるイングランドの別働隊とともにフィリップ尊厳王指揮下のフランス軍と対峙した。それぞれが少なくとも五〇〇〇人、おそらく七五〇〇人の兵力を有する大部隊同士が、綿密に計画された軍事作戦を展開し、一二一四年七月二七日、フランス側が勝利を収めた。ここからラニミードでのマグナ・カルタの公布までは、わずかな道のりだった。

王は、教会との和解がなお交渉段階にある時点で、大陸へ送り込む軍隊を確保しなければならなかった。そのため、彼は包括的な改革を約束せざるをえなかった。帰国した大司教は、国土がいまだ回復途上にあると感じた。武力に訴えようとする諸侯たちの一派によって、王国の平和は脅かされていた。彼は頻繁に中心的な諸侯たちと折衝し、争うことなく和解の道を模索するよう説得した。王たちは、戴冠の際、よき法に従いあらゆる臣民の権利を保護することを誓約していた。このような漠然とした約束では、もはや不十分だった。王にたいする不信は、あまりに強く根深いものとなっていた。諸侯たちはそれぞれ、ある特定の不満をもっており、明確な救済策を求めていたのである。諸侯にたいして特定の譲歩を行った先例が過去に存在していた。それは、ヘンリー一世の戴冠の証書（コロネイション・チャーター）だった。いまや、少なくとも一二一四年のクリスマス以降、この証書が諸侯たちの要求の出発点となった。「未知の憲章（アンノウン・チャーター）」があらわれたのは、それからまもなくのことである。その呼称は、ジョン・ホラース・ラウンドのいつもながらの高慢な自意識によるものである。彼はこの文書を、古文書刊行委員会（レコード・コミッショナーズ）のために一九世紀初期にフランスの古文書からすでに転写されていた文書群のなかから「発見」したのである。この文書は、正確な日付を欠くものの、大憲章のようなものが最終的に発給されることが明らかとなった段階での、初期の議論を明確に反映している。この文書を理解する手がかりは、ヘンリー一世の戴冠の証書を引用した後、本文の半ばあたりにあらわれる一文にある。「以上が、諸侯たちが諸自由（リバティーズ）・諸権利を求めた証書であり、ジョン王はさらに以下に記されることを認める。」この後、一二項目にわたって承認された内容が列挙されている。このリストは重要である。なぜなら、このなかで、最終的に承認された大憲章以上に明確に、イングランドの諸侯が是正を求めた主要な問題が示されているからである。大憲章は、包括的であろうとしたために、本来の主張が少し曖昧となっているのである。

この初期段階の草案では、「ジョン王は以下のことを認める。いかなる人も、裁判なしに捕らえられることはなく、王は、正義の代償としていかなるものをも受け取ることはなく、不正を行うこともない」、と記されている。マグナ・カルタでは、これらの文言は「同輩の適法な裁判によるか国法によるのでなければ」という規定に拡大され、さらに、「いかなる人にたいしても正義と裁判を売らないであろうし、拒否しないであろうし、遅滞させないであろう」ことが約束されている。フランス王の宮廷において、教皇庁において、そして今度は自分自身の臣民たちから再び要求され、ジョンは法の支配を認めざるをえなくなったのである。しかし、イングランドの法の多くは慣習法であり、王権が行使されるいくつかの重要な領域においては、慣習はまったく適用されなかった。そのため、封建関係にもとづく義務のいくつかの領域において、慣習を明確に規定することが重要となった。「未知の憲章」草案で「正当な相続上納金」について言及され、マグナ・カルタでは、これは、騎士封については五ポンド、諸侯領（バロニー）や伯領（アールダム）については一〇〇ポンドと、明確に規定されることになった。相続人が未成年の場合、彼はその封土の家臣の後見下に置かれることが可能となり、ユダヤ人にたいする負債は、彼が成人するまで猶予された。彼は、成人したとき、なんらの支払いなしに土地を回復することになる。最近未亡人となった女性は、親族の援助を受けて、使用する権利のある夫の収入を自由にできた。女性が身分不相応な状態に貶められないように、親族は彼女の結婚に関して常に相談を受けることになっていた。軍役の問題についても、改革を求める人々は慣習を明確に定義しようとした。草案は、軍役の義務が課されるのはノルマンディーとブルターニュの範囲内においてであると述べている。諸侯たちは、常にというわけでないが、この点をずっと議論してきた。これは困難な問題であり、マグナ・カルタは、いかなる人も当然負うべき奉仕以上の勤務を強いられることはないと述べるにとどめて、明確な結論を避けている。最後のもっとも重要な問題だが、一二項目からなる短いリストのなかで三項目が御料林を扱っている。それは正当な慣習の範囲を明確にしようとしている。一一五四年以降新たに御料林のもとに置かれた（御料林化された（アフォレスティッド））土地、また事実上一一三五年以降そのような状態に置かれた土地は、もはやその法の適用を受けないものとされた。依然として森林法の適用下に残された場所では、その効力が制限された。「いかなる人も御料林に関して生命を奪われてはならないし、手足を切断されてはならない。」御料林は、マグナ・カルタを起草した人々にとって、あまりに大きな問題だった。マグナ・カルタは、各地方の騎士たちが慣習を調査すべきだ、と規定しているのみである。独立した別の憲章、御料林憲章（チャーター・オヴ・ザ・フォレスト）が公布されたのは、一二一七年のことだった。

御料林は、一二一五年の前半に、王とその役人、そして諸侯たちとのあいだで議論された問題の一つでしかなかった。この時期に、はるかに長い文書が作成された。その文書が長いものとなった理由は、運動を引き起こしたきっかけと同じだった。それは、人々が王を信用していないことだった。移り気で気まぐれで、不正直とさえ言いうるほどのずる賢さをもつ王、いかにして彼に約束を守らせることができるのだろうか。人々は、慣習だと理解したものを明確にしようと努力し、さらに、「よき主君としての振る舞い（グッド・ロードシップ）」だと考えたものを文書化するという困難な作業に取り組んだ。しかし、彼らに必要だったのは心の変化だった。彼らは、それを法として制定しようとしたが、当然失敗した。長く感じられたであろうこの夏のある段階で、「諸侯たちの諸条項（アーティクルズ・オヴ・ザ・バロンズ）」として知られる文書が出された。これは「未知の憲章」よりもはるかに長大なもので、最終的な文書に非常に近い内容となっていた。これは、二つの独立した新たな条項をともなった憲章が王の手で発給されることを予見させるものだった。この二つの条項は、王に約束を遵守させるための保証手段と約束不履行の際の制裁について規定していた。そのような場合、聖職者たちならば当然破門という手段をとると思われるが、諸侯たちは封建的慣習にもとづく非常に独特な強制手段を提示した。結局、聖職者たちは、このような行動にたいして当然教皇がとるであろう反応を恐れ、同意しなかった。運動は諸侯たちだけで進められることになり、憲章となる文書に長く漫然とした文章が付け加えられた。それは、伝統的に「保証条項（セキュリティー・クローズ）」という立派な名称で呼ばれている。この条項によると、二五人の諸侯が選出されることになっていた。「彼らは、全力を尽くして、余が譲与した平和と諸自由・諸特権を遵守し、維持し、遵守させねばならない。」現代の感覚では彼らを委員会と呼びたくなるが、当時の言葉で「コミューン」、つまり王によってその権力を承認された誓約団体として表現されるのがよいだろう。この「二五人」の長には、ロバート・フィッツ・ウォルターが就いた。彼は王の敵対者のなかでももっとも反抗的な人物であり、いまや「神の軍隊の総司令官（マーシャル）」と称していた。

マグナ・カルタの「保証条項」により、この文書が強要によりジョン王から得られたものだということが明確になる。一二一五年一月六日、主の公現の祝日に、武装した有力諸侯の一団がロンドンへやって来て、王にたいし改革のための条項を制定するよう要求した。四月二六日にノーサンプトンで再び会談することになり、そこへ行くための通行の安全が諸侯たちに保証された。それまでの期間に、さらに議論が重ねられ、両派はローマ教皇庁へ訴えることができた。諸侯たちはローマにおいて失望を味わうことになった。諸侯たちは、自分たちの訴えを敬意をもって王の宮廷での裁決に委ねるよう言い渡されたのである。その結果、反乱の可能性はさらに高まった。ノーサンプトンでの交渉が不成功に終わると、諸侯たちはジョン王と決別し、五月五日に臣従誓約を破棄した。これにより内乱が始まった。五月一二日、王は自らの権利を行使して、反乱諸侯の所領を没収するよう命じた。これにたいして、反乱諸侯は、いまや正当な根拠を得て武装蜂起し、武力により自分たちの要求を推し進めることになった。彼らは、ほどなく血を流すことなく決定的な勝利を得た。五月一七日、ロンドン市民は彼らを迎え入れ、反乱者たちはこれ以後首都を自分たちの拠点とした。ロンドンにもっとも近く安全な王の拠点は、ウィンザー城だった。この二つの拠点により、マグナ・カルタの地理的枠組みが規定された。諸侯たちは、ステインズにおいて王と会談するため、通行の安全を保証された。この村の外、テームズの河畔、「ステインズの草地」、つまりラニミードにおいて、反乱諸侯とその従者たちが集まるなか、最終的な議論が行われ、マグナ・カルタの内容が合意された。この有名な文書が発給された場所が、この紛争の原因となった不信感というものを改めて認識させる。ラニミードは周囲に開けた場所で、ほとんど島のような地形である。この場所において、両陣営は互いに待ち伏せ攻撃の危険を回避することができた。天幕は川沿いに設営された。議論は六月一〇日に始まり、一九日に終わった。マグナ・カルタは、一二一五年六月一九日に口頭で合意された事項を文書により承認したものである。

教皇インノケンティウス三世は、マグナ・カルタ承認の知らせを聞いて、狼狽した。いち早く教皇のもとへ遣わされた王の使節は、その全文を読み上げるまでもなかった。保証条項を強調し、合意事項が効力を得た場合に教皇の裁治権と王の裁判権がこうむる影響を示すだけで十分だった。教皇は、王と諸侯たち双方に書簡を送った。後者にたいしては祝福の文言の類を省略し、もっとも遺憾なのは彼らがこの文書を得た方法（プロプテル・モドゥム）だと伝えた。マグナ・カルタは無効とされた。その知らせは九月下旬にイングランドに届いたが、それまでの三ヵ月のあいだに事態は大きく変化しており、教皇の裁決は意図された平和を確立するのに役立たなかった。二五人委員会には、自分たちの支配下にある州において独自に行政を行う権限が与えられていた。彼らは、一〇州で自分たちの州長官を任命した。そこに含まれていたのは、ノーサンバーランドからエセックスにかけての東部沿岸地方全域、そして、それに隣接するいくつかの州、たとえばジョンの治世にはあたかも第二の首都と見なしうるノーサンプトンなどだった。これに加えて、彼らは、行政長官が「王国のみならず王権（クラウン）の頭」と形容したロンドンを支配下に置いていた。行政長官は、マグナ・カルタの公布から三ヵ月が過ぎても合意に反して町を明け渡さないロンドン市民の不実に不満を表明したが、そのときこのような表現を使ったのである。二五人委員会は、ロンドンにおいて軍隊を保持していた。彼らはそこで、一二〇〇人近い騎士で構成された強大な軍隊を動員することが可能だった。彼らは、人生の絶頂にいるジ

図50（上）　ジョン王の墓碑像。ウスター司教座聖堂。聖ダンスタンと聖オズワルドが、死んだ王に強力な援助を与えている。

図51（下）　インノケンティウス３世の教皇勅書。マグナ・カルタの危機の際に、教皇がイングランドの封建宗主として数通発給したものの１つ。

ョン王と対峙していた。教皇の全面的な支持を得たジョンは、自分がマグナ・カルタを遵守する義務から解放されたと考えていた。諸侯たちは、フランスの王太子ルイに王位を提供することで状況を打破しようとした。一二一六年五月、ルイは、さらに一二〇〇人の騎士を引き連れ、海を渡り、ロンドンをめざした。イングランド王にとって状況はきわめて深刻だった。二五人委員会は、北部諸州をスコットランド王に譲与した。司教たちも、俗人と同じように分裂した。ロンドンの説教壇は王に反抗する聖職者たちによって占められた。もしジョン王がこのとき死ぬことがなければ、対立は何年も続き、混乱の被害は甚大なものとなっていただろう。少なくとも年代記作者たちの記述によれば、ジョンの死に方は彼の人生そのものだった。彼はウォッシュ湾での敗走時に宝物を失い、その直後にヤツメウナギの食べすぎで命を落としたのである。

ヘンリー三世の未成年期

ジョン王が一二一六年一〇月一八日の夜に死去したとき、その長男ヘンリーは九歳だった。いかなる身分にとっても、未成年期というのは危機的な時期であり、まして内乱によって王国が分裂した状況下では、危機はさらに深刻なものとなることが予想された。マグナ・カルタは、遺言の執行についていくらか考慮しており、とりわけ未成年の保護について優先的な扱いをしている。遺言執行人は、負債を処理した後ならば、故人の遺志を自由に実行することができた。相続人の後見人は、「家屋、猟園、家畜飼育地、養魚池、水車、そして土地に付属するその他の物」を維持する義務を負った。ジョンの相続人は、このような規定によって保護された。王は自分の遺言執行人として、教皇特使を頭とする五人の聖職者と、三人の伯（伯ウィリアム・マーシャル、チェスター伯ラーヌルフ、ダービー伯ウィリアム・ド・フェッラーズ）を中心とする八人の世俗諸侯を指名していた。これらの遺言執行人が未成年期の主要な顧問官となった。彼らがまずすべきことはヘンリーの戴冠だった。反乱諸侯がロンドンおよびイングランド東部を押さえていたため、ウェストミンスターで戴冠することは不可能だった。また、カンタベリー大司教が式を挙行することも不可能だった。彼は、マグナ・カルタを支持したため、ローマ教皇により職務を停止されており、この決定の取り消しを求めてローマに赴いていた。そのため、ヘンリーは、かつて年三回の戴冠祝祭の一つが開かれていたグロスターにおいて、ウィンチェスター司教ピーター・デ・ロシュにより一二一六年一〇月二八日に戴冠された。

　戴冠式が終わると、新王の側近たちは役職を決定することができた。行政組織は長となる人物を必要とし、王国は指導者を必要としていた。誰がそれにふさわしいのか、何度か議論が交わされた。「私は、マーシャル伯かチェスター伯以外には考えられない。」アラン・バセットは、人々で溢れた広間を見渡して、このように述べた。両者ともに資格は十分だったが、名声が勝ったのはマーシャル伯だった。「あなたは大変高潔な騎士であり、公正で、誉れ高く、広く慕われ、また聡明である。」チェスター伯はそう述べて身を引いた。これは『ウィリアム・マーシャル伝』[☆4]からの引用である。これは批判的な史料とは言えないが、彼についてのこのような意見が広く浸透していたことは確かである。また、マーシャル伯が摂政就任を受諾するまで長いあいだ考えた、という伝記の記述を疑う理由もない。「少年には金がなく、私は年老いている。」彼はこのように言ったと伝えられている。これは真実にほかならなかった。しかし、マーシャルは摂政就任を受け入れ、教皇特使により自身の罪にたいする全免償を与えられた。伯ウィリアム・マーシャルが摂政を務めたのは、一二一九年五月一四日に死去するまでのわずか二年半のあいだだったが、その期間に彼は内乱を収束させ、ヘンリーの王権の安定を確保したのである。

　マグナ・カルタはジョン王の統治を厳しく批判したものだったが、摂政と諸侯たちは、一二一六年一一月一二日、王の死後一カ月も経たないうちに、大胆にもその再公布を行った。そのとき修正版が公布された。評議会（カウンシル）は、王の大権を攻撃した諸条項、とくに保証条項を削除した。これらの条項は、さらなる議論を必要とする重大で複雑な問題であり、この文言を削除することにより、彼らはジョンの統治がひき起こした政治的結末の多くを除去したのである。彼らがさらなる議論を口にするのは、反乱諸侯を意識してのことだった。さらに譲歩することが可能だった。この問題について交渉することは、まだ可能だった。マグナ・カルタの新しい版は、摂政と教皇特使の印章が付与されているため、彼らにとって有効な武器となった。この武器は反乱諸侯だけでなく、フランスのルイにも向けられたものだった。フランスの国立文書館に保存されているマグナ・カルタの写しが、一二一六年の再公布版のみだというのはたんなる偶然ではない。これは贈呈された写しであり、マーシャル伯の贈呈の挨拶とともに、イングランド王国における分裂、およびフランス王太子に侵攻の大義名分を与えた教皇の不満はすでに過去のものだという主張がなされたのである。これは、ある程度効果があった。破門を恐れたフランス王は、息子への支援に関して慎重にならざるをえなかったのである。しかし、これはあくまでも主張にすぎなかった。王国の統一は武力により勝ち取られねばならなかったのである。

ジョン王は内乱のさなかに自分の遺言執行人を任命していた。軍事的能力と完全な忠誠心とが、彼の求めた資質だった。ヘンリー二世の治世から軍務経験を積んできた伯ウィリアム・マーシャルとチェスター伯は、イングランド西部とウェールズの辺境領地方において安定した支配を行っていた。イングランド東部でも、評議会は強固な拠点を維持していた。行政長官ヒューバート・ド・バーグは、ドーヴァーの重要な城を保持していた。この城がフランス側の手に落ちることはなかった。フォークス・ド・ブローテは、ベッドフォードシャー・バッキンガムシャー、ハンティンドンシャー、ケンブリッジシャー、ノーサンプトンシャー、オックスフォードシャーをそれぞれの州の王城から防衛した。王国を二分する地点に位置するトレント川沿いのノッティンガムでは、フィリップ・マルクが、城を維持していた。彼は、マグナ・カルタのなかで、「官職から完全に罷免された」ポワトゥー人の一人として名指しされていた。リンカンの城は北部へ向かう幹線道路の一つを押さえるという重要な役割を担っていたが、この町は幼いヘンリー三世のために保持されていた。ルイにとってイングランド王位奪取の望みが潰えたのは、このリンカンの攻略が失敗した結果だった。それは一二一七年五月二〇日のことだった。このときの会戦は、リンカンの「祭典（フェアー）」として知られている。両陣営の騎士たちがあたかも馬上槍試合大会（トーナメント）のように市街の狭い通りを馬に乗り相手に向かって突撃したため、このように呼ばれている。マーシャル伯は、このとき七〇歳くらいだったが、激戦のなかに飛び込み最後まで騎士の模範となる活躍を見せた。「彼はほかの誰よりも立派で、また鳥のように敏捷だった。」一二一七年九月、テームズ河畔のキングストンで両軍は和約を結んだ。ルイは威厳を損なうことなく撤退し、賠償金として一万マルクの支払いが約束された。反乱者たちのイングランドの土地は安泰だった。彼らの土地は没収されなかった。一二一七年一一月六日、マグナ・カルタの二度目の再公布が行われた。そして、今回は、それに御料林憲章（チャーター・オヴ・ザ・フォレスト）が新たに付け加えられた。

マグナ・カルタの二度目の再公布は、イングランドにおける内乱の終結と再建への努力の始まりにほかならなかった。財務府の書記たちは再び帳簿に向かい、マグナ・カルタに続く年度に関して未徴収の王の収入を可能な範囲で回収し始めた。その年度は、王の役人である書記たちにとっては、「ジョン王治世第一七年」でしかなかった。御料林憲章の公布は、地方において御料林の地理的境界とその慣習に関して審問が行われた後に、ようやく可能となったのである。新たな政権にとって、地方行政を監督し、中央との関係を維持させることが重要だった。このような理由から、一二一七年一一月、大巡察（ジェネラル・エアー）が派遣された。イングランドは八つの巡回裁判区に区分され、巡回裁判官の一団が各地区を回った。彼らの多くは、翌年の夏までにその任務を終えた。巡回裁判官たちは、冬のさなかにもっとも遠隔の州を訪れることもあった。いくつかの州は、派遣先としてより人気があった。一二二六年、ある一人の書記、すでに引用したヨークのウィリアムは、自分が仕えていた直接の上役にたいしても次のように書き送っていた。「お願いいたします。私を巡回裁判官としてカンバーランドへ派遣することを思いとどまっていただけないでしょうか。彼の地の気候は悪く、私の体に合わないのです。」ここに出てくる上役とは、パティショルのマーティンのことである。一二一八年から二二年まで、そして一二二六年から二九年までの巡回裁判（エアー）に関して残っている史料は、主として彼の巡回裁判記録である。その記録は、彼の後継者ウィリアム・ローリーとヘンリー・ド・ブラクトンに受け継がれた。あの偉大な法書、『イングランドの法と慣習について』[☆5]には常にブラクトンの名が付与されているが、そのなかで訴訟の事例として引用されているものは、大半が一二三六年以前のもの、つまりパティショルとローリーが司法を統括していた時期のものなのである。このようなコモン・ローの発展はイングランド王国の一体性を強化するものだった。

イングランドの一体性にたいする脅威は、逆説的なようだが、主として有力諸侯たちによってもたらされた。彼らは内乱に勝利し、マーシャル伯がそうであったように、イングランド各地の教会で見られる聖クリストフォルス像のイメージのように、幼王を自分たちの肩で担いでいるのだと考えていたに違いない。チェスター伯ラーヌルフの事例は、このような者たちの権力がひき起こす恐れのある長期にわたる問題の一例である。内乱のさなか、一二一六年四月、ラーヌルフは、ランカスター諸侯領（オナー）とシュロップシャー・スタフォードシャーの合同州の管理を任された。彼は、そこでは「伯、州長官、王の役人として」支配することになっていた。これらの地域は、ラーヌルフが保有するチェシャーの州に隣接していた。彼は、同じ頃、表向きは配下の要求に応じるという形で、チェシャーのマグナ・カルタを出した。それは、マグナ・カルタがイングランドにたいして行ったのと同じように、チェシャーの諸自由・諸権利を宣言した。それは、チェシャーが今なお戦争のために組織された社会であることを示している。チェシャーの諸侯たちは、伯にたいし自ら奉仕し、召集されれば各自が負う騎士役数の騎士を連れて奉仕した。同様に、「彼らの騎士や自由人たちも、鎖帷子（かたびら）を保持し、自分たちの封土を自ら防衛しなければならなかった」。ここでは、地域の慣習が大きな強制力をもっており、チェシャーのマグナ・カルタは、これをさらに強化しようとするものだということが容易に理解できるのである。このような強化は、王の権威を侵害することなしにはありえない。一一九〇年代、チェスター修道院のある修道士は、次のように記している。

王たちの堕落とこの地の伯たちの威厳のゆえに、人々は王国の王冠よりも伯たちの剣を尊ぶ傾向にある。

二〇年後の内乱は、この文学的修辞を現実のものとするほどの脅威をもたらした。その動きはチェシャーだけにとどまらず、隣接する諸州へも波及した。伯ラーヌルフは統治の範囲と理念を拡大しつつあった。

ヘンリーは、一二二〇年五月、ウェストミンスター修道院で二度目の戴冠式をあげた。出席した世俗諸侯たちは、王が望めばいつでも自分たちの保有する王の城を明け渡すことを誓約した。すぐに明け渡しを求められた者もいたが、チェスター伯を含む有力諸侯たちは城を保持した。王が成年に達すれば、決着が図られることになるだろう。ヘンリーは一二二三年一月に親政を宣言し、五月に教皇の承認を得た。ようやくこの時点で、最終的に王の城の接収が行われた。この年のクリスマス、チェスター伯は保持していた王の城を明け渡した。彼は、いかなる例外的措置も認められないことを認識させられた。この種の問題の最後の事例は、フォークス・ド・ブローテの入念に仕組まれた失脚である。彼は、ミッドランド地方の六州を管理しており、忠実ではあるが強欲な人物だった。彼の活動を調査するため特別に指名された裁判官団が派遣され、彼による一六件の占有侵奪が明らかとなり吟味された。フォークスの兄弟はこの裁判に我慢できず、ただちに気に障った裁判官ブレイブルックのヘンリーに暴行を働き、彼をベッドフォード城に拘禁した。ヘンリーは、パティショルのマーティンと同じく、当時の裁判組織を牛耳っていたノーサンプトンシャーの支配集団の一員だった。しかし、フォークスは後に、ヘンリーを逆に裁かれる立場に置こうと試みるが、そのとき彼のことを「巡回（イティネラント）と呼ばれる類の、騎士階層の裁判官」と表現している。ともあれ、この時点でのフォークスの敗北は、ヘンリーたちの勝利を意味した。ベッドフォード城は、王の軍隊に包囲された。城の守備隊は八週間持ちこたえ、攻撃側に多大な被害を与えた。しかし、その後、城が明け渡されると、守備隊の大多数は絞首刑に処された。「戦争の法に背く恐るべき暴挙」とフォークスは述べた。しかし、彼に同情する者はほとんどいなかった。彼は処刑を免れたが、通常の罪人として扱われた。彼の動産は売り払われ、収益は財務府へ納められた。そして、フォークスが、神殿騎士（テンプル）修道会ロンドン修道院に[☆6]一万一〇〇〇マルクを預けていることが明らかとなった。この修道院は中世において、現在のスイスの銀行の匿名口座のような役割を果たしていたのである。

フォークス・ド・ブローテが巨富を蓄えていた時期、王の政府はその日暮らしの状態だった。内乱はその原因の一つだったが、それよりもはるかに重要だったのは、マグナ・カルタが残した永続的な結果だった。マグナ・カルタ以後、封建付帯義務（フューダル・インシデンツ）による収入を増やす機会は失われた。たとえば、諸侯領（バロニー）を相続する際の「相続上納金（レリーフ）」として王が徴収できたのは、規定にある一〇〇ポンドのみだった。マグナ・カルタ第一二条によれば、軍役代納金（スキューテッジ）（軍役奉仕に代わる負担金）と援助金（エイド）（戦費等に充てるもの）の徴収には「共同の助言（コモン・カウンセル）」が必要だった。諸侯たちは、この助言を自分たちの同意だと解釈した。この条項は、すべての再公布版から削除されているが、その理念は受け継がれていった。一二二〇年、評議会はカルケイジ税[☆7]を耕作地に課した。いく人かの王の評議会の構成員を含む諸侯の多くは、事前に助言が求められなかったとして、その支払いを拒否した。チェスター伯の役人たちは、イングランド中の伯の荘園から徴税人を締めだした。シュロップシャーやスタッフォードシャーなど伯自ら徴税を担当する地域では、まったく課税が行われなかった。課税にはその理由が明示されねばならず、また同意も不可欠だったのである。一二二〇年の課税の理由は、「余の負債による危急の必要、および余のポワトゥーの領土の防衛」だった。一二二五年には動産の一五分の一にたいする課税が承認されたが、その理由としてガスコーニュの防衛があげられた。この承認が注目に値するのは、それが「これらの諸自由・諸特権の譲与・承認への見返りとして」、すなわちマグナ・カルタのさらな

図52　ヘンリー３世の戴冠。その子、エドワード１世の治世に作られたある年代記の挿絵。

る再公布への見返りとして特別になされたという点である。一二二五年に再公布されたこのマグナ・カルタが決定版となり、やがて、その規定のほとんどが、時代遅れになったときにではあるが、制定法となったのである。

一二二五年のマグナ・カルタの再公布版において、ヘンリー三世は自らを「イングランド王、ノルマンディー公、アンジュー伯、アキテーヌ公」と称している。このうち、彼が問題なく権利を主張できたのは、最初と最後の称号だけだった。ノルマンディーとアンジューは彼の父親が失い、両地域の諸侯たちの忠誠もカペー朝のフランス王へと移されていた。ヘンリーは未成年期に、ラ・マルシュ伯によってさらなる損失をこうむっていた。伯はジョンの未亡人と結婚し、同じようにカペー家に忠誠を移したのである。ラ・マルシュ伯は、ポワトゥーの諸侯たちのあいだで指導的な地位にいた人物である。ポワティエを中心としたこの地域は、イングランドへのワイン輸出で活気づくラ・ロシェル港の存在もあって、経済的に豊かだった。一二二四年八月三日、ラ・ロシェルはカペー家の手に落ちた。その後、ボルドーが攻撃を受けた。もしここが陥落していれば、ガスコーニュも失っていただろう。ボルドーはもちこたえたが、一五分の一税の理由とされたアキテーヌの防衛が急を要することは明らかだった。ヘンリーは、わずか一六歳の弟をコンウォール伯とポワトゥー伯に任命して、その任務に当たらせた。弟リチャードとその側近たちは、現状を維持する以上のことは何もできず、フランス側が完全に主導権を握っていた。一二二七年、リチャードは、ルイ九世（フランス王在位一二二六―七〇年、一二九七年に列聖）の母で摂政の地位にあったカスティリャのブランシュと休戦協定を結んだ。この休戦は二年間続くものとされた。

一二二九年にフランスとの休戦協定が失効すると、ヘンリーは、恒久的な和平協定の条件を協議するため、使節団を派遣した。使節団は一連の要求を提示したが、そのほとんどが拒否されることは最初から明らかだった（これに関して簡単な報告が残っている）。最初の要求は、ノルマンディー、アンジュー、ポワトゥーの返還だったが、これは形式的な主張にすぎなかった。ヒューバート・ド・バーグを中心とするヘンリーのもっとも近しい側近たちは、ノルマンディーの回復については、現実にはまったく可能性はないと考えていた。彼らはポワトゥーの確実な領有とひきかえに、ノルマンディーを手放すつもりだった。祖父母のうち三人がポワトゥー人だった事実を考えるならば、ヘンリーのポワトゥー回復にたいする熱意は理解できるものである。しかし、彼の臣民のほとんどは、そのような考えを共有していなかった。チェスター伯のような者たちは、ノルマンディーにおける莫大な相続財産への権利を主張していた。このような人々は、ヘンリーが一二三〇年にフランスへ侵攻すると、ノルマンディーにおける自分の権利を回復する機会と捉えて従軍した。ヘンリーは戴冠の宝器を携えて行った。大きな成果が期待されていた。彼は、ブルターニュに上陸し、この地の伯の支援を得た。しかし彼は、東のノルマンディーへは向かわず、南のポワトゥーへ進軍した。王に従った者のほとんどは、その考えに同調しなかった。マシュー・パリス☆8によれば、彼らはあたかもクリスマス・パーティーを楽しんでいるかようだったというが、それも無理のないことだった。遠征の一つの成果は、ポワトゥー沖の島々を奪還したことだった。その島々は価値ある戦果だった。そのなかで一番重要な島、オレロン島は、当時のジブラルタルとも言うべき存在だった。そこはまもなくヨーロッパの交易において重要な目的地となった。この島が守る形になる海岸沿いに塩が堆積されていたが、この塩を求めてバルト海から「入江の船隊」が頻繁にやって来るようになったのである。また、オレロン島を得たことにより、ヘンリーはガスコーニュへの自由な海路を維持し、年二〇〇ポンドの収入を確保することができた。しかし、これが少なくとも二万ポンドを費やした遠征の唯一の成果だった。

ヘンリー三世の未成年期が長引くあいだ、政府は財源を請い求め、かき集めねばならなかった。政府が定期的に交渉をもった重要な法人的組織では、奇妙な感情が育まれていた。そのことは、そういった組織の一つ、リンカンの司教座の古文書群により知ることができる。この時代の司教座の多くと同じように、リンカンの司教座も証書登録簿（カーチュラリー）を作成していた。それは司教区に関係する証書を集めて記録しまとめたもので、王の証書はそのなかで優先的な扱いを受けていた。王の証書は、そこで保管された文書類のなかでもっとも重要なもので、教会の外からの侵害にたいして防御となるものだった。証書のなかで王が行った告知内容の調子は、時とともに変化していき、非常に懐柔的なものとなっていった。文書を選別したのは当然聖職者たちだという点を考慮しなければならないが、リンカンの古文書群において調子の変化は突然生じている。それは、未成年期ではなく、一二一三年に聖務停止が解かれた後に生じているのである。その直後に「諸憲章」が出されている。それは王による重要な譲歩・譲与である。リンカンが特異なのは、その一連の文書の「初版」すべてを、つまり一二一五年のマグナ・カルタ、一二一七年の御料林憲章、そしてこの二つの文書を一二二五年に改訂・再公布した決定版、そのすべての文書を今日まで保存していることである。一連の王の書状（レター）は諸憲章に比べればはるかに小さいものだが、その告知内容の調子は同じである。司教は、そのなかで、王からさまざまな保証を得ている。司教による課税同意が先例として扱われないこと、王による新たな歳市開設の許可が司教の歳市の利害を損なわないこと、司教の死去後、王の役人は会計年度の終わりまでその土地を管理下に置かないことなどである。課税に関する特権授与はとくに重要である。それは、一二二四年、一二二六年、そして一二三一年に発給されており、土地税、動産課税の同意、軍役代納金に関係している。これが、イングランド王が利用できる税のすべてであり、個々の課税同意が「好意により今回のみ」与えられたものであるとされている。[☆9]一二三〇年代と一二四〇年代においてもっとも有名なヘンリー三世の二人の批判者、司教グロステストとマシュー・パリスが、この種の史料を受け継ぐ立場にあったのはたんなる偶然ではない。前者はまさにこのリンカンの古文書群を、後者はセント・オールバンズ修道院で劣らず豊富な古文書群を活用できたのである。リチャード・ボーガンが伝記のなかで述べているように、マシュー・パリスにとっては、「あらゆる形態の課税は、激しく反対されるべきものであり、いかなる場合でもたんに王による強奪と見なされるべきものだった」。そこには、たんに税の支払いを渋る感情以上のものが見られる。課税にたいする道義的基盤が完全に損なわれつつあったのである。

図53（上）　マグナ・カルタ。

図54（下）　ヘンリー３世治世の証書。

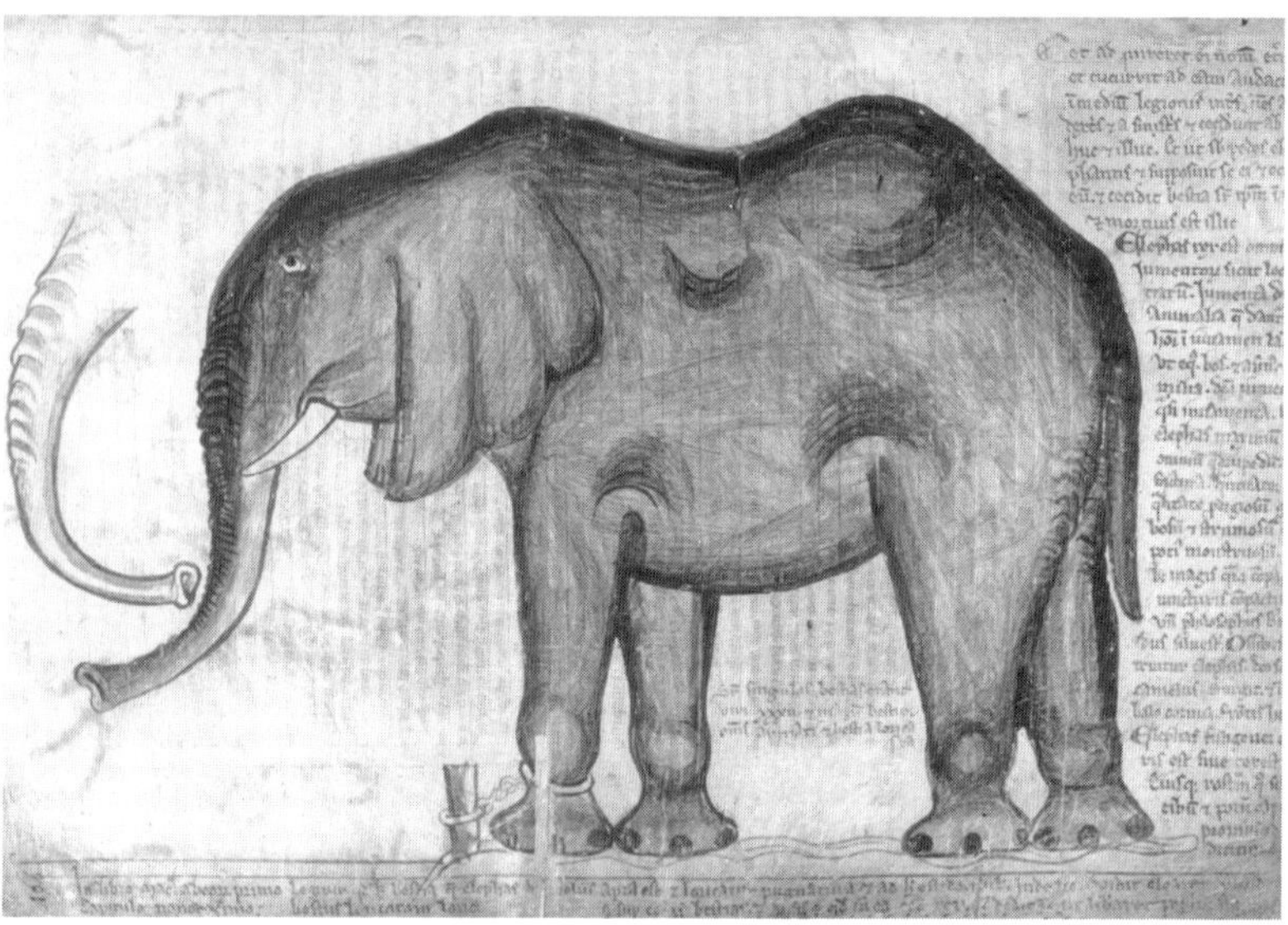

図55（上）　ヘンリー３世の印璽。

図56（下）　象の図。1255年にフランス王からヘンリー３世に贈られ、ロンドン塔で飼われていたもの。年代記作者マシュー・パリスが「象自身の助けをえて」実物を見ながら描いた図。象が彫像のように描かれているが、それは、当時、象の脚には関節がないと信じられていたことが一因だった。

ヘンリー三世と家系戦略

一二三〇年代後半になされた多くの重要な結婚は、その後の二〇年間の戦略を明確に示している。ヘンリーの野心は依然として大陸に集中していたが、この時点では異なった経路をとるようになっていた。それは、カペー家の直轄領の東、神聖ローマ帝国と境界を接する地域を経由していくものだった。聖職者や商人たちにはよく知られていたローマへと続くこの道は、いまやヘンリー三世の野望をつなぐ生命線となったのである。もっとも重要な結婚は、一二三六年一月二〇日に結ばれた王自身とプロヴァンスのエリナーのものだった。新王妃は、プロヴァンス伯レーモンとサヴォワのベアトリスの次女だった。姉は少し前にフランス王ルイ九世と結婚していた。つまり、この時点で、イングランド王とフランス王は義兄弟となったのである。ヘンリーとエリナーの結婚は幸福なものだった。結婚当初子宝に恵まれず、マシュー・パリスや本人たちも心配していたが、やがて多くの子供に恵まれることになった。九人の子供が生まれたことが知られており、そのうち半数以上が幼少期に命を落としたが、「相続人とその予備的存在」は順調に成長した。相続人は、父の守護聖人にあやかって名づけられたエドワードで、一二三九年六月一七日の夜に産声(うぶごえ)をあげた。「予備的存在」のほうは、一二四五年一月一六日に生まれたエドマンドで、こちらは後にランカスター伯となる。この兄弟二人の子孫たちが、イングランドの政治を今後二世紀以上にわたって支配していくことになる。

王の結婚の少し前に、その妹イザベラがドイツの神聖ローマ皇帝フリードリヒ二世のもとに嫁いでいた。この婚姻はみごとな取り合わせだったが、かなり高くついた。三万マルクの婚資が約束され、二年以内に徴収されることになっていた。この出費はヘンリーの財政を圧迫した。彼は一騎士封あたり二マルクの割合で援助金(エイド)を徴収することを認められた。しかし、イングランドには六〇〇〇騎士封しか存在せず、この援助金は約束した額の三分の一程度にしかならなかった。ヘンリーは、マグナ・カルタの規定に抵触しない財源から差額を捻出しなければならなかった。それは王自身の荘園からの収入や、都市およびそこに住むユダヤ人共同体への課税などだった。この時期、ヘンリーは有能な役人の一団を抱えており、彼らは王の財政基盤をより確実なものへ移そうとしていた。一二三七年一月の諸侯会議（パーラメント）における議論で、諸侯たちの懸念が表明された。王が、自らの土地を取り戻すため、以前証書により譲与された所領のいくつかを回収していたのである。彼は諸侯会議で非を認め、誠実に約束を守るしるしとして再び諸憲章の確認を行った。マシュー・パリスが記しているように、諸侯たちは、「容易に惑わされ、王国のいかなる敵も拒絶したこともなく、追い払うこともなかった」王に援助金を与えることに気が進まなかった。王が臣民たちを奴隷化しつつあるなか、王国の富は外国人によってもち去られていた。しかしそれでも、動産の三〇分の一にたいする課税が同意された。これが、さらなるフランス遠征のための戦費調達の最初のものとなった。ひとたび遠征に成功すれば、臣民たちの王にたいする認識は変わり、彼らの課税にたいする嫌悪感も解消されるはずだった。

ヘンリー三世は、一二三六年の結婚により、妻だけでなく、七人のおじをあらたに得た。彼らはサヴォワのベアトリスの兄弟だった。結婚交渉で仲介役を務めたサヴォワのギヨームは、その後の目をみはる展開のなかで、イングランドにおいても似たような役割を担うことになった。彼は、イングランド到着後数ヵ月で、王の評議会の中心的構成員となった。二人目のおじ、サヴォワのピエールは、一二四〇年にリッチモンド諸侯領（オナー）を授与された。三人目のボニファスは、一二四一年、カンタベリー大司教となった。外国生まれの大司教の就任は、ほぼ百年ぶりのことだった。四人目のおじ、トマは、一二三七年にフランドル伯になっていた。この後数年間ヘンリー三世の対外政策において中心的な役割を果たしたのは、彼だった。トマは、一二三九年に、古い歴史をもつ年五〇〇マルクの貨幣封を与えられた。もしヘンリーが神聖ローマ皇帝の支援を得られたならば、ノルマンディーへ侵攻する可能性が生じるだろう。そうなれば諸侯たちも喜んで資金を提供するだろう。しかし、ヘンリーの計画の多くがそうだったように、この期待は打ち砕かれた。ヘンリーは、ガスコーニュまで撤退することを余儀なくされ、そこからポワトゥーの奪還をめざした。一二四二年初頭の諸侯たちの協議で、この作戦にたいする資金提供が拒否された。ヘンリーはまだ迷っている者、可能性のある者たちを全力で口説いた。「翌日、王は、あたかも司祭が悔い改める者を告解に招き入れるかのように、彼らを自分の寝所に呼び入れた。」しかし、その努力は無駄だった。一二四二年から四三年のガスコーニュ遠征は八万ポンドを要し、王はそれを自分自身の財源でまかなったが、成果は見られなかった。彼は義理の兄であるフランス王によって何度か捕らえられかけたが、もし実際にそうなっていれば、問題はさらに複雑になっていただろう。フランス王は、ラ・マルシュ伯に率いられたポワトゥーの諸侯たちの服従を確保するという主要な目的を達成した。アンジュー家はポワトゥーを失ったのである。静かな休息期間の後、次なる国内の危機が訪れるなか、この現実が公に承認されることになるであろう。

ヘンリーは一二四三年九月、ガスコーニュから帰還した。そして国内における自身の信頼回復に努めた。その一環として、やや意外だが、彼はロンドンの街中でスープの配給を始めた。一二四四年に、二六万食が貧しい人々にふるまわれた。組織的な救貧活動の開始と同時に、上層の人々にたいする贅を尽くした饗宴も続けられた。コンウォールのリチャードとプロヴァンスのサンチャの結婚に際して、盛大な儀式が催された。驚嘆すべく多産なベアトリスのもう一人の娘との結婚は、プロヴァンス伯家とのつながりをいっそう強固なものにした。ベアトリスは、一二四三年一一月、娘の結婚のためにイングランドへやって来て、式の進行を取り仕切った。王はベアトリスに、一〇〇ポンド以上の費用をかけた黄金の鷲（サヴォワ家の紋章）を与えた。この頃、王は、ウェストミンスター修道院を自己の王権を象徴する永続的な場所とする計画を立てていた。この修道院は、一二四五年から二〇年をかけてほぼ完全に改修された。これは最新のゴシック様式で建てられた壮麗な教会となった。それは王の守護聖人であるエドワード証聖王の霊廟を中心に建てられることになった。その遺骸は一二六九年に、盛大な儀式により移葬された。霊廟部分だけで五〇〇〇ポンドもの費用が投じられた。王は、マシュー・パリスに、一〇万マルクを超える出費になるだろうと語った（もし王が、教会と霊廟の両方の建設費の総額のことを考えているのであれば、その見積もりはそれほど間違ったものではなかった）。新しい教会は王家の霊廟としても使用されることになった。ヘンリー本人をはじめ、一八世紀にいたるまで彼の後継者のほとんどがこの場所に埋葬された。また、ここは、ヘンリー王が死去する以前に、幼くして死んだ子供たちの埋葬場所となった。そのような子供たちのなかでもっとも有名なのは、キャサリンである。彼女は、一二五三年、自分の名前をもらった聖人の祝日に生まれ、一二五七年五月三日に死んだ。「彼女は耳が聴こえず口もきけなかったが、もっとも美しい子供だった。」両親はその死をおおいに悼んだ。このような幼い子供たちすべての遺骸が、新しい教会のなかで一つの墓に一緒に埋葬された。

ウェストミンスターの新修道院教会の身廊には、後に一般的になる新たな特質が見られた。そこには、諸王の紋章、ヨーロッパの支配家門の紋章、イングランド諸侯の紋章が刻まれたさまざまな盾の彫刻が、柱廊の壁の上部に据えつけられていた。これらの盾はヘンリー三世治世中期の政策を体現していた。一二四〇年代後期から五〇年代初期にかけて、王の政策は、広い意味での自分の親族と自分が懇意にする数少ない諸侯を中心に回っていた。しかし、このような盾は、当時そして現在においても統一を体現するものだが、その統一が実際に崩壊するまで、ほとんど問題とされることはなかった。その問題が生じたのは一二五八年のことだった。そのとき、諸侯たちにより、いく人かの名前が失政に責任があるとしてあげられた。それは、王の異父弟たち、つまりリュジニャン家の者たち、王の母イザベルとラ・マルシュ伯ユーグの息子たちだった。彼らは一二四〇年代後期にイングランドへとやって来た。それから一〇年後、彼らの支配を経験した人々が州の裁判所へ招かれ、その圧政を訴えるよう求められた。人々は進んで口を開いた。サリーの陪審たちは、一二五八年、リュジニャンのジョフロワとその下役たちについて、次のように報告した。ジョフロワたちは、バイフリートの人々にたいし養兎場を年五ポンドで貸与したが、その後の三年間で、彼ら自

図57（上）　水責め椅子。罪人をくくりつけて水に沈ませる刑具。

図58（下）　チェスをしながら交わされる熱い議論。

両図ともに『ラトランド詩篇集』の彩飾画。この詩編集は、13世紀後半から14世紀初期の豪華な彩飾画の施された詩篇集のなかでも最古のものである。その世俗的な彩飾画は、そこに記された聖なる言葉には不釣り合いである。

身でその兎をすべて狩り尽くしてしまった。彼らはその区域の土地を無価値にしてしまった。彼らは、エッフィンガムの人々から、共同牧草地の使用料として年四〇シリングを徴収していた。村の人々は以前、その場所を無償で使用していた。ジョフロワとその下役たちは、ウォルトンの人々にタリッジ税[☆10]を支払うよう脅した。それは、人々が平穏のうちに留め置かれるために要求された科料一三マルクが支払われるまで続いた。このような罪深い悪事は、イングランドの農村地帯で日常的に見られるようになっていた。

サリーのバイフリートの養兎場から、イタリア半島南部の先端に位置するアプーリアまでは長い道のりだった。ローマからさらに南へ延びるこの道の終わりに、一二五八年の危機についての鍵がある。マシュー・パリスによって一二五〇年代初期に作成されたローマを経由してアプーリアへ行く道の地図は、四つの版で現存している。そのうちの一つにある見出し文により、この話の発端を知ることができる。

紀元一二五三年、教皇インノケンティウス四世の在位期に、イングランド王の弟、リチャード伯はこの国の王位を授与された。

それは、実際には一二五二年のことだった。歴代の教皇は、シチリアと南イタリアを教皇の封土と見なしており、自由にそれを譲与する権限を保持していると考えていた。彼らは、フリードリヒ二世（一二五〇年没）時代のトラウマを払拭することにとりわけ熱心だった。フリードリヒは、ドイツとシチリアを一つの権力のもとで統合することに成功した。両地域を分断する必要があり、イングランド王の弟がそれに適任だと思われた。コンウォールのリチャードは、この申し出に心を動かされなかった。リチャードは、知己のマシュー・パリスに次のように語っていた。「手にしようのない空の月を、売ってやるだの くれてやるだの言われるようなものだ。昇って取ってくるがいい。」この継承候補者に見られる可能なことを見分ける政治的センスは、ヘンリー三世にはいちじるしく欠けていたものだった。一二五〇年三月、イングランド王は十字軍出征を宣言した。十字軍理念は、依然としてヨーロッパの支配者層の心を強く捉えていた。しかし、教皇は彼らの熱意を新たな方向へ転じさせようとしていた。いまや教皇と敵対する者への攻撃であれば、それはすべて十字軍だと解釈されるようになっていた。そうした考えは、「シチリア問題」に関する教皇の戦略に利用することができた。コンウォールのリチャードが辞退すると、ヘンリー三世は、シチリア王位の申し出を自分の次男エドマンドのために受け入れた。この若者は喜んでアプーリアの衣装に身を包み、手にしたすばらしい権限を友人たちに分け与えた。

ヘンリー三世は十字軍に明確な目的を見いだしていた。それは名声をえる好機であり、最悪の場合でも、楽しい物見遊山の旅となるはずだった。しかし、ヘンリーは、一二五五年五月、シチリアへ注意を向けたとき、このような目的を達成する機会を失ってしまった。彼の役割は、いまや、イングランドにとどまり、息子の候補者指名のために課せられた請求書にたいして支払いをすることだった。その額は膨大だった。一三万五五四二マルクがすでに費やされており、王は一二五六年のミカエル祭までにこの額を支払うと約束した。これほど短い期間にこれほど多額の資金を集めることは不可能に近かったが、王は、一二五七年の復活祭に聖職者と諸侯たちに要望を伝えた。諸侯はいかなる援助金の支払いも拒否した。聖職者は、教皇がその額で満足するのであればという条件で、五万二〇〇〇ポンドという膨大な額を約束した。使節がローマへ送られ、この申し出を伝えたが、教皇はそれを完全に拒否した。一二五八年四月、王は再び諸侯たちと向き合い、そこで、教皇への負債が全額支払われなければ、王自身が破門され、王国に聖務停止が科される恐れがあると告白しなければならなかった。諸侯たちの援助への対価は高くついた。それは、次章で扱うことになる改革計画の始まりだった。この時期における収穫の一つは、フランスのルイ九世との和平条約締結だった。「シチリア問題」を進める前に和平を結んでおく必要があったのである。交渉は、一二五七年に始まり、一二五九年一二月四日のパリ条約締結により終結した。この条約により、ヘンリー三世は自ら、ノルマンディー、メーヌ、アンジューおよびポワトゥーの支配権にたいする要求を放棄した。ガスコーニュについては、フランス王に臣従礼を行い、フランス王の封土として保有することとなった。この合意は、それまでの問題を終結させたという意味で重要だった。その後も、フランスの領土にたいする権利がたびたび請求され、そのために戦闘も行われた。しかし、それは、一二五九年に結ばれた合意を前提としており、それ以前の状況がもちだされることはなかったのである。アンジュー家の記憶は、ほとんど消え去ってしまった。

第五章　内乱と復興　一二五八―一三〇七年

一二四〇年、リンカン伯ジョン・ド・レイシーが死んだ。その死去に際して、マシュー・パリスはすばらしい追悼文を記した。しかし、今日彼が記憶されているのは、なによりも所領経営についてその未亡人に与えられた助言によってである。それは司教ロバート・グロステストの『所領経営規則』だった。このような指導はリンカン伯妃には不要だったのかもしれない。彼女は、ただパーティーの後で丁寧な礼状を書いたら、その返事に著書をもらってしまっただけなのかもしれない。グロステストはいつも基本原則にもとづいて徹底した行動・思考をしようとしていたのである。司教自身が大領主だった。領主としてどうすべきかについてすでに考えたことがあり、よき所領経営はいくつかの基本原則に還元できることを見いだしていた。出発点は家政組織のための規定である。たとえば、もし家政がうまく経営されていれば、所領の中心部から遠く離れた場所にある荘園でも、穀物は確実に納屋へと集められるだろう、そして無駄なく継続的に蓄えが累積され、さらなる繁栄が訪れるだろう。しっかりと統制されたこの世界に中心で活力を与える存在が、領主でありその妻だったのである。彼らは晩餐時に威厳をもって席に着き、客人に囲まれ、仕着せをまとった従者たちにかしずかれ、召使に給仕される。司教は述べる。領主はよほどの理由がない限り晩餐を欠かしてはならない。一人で食事をとることに「利点も名誉も」ない。食事には、三人、四人の小さなグループに分かれて座るのではなく、すべての人がともにいくつかの細長い大きな食卓に着くべきである。まず最初に領主が給仕されねばならない。料理が厳かに上座のテーブルへと運ばれ、饗応係（マーシャル）がその行列の先頭を務める。このテーブルにおいて、ワインやビールのピッチャーが置かれるのは領主の前だけである。やがて、ピッチャーは空となり、テーブルの下に置かれることになる。大きな音をたててはならなかった。このように念入りに組織化された晩餐は、領主の権威を目に見える形で示す象徴的行為だった。

農村に関しても、あらゆることが同様に注意深く規定されていた。ここでのあるべき秩序の原則は土地の性質にもとづいていた。

百升の穀物も産出しない一カルケイトの土地は、不十分な収穫しかもたらしていないことを知るべきである。自分が何カルケイトの土地をもっているかを知るべきである。この情報があれば、期待できる穀物の総収穫量を算出できるし、自ら使える量、播種のために残すべき量、そして日々貧者たちに分け与える量を知ることができるのである。

この穀物が、家政組織の人々（そして門前の貧者たち）を基本的に維持する糧となった。土地が課税目的で査定される際にも、この部分は別にしておかねばならなかった。家畜は現金収入をもたらした。司教はそれを貨幣に換算して考慮していた。「中規模の牧草地で飼われた羊一〇〇〇頭分の羊毛は、少なくとも四〇マルクになる。」

家政の経営経費は、この種の収入を用いることでまかなうことができた。

穀物、地代、裁判収入、家畜から得られる貨幣収入、これにより、食料・ワイン・衣類・召使の賃金のための支

図59、60　晩餐が給仕される図（バイユーの綴織に描かれた同じような場面［**図5**］と比較のこと）。『ラトレル詩篇集』の見開きの2頁に向かい合わせに描かれた２つの絵。台所の場面（上）では、最初の一品が給仕されているあいだに、帽子をかぶりエプロンをした料理長が仔豚を二つに切り分けている。もう１枚の絵（下）の中央では、ジェフリー・ラトレル卿とその妻が食卓に着いている。その右側にはおそらく夫妻の礼拝堂付司祭かつ聴罪司祭だと思われる二人のドミニコ会の修道士が座り、左側にはその他の客人たちが座っている。

出をまかないなさい。また、それにより家畜を殖やしなさい。

司教の分析に、利益を追求する経済的思考が入る余地はない。適切に運営されている所領とは、自給自足している所領のことである。すなわち、支払われるべき正当な支出すべてをまかなうことができ、かつ領主にその身分にふさわしい量の余剰利益をもたらす所領のことである。

一二五八年初頭のイングランド王国の状況は、このような理想的状態からかけ離れていた。ヘンリー三世は教皇にたいして九万ポンド以上の負債を負っていた。これは膨大な額だった。王は巨大な財源、自らの荘園や都市、一定状況下で家臣の剰余物に課税する権限、そして自らの慣習的諸権利などを有していたが、これらを合わせても返済額には遠く及ばなかった。もし王が援助金を必要とするのならば、家臣の同意を得る必要があった。しかし、その同意は得られそうもなかった。あるべき秩序の代わりに無秩序が支配し、「危険な事態」（スタトゥム・インベキレム）が生じていた。王はシチリア問題を抱えていたのである。ヘンリーのもっとも有力な家臣のうち、レスター伯、ノーフォーク伯、グロスター伯ら数名が、相互援助の盟約を交わしていた。この盟約から武装蜂起まではほんの一歩だった。彼らは同年四月二五日にともに進軍し、「みごとな服装に身を包み、武装し剣を携えて」ウェストミンスターに入った。「余はおまえたちの捕虜か」と王は尋ねた。「とんでもありません」と諸侯たちは答えた。だが、王は彼らの助言に従うことを余儀なくされた。王に助言を受けるよう要求するのは、この時代にはよくあることだった。だが、ここで目新しいのは、二四名からなる委員会という理念が現実のものとして具体化されたことである。この二四名のうち一二名が王に選ばれた人々であり、残りの一二名が王に反対する人々だった。

こうして二四人委員会が立ち上げられ、六月半ばにオックスフォードで開かれた諸侯大会議（パーラメント）に臨んだ。この大会議で、王と王子エドワードの同意のもと、「自らの責務と王国の現状を矯正し改革するために」詳細にわたる条款が定められた。諸侯たちは、王の家政組織を審査することからはじめ、王国の状態に関する議論へと移っていった。これは、グロステストの『規則』の議論の展開とよく似ている。王の家政にたいする王自身の権限は大幅に制限された。新しい評議会（カウンシル）が選出された。州長官たちが新たに任命され、主要な城塞に新たな城代が置かれた。こうした人々はすべて、事実上、王ではなく評議会にたいして責任を負っていた。王領地を評議会の許可なく譲与することも不可能となった。後に王は、こうした規定（このほかにも類似の規定が数多くあった）は自分を未成年の子供であるかのごとく扱うものだと不満を述べたが、その主張にはいくらかの根拠があった。やがて、王は、これまで以上に不満を表明すべき問題に直面することになった。評議会は法と地方行政の改革にも関心を示したのである。新行政長官ヒュー・バイゴッドの指揮のもと、王の地方役人の行状に関する詳細な調査が行われた。この調査の原則は一一七〇年の州長官審問（インクウエスト・オヴ・シエリフズ）のものとほとんど変わらなかったが、その手順ははるかに官僚的になっていた。各州で選出された四人の騎士が、州の裁判集会に出席し、不正や侵害の訴えを受け付けることになった。彼らは、苦情の訴えを書き留め、それに自分たちの印章を付し、ウェストミンスターへ自ら赴き提出しなければならなかった。一二五九年一月、リュジニャン家圧政の象徴であるバイフリートの兎たちが袋から解き放たれたのは、この場においてだった。「オックスフォード条款」という語は、当時の人々の意識のなかで、また後の文献のなかで正しく認識されていたように、一二五八年の諸侯たちの政策が関心を示した二つの問題に関係していた。それは家政組織と地方行政の改革だった。

「議会（パーラメント）」の起源[☆1]

オックスフォードの諸侯たちは、まず、自分たちを動かす力となるもの、すなわち王の家政組織とそれが治める王国のあるべき秩序を象徴する集結点を求めた。彼らは、それを「パーラメント（諸侯大会議）」に見いだした。「パーラメント」は毎年三回開かれることになっていた。「パーラメント」は「王国の現状を吟味し、王国と王に関する公共の問題を処理する」ことになっていた。本書はこれまで「パーラメント」に触れてこなかったので、ここでそれを保守派の政治綱領に属するものとして取り上げるのは奇妙に思われるかもしれない。しかし、実際に、「パーラメント」は新しい制度ではなかった。それは、むしろ、古くから存在した封建的集会であり、一三世紀前半のさまざまな必要に対応しこの時代の考えを反映して発展していき、新たな名前を獲得したものだった。ウィリアム征服王とその息子たちのもとでは、王国の重要な問題は戴冠祝祭の機会に論じられていた。それは、キリスト教の重要な祝日、クリスマス、復活祭、聖霊降臨祭に開かれた。この日程では間隔が開きすぎるので、王の宮廷で議論される問題が増加するにつれ、よりバランスのとれた集会の日程が必要になった。一二五八年に規定された集会は、一〇月六日、二月三日、六月一日にそれぞれ始まることになっていた。この日程は、裁判所の開廷期（ミクルマス開廷期、ヒラリー開廷期、トリニティー開廷期）に合わせてあった。「パーラメント」という語は、ヘンリー三世が成人する直前に裁判所の組織改革が行われたときにはじめてあらわれた。一二三四年にピーター・デ・ロシュとピーター・デ・リヴォーが失脚すると、行政組織が刷新された。このとき三種類の裁判所が登場することになった。最初のものは王座裁判所（キングズ・ベンチ）である。これは、王がいるところであれば（コラム・レゲ）、常に開廷できる裁判所である。二番目の人民間訴訟裁判所（コート・オヴ・コモン・プリーズ）は、一般の人々のあいだの紛争を扱うことになる。最後のものは財務府裁判所（コート・オヴ・エクスチェッカー）である。これら三種類の裁判所はそれぞれ独自の人員と独自の記録文書を整え、ますます専門化していった。この上に王国の大会議（グレイト・カウンシル）が置かれた。これは、マグナ・カルタのなかで王国の一般会議（コモン・カウンシル・オヴ・ザ・レルム）と呼ばれていたものである。これがいまや「パーラメント」と呼ばれるようになったのである。「パーラメント」という語が最初に公文書で言及されるのは、一二三六年の終わりである。これは、ウィルトシャーのとある教会の聖職位推挙権をめぐる訴訟が人民間訴訟裁判所で継続審理に付さ

図61（左上・左中）　港市ブリストルの印章（表面と裏面）。

図62（左下）　バトル修道院の印章。1265年。

図63（右）　13世紀末の騎士。ファーネス修道院の墓碑彫刻。

れ、翌年早々ウェストミンスターで開かれた「パーラメント」の集会で処理されるべく移送された際のことである。このときの「パーラメント」は、最終上訴裁判所としてあらわれている。「パーラメント」はやがて議会制度として発展していくが、それは現在にいたるまでこの機能を維持し続けているのである。

「パーラメント」は新しい言葉であり、それが馴染むのには少し時間がかかった。しかし、この語が使われ始めた当初からその意味は明確だった。「パーラメント」とは議論のことであり、当時の言葉（フランス語）で「パルルマン」と呼ばれていた。それは、法のある特定の問題を解決する短い議論でもありえたし、一般的原則の問題をめぐる長い議論でもありえた。当然、いくつかの法的問題にはきわめて大きな一般的重要性をもつものがあった。そうした法的問題のいくつかが、王がプロヴァンスのエリナーと結婚した際に、一二三六年一月サリーのマートンで開かれた諸侯大会議（グレイト・カウンシル）の集会で取り上げられた。そのよい例は庶子にかかわる法である。イングランドのコモン・ローでは、両親の婚姻後に生まれた子供のみが嫡出子であるということになっていた。この規定は当時発展しつつあった教会法と対立することになった。教会法では、庶子も後に両親が結婚すれば嫡出子とされたのである。こうした子供たちは「外套に蔽わるる子（マントル・チルドレン）」と呼ばれた。すなわち、彼らは、結婚式のあいだ洗礼の際と同じように布が被せられ、それにより嫡出子とされたのである。この問題に関する限り、現代のリベラルな人々にとっては、教会の見解のほうが魅力的かもしれないが、これはリベラルか保守かといった思想の問題ではなかった。俗人にとって重要なのは、道徳的問題ではなく相続の規定だった。司教グロステストは、別の長い論考において、教会法の立場を説明している（主席裁判官はこの論考をいささか矛盾気味に「長大な概要報告書（ブリーフ）」と呼んだ）。議論が続いたが、法律家と諸侯たちは妥協しなかった。「われわれはイングランド法を変更することを欲せず。」

イングランドでは諸侯層を父とする庶子はそれほど多くなかったが、庶子の問題について審議したのは大諸侯や上級裁判官たちだった。彼らが庶子にたいして責任を負ったのは、自分たちの庶子をどうにかしようとする意識ではなく、共同体にたいする義務感によるものだった。大諸侯と裁判官たちは王の評議会において中心的存在だったが、彼らは初期の「議会（パーラメント）」の中核でもあった。彼らには、「パーラメント」が開かれるたびに、個人宛に通知する召集令状が送付された。彼らは課税問題に関して国を代表して意見を述べることができた。しかし、一三世紀に開かれた「パーラメント」のうちの何回かにおいて、またわずかな例外を除いてその後のほとんどすべての「パーラメント」において、より広範な議題が協議された。このような理念は、一二五四年の時点で予示されていたと考えることもできるだろう。このとき、王妃とコンウォール伯リチャードは、各州から二名の騎士をウェストミンスターで開かれる王の評議会に出席するよう召集したのである。彼らは、各州共同体の「すべての者を代表して」行動する全権をもって来ることになっていた。彼らは、評議会にたいして援助金徴収問題に関する明確な回答を与えることになっていた。騎士たちは、個人としてではなく、州の代表としてやって来たのである。一四世紀初頭までに、「議会（パーラメント）」に関する明確な慣例が発展してきた。すなわち、各州から州の騎士二名が召集されるようになった。司教座都市および主要諸都市から、それぞれ市民二名が召集された。彼らへの召集令状は、個人ではなく、各共同体に送付された。この点は、技術的な問題に思われるかもしれないが、後の議会の歴史を考察するうえできわめて重要である。議会に個別に召集された人々が「貴族（ローズ）」であり、彼らが別個に集会を開いたことから集合的に「貴族院（ハウス・オヴ・ローズ）」と呼ばれた。これにたいして、共同体の代表として召集された人々が「庶民（コモンズ）」であり、彼らの別の集会場所から「庶民院（ハウス・オヴ・コモンズ）」と呼ばれた。ここで言う「庶民」は「下層民」という意味ではない（なぜなら、州の騎士の多くは中世の農村社会において領主の地位にあったからである）。「庶民」とは、むしろ、「人民の代表」、イングランドの諸共同体の代表という意味なのである。

　オックスフォード条款によって、一〇年に及ぶ王と諸侯たちとの論争が始まった。この論争で多くの提案と反対提案が提出された。これは紙上での戦いだったが、改革について合意が得られない場合には、決着は武力によってのみ達成されえた。この時代は「改革運動」の時代と呼ばれるようになった。この改革運動は、一二五八年夏の財政危機から生まれ、一二六五年八月四日イーヴシャムにおいてシモン・ド・モンフォールとともに死んだ。この期間に問題とされていたのは、すでに述べたように、王の家政組織の改革と地方行政の改革だった。グロステストの『規則』にあるように、中央において適切な管理がなされていれば、農村部においてもよき秩序の原則が貫徹されるはずだった。諸侯たちは、地方の農村地帯があるべき秩序のもとにないのは、まぎれもない事実だと考えていた。彼らは、すでにそれ以前に、改革の準備として地方において調査を始めていた。裁判官たちが、地方において審問を担当し、精力的にその職務を果たしていた。ある年代記作者は、このように記している。

> 裁判官たちは、たとえ有力者からのものであっても、目こぼしの懇願やその見返りの約束に応じることはなかった。彼らは真摯に真実を追求し、迅速に採決を下した。

このような地方における調査や陪審による検証は、一二五九年一〇月の「パーラメント」で承認されたウェストミンスター条款に結実した。これは広範な問題を扱っていたが、その内容は本質的には一貫したものだった。この条款は、州長官が主宰した州裁判所に集まった人々の関心事からけっして大きく外れることはなかったのである。条款から一例を引いて、条款がもつ意味を検討してみよう。「巡回裁判は、陛下の前任者たちの時代に慣習となっていた形で実施されるべきである。」これは州長官の巡回裁判（シェリフズ・ターン）だった。州長官は、年に二回、州内の郡（ハンドレッド）裁判所を巡回することになっており、（諸侯たちは不満だったが）その日に限り裁判官として行動した。州長官は、十人組検査（ヴィユー・オヴ・フランクプレッジ☆2）を行い、すべての成人男性が確実に十人組に組織されているかを確認した。また、彼は、突然変死者が発見された場合に地域共同体に課される謀殺罰金（ムルドウルム・ファイン☆3）といった王に支払われる科料を徴収した。こうした細かな規定事項が数多く存在していたため、個々人が自分の負う義務を正確に憶えておくことは困難だった。それゆえ、州長官は、容易にそうした義務の不履行にたいする支払いの要求を行うことができた。たとえば、ノーサンプトンシャーのとある小身の騎士、クラプトンのウィリアムは、一二五五年から五六年にかけて村の長老たち、「尊敬すべき白髪の老人たち」を呼び集め、あれこれと尋ねた。州長官への援助金としていくら支払うことになっているのか。なぜ謀殺罰金は二通りの仕方で徴収されるのか。この調査のほとんどは、ウィリアムが支払うことになっているのか。十人組検査ではいくら支払うことになっているのか。この調査のほとんどは、ウィリアムが恐れていた州長官を意識したものだった。イングランド中に存在した彼のような人々の不満が、ウェストミンスター条款に盛り込まれたのである。そして、この条款を王国中に広く周知させるために手段が講じられた。新たに任命された州長官たちは、一二五九年一一月一九日、四人の州の騎士とともにウェストミンスターに赴き、行政長官から条款の内容について講習を受けねばならなかった。現代の企業が重要な役目を担う社員を週末講習に参加させるのとまったく同じ要領である。

改革派の人々が行動を起こしたとき、自分を敗者だと考えた者は、威信を失い顧みられることのなくなった王を除いて、ほとんどいなかった。この時期に大諸侯のなかでもっとも重要だったのは、シモン・ド・モンフォールと王子エドワードの二人である。エドワードはまず自分の所領の安全を確保した。彼は、そうした後、ウェストミンスター条款が公布される際に集った「イングランドの下層騎士(バチェラーズ)の共同体」にたいして自分の全面的な支持を保証した。彼は、その後すぐに、「新しい秩序」を擁護し、盟約を結んだ諸侯たちにたいして戦(いくさ)を構えないと宣誓した。王子エドワードのこのような行動は、すべて、この「新しい秩序」はどのような原則にもとづくべきなのか、という論点を巧みにはぐらかすものだった。一二五九年にウェストミンスターに集まった「下層騎士たち(バチェラーズ)」の一団は、数多くの大諸侯たちが、自分たちの地方における権威が問題とされると、改革への熱意を大幅に失い脱落していったと不満を述べた。これは事実だった。それは運動のより深刻な弱点を示す徴候だった。よき所領経営に関する諸侯層の見解については、グロステストの『規則』に即してすでに検証した。基本は一元的統合という原則である。領主にたいして一人の筆頭家政役人が個人的な忠誠を誓うべきこと、この筆頭家政役人は彼の下で領主に仕えて働く者たちと同様に専業で俸給を受ける役人であるべきこと、領主はたとえ数日であっても召使たちに休暇を与えることには慎重であるべきで、「もしあなたが私に仕えないなら、ほかに私に仕える者を見つけるつもりだ」と言うべきこと、これが基本である。しかし、諸侯たちは、イングランドの統治に関して同僚のあいだで平等に分かち合う共同体的責任を求めることにより、自分たちの所領経営の第一原則を軽んじていたのだった。

内乱の始まり

一二六一年四月、教皇は、ヘンリー三世を、オックスフォード条款を遵守すると誓った宣誓から解放した。これを受けて、ヘンリーは、あらゆる手段を駆使して条款に抵抗した。彼が主張するにいたったのは、単一の権威の必要性だった。一二六四年一月、王と諸侯たちの双方が自らの主張をフランス王に訴えた。ヘンリーは一元的統合の原則を執拗に強調した。彼は、すでに、自分の家政役人たち、州長官たち、そして王の名において裁判を行っていた者たちすべてにたいして統制を失っていた。彼は、数々の城塞にたいする支配権も失っていた。そのような城塞から彼の所領が略奪され、ほかにも「計り知れないほど重大な悪事」が生じていた。

ヘンリー三世の代理人たちは、フランス王の宮廷において、ヘンリーが訴えている「計り知れないほど重大な悪事」を具体的に列挙するよう促されたならば、当然一二六二年から六三年の冬にイングランド全土で起こった各地での反乱の嵐に言及しただろう。地方における大諸侯たちの権力の実態について詳細に調べることは、非常に困難な問題であることが明らかとなった。しかし、大諸侯たちの権力は、もしそのままにしておけば、その支配下にある人々にとって正統なものに見えてしまうだろう。この問題がいかにむずかしいものだったのかを知るには、改革運動の時期にロンドンで起こったことを考察するのがよい。ロンドンは国の政治生活の中心に位置していた。ロンドンの人々は常に真っ先に情報を入手する立場にあった。一二五八年一月、彼らはセント・ポール司教座聖堂の敷地内に召集された。ここはロンドン市民の集会、都市民集会（フォーク・ムート）が伝統的に開かれる場所であり、ロンドンの下層市民の声が聞かれる場所だった。人々は、そこで、最近王の納戸部（ウォードローブ）[☆4]で、ロンドン市民数名が市参事会員（アルダーマン）のある者たちに関して苦情を訴えている嘆願書が見つかった、と告げられた。何度か集会が開かれ、特別に陪審への審問が行われた後、そうした苦情が正しかったことが立証された。被告人たちは、その友人数名が彼らの無罪を宣誓することで、無実を証明することができるのか。この問いが集会にかけられた。「否」というのが答えだった。当時、王の政府にとって、ロンドン市の長老たちの意向に沿わないほうが都合がよかった。しかし、すぐに彼らの支持を必要とする事態が生じた。一二六三年の夏、ロンドン市民は通りに繰りだした。条款が、商人階層による寡頭体制に挑戦する権利とスローガンを市民たちに与えたのである。一三八一年の農民一揆の際にも起こったことだが、人々は広まっていたスローガンを自分たちの言葉で聞いて自分たちの経験に即して解釈した。「非常に数多くの巡回裁判官たちのように」、彼らは、立ちはだかるものを破壊しながらロンドンの町を巡回した。ベイジングのアランは、大通りの上を横切って建てられた邸宅をオルダーマンベリーに所有していたが、群衆はそれを瓦礫と化さしめてしまった。ロンドンの人々は、さらに市壁の外に立つウェストミンスターの大修道院教会へ向かっていった。修道士たちは王から受領した証書を引き渡すよう要求され、彼らの特権はもはや無効だと告げられた。市民たちは数多くの苦情を抱えていたが、ここでは一二五八年にウェストミンスターで新たに開設された歳市（フェアー）の問題をあげておこう。この歳市が開かれているあいだ、ロンドンの人々は市内で商取引を行うことを禁じられたのである。彼らは商品をロンドンからウェストミンスターまで運んでこなければならなかった。このことが彼らを怒らせた。そして、この歳市が最初に開かれたときのように雨が降ると、彼らはさらに怒りを募らせた。各地域での苦情の訴えがどのようなものであれ、このときのウェストミンスター修道院にたいする攻撃は、王権そのものにたいする攻撃に限りなく近いものとなっていた。

教皇クレメンス四世は、ウェストミンスター修道院にたいする侮辱行為を耳にして、イングランド全土が「沸きたつ全般的崩壊の渦のなかに」あると宣言した。王は、教皇に、自分と相続人たちの相続権が奪われるのを恐れていると述べていた。エドワードは、このときまでに、父王の主張に説得力があると感じるようになっていた。彼は、ウェールズ辺境領にある自分の所領が無秩序におちいっているのを目の当たりにしており、ロンドンでも暴徒化した群衆が自分の母を侮辱するのを目撃していたのである。エドワードは、いまや父の揺るぎない支持者となり、その結果内乱の時代を生き延びることになった。一二五八年以降、戦争あるいは戦争の脅威が人々の心からけっして離れることはなかった。そして、ついに一二六四年と一二六五年に、戦争が現実のものとなった。一方で王が、もう一方でシモン・ド・モンフォールが、政治的な駆け引きを超えた人々の義務感に訴えた。王は戴冠した際にモンフォールが行った忠誠の誓約を引き合いにだし、伯は条款を遵守するとした王の誓約をもちだした。両者の主張がフランス王のもとへ送られた。一二六四年のアミアンの協定（マイズ）というフランス王の裁定は、彼の法廷における判決の形式をとっており、完全に王側に有利なものとなっていた。シモンとその一派は戦争に備えた。彼の主要な支持基盤はミッドランド地方とイースト・アングリア地方だった。ここが彼の伯領の拠点だった。シモンは、ミッドランド地方東部の主要都市ノーサンプトンに兵を集結させた。王もオックスフォードで同様の動きを見せていた。王は、一二六四年三月六日、三人の伯と一一二人の直属封臣、そして五六人の聖職者へ向けて召集令状を送った。そのリストには「王の敵対者には送付されず」という注釈が付いていた。しかし王は誰が味方で誰が敵なのかまったくわかっていなかった。王が召集した者のうち少なくとも四分の一は、続いて起こった戦いにおいて王の敵となった。やがて、ノーサンプトンの町は、防御に適していないことが明らかとなった。それは、一二六四年四月六日、王軍により占領された。そのとき町にい

図64(上)、**65**(中)　『スミスフィールド教令集』に描かれた二つの彩飾画。この写本は、彩飾画にあらわれた発想の幅という点で、『ラトレル詩篇集』に比肩するものである。上の画では、聖画像を巡る論争、すなわち聖母子像に色着けをする職人が悪魔と議論している。次の彩飾画はもっとわかりやすいもので、修道士とその愛妾が晒し台につけられている。

図66(下)　収穫の図。農民が厳しい監督のもとで働いている。『女王メアリーの詩編集』から。

た騎士階層の者すべてが武装して王に刃向かったと見なされた。少なくとも八〇人の騎士が捕らえられ、彼らの土地は没収された。モンフォール派は自分たちの本拠地での戦いに敗れたが、まもなく王も同じ屈辱を味わうことになった。シモンは、一二六四年五月一四日、サセクスのルーウィスで王軍を破り、この勝利を最大限利用しようとした。最後まで優れた宣伝・煽動家であり、依然として人々の支持を受け続けていたシモンは、各州に向けて自分の立場を再度確認する文書を送った。多くの人々がこれを記録する価値のあるものと考えた。少なくとも一五の写しが現在まで伝えられている。なかには、それを、シモンの死後、彼に関する記述に利用した人々がいたと思われる。一二六五年八月一日、ケニルワースにある伯の城は陥落した。そして、三日後、彼はイーヴシャムの戦場で死んだ。

シモン・ド・モンフォールはこれまで厳しく批判されてきた。条款に固執し、条款以外のなにものにも目を向けない態度は、二〇世紀末期の政治分析の一般的な知恵とは相反するものだというのである。現在では、「政治において一週間は長い時間」であり政治的指導者は毎日のようにその立場を変えるものだ、という考えが一般的である。一三世紀半ばの党派の指導者たちは、われわれが理解する政治家と同じであり、権勢欲においても劣っているわけではない。しかし、彼らは中世の伝達手段の速度に制約され、彼らが参照することのできた思想の幅も限られていたために、いやおうなく異なったルールのもとで行動することになったのである。シモン・ド・モンフォールが条款に固執したのは、彼自身の考えというだけではなく、当時の人々の考えでもあった。彼の死後二五年間に彼は二〇〇近い奇跡をなしたとされており、その大半はイーヴシャムの彼の墓で起こっている。彼への崇敬は男性的なものであり、それはおそらくこの聖人の振る舞いに由来するものだろう。たとえば、ウィンチカムのある修道士は足が不自由だったが、その足は無理やり痛々しい方法で正常な形に戻されたのである。この崇敬は明らかに政治的なものだった。イーヴシャムは地域に限定された霊廟ではなく、はるか遠くから巡礼をひきつける、全国的知名度をもつ霊廟だった。巡礼者のなかには、カンタベリーのベケットの霊廟からやって来る者さえいた。巡礼には貧しい者も富める者も含まれていた。たとえば、ダービーシャーのデイル修道院長、ヘリフォード司教の執事（ステュワード）、騎士パティショルのサイモンなどもやって来たのである。こうした人々は、かつてみな改革運動に希望を抱いており、そして、いまやその記憶を心にとどめていたのである。マグナ・カルタを生かし続けてきたのは、こうした希望であり記憶だった。伯シモンはこう尋ねるかもしれない。なぜオックスフォード条款はマグナ・カルタと同等の地位を勝ち取れなかったのだろうか。これはけっして愚かな問いではないだろう。現時点でわれわれに可能な最良の答えは次のようなものである。マグナ・カルタは、再公布された際、その時代の多くの人々が受け入れていた法概念および行動規範を採用したのである。これにたいしてオックスフォード条款は、当時の家政経営の基本原理を軽視していたのである。諸侯たちが成功しなかったのは、彼らが『規則』を破っていたからである。

王権の回復

ヘンリー三世治世の内乱は簡単には収束しなかった。それ以前の戦争では、個々の事例で状況は異なるが、対立する二つの勢力はそれぞれが従属する主君の支配権（ロードシップ）により分けられていた。対立する主君二人が合意に達したならば、両者に従う者たちの立場はそれぞれ正当なものとされたのである。統治のあり方について争われた内乱を解決するのは、はるかにむずかしかった。それはときに椅子取りゲームの様相を呈する。音楽がいつ止まるかによって、椅子を失う人々は変わってくる。一二六四年四月六日、ノーサンプトンの町にいた人々にとって、音楽は突然止まったのである。同じことがイーヴシャムの戦いに参戦した人々や、主君の死後も戦い続けたケニルワース城の守備隊の人々にも言えるのである。彼らに再びチャンスが与えられることはなかった。彼らは王にたいする反逆者とされたのである。彼らはまず相続財産を奪われるという重い罰を科せられた。彼らの土地は王の支持者とその一族に与えられた。

反乱軍三一六名の所領は一三三名の人々の手に移った。これは、あたかも王が主催する馬上槍試合大会のようなものであり、勝利者に膨大な賞品が与えられたのである。人々は、自分たちの決断がもたらした現実に直面することを強いられる場合には、より賢明な考えを採用するものである。反乱者たちを罰するのは当然だが、一族の女性たちはどうすべきなのか、また相続人たちはどうすべきなのか。王の評議会は、女性の財産権は尊重されねばならないという決定を下した。その結果、相続権剝奪の原則は大幅に緩和されることになった。ケニルワース城の守備隊に提示され一二六六年一二月一四日に受け入れられた合意条項は、王国共同体全体にたいして提示された条項となった。その条項には救済策が用意されていた。すなわち、土地は、査定された罪の段階に応じて、一年から七年分の収入額の支払いによって買い戻すことが可能になったのである。

ヘンリー三世は晩年、ある程度の財政的安定とある程度の王国の統一を回復した。統一の求心力となったのは、王子エドワードの十字軍遠征だった。王の財政は内乱によって大きな打撃を受けていた。財政を回復するための重い負担は、主として非戦士階層、とりわけ聖職者階層の上にのしかかった。聖職者たちは、一二六七年に年収の二〇分の一を王に提供した。同年一一月、マールバラにおいて一二五九年のウェストミンスター条款が再公布された。このことから明らかなのは、同条款が依然として諸州における人々の考えのなかで重要な意味をもっていたことである。ウェストミンスター条款の再公布がなされ、ウェールズのルウェリンとの和平が実現したとき（これについては後に詳しく述べる）、王の課税権回復の基盤は整った。一二六九年一〇月、ウェストミンスターで新教会堂の再献堂式が行われた後、十字軍のための課税について話し合いがもたれた。議論は難航し、諸憲章が再び公に宣言されることになったが、これは土地保有が危険にさらされているという意識の明確なしるしだった。一二七〇年四月に二十分の一税が認められ、同年八月、王子エドワードは東方へ向けて出帆した。同じ月にフランスの偉大な王ルイ九世がチュニスで死去すると、エドワードが十字軍のまぎれもない指揮者となった。彼は一二七一年の夏を通じてアッカーに滞在した。彼はそこで、命をつけ狙うアサシン派の刺客の襲撃を生き延びた。[☆5]この襲撃は、妻のエリナーがエドワードの傷口から毒を吸いだして彼の命を救ったという話によって伝説となった（エドワードとその妻は、この地で、娘、「アッカー」のジョウンを授かった）。F・M・パウィックによれば、エドワードが十字軍で得た貴重な経験は、王の権力が衰退した一封建国家の崩壊を目の当たりにしたことだという。これは確かに興味深い考えである。しかし、イングランド王位の相続人ならば、このような教訓はすでに十分理解していたはずである。

一二七二年一一月一六日、父王が死去したとき、エドワードはシチリアにいたが、急いで帰国する必要はなかった。しかし、エドワードの地位が十分に受け入れられていたとはいえ、彼が相続した王権は財政と野心の両面において弱体化していた。エドワードは、ガスコーニュに一八ヵ月滞在したが、そのあいだイングランドと密に連絡をとっていた。彼は、何が必要なのか、そして何を先にせねばならないのかを知っていた。彼は一二七四年八月にイングランドに帰国するが、その数週間後には、任務を委託された裁判官たちが諸州を巡り、郡裁判所から郡裁判所へと動き回っていた。彼らは、地域の共同体に提示すべき条項や質問事項を記した長いリストを携えていた。彼らはまず王の土地、「固有王領地（エンシャント・ディミーン）」[☆6]から始め、それから王の諸権利、つまり王の「慣習的諸権利」の問題について尋ねた。その後、彼らは、地方役人にたいする人々の苦情を聞いたのである。このような質問事項はなんら新しいものではなかったが、この時期にこうしたやり方で問いかけることがエドワードにとって重要だったのである。というのは、一二五八年の反乱諸侯たちが、王が本来果たすべきこのような役割を簒奪していたからである。諸侯たちは以前、王の役人の悪行について調査を行っていた。彼らは、その結果人々の人気を得たが、なんら責任を果たそうとはしなかったのである。多くの悪事がその後も続いた。苦情の訴えは、いまやすべて王にたいして行われるようになったのである。長い歴史をもつことになるパーラメント（議会）への請願（ペティション）は、この時期にきわめて突然にあらわれる。その背後には、おそらく王が積極的に奨励したという事実があったと考えられる。ウェストミンスターにおいて一二七五年四月に開かれたエドワードの最初のパーラメントは、彼が派遣した裁判官たちが見いだした悪事に対処する長大な制定法を公布したのである。

エドワード一世は、彼以前のすべてのイングランド王たちと同様に、自らの宗主権を近隣の君侯たちに認めさせることにより、イングランド内だけではなくその境界を越えたところでも支配権を再び確立しようと考えていた。ウェールズとスコットランドの両地域で宗主権を強調することは、これまで以上に直接的な支配を主張することにつながった。より直接的な支配は民族的な反発をひき起こすことになった。エドワードがこれに対抗した結果、ウェールズの征服と長期にわたる対スコットランド戦争が生じることになった。どちらの場合も、当初の問題は、臣従誓約をどう解釈するかということだった。社会が変化するにつれ、臣従誓約の意味が再定義されるのは当然のことだった。この再定義は、何世代ものあいだ、ほとんど大きな問題を起こすことはなかった。臣従礼は個人的関係であり、個人の死のたびに必然的にわずかな調整がなされてきたからである。しかし、もし権力の移動と心的態度の変化が同時に起こるならば、問題が生じる可能性が出てくるのである。これが現実のものとなったのは、一三世紀後半のことだった。人々の心的態度において重要な変化が見られたのは、法にたいする意識に関するものだった。エドワード一世は、イギリス諸島全土のすべての者は彼の法的支配権（ジュリスディクション）の優位を認めるべきだと主張するようになったのである。ウェールズ大公（プリンス・オヴ・ウェールズ）ルウェリンとスコットランド王ジョン・ベイリオルは、このような分析に従えば、どちらも、当時一般的だった政治的変化の犠牲者だと見なすことができる。この時代、外交的駆け引きは法廷での判決にとって代わられるようになっていたのである。このことは、一見したところ、当然の変化で望ましいものに思われるかもしれない。しかし、実際はそうではなかった。外交の術とは妥協である。そして法の術とは判決だったのである。

一二七四年八月一九日にエドワード一世がウェストミンスターで戴冠されたとき、もっとも重要な欠席者はウェー

図67　1270年代後半に開かれたパーラメント（議会）を16世紀に描いたもの。スコットランド王アレグザンダー３世とウェールズ大公ルウェリンが、それぞれ（イングランド人の眼から見れば）ふさわしい場所、エドワード１世の足下に座っている。世俗諸侯たちは右側の長椅子に、聖界諸侯たちは左側の長椅子に、そして中央では尚書部長官および裁判官たちが羊毛袋の上に座っている。

ルズ大公ルウェリン・アプ・グリフィズだった。これは非礼な行為だったが、たんなる非礼以上の意味をもっていた。マシュー・パリスによれば、ルウェリンは、ノルマン人の到来以降のどのウェールズ大公よりも有力な人物だったのである。彼は、一二五〇年代と六〇年代に力を蓄え、ウェールズ南部と北部両地域の諸公たちにたいして自らの権威を確立していた。シモン・ド・モンフォールは、ルウェリンが内乱時に支援してくれたことへの見返りとして、「ウェールズ大公（プリンス・オヴ・ウェールズ）」の称号によりその権威を認めていた。さらに注目に値するのは、シモンの死後、ヘンリー三世の政府が、一二六七年にモンゴメリーで和平条約を結んだ際に、同じ「ウェールズ大公」の称号をルウェリンに許していることである。この条約の規定に従って、ルウェリンは二万マルクの科料を分割払いで支払うことになっており、イングランドの新たな王に誰がなろうと、彼にたいして臣従礼を行うことになっていた。もし彼がエドワードの戴冠式に出席していれば、その機会に臣従礼もすませることができただろう。荘厳な儀式と晴れやかな雰囲気とが混じり合うのはエドワードの好むところだった。しかし、ルウェリンは、イングランド王に疑念を抱いていた。彼の妻となるはずだったエリナー・ド・モンフォールは、イングランド国内に留め置かれていたし、ウェールズにおいて法喪失を宣告されていた彼の弟ダヴィズは、イングランドで生活の援助と支持を得ていた。ルウェリンは、臣従礼を行う前に、このようなさまざまな不満が改善されるよう求めたのである。しかし、彼は、イングランド王が自分に劣らず頑固であることを知った。一二七五年八月、エドワードは、譲歩し、ルウェリンが臣従礼を行えるようにチェスターまで出向いていった。しかし、ルウェリンはこの機会も拒否した。エドワードがこれ以上歩み寄ることはなかった。その後、ルウェリンは南イングランドへ召喚されたが、そのための通行の安全は保証されていなかった。このようなたび重なる宮廷への出廷拒否は、戦争を始めるのに十分な理由だと見なされた。一二七六年一一月、ルウェリンは「王の平和にたいする反逆者・不穏分子」であると宣告された。

　エドワードは、一二七七年七月、チェスターに大規模な軍勢を集結させた。それは、八〇〇人からなる騎馬隊と一万五〇〇〇人の歩兵を含んでいた。この歩兵のうち九〇〇〇人はウェールズ人だった。これに、弓兵と（ジェノヴァから雇われた）弩兵の特殊部隊、さらに掘削夫と樵夫（しょうふ）の部隊が加わった。最後の戦力は必要不可欠なものだった。この軍勢は、ルウェリンの根城であるグウィネッズ（スノードニア）の山間の要塞を攻略するために召集されたものだったからである。リズランとフリントのあいだに横たわる深い森林に道を切り開くにあたって、二〇〇〇人近くの樵夫が使われた。このとき作られた街道は、ルウェリンの独立の終焉を象徴するものと見なすことができる。アベルコンウィ（コンウィ）条約の条項はルウェリンにたいして公（プリンス）の称号の使用を認めるものだったが、その支配領域はウェールズ北西部に限定された。ウェールズの諸公たちはイングランド王に忠誠を誓うことになり、エドワードの直接支配権がイングランドを越えてウェールズにまで及ぶこととなった。エドワードは、フォアー・カントレヴィ（コンウィ川とディー川に挟まれた地域）とケレディギオンの大部分を獲得した。ルウェリンは、和平が結ばれる前に、リズランでイングランド王に忠誠を誓わねばならなかった。彼はその後、ウェストミンスターのクリスマス宮廷に出廷し、正式に臣従礼を行った。このようにしてエドワードの権威を認めた後、ルウェリンはようやく花嫁と結婚することが許された。二人は一二七八年にウスターで結婚した。彼らの結婚の祝宴と二人の移転の費用はエドワードが支払った。ルウェリンとエドワードの関係は、しばらくのあいだ、少なくとも表面上は、心のこもった良好なものだった。

しかし、この良好な関係は長くは続かなかった。ルウェリンは、自分の領土においては大有力者だったが、エドワードから見れば有力な臣下の一人にすぎず、しかも何年にもわたって悩みの種となった人物だった。一二七七年のアベルコンウィ条約の後、イングランド王は、ウェールズとウェールズ辺境領の訴訟を処理するため、王の裁判官からなる特別な委員会を設けた。ルウェリンは、一二七八年一月、この委員会に召喚された。ルウェリンは翌月、裁判官たちの前でアルウィストリの領有権を主張した。これはウェールズ中央部の高地地方でグウィネッズと境界を接する地域だった。ルウェリンは、この問題はウェールズ法にもとづいて裁かれるべきであると訴えた。エドワードは、この要求を直接しりぞけることはしなかったが、ウェールズ法を弱体化させようと考え、その法はイングランド人の裁判官の監督下で機能すると主張するようになった。エドワードは、想像力の欠けた人間であり、事態を予測できなかったと思われるが、アルウィストリ問題は彼の権威が試される機会となったのである。リース・デイヴィスが述べているように、「自分たちの法と慣習を守るということが、すべてのウェールズ人を団結させる旗印となった」のである。一二八二年三月から反乱の波がウェールズ中に拡がっていった。エドワードは、強硬な主張と行動により反乱に応えた。彼は、「まずウェールズ人の敵意を鎮圧することから始め、この問題に断固たる決着をつけよう」と述べた。彼は、新たな戦争のために大軍を組織した。この戦争には、一五万ポンドが費やされた。ルウェリン自身は、少なくとも、当然訪れるであろう敗北の結果突きつけられる、講和の条件を知るという屈辱を経験することはなかった。彼は、一二八二年一二月一一日、ワイ渓谷のビルス付近で殺害されたのである。あるウェールズ人の年代記作者は、「このとき、全ウェールズが大地に打ちつけられ、打ちのめされたのである」と述べている。

ウェールズの扱いは悩みの種となっていた。一二八三年の夏の終わりにシュルーズベリーでパーラメントが開かれ、諸侯たちに加えて諸州の都市民や騎士たちが召集されたが、そのときの召集令状には、ウェールズをどう処理するべきかという問題が主要な議題として明記されていた。このパーラメントの結果、軍事、土地制度、行政に関して革命的な意味をもつ決着が図られた。それは、一二八四年三月にリズランで公布されたウェールズ制定法（スタチュート）において明らかにされた。王は仰々しく述べる。神のご意志により、ウェールズの地は「余の王国の王冠に一つの体の一部として統合される」定めとなっていたと。王と諸侯たちはウェールズ法に関して審判を下した。「余は、そのいくつかを廃し、そのいくつかを許し、そのいくつかを正した。」ウェールズの人々は、イングランドを範とした行政組織により維持される王の平和を受け入れることを余儀なくされた。ウェールズは州に分けられることになった。ただし、この地の州長官たちは、ウェストミンスターではなくカエルナーヴォンで会計報告を行った。このような体制を裏から支え確かなものとしたのは、新たな城塞や都市の建設により進められた再植民化だった。

一〇年以上にわたりウェールズでもっとも重要な役割を担ったのは、王の造営長官（マスター・オヴ・ザ・キングズ・ワークス）、ジェイムズ親方である。スノードニアを囲む五つの巨大な城塞、コンウィ、カエルナーヴォン、クリッキエス、ハルレッフ、アングルシー島のボーマリスの建設を監督したのは、彼だった。ジェイムズは、一二九六年、ボーマリスで二五〇〇人の石工、石切工、人夫を働かせていた。彼らへの賃金は、材料費も含めて週二五〇ポンドに上った。エドワードの治世には、これら五つの城塞だけで、少なくとも五万ポンドが費やされた。城塞に隣接して新たな都市が建設され、そこにイングランド人が入植した。それは、ノルマン人やフランドル人やイングランド人がノルマン征服後にウェールズ南部に入植したのと同じように見えるが、そこには大きな違いがあった。それは、ウェールズ人が排除されていたことである。彼らは、新たな都市の外で取引することも、新たな都市のなかに定住することも禁じられていた。彼らは、生まれた土地にいながら「外国人居住民であるウェールズ人」となってしまったのである。ウェールズの歴史叙述において、「征服王」とはエドワード一世のことだった。

王の収入

エドワードの戦費を支払ったのはイングランド人だった。戦争はおおむね成功だった。それは、王が伝統的な税を再び要求し、また新たな税を発展させることが可能となった結果だった。新たな課税の一つが、とりわけ重要だった。一二七五年、エドワード治世最初のパーラメントにおいて、羊毛への課税が承認された。それは羊毛一袋（サック）あたり七シリング・六ペンスの率で徴収された。それは、議論を重ねた後、「諸侯たちの共同の同意と商人たちの意思により」承認された。この時点から、イングランドにおいて税関業務が始まった。イングランドの羊毛を積んで出航する船はすべて、関税の支払を証明する公式な印章の付いた書状を携帯しなければならなかった。第一次ウェールズ戦争の期間を含む羊毛関税開始直後の四年間で、税収は四万三八〇二ポンドに上った。この課税形態には、王にとっていくつかの利点があった。それは、定期的に徴収できること、そして緊急時に増税できることだった。しかし、増税には抗議が行われることもあった。一二九四年、戦争がより恒常化し始める時期に、税率は一袋あたり四〇シリングになった。これは、マルトート、つまり「悪関税」と呼ばれたものであり、その名前がすべてを語っている。この課税は非常に不評で、一二九七年に軽減された。しかし、それまでの期間に、一一万一〇〇〇ポンドもの莫大な額が徴収されていた。羊毛関税が重要だったもう一つの理由は、それが王による借入れを可能にした点だった。イングランド王は、この時期まで、臣下と比較して、また財源に占める割合から考えても、借入金にそれほど依存してきたわけではなかった。この状況は変化することになった。そして、この変化は重要だった。王は、この変化により財政的独立性を得たのである。王に金を貸す者たちは常に危険を抱えていた。国外で暮らす若い商人たちに与えられたよき助言は、常に次のような禁止事項を含んでいた。「君侯には金を貸すな。」しかし、この助言は常に守られたわけではなかった。エドワード治世の前半、王への主要な貸し主は、ルッカのリッカルディ商会だった。王への貸付金の担保として、リッカルディ商会には、一二七五年から九四年までのイングランドの関税収入が与えられた。西ヨーロッパの交易で扱われる主要商品の一つにたいする独占権は、貸付金の担保としては悪くはなかった。そして、彼らには貸せる金があったのである。これが、イングランド王とイタリアの大銀行家たちをしっかりと結びつけた重要な絆だった。イタリア人は羊毛を買う資金、そして羊毛関税を担保に貸す資金をもっていた。なぜなら、彼らは教皇の金融業者だったからである。そのなかで重要なのはフィレンツェの商会であり、とりわけフレスコバルディ、チェルキ、バルディが有名である。

イングランド産の羊毛も、すべてが同等の品質というわけではなかった。イタリア人の若い商人は、どこで最高級の羊毛が手に入るかについて情報を必要としていた。バルディ商会のフランチェスコ・ペゴロッティは、そのような案内を作成した。フランドルの市場で羊毛の価格を計算するうちに、彼は、重さ三六四ポンドの羊毛一袋(サック)につき、七マルクから二八マルクまでの価格差が存在することに気づいた。商会は修道院と取引していた。修道院は、しばしば近隣で生産された羊毛の仲買人としての役割を果たしていた。最高級の羊毛を扱っていた修道院は、ウェールズ辺境領地方のティンターン修道院とドーア修道院、そしてリンカンシャーのリンジー地区にあるスティンフィールド修道院だった。良質な羊毛の供給地としては、リンカンシャーとヨークシャーがもっとも重要な州だった。年間約一万袋の羊毛が輸出されており、それは約三〇〇万頭の羊の毛に相当した。その価値は、年間六万ポンドから一〇万ポンドに上った。ボストンはこの交易を担う港町のなかでもっとも繁栄していた。ボストンの「切り株(スタンプ)」として知られる教区教会の塔は、この町の最盛期をしのばせるものである。当時、地中海のガレー船（地中海との直接航路は一二七〇年頃開かれた）とヨーロッパ北部のコッグ船[☆7]が、キングズ・リンやボストンの埠頭で隣り合って係留されていた。この船に、小舟が往き来し、羊毛や毛織物が積み込まれ、その代わりにミッドランド地方の内陸部へ送り届けられることになる商品が運ばれていった。一二九四年に一時的に商品を差し押さえられたアミアンのアンドレ・マレルブの状況を考察してみよう。彼は、キングズ・リンに大青(たいせい)を保管する倉庫をもっていた。彼の交易圏は広範な地域に及んでいた。それは、彼の本拠地から八五マイル離れたミッドランド地方南部のブラックリーのような小市場都市にも及んでいた。大青は貴重な染料で、毛織物を製造するミッドランド地方の都市にとっては欠かすことのできない輸入品だった。その代わりに、ミッドランド地方北部からは、羊毛だけでなく鉱産物が輸出された。とくに重要だったのは鉛である。ブルゴーニュのクレルヴォー修道院の屋根には、ダービーシャー産の鉛が使用されていた。聖俗を問わずヨーロッパの貴族層は、最高級のものを求め、それがどこで手に入るのかを知っていた。彼らはワインを望んだ。かなりの量のワインが必要とされた。ワインも一四世紀初頭に課税されるようになるが、そのとき以降、この取引を詳細

図68　ボストンの「切り株」塔。ボストンは、中世イングランドにおいて大きな港市の１つであり、重要な歳市が開かれる場所だった。その富は、1420年代に建てられた小教区教会のこの大きな塔に反映されている。

図69　ティンターン修道院（ウェールズ、グウェント地方)。教会内部を東に向かって臨む。初期の時代に属するシトー会修道院で、最初ウェールズ辺境領地方の有力者クレア家によって1130年代に建てられたが、13世紀後半にその大部分が建て直された。

に研究することが可能となる。ボストンは、一三世紀末に、おそらく約五〇万ガロンのワインを輸入していた。それは羊毛輸出額のおよそ一〇分の一の価値に相当した。ボストンにはガスコーニュのワイン商人がいたが、彼らの記録によれば、ワインも同じように可能ならば河川を利用して運ばれていた。河川は、中世イングランドの忘れられた流通経路だったのである。

イングランドの関税記録は、エドワードの治世にあらたにあらわれたもので、歴史家にとって非常に興味深いものである。しかし、その量から言えば、この治世、さらにそれ以後の中世の時代に関して残存している文書の大半は、大所領の記録である。この時代には、政治的な意識・行動様式は基本的にはまず所領経営のあり方によって形づくられるものだが、所領がますます専門的な知識にもとづいて経営されるようになったため、経営管理的な態度がこれまで以上に強調されるようになっていた。

エドワードは、家臣たちと同じように、経営管理者だった。所領経営に関する仕事は多岐にわたるが、それを考察する際には、ある区別をすることが重要である。王を含む大土地所有者たちは、二種類の形態の土地を管理していた。この二種類の土地にたいする権利はまったく異なっていた。一つは、大土地所有者自らが直営地(ディミーン)として保有する土地であり、もう一つは、家臣が大土地所有者から封土として保有する土地である。司教グロステストの『規則』は、所領をもつ領主への助言として、まずこの違いを説明している。記録は二種類作成すべきである。一つは直営地の荘園についてのもの、もう一つはそれ以外の土地すべてに関するものである。「二種類の記録を頻繁に検討すれば、なすべきことがすぐにわかるであろう。」この二形態の土地は、それぞれ、非常に異なった経営管理上の問題をもっていた。

直営地として保有される土地は、注意深い所領経営を必要としており、状況が許せば、獲得戦略を駆使して増やしていくことも可能だった。王自身、この点についてよく理解しており、野心的に行動した。彼は、イングランドに帰国した直後に、王の収入について調査を開始した。直営地、つまり直轄領は王の収入のなかでもっとも重要なものだった。彼は、治世を通じて、可能な限りこの直営地を拡大しようと試みた。王のこの行動は、自分の土地を増大させた臣民たちと同じ動機によるものだった。王は、数多くの親族を抱えており、彼らのために土地を手に入れようとしていたのである。娘アッカーのジョウンとグロスター伯ギルバート・ド・クレアとの結婚の際に結ばれた取り決めは、典型的な例である。それは、花婿より三〇歳若い花嫁がクレア家の全所領を生涯保有するための条件を規定していた。もしこの結婚により相続人が生まれたならば、彼らが所領を継ぎ、伯の最初の結婚による子供たちは相続権を剝奪されることになる。もし相続人が生まれなければ、ジョウンが年二〇〇〇マルクの収入をもたらすこの所領を保持することになるのである。これは、花嫁にとってきわめて有利な取り決めだった。

封土として保有される土地に関して、エドワードの治世に重要な変化が起こった。一二世紀後半、領主たちは、自分たちから封土として保有されている土地を効果的に統制する能力を失っていた。彼らは、まず自分たちの封臣にたいする裁判権を失い、さらに封臣による自由な土地売却を禁じる権利を失った。従属的な土地保有の長い連鎖は、大領主（彼ら自身王から土地を保有している）から始まって、種を播いて穀物を収穫する人々までつながっている。一二九〇年に公布された有名なクィア・エンプトーレース制定法は、その冒頭で苦言を呈している。「土地の買い手」はいまや不当な取引をするようになり、領主たちが多大な損害をこうむっている。騎士役により諸侯から保有される所領が、負債を抱えた保有者により、必要とされる現金とひきかえに売られている。新しい保有者が古い保有者から土地を保有することになるのだが、その際、奉仕の中身は名ばかりのものとなってしまう。領主が受け取るのは、真夏に咲くバラ、申しわけ程度の地代、あるいはただの「挨拶」だけということになる。ある状況下では、とくに保有者が未成年の子を残して死亡した場合には、土地は領主のもとに復帰することになる。この時代は物価上昇期だったため、その土地は、直接経営すれば大きな富を生むことになった。しかし、もし土地が封臣により前述のような形ばかりの年間地代の義務とひきかえに売り渡されたならば、領主が継承するのは形式的な地代のみとなる。「このような状況は、（制定法は続けて述べる）当該の領主たちにとって非常に辛く困難なものである。それは、事実上、相続権を剝奪されるようなものである。」このような事態を避けるために、クィア・エンプトーレス制定法は、土地を新たに封土として譲与（再下封）することを禁じたのである。売った側がそれまで負っていた諸義務を、土地を買った側がそのまま受け継ぐべきだと規定したのである。教会という「死手（モートマン）」[☆8]にたいする土地譲与も、同じような問題をはらんでいた。一二七九年の死手制定法（スターテュート・オヴ・モートマン）は、地方で土地譲渡について一般的となっていた規定に全国的な権威を与えたのである。これにより、宗教法人への封土の譲与が全面的に禁止されたのである。しかし、現実には、王から許可を得る制度が発展した。教会は、王の許可により、ある一定の価値までの土地を購入することができた。この制度は王に利益をもたらしたが、それはこの立法の主要な動機ではなかった。その背後には、むしろ、封建制度を機能させようとする意図があった。領主と家臣との人格的関係を土地により保証するという基本原則に立ち戻らせようとしたのである。奉仕のつながりによりイングランド社会を活性化することが、エドワードの願いだったのである。

二つの戦線

一二九〇年、エドワードの権勢は絶頂に達していた。エドワードの統治は、一三世紀末の社会が想像しうるよき王権のイメージを体現していた。彼は国の政治生活の中心となった。ベリー・セント・エドマンズ修道院の年代記作者[☆9]は、王を「第二のソロモン王のごとく、活力に満ち、寛大で、威風堂々としている」と描写している。しかし、一二九〇年代は、イングランド王権にとって試練の一〇年間となる。二人の人物の死がエドワードの困難の始まりとなった。一二九〇年一一月二五日、王妃カスティリャのエリナーが死去した。その数週間前、はるか北の場所で、「ノルウェーのおとめ」マーガレットが死亡していた。王妃を失ったことは、エドワードにとってあくまで私的な悲しみにすぎなかったが、少女マーガレットの死は、スコットランド人にとっては民族的な災いだった。マーガレットは、スコットランド王アレグザンダー三世の孫娘であり、その血を引く唯一の存在だったのである。彼女の死によってスコットランド王家は断絶した。前年に結ばれたバーガム条約のなかで、マーガレットとイングランド王の四男でその相続人エドワードとの結婚が取り決められていた。どちらも存命中は、それぞれの王国を別個に統治するが、二人のあいだに生まれた男子が両王国を同時に統治することになっていた。スコットランドは固有の法と諸自由・諸権利を維持することになっていた。次のような仮定をしてみるのは興味深いことである。もしスコットランドにエドワード二世の王妃となれる少女がもう一人いれば、彼の治世にはバノックバーンの戦いは起こっていなかっただろう。そして、この結婚からエドワード三世に相当する子供が生まれていれば、彼はフランスにたいしていかなる王位請求権ももたなかったはずである。その場合、中世後期の歴史はどうなっていたのだろうか。一人の人間の生死が実に多くのことを左右するものである。

幼いマーガレットがオークニー諸島付近で死亡した時点で、エドワードはスコットランド問題により自分の王家を利する根拠を失った。彼が態度を変えたことは驚くに値しないが、それは憤激をひき起こすことになった。一二九一年五月、イングランド王とその評議会がノーラムにおいてスコットランドの摂政団と会談したとき、王は「余の宗主権にもとづいて」裁定を下すために来たことを告げた。スコットランド王位継承問題に関して、イングランドのパーラメントが裁決を下すことが承認された。このパーラメントには、有力な王位継承権請求者、ジョン・ベイリオル、ロバート・ブルース、ジョン・ヘイスティングズによって指名された八〇名の査定官がこの訴訟のために加えられた。王位継承権請求者たちは、エドワードがよく知っている人物だった。彼らはみなイングランドに大所領を保有していた。それは、ヘンリー三世時代に相続されたものだった。この事実が意味するのは、彼らはすでにエドワードの臣下だったということである。このことは継承問題にたいする王の意識・行動を理解するうえで重要である。ヘイスティングズ家は代々、ベリー・セント・エドマンズ修道院の執事職（ステュワード）の地位にあった。この修道院の年代記は、一二八二年一〇月四日にジョンの長男が生まれたことを記しているが、彼がもつスコットランド王位継承請求権については興味を示していない。ベイリオル家は、フランス北部ピカルディーのバユル・アン・ヴィムーに起源をもつが、イングランド北部の諸侯階層に属しており、バイウェル・オン・タインとバーナード・カースルを権力基盤としていた。この二家系のどちらも、一三世紀にスコットランドの家系と婚姻が結ばれるまで、その地に確固たる基盤をもっていたわけではなかった。このうちの一つの家系が、この結婚により一時的にスコットランド王位に就くことになったのである。ブルース家は早い時期からスコットランドに定着していた。アナンデイルにおけるその地位についてはすでに触れた通りである。この家系もまたイングランド北部に広大な所領を有していた。この時期に、個人的忠誠という観点から、スコットランド人とイングランド人を明確に区別することは困難だったのである。

エドワードは、こうした忠誠心を考慮することから始めた。彼は、スコットランドにおいて自分の権利が明確に認められることを望んでいた。彼は歴史を掘り起こすことに着手した。各修道院は、所蔵している年代記を調べ、「イングランド王国とその支配者の地位にかかわることであれば、いつの時代のものであろうと、すべてを」書き留め送るよう命じられた。二〇もの修道院から送られた報告書が現存しているが、これは歴史調査の試みのほんの一部にすぎなかった。なぜなら、セント・オールバンズやベリー・セント・エドマンズなど、歴史叙述の重要な中心地の修道士たちは、自分たちの書物を携えてノーラムやベリックへ自ら赴いていたからである。それは、修道士たちにとって、学問に捧げた自分たちの生涯の価値を証明するすばらしい機会だと思われたに違いない。しかしながら、先例を探していた法律家たちにとって、当然のことながら、修道士たちが見つけたものは、あまりに冗長で学問的すぎた。バースの修道士の努力にたいしては「この目的には適さない」という評価が与えられ、レディング修道院の蔵書にた

図70（上）　カエルナーヴォン城の鷲の塔（ウェールズ、グウィネッズ地方）。後のエドワード2世、「カエルナーヴォン」のエドワードは、おそらく1284年にこの塔で生まれた。
図71（下）　ノーラム城（ノーサンバーランド）。この天守は12世紀末のものだが、多くの部分が15世紀に建て直された。

いしては「新しいものは何もない」という意見が出された。そこに書かれていることは、すでに知られていたからである。実際のところ、典拠とされた年代記自体に問題があった。年代記はそれぞれ異なったスタイルで書かれていたからである。慎重で隠喩を多用するマームズベリーのウィリアムの後に、活気に満ちたハンティンドンのヘンリーが続く。しかし、このような年代記はすべて、二王国の関係が激しい対立をはらむ以前に書かれたものだった。裁判官たちは、その時期に書かれたものを必要としていたのである。最終的に、ジョン・ベイリオルを支持する裁決が下された。彼の継承請求権の正当性は、有力な対抗者ロバート・ブルースの指名した査定官の大多数から認められたのである。エドワードは、スコットランドに平和をもたらし、スコットランド人に新たな王を与えた。しかし、そのどちらも長く存続することはなかった。その理由を説明するため、話の舞台を再びフランスへ移そう。

とある昔、ガスコーニュ地方のバイヨンヌの者たちが、ノルマンディーからやって来た船乗りの一団を襲撃した。ビスケー湾まで航海してきた者たちの活動には、恐がりでない子どもたちに就寝時に聞かせるのに格好の物語の題材があった。しかし、この事件をきっかけに作られたのは、そういった物語ではなく、法律文書、フランス高等法院（パルルマン）の記録簿だった。この記録簿の名称は、この事件から採られた。それは、「オーリム」記録簿（ロールズ）、つまり「とある昔」記録簿と呼ばれた。そこに記載されているのは、フランスとイングランドのあいだの紛争だった。バイヨンヌとノルマンディーの人々は、それぞれ二人の異なる主君に仕える臣民だった。この事件は、いかなる法にもとづいて審理されるべきなのか。一二八五年にフランス王位を継承したフィリップ美麗王は、ノルマンディーとガスコーニュ両地方の宗主である自分の法廷でこの事件が裁かれるべきだと主張した。イギリス諸島内でさまざまな問題を抱えていたエドワードは、いかなる犠牲を払ってでも、フランスとの戦争を避けたいと考えていた。それゆえ、彼は交渉により和平を結んだ。それは、フランス王の裁判管轄権を認めるものだったが、ガスコーニュにたいするイングランドの支配権を永遠に失わせるものではなかった。ボルドーやその他の都市がひき渡され、人質が渡されることが決められたが、それらは一定の期間の後、返還されることになっていた。また、イングランド王は、自分の臣民の行いにたいして弁明するため、自らパリに出頭するよう召喚されていたが、それも撤回されることになった。すべてが注意深く規定されていた。そして、今述べた引渡しが実行された。しかし、フィリップ側は、取り決めの履行を拒否した。ガスコーニュが返還されなかったのである。外交の駆け引きを知らないエドワードの臣民たちにとっては、すべてが理解に苦しむものだった。彼らが知っていたのは、エドワードが和平交渉と同時にフランス王の妹ブランシュとの結婚を交渉していたことだった。人々は、これがガスコーニュが返還されない理由だと推測した。王の理性が恋情によって曇らされ、絶対に譲渡してはならない権利を自ら放棄してしまったのだ、と。エドワードは、この時点で息子のうち一人しか生存していなかったため、確かに再婚を強く望んでいた。しかし、それが理由のすべてではなかった。法にもとづく判決という不可避的な力に直面したとき、外交は力を失ったのである。エドワードは、フランス宮廷へ出廷するための通行の安全の保証を拒否されたため、戦争に訴える以外に道がなかった。さらに追い打ちをかけるように、結婚の交渉も決裂してしまった。

すべての災いの原因であるこの女性は、エドワードに書簡を送り、自分はいかなる男性とも結婚する気はないし、とくに彼のような老人とはそうだと伝えた。

最後の言葉は広く世間に知れ渡った。臣民の多くは、この話を種にして、しばしのあいだ一二九四年の夏の憂鬱な雰囲気を忘れることができたであろう。この年の夏、大雨が収穫を台なしにしてしまい、「イングランド中で深刻なもの不足が起こり、飢饉が襲ったのである」。

ベリー・セント・エドマンズの年代記は、優れた歴史叙述のセンスを示し、王がフランス問題で味わった落胆について記した後、偉大な同盟関係締結の話を詳細に論じている。その同盟とは、ダラム司教アントニー・ベックを筆頭とする王の評議会の助言を受けて、エドワードが結んだものである。その同盟は、「賄賂によって、そして、お互いの友好の条約と約束によって」、とりわけドイツ王とアラゴン王、さらにエドワードの娘婿、ブラバント公やバール伯などに代表される大陸の低地地方（ロー・カントリーズ）☆10の貴族らを結びつけたのである。一二九四年から九七年にかけてこの者たちに約束された額は、総額二五万ポンドに及び、そのうちの五分の三以上が実際に支払われた。これに加えて王自身の戦費の支出があったが、それはさらに高額だった。一二九〇年代の残りの時期に、ガスコーニュで三六万ポンドが費やされたが、これ以外にもイングランド軍兵士たちへの賃金やその輸送経費などがかかっていた。フランスでの戦争はもっとも費用がかかったものだが、この時期に王がかかわったのは、それだけではなかった。このとき、スコットランドとウェールズでも、大規模な戦争が行われていたのである。ここで引用している数字はマイケル・プレストウィッチのものだが、その見解によれば、一二九四年の夏から九八年初期までの王の戦費は約七五万ポンドに及ぶという。戦争のためにこれほどの額を徴収したイングランド王は、ヒューバート・ウォルターの時代以来、一世紀間存在しなかった。この一世紀のあいだに、イングランドは貧しくはなっていなかったが、恒常的な課税というものを経験していなかったのである。

エドワードは、自分の権利請求について、当然、確かな理論的根拠をもっていたが、この請求は本質的には実際的な意図でなされたものだった。彼は、身近にある王国の人的・物的資源を利用できる立場にあったのだろうか。ここで詳細を論じることはしないが、一二九四年夏の王の行動を見ることにより、その基本姿勢を読み取ることができる。六月一二日、王は流通しているすべての羊毛と皮革の押収を命じた。商人たちは、これらの商品を取り戻すことができたが、そのために増額された税、悪関税（マルトート）を支払わねばならなかった。六月一四日、エドワードは、自分の封臣たちに、国外遠征に備えしかるべき装備をして九月一日にポーツマスへ参集するよう求めた。彼は、その直後、封臣の一人としてスコットランド王にも、そして、さらに二六名のスコットランドの諸侯にもポーツマスに集まるよう命じた。六月一六日、彼は、教会や修道院に蓄えられているすべての貨幣（現在で言えば銀行の定期預金のようなもの）が適正な重さの正当な貨幣であることを確認するように（少なくとも表向きはそのように）命じた。六月一八日、彼は、聖職者に戦勝のための祈禱を命じ、その後、十字軍のために集められた資金を没収すると宣言して、さらに彼らの感情を害した。この金は、取り決めにより、十字軍の準備が実際に行われるまで返還されないことになっていた。貨幣を詳細に調べさせたことは、そのときになんら徴収が行われなかったにもかかわらず、大変不評だった。それは、聖職者身分の不可侵性を無視した行為であり、聖域の侵害だと見なされたからである。ただ、貨幣のいくらかは、強制貸付としてもちだされた。そして、それ以外のほとんどの貨幣は、数えられ、王の必要時（アド・オプス・レギス）のみに使用されうるように封印された。九月には、聖職者たちは、彼らの全収入の半分を税として提供するよう命じられた。このような王の取り立てでは、徴収される額はさまざまだったが、その原理は一貫していた。それは常に、強制貸付、強制奉仕の形をとった。現金の強制徴収でも、現金と同じ価値をもつ羊毛の強制徴収でも同じである。王国のありとあらゆる資産・資源が「王の必要を満たすために」徴用されたのである。王の単刀直入な性格が、この理念を実現させていた。彼は、臣下の課税にたいする意識を変えるのに成功した。これは彼の偉大な業績である。しかし、彼は激しい抵抗に遭遇することもあった。とりわけ聖職者の抵抗は厳しいものだった。

一二九六年二月、教皇ボニファティウス八世は、俗人たちが聖職者にたいして悪しき敵意を抱いていると述べた。彼はこのことを、冒頭の一節からその名を採った教皇勅書『クレリキス・ライコス』のなかで述べている。この勅書は、教皇の許可なしに聖職者に課税することを全面的に禁じるものだった。教皇は、とりわけ当時のイングランド王とフランス王を念頭に置いていた。なぜなら、この二人の王は、互いに戦争状態にあり、支配下の聖職者の富にたいして前例のない要求を突きつけていたからである。一二九六年一一月初旬、絶対的な命令を記したこの教皇勅書は、エドワードがパーラメントを召集したベリー・セント・エドマンズで、聖職者たちによって検討された。聖職者たちは、慣習に従い、パーラメントが召集されるときには常に別個の集会をもった。彼らは、このようにして自分たちの独立性を維持していたが、世俗身分と同じように、課税に応じる共通の義務を負っていることも認識していた。しかし、今回、聖職者たちは、『クレリキス・ライコス』を無視することができなかった。彼らは、王の臨時課税（サブシディー）の要求についてさらに検討する時間を求めた。エドワードは、強硬でまったく譲歩をする気はなかったが、四〇日（実際は、クリスマスが入ったため、これよりも少し長かった）の猶予を与え、その期間の後、もし拒否を続けるならば、聖職者身分は法喪失宣告を受けると伝えた。そのときまで、すべてが何ごともなく過ぎていった。エドワードは、「聖エドマンドの祝日を王国の貴顕の者たちと厳かに祝い、その聖人の修道士たちを歓待した」。聖職者が一月に集まるまでの期間に、情勢が変化した。エドワードは、フランドル伯と同盟を結ぶことに成功し、その結果、フランス人にたいして新たな戦線を維持することが可能となった。この同盟は経済的観点からすれば非常に費用対効果の大きいものだったが、当時の王の臣下たちはそのことが理解できなかった。それどころか、その同盟は、さらなる負担、しかも今回は耐えがたいほどの負担を招くものだと見なされた。聖職者たちは課税を拒否し、警告されていたように、法喪失宣告を受けた。

一二九七年初期、エドワードの決意は固かった。情勢はエドワードが聖職者の反対を切り崩すのに有利だった。聖職者身分は、大司教ウィンチェルシーによって率いられているとはいえ、分裂状態にあった。スコットランドの脅威にさらされている北部の司教たちは支払いに応じた。また、王の重要な役人として仕えていた南部のいく人かの司教たちも王にたいして好意的だった。しかし、俗人の抗議の声がこの状況を変えた。彼らの抵抗の結果、一二九七年は、マグナ・カルタ最後の正式な再公布により、イングランド国制史上重要な年となったのである。抵抗の先頭に立ったのは、ヘリフォード伯とノーフォーク伯の二人だった。彼らはそれぞれ、王の軍隊に関して重要な責任を負う家政役人、イングランドの侍従武官長（コンスタブル）と軍務伯（マーシャル）の地位にあった。二人の伯の家系は、ずっとこの役職にあったが、その地位を強調することはこれまでほとんどなかった。しかし、両者は今回、こうした役職を強調することで歴史に名を残すことになったのである。彼らは、三月、王が自ら軍を率いないという理由で、ガスコーニュへの従軍を拒否した。彼らは、その後、フランドルへの従軍も拒否した。フランドルが伝統的に従軍義務を負う場所ではないというのがこのときの理由だった。どちらの場合も、彼らの主張には根拠があった。こうした主張がこの時点で出されたのは、世俗諸侯も、聖職者と同じく、不当な要求が自分たちに押しつけられていると感じるようになっていたからである。農村地方では、王の家政や軍隊を維持するために、王の大権により徴発が行われ、貨幣や物資がもち去られており、それにたいして激しい怒りが巻き起こっていた。

　伯たちがなんらかの理念を掲げていたとしても、一二九七年の彼らの抗議は、国中に広範に拡がっていた政治への不満を基礎としたものだった。彼らが世論を味方につけていたことは、エドワードの反応から確認することができる。彼は、各州で公にさせる目的で、伯たちとの不和について自分の考えをやや詳細に記した書状を送った。王は、そのなかで、臣下たちに、今ある困難が取り除かれた際には、これまで強いてきた負担から必ず彼らを解放すると約束した。彼は、「融和を進めるため」、諸憲章を確認した。スコットランドでの出来事が、エドワードにこの約束を遵守させることになった。

　一二九二年には、ジョン・ベイリオルがスコットランド王の地位にあった。しかし、彼の実質的な支配は、わずか三年半しか続かなかった。一二九五年、スターリングにおいて開かれたスコットランドのパーラメントの決定により、彼は廃位された。その後の王国の支配権は、一二名の「諸問委員会（ガーディアンズ）」に与えられた。G・W・S・バロウが述べているように、この「節度ある立憲革命」は、前年の出来事に端を発していた。その年、エドワード一世は、フランスとの戦争に臨んでいた。エドワードは王国の人的・物的資源を動員するなかで、スコットランドもまたその資源の一部であるという認識を明らかにしていた。彼はすでに、自分の宮廷においてスコットランド人たちの上訴を受け付けていた。そして、彼は、スコットランド王とスコットランドの中心的な諸侯たちも自ら自分の軍において勤務するよう要求した。しかし、スコットランド人たちは、服従せず、逆にフランス人と同盟を結んでしまった。これは、許しがたい不服従だった。その後、イングランドの封建軍が、一二九六年三月一日、ニューカースルに召集されたが、それはスコットランド人に向けられたものだった。ベリックが略奪され、スコットランド軍はダンバーで敗走した。エドワードは、その後、はるか北、エルギンまで進軍するが、この遠征によりスコットランド人の反乱者たちを自らの宗主権のもとに従属させた。しかし、この宗主権はどのような形で提示され、どのように維持されたのだろうか。エドワードは、彼らしく、宗主権を忠誠の誓約という形で表明させようとした。二〇〇〇人のスコットランド人が、イングランド王に忠誠を誓い、従属の保証としてベリックへ送られた。ベリックは、イングランドによるスコットランド支配の司令部として、瓦礫のなかから復活することになった。スコットランドの統治・行政はその地に送られた人々に任されたが、エドワードは、彼らを監視するため、イングランド人をそこに置いた。ウェールズのときと同じように、この監視がスコットランド人の反発を招くことになった。まず、スコットランド北部において、イングランドの守備隊が駆逐された。次に、スコットランドを二分する高地地方（ハイランド）と低地地方（ローランド）の境界と見なされるスターリングの城外で、ウォレンヌ伯と財務府長官ヒュー・クレッシンガムに率いられたイングランド軍が、ウィリアム・ウォリス指揮下のスコットランド人部隊に敗れた。ウィリアムは、グラスゴー近くのペイズリーの出身で、スコットランドの執事職（ステュワード）にあったジェイムズ・ステュアートの封臣だった。彼は、ロバート・ブルースの王位継承権を常に支持してきたスコットランド人諸侯の一人だった。スターリング・ブリッジの戦いは一二九七年九月一一日に行われた。そして、一〇月一二日、エドワードは諸憲章を再公布した。

　エドワードは、フランスでは少しばかりの成功を得た。一二九七年八月、彼は、フランドルにわずかな軍勢しか投

オークニー諸島
ヘブリディーズ諸島
インヴァネス
エルギン
アバディーン
アーブロウス
アバネシー
スクーン
パース
セント・アンドルーズ
ダンファームリン
スターリング
フォース湾
バノックバーン
ダンバー
グラスゴー
エディンバラ
ベリック
ノーラム
ロクスバラ
アナンデイル
クライド湾
ギャロウェイ
ダンフリース
カーライル
ニューカースル
ダラム
ソルウェイ湾
アイルランド
イングランド
マン島
0
50 キロ
50 マイル

地図5　スコットランド

入できなかったが、そこで新たな戦線を開くことができた。J・R・ストレイヤーによれば、「王」は次のことを悟っていた。

自分には、望むことすべてを成し遂げる力はないし、また、明らかに、二つの大きな作戦を同時に行うほどの力もない。

この言葉は、エドワードの置かれた状況をよく示している。しかし、それは実は、フィリップ美麗王に言及したものである。どちらの王も、自分の能力を超えて手を拡げすぎていたのである。それゆえ、エドワードとフィリップにより一二九七年一〇月（諸憲章再公布の月）に結ばれた休戦協定は、両者の争いを終結させるものとなったのである。暗黙の了解により、もしエドワードがフランドルでフィリップの失脚を画策しなければ、フランス王の側もスコットランドに介入しないということが合意されていたのである。どちらの戦線においても、その後、状況は変化したが、この利害関係を損なうほどのものではなかった。このような結末は、イングランドでは政治的混乱を鎮める役割を果たした。王が臣民への要求を減じることは可能だった。もしそうしたとしても、王が主張した諸権利自体はまったく否定されないからである。一二九八年、聖職者たちは霊的収入と世俗的収入の一〇分の一への課税を承認した。ベリーの年代記作者が伝えている。「ある人々は」このことに驚きを隠さなかった。「なぜなら、この年、聖職者たちは以前には強要されても拒否したものを自ら進んで提供したのだから。」年代記作者はその理由を説明している。

戦争は正当なものである。なぜなら、それは王国の安寧と公共の福利のためになされるのだから。それが万民の財産に関係することは明白（コンスピキテル）である。

図72　聖母子像。14世紀初期にイートン・ビショップ（ヘリフォードシャー）のステンド・グラスの窓に描かれたもの。

ベリーの年代記作者がこの点を認めたとき、エドワードはもっとも重要な戦いに勝利を収めたのである。彼はこの修道院を一五回訪れているが、そのすべての訪問が、長期にわたる戦争において行われた個々の戦闘のようなものだった。それは、結局、自己の名声のための戦いだった。王が訪れるたびに修道士たちに提供した祝宴は、とりわけ一人の修道士に強い印象を残すためのものだった。その修道士は生涯、王を高く評価する歴史叙述を書き続けた。現代でも、エドワード一世ほどマスコミ対策に気を配った政治家はいないであろう。

第六章　外交の終焉　一三〇七―一三四九年

一三〇六年二月一〇日、ジョン・カミンがスコットランドのダンフリースにあるフランシスコ修道会の教会で殺害された。カミンはロバート・ブルースに会いに行ったのである。ロバートの祖父は同名のロバート・ブルースであり、一二九一年から九二年にかけてスコットランド王位を争った王位競合者（コンペティター）の一人だった。そのとき、スコットランド王位継承に関して、カミンの伯父であるジョン・ベイリオルに有利な形で裁定が下されたが、ベイリオルは一二九六年にエドワード一世によって廃位され、それ以来一〇年のあいだスコットランド人には王がいなかった。エドワード一世にたいするスコットランド側の抵抗勢力の指導者だったウィリアム・ウォリスは、すでに捕らえられ処刑されていた。処刑後四つ裂きにされた彼の死体は、ニューカースル、ベリック、スターリング、パースの町の橋の上でいまだに晒されていた。イングランド王にたいするスコットランド側の抵抗運動を再生させようとしていた人々にとって重要な目標はいくつかあったが、スコットランド王権の復活ほど重要なものはなかった。ブルースは、カミンに会ったときにそれを提案したはずである。彼らが聖なる教会で密かに会ったとしてもおかしくはない。教会の主祭壇にかけてブルース支持のための協定が結ばれるはずだった。しかし、カミンは、それを拒否してブルースに警戒心を起こさせたため、この祭壇の前で殺害されたのである。最初の一撃はブルースの短剣によるものだった。

カミン殺害の知らせはまたたく間に広まったが、多くの人々は、この話を聞いて、両者の役割が奇妙にも逆転したと感じたに違いない。それ以前の一〇年間に三代のロバート・ブルースが続けてこの家門を継承したが、彼らすべてがエドワード一世の側についていたからである。三人のなかで最後のブルースの短剣がジョン・カミンを倒したわけだが、彼は、一三〇三年と一三〇四年にカミンとウォリスに対抗するために、イングランド側に立って軍を召集していた。また、ブルースの弟たちも同様にイングランド側に与（くみ）していた。弟の一人エドワードは、自分と同じ名前の皇太子（プリンス・オヴ・ウェールズ）☆1の家政組織に加わっていたし、もう一人の弟アレグザンダーは、ケンブリッジ大学で輝かしい経歴を積んだ後、スコットランドのウィグタウンの近くに聖職禄を得て、さらなる昇進を待ち望んでいた。一方、ブルースよりも年長だったカミンは、父親と同様にスコットランドの利益の擁護者として行動し、そのため一二九六年から一二九八年まで投獄されていた。ジョン・ベイリオルの甥として、カミンはブルース家の者が王位を要求するのを断じて支持しなかっただろう。そして、エドワード一世は老いつつあったが、いまだ健在だった（二人目の王妃は再び身籠っていた）。ダンフリースでの会談は、最初は穏やかな話し合いだったのが次第に激しい口論に発展してしまったものだが、ブルースとカミンは、そのあいだずっとエドワード一世を意識していたに違いない。カミン殺害後の年月、それが本章の主題であるが、その時期に、イングランドのスコットランドにたいする優位は逆転する。イングランド人は、これまでになく不安な思いでスコットランドに目を向けるようになった。しかも、それは、スコットランドにほど近いイングランド北部の人々だけではなかったのである。

とはいっても、このような変化は、ロバート・ブルースが統治し始めた最初の数ヵ月のあいだ、起こりえないことのように思えただろう。ロバート・ブルースの治世が始まったのは、一三〇六年三月二五日あるいは二七日（というのは即位の儀式が二度開かれたからだが）、スクーンにおいてだった。スクーンは、スコットランド王が伝統的に即位する場所だった。即位の儀式は「運命の石」の上で執り行われねばならなかったが、この石は、スコットランド人がイングランドの支配下にあることのしるしとして、ウェストミンスターに運び去られていた。それを除けば、儀式はこれまでと同じ形で行われ、ブルースは王となった。しかし彼はどこを治める王となったのだろうか。スターリングからベリックにいたるロージアン地方の大きな城塞の数々はエドワード一世の手中にとどまっていたし、主導権もエドワード一世が握り続けていた。ブルースは、高地地方（ハイランド）から駆逐され、さらにスコットランド本土からヘブリディーズ諸島へと追い立てられ、ブルースの妻と供の女たちは捕らえられた。供の者の二人、ブルースの妹の一人とバカンのイザベルは、ロクスバラとベリックで特製の檻に入れられた。ある記録によれば、その檻は城壁の上に吊るされていたという。そうすることで、彼女たちを城のなかにとどめつつ、城の外から見ることができるようにしたのである。エドワード一世は、これまでこの扱いで大いに非難されてきたが、彼こそ自分で仕組んだプロパガンダの犠牲者だったのかもしれない。スコットランドはエドワードにとって強迫観念と化しており、彼が捕らえた男たちの取り扱いは残酷を極めた。ロバートの弟アレグザンダー・ブルースも処刑された者の一人である。エドワード一世は、カーライルから北へ移動中、一三〇七年七月七日、ソルウェー湾の南岸で没した。六八歳だった。未婚でまだ王位に就いていなかった息子エドワードは、とりあえずイングランドで自分の支配権を確立するよりほかなかった。これがブルースにとって好機となった。イングランドの圧力が弱まったことにより、ブルースは、ゆっくりとだが、ベイリオル家・カミン家連合とその支持者たちにたいする戦いにおいて優位な立場を固めていくことができた。両家の連合は、一三〇六年以来、ジョン・カミン殺害の復讐を果たすためにイングランド側についていたのである。ロバート・ブルースは、一三一三年と一三一四年にロージアン地方で攻撃を受けるまで、主な城塞を一つ一つ奪取していった。一三〇八年に攻略したアバディーンは、北海の交易ルートへ接近することを可能とするため、とりわけ重要だった。ロクスバラとエディンバラがブルースの手に落ち、スターリングも一三一四年の夏に救援を受けていなければ、降伏しようとしていた。ロバートは、これらの城を奪取した場合には徹底的に破壊し尽くした。それは、「イングランド人がそのような城を手に入れることで、スコットランド人を支配できないようにするためだった」と『ラナーコスト年代記』[☆2]は記している。

エドワード二世

イングランドの新王であるエドワード二世は、一三〇八年一月二五日、フィリップ美麗王の娘イザベラと結婚した。この結婚は数年前に取り結ばれていたが、イザベラはフランスにとどまっていたのである。そして、実際に結婚式が行われたのもフランス国内だった。新郎がそのときイングランド王だったことを考えると、それは驚くべきことだった。いくつかの記録によれば、エドワードは結婚式の席で無作法に振る舞った。花嫁を無視し、ピアーズ・ギャヴェストンにだけ話しかけ、彼に結婚式の贈り物を与えてしまった。王妃のおじたちはこの振る舞いに気分を害したが、エドワードとフランス王との関係は当初は良好なものだった。長男が一三一二年一一月一三日に生まれた後、一三一三年に、エドワードは、イザベラとともにフランスを訪れたが、そのときフィリップ四世が自分にたいして好意的だということを知った。フィリップは、アキテーヌで自分の裁判管轄権が認められるならば、この問題でエドワードに赦しを与えるつもりだった。この訪問は非常にうまくいき、その記録も多く残されている。というのは、この訪問中、フランス王の宮廷で不倫騒動が明るみに出たからである。イザベラの義姉と義妹、つまり彼女の兄弟ルイとシャルルの妻たちが姦通を犯していることが明らかになったが、それはイザベラ自身の働きによるところが大きかった。その愛人たちは自白するまで拷問にかけられ、それからポントワーズの市場の広場で生きたまま皮を剥がされた。イザベラはイングランドに戻った後、彼女自身、夫の治世が終わる前にロジャー・モーティマーと不義な関係を結んでいたことが、広く知れ渡ることとなった。この関係は、夫からは王座を、愛人からは命を奪うことになったのである。イザベラは当時でも無視できない女性だったし、現代の歴史研究においてもそうである。さまざまな意味において、彼女は一四世紀前半のイングランドの政治においてもっとも重要な人物だった。うまくいかなかったイザベラの結婚の物語がエドワード二世廃位の話を生み、イザベラを通じてフランス王位請求権がその長男に渡ったのである。

エドワードは、戴冠を受けるため、一三〇八年二月二五日にフランスから戻った。王と王妃は、王の威厳と義務が等しく強調された儀式により戴冠された。この儀式はノルマン征服以来ほとんど変わらなかったが、新王が臣民に与える約束には変化が見られた。エドワードは、「王国共同体が選ぶ正当な法と慣習を守り維持するであろう」という新たな宣誓を行ったのである。この宣誓は、後に実を結ぶことになる立法の萌芽にすぎなかったが、やがて、それにもとづいて、王冠（クラウン）・王権という制度と王個人の人格とは別個の存在である、というはるかに革命的な理念が確立されることになったのである。当時人々は、限られたごく少数の者たちに土地と官職を与えるといった王の無責任な行動が、この王冠・王権を脅かしていると考えていた。そのような恩恵を受けていた人々の筆頭にあげられる人物、ある記録が「噂の的になっていた男」と呼ぶ人物が、ピアーズ・ギャヴェストンだった。ギャヴェストンはフランスのガスコーニュ出身であり、エドワードがまだ皇太子だった時期に彼の家政組織に加わっていた。エドワードは、王に即位した後、ギャヴェストンをコンウォール伯に昇進させた。エドワード二世の戴冠式では、あらゆる人々の目がギャヴェストンに注がれた。彼は、「あまりにも着飾っているので、死すべき普通の人間というよりも軍神マルスに似ていた」という。彼に残された短い生涯のあいだ、ギャヴェストンは世間の注目を集め続けた。エドワードは、彼を遠ざけるようにという助言をしばしば受けたが、けっしてそれに従うことはなかった。治世最初のパーラメントは、ギャヴェストンを名指しし、彼が王冠・王権の権力を簒奪していると非難した。彼は追放されたが、一三〇九年七月にスタンフォードで開かれたパーラメントでは、再び王のかたわらに姿をあらわした。一三一一年八月に出された改革勅令（オーディナンシーズ）は、一三〇九年に表明されたのと同じ批判を繰り返している。王がもしギャヴェストンを遠ざけないならば内乱が起こるだろうという警告が、王にたいしてなされた。その結果、ギャヴェストンは再度追放されたが、数週間後にはまた舞い戻ってきた。そこで、ある伯たちの一団が、ギャヴェストンを捕らえ、一三一二年六月一九日、疑わしい権威にもとづいて処刑したのである。現代の歴史家にとってきわめて重要な史料、『エドワード二世伝』[☆3]の作者によると、「この日から、王と伯たちのあいだにはけっして消えることのない敵意が生じたのである」。

ギャヴェストンが犯した罪とは何だったのだろうか。彼は王の「寵臣」だったが、この一語だけでは説明にならない。「寵臣」のもとの語は「ファミリアーリス」であり、王と親密な関係にある取り巻きの一人という意味である。あらゆる人間には友人が必要である。なかでも、公の職務の重責を担う王は、おそらくもっとも友人を必要とするだろう。ギャヴェストンが非難を受けていたのは、彼と王との近しい関係が、ほかのすべての人々を疎外しただけでなく、ほかに考慮されねばならない事柄をも軽んじさせてしまったからである。「ピアーズだけが王から歓待を受けていた」と『エドワード二世伝』の作者は述べている。「そして、王は、ピアーズがそばにいないときには、誰にも話しかけようとしなかったのである。」そうしたことから、王は公的な職務を有する者としての役割を何もわかっていないのだ、という確信が臣民たちのあいだで生じてきた。そして、それは、人々のあいだで広く共有されるようになった。これが原因で、エドワードは王位から引きずりおろされることになったのである。

力強く倹約家で、たえず息子の行動を見守るエドワード一世の亡霊が、一三一一年の改革勅令（オーディナンシーズ）のなかに浮かび上がる。それは、イングランド王国の安寧のために大諸侯の委員会によって定められ、パーラメントで王が受け入れた一連の規定である。改革勅令が重要なのは、それが、その後一〇年にわたり、広く流布し大いに議論される文書になったからである。その議論の焦点は、もっぱら王の不適切な行動に合わされていた。「王は……してはならない」というのが、その決まり文句である。王は、パーラメントにおいて諸侯たちの同意なしに、中央および地方の統治・行政にかかわる役職を授与してはならない。王は、王の直営地としてであろうと王からの封土としてであろうと、同意なしに土地を授与してはならない。王は国を出てはならず、戦争に行くべきでもない。パーラメントは、監督権を与えられ、一年に一度、もし火急の問題があれば二度開かれるべきである。もちろん、カンタベリー大司教をその長とする改革勅令起草諸侯委員会（オーディナーズ）が、課税について非常に慎重な態度を示すのは言うまでもない。すべての収入は財務府に入れられるべきであるし、「王国の人々」が関税収入を管理すべきである。こうした規定の矛先はイタリアの銀行家に向けられていた。というのは、イタリア人からの貸付によって、王は諸侯が課そうとしていた制約から逃れる機会を得ていたからである。イタリアの銀行家のなかではフレスコバルディ商会がとくに標的とされていた。何度もあらわれるもう一つの言い回しは、「王は王固有の収入で生活すべきである」というものであり、それは「パーラメントにおける諸侯の同意のもとに」という言い回しをともなっていた。そういうわけで、改革勅令は王にとって悩ましい文書だった。王はそれに耳を傾けねばならなかった。次のパーラメントにおいて、マグナ・カルタを詳細に解説したものが王に与えられると約束されていた。マグナ・カルタの難しい解説は、「諸侯、裁判官、その他法に詳しい者たちの助言によって」行われた。これらすべてを受け入れるのは困難なことだったが、もしギャヴェストンが王のかたわらに残されたならば、王は甘んじてそれを受け入れたかもしれない。しかしそうはならなかった。ギャヴェストンは、「王と王の臣民にたいする公然の敵として」国外追放に処された。そのような措置がとられたのは、ギャヴェストンが、諸侯が抗議してきた諸悪を体現する存在だったからである。彼は、「さまざまな欺きに満ちたやり方で」王を悪事に導き、富裕になり、共同で謀議をたくらむ徒党を組もうとしていた。こうしたことは、当時よく認識されていたように、公共の利益に反していた。人々がどうやってそれを知ったのかという問いにたいする答えは、単純なものだった。「誰にでも聞けばよい。」王国全体、「高位聖職者、伯、諸侯、騎士、王国のその他のよき者たち」が知っていたのである。

『ラナーコスト年代記』の作者は、改革勅令についてやや簡単な記述をした後、「ではもう一度ロバート・ブルースに立ち戻って、この期間彼がどうしていたのかを見てみよう」と述べている。ブルースの個人的観点からすれば、イングランド宮廷の分裂は、まさにスコットランド人に好機をもたらすものだったのである。「ロバート・ブルースが南での不協和音を聞いたとき、彼は大軍を集めてイングランドを侵略した。」ここで直接言及されているのは、ギャヴェストンの死の直後、一三一二年のことだが、それは、ほぼどの年についても当てはまるだろう。スコットランド人は北イングランドを脅かしていた。一三一二年に、それ以後はさらに頻繁に、スコットランド人は北イングランドでみかじめ料を徴収したのである。「ダラムの人々は、さらなる損害を恐れ、イングランド王からの助けはないとあきらめて」、一時的休戦のために二〇〇〇ポンドをスコットランド人に支払った。ノーサンバーランドの人々も同額を支払った。カンバーランドやウェストモーランドの人々は、それよりも少ない額を支払ったが、差額分として人質をひき渡した。その後の一〇年間、これらの北部諸州は、ブルースに少なくとも二万ポンドを支払った。金銭徴収は、こうした襲撃の目的の一部でしかなかった。スコットランド人による襲撃は、エドワード二世の支配権を弱体化させた。そして、エドワードがいまだ支配下に置いていたタイン川の北の諸城砦は、敵の激しい攻撃にさらされることになった。一三一四年、エドワードがスターリングの救援に向かったとき、その軍勢は手前で止められ、バノックバーンで敗北を喫したのである。

バノックバーンでの勝利はブルースの王位に正統性を付与することになった。これにたいして、エドワードの名声は、この敗北以後イングランドの人々のあいだでけっして回復することはなかった。エドワードはベリックの重要性を理解していたが、それを防衛できなかった。兵と補給を欠き、ベリックは一三一八年四月に陥落した。翌月、スコットランド人の襲撃隊がヨークシャーを襲い、ノーサラトンとバラブリッジを焼き尽くした。リポンでは、住民が一〇〇〇マルクを平和のために差し出すと伝え、支払いの保証として住民の六人が人質として取られた。この人質は二年後も囚われの身のままであり、支払いの四分の三は依然として未払いだった。その妻たちは、王に請願して、町の領主であるヨーク大司教に残りを払わせようとした。大司教は、金を使うべき重要な問題はほかにあるともっともらしく述べたかもしれない。大司教は、その前年、野戦でスコットランド人を迎え撃つために、自分の司教座とその都市のすべての資産を費やしていたからである。一三一九年九月にマイトン・オン・スウェイルで第二の「旗の戦い（バトル・オヴ・ザ・スタンダード）」が戦われ、ヨークシャーの一般召集軍は、諸聖人の聖遺物の加護を信じて、訓練を積んだスコットランド軍に立ち向かった。結果は虐殺であり、それは、バノックバーンの戦いと同じくらいイングランド人の誇りを傷つけたものだった。この戦いは、殺された聖職者の数の多さから「マイトンの聖堂参事会（チャプター）」事件と呼ばれた。エドワードは、ベリックを奪還しようとする試みを捨て、南に退却した。スコットランド人はペナイン山系を越え、収穫後まで居座り、収穫物を焼き払い、ウェストモーランドの家畜を奪った。一三二二年に、一度だけ、エドワードは、スコットランド南部へ報復的攻撃を試みたが、進撃していった場所であらゆる食糧がすでに運び去られていたのを目にしただけだった。ある年代記作者によれば、王たちがその地域一帯でようやく見つけたのは、足を痛めた一頭の雌牛だけだった。それを見たサリー伯は、皮肉っぽく次のように述べたと伝えられている。「これは今までに見たなかで一番貴重な牛だ。一〇〇〇ポンド以上するに違いない。」

　バノックバーンでの敗北は、たんにイングランド北部における平和と安定の崩壊を意味しただけではなかった。グロスター伯ギルバート・ド・クレアがそこで戦死した結果、もう一方のイングランドの辺境地方であるウェールズとの境界地域もその影響を受けることになった。クレア家はヘンリ一世の時代からこの地域南部における有力家系だったが、その権力は分割されることになった。ギルバートを相続するのは、その三人の姉妹であると宣言されたのである。エリナーは、すでにヒュー・ディスペンサー二世と結婚していた。下の二人の姉妹は一三一七年に結婚した。（ギャヴェストンの未亡人だった）マーガレットはヒュー・オードリーと、エリザベスはロジャー・エイモリーと結婚したのである。エイモリーはバノックバーンでの武勇で知られていた。オードリーとエイモリーは宮廷貴族であり、結婚を通じて諸侯の地位に昇りつめたのである。この三人の義兄弟に、ヒュー・ディスペンサー一世とウィリアム・モンタギューを加えた五人が、エドワード二世治世中期において強力な宮廷派人脈を形成した。彼らはともに改革勅令を破棄させようとする点で利益を同じくしていた。これらの結婚と、それに加えて彼らになされたその他の譲与は、この文書の規定に従えば、議会における諸侯の同意によってのみ可能だったからである。

ランカスター伯トーマス

改革勅令を守ろうとしたのは、権勢をふるっていたランカスター伯トーマスだった。トーマスは、エドワード一世の弟エドマンドの息子だった。彼は、エドワード一世が自分の親族のために発揮した物欲の恩恵に浴し、五つの伯の称号と年間一万一〇〇〇ポンドの価値を有する所領を相続していた。その生まれと富によって、彼はイングランド諸侯のあいだで生まれながらの指導者となったのである。彼は、バノックバーンの戦い以後に指導力を発揮し、一三一四年から一三一六年までのあいだ、王の宮内府(ハウスホールド)を監督し、対スコットランド戦争で新たな攻勢に出ようとした。しかし、この時期には経済的な困難が襲い、永続的な成功を収めることができなかった。エドワード二世とその宮廷貴族たちの性格と言動を見るにつけ、トーマスは政治が治世初期の状態に逆戻りしていると考えるようになった。

ランカスター伯は宮廷における腐敗を認識し、それにたいする全面的な改善策として改革勅令を支持したが、それがイングランドの政治における決定的な要素となるまでには時間がかかった。そうなったとき、その矛先は、エドワード二世の宮廷の二人、ヒュー・ディスペンサー父子にたいして向けられた。この二人は、ほかの人々が王に接見できる機会を自分たちの管理下において、賄賂を取っていた。任命されたばかりのロチェスター司教は、司教座の所領

図73　内乱による争乱状態。『ホルカム彩飾聖書』から。上の場面では貴族たちと王が、下の場面では歩兵たち同士が戦っており、そのうちの何人かはすでに死んでいる。

を回復するために、王の侍従長の地位をもつディスペンサー二世に一〇ポンドを支払わねばならなかった。それは、ロチェスター司教とディスペンサー二世のどちらにとってもわずかな金額にすぎなかったが、司教にとっては侮辱にほかならず、まぎれもなくそのようなものとして意図されていたのである。ディスペンサー父子は自分たちの貪欲の前に立ちふさがる人々にたいして法の保護を拒否した。彼らの野望は、ウェールズ辺境領地方においてもっともあらわになり、そこで最初の広範な反発をひき起こすことになった。ディスペンサー二世はグロスター伯ギルバート・ド・クレアの相続財産の三分の一を得たが、それは辺境領地方南部の戦略的な場所に位置していた。最初にグラモーガンを自分のものとし、それにガウワー半島を加えたのだった。ウェールズにある領地は大規模なものでしかも集中していた。それに対応して、この領地に付随する権力も巨大なものだった。ランカスター伯は、一三二一年の最初の数ヵ月間に、ポンティフラクトと近くのシャーバーン・イン・エルメットの荘園で数回の会合を開き、イングランド北部とウェールズ辺境領地方の諸侯たちは、そこで、ディスペンサー父子を取り除く点で意見の一致をみた。一三二一年七月にウェストミンスターで開かれたパーラメントは、ディスペンサー父子を「人民の破壊者、王冠・王権の富を食いつぶす者、王と王国の敵」と呼び、国外追放に処したのだった。

パーラメントは以前ピアーズ・ギャヴェストンを国外追放に処したが、それは問題を解決することにはならなかった。今度の国外追放もディスペンサー父子の問題を解決することにはならないだろう。ディスペンサー一世はフランドルに向かい、二世は、根っからの事業家が金を儲けられるところならどこででも儲けようとするように、英仏海峡で海賊行為を始めた。カンタベリー大司教は、彼らの国外追放は有効ではないと宣言するにいたった。一方、エドワード二世は、自分の敵である諸侯たちにたいして行動を起こした。彼は、一三二一年一二月一三日にサイレンセスターに集合するよう軍に命じ、新年早々ウェールズ辺境領地方に進軍した。「というのは、諸侯にもっとも安全な隠れ家を提供しているのはウェールズ辺境領地方だったからであり、強力な軍なしに王がこの地方を突破するのは困難だったのである。」『エドワード二世伝』の作者はこのように述べている。この時点で諸侯のうちでもっとも著名な人物は、ランカスター伯に次いで、ヘリフォード伯ハンフリー・ド・ブーンと「モーティマー卿たち」、すなわちウィグモアーのロジャー・モーティマーとその叔父チャークのロジャー・モーティマーだった。ヘリフォード伯はエドワード一世の娘の一人と結婚し、当初はその子エドワード二世を支持していた。しかし、改革勅令以後は、一貫してランカスター伯側についていた。モーティマー家は、一〇七〇年代にウェールズ辺境領地方で地歩を固め、その主要な居城をウィグモアーに置いていた。この三人の諸侯は当初ある程度の成功を収めたが、王は、迅速な軍事行動によってシュルーズベリーに到達し、そこからウェールズ中央部のモーティマー家の勢力を破壊するべく態勢を整えた。エドワード二世が頼みにしていたのはイングランド軍だけではなかった。というのは、彼はウェールズの生まれで、ウェールズに領地をもつ「カエルナーヴォンの」エドワードだったからである。「王と敵対する状況に身を置くのは賢明なことではない」と『エドワード二世伝』の作者は述べている。「結末は不幸なものになりがちである。」モーティマー家の二人は、この洞察の正しさを悟り、降服し、ロンドン塔へ送られた。ヘリフォード伯は生き延び、さらに戦い続けることになる。

その後エドワード二世は北へ移動した。敵はランカスター伯である。エドワードの武器はイングランド人がもつ素朴な祖国愛だった。そして、ランカスター伯の世評は、この点に関しては、好意的に見てもよくわからないといった程度のものだった。『エドワード二世伝』の作者はけっして辛辣な批評家ではなかったが、ランカスター伯の動機について民衆が疑いをもっていたことを一度ならず証言している。ランカスター伯の領土がスコットランド人の被害を受けなかったのはなぜか。スコットランド人がランカスター伯の戦線をすり抜けることができたのはなぜか。判断のむずかしい問題である。「この件について伯が忠誠を破ったのか、あるいは反逆の罪を犯したのか、その判断はもっと偉い人々に委ねよう。」王の心中では疑問の余地はなかった。それにギャヴェストンの仇を討たねばならなかった。

ランカスター伯にたいする支持は消え去り、その扈従（リテイナーズ）たちも伯のために戦う意志を失っていた。一三二二年三月一六日、ランカスター伯の軍は、バラブリッジでアンドルー・ハークレイに率いられた軍によって迎撃された。ヘリフォード伯ハンフリーは戦場で死んだ。彼は馬から引きずりおろされ、下腹部に一撃を受けた。『スカラクロニカ』☆4の作者トーマス・グレイは、「秘所を鎧で守るのは騎士の習いではない」と述べている。その傷は致命傷となったのである。たとえそうだとしても、ヘリフォード伯の場合はまだ幸運だった。ランカスター伯は、翌日捕らえられ、ポンティフラクトの自分の居城に拘留された。ランカスター伯には、自分にたいしてかけられた嫌疑に答える機会が与えられなかった。その嫌疑は自明のことと考えられていたのである。ランカスター伯は、三月二二日、あざける群集の前で処刑された。その多くは、伯自身の従者だったに違いない。バラブリッジの戦いの後、パーラメントがただちに召集され、一三二二年五月二日にヨークで開かれた。このパーラメントは、エドワードにとって、過去一〇年間に受けてきた、たび重なる屈辱にたいして公に復讐する機会となった。改革勅令は破棄され、王に対抗してきた者たちの土地は没収されると宣言されたのである。

ランカスター伯は、個人的忠誠心の重要性が救いがたいほど低下した時代に生きていた。忠誠心は、エドワードの父にとっては政治の根本だった。ランカスター伯よりももっと率直に自らの考えを明らかにしていた者たちは、その帰結に苦しむことになった。ランカスター伯を捕らえたアンドルー・ハークレイは、その手柄によりカーライル伯に任命されたが、彼のその後の運命はこの点について雄弁に語っている。ハークレイは、スコットランドにたいする前線に位置するカンバーランドの州長官として、イングランドにおいてもっとも出番が多く過酷な勤務を強いられる部隊の一つを率いていた。一三二二年の夏、スコットランドとのあいだに結ばれた数多くの休戦協定の一つが期限切れを迎えた。そのときスコットランド人はイングランド奥深くに襲撃を行い、エドワード自身リーヴォー修道院の近くであやうく捕虜にされるところだった。この夏がスコットランドとの戦いにおける転換点だと考えたのは、ハークレイだけではなかった。イングランド敗北の兆候があらわれていたのである。多くの者が同じことを述べたが、戦士としての率直さから行動に移したのはハークレイだった。召集軍を解散し、和平の条件について話し合うためにロバート・ブルースを捜し求めた。この和平が結ばれれば、独立国スコットランドの王としてブルースを認知することになるだろう。それはイングランド北部の誰にとっても常識的・現実的な考えに思われた。しかし、王と王の評議会には、それは反逆罪に値すると思われたのである。ハークレイはカーライルで捕らえられ、王と王の評議会の前にひきだされ、軍法に従って裁かれた。彼の拍車が乗馬靴からとり外され、伯の位のしるしである剣は彼の頭上で折られ、彼の紋章が縫いつけられた上着もとり去られた。王に仕える者のなかでもっとも有能な人物を侮辱し、その後殺すにあたって、王の裁判官たちは、彼が直面せねばならなかった問題の何たるかを理解していたのだろうか。ハークレイはカーライルの托鉢修道士たちに自分の全生涯を告白し、修道士たちは彼に罪の赦しを与えた。

何がどう間違ったのか。なぜこのような隘路にいたってしまったのか。こうした問いが、国中の大広間で、修道院で、居酒屋で、それ以前にもまして強く問いかけられた。カーライルの托鉢修道士の一人は『ラナーコスト年代記』として知られることになる著作を著した。彼は王の日常の行動について簡単に述べているが、それに似た記述はほかでも頻繁に見ることができる。

> よく言われるように、若い頃から王は、ボートを漕ぎ、荷車を御し、水路を掘り、屋根を葺く（ふ）のに興じ、また夜にはお付きの者たちと、工夫と腕前を試されるさまざまなこと、そして王子としてはふさわしくないその他の無意味で瑣末なことに興じたのである。

この引用から、王の幼年時代とその時期のほとんどを過ごした場所に思いを馳せることが必要となる。この話で描かれるエドワードは、バッキンガムシャーのキングズ・ラングリーの少年として臣民にはよく知られていた。

キングズ・ラングリーは一四世紀のチェッカーズだった[☆5]。チルターン丘陵に位置するこの隠遁所に国の指導者は国事から一時の休息に赴いた。この農村の館は、エドワードの母、カスティリャのエリナーが取得した多くの財産の一つであり、一三〇二年にエドワードに与えられた。すでに多額のお金がこの館に注ぎ込まれていた。この館には、どのような大きな館にも見られる公的な使用のための部屋、「五四の盾と馬上槍試合に赴く四人の騎士」を描く数々の絵で飾られた大広間に加え、主人とその妻のために大規模な一続きの私的居室が備えられていた。また、庭園、ブドウ園、そして館を備えた広大な敷地があった。王になったエドワードは、この館を改装し、ドミニコ修道会の修道士を住まわせた。新しい館が古い館にとってかわった。それは、大広間と数多くの部屋、さらにその他の付属建築物を備えていた。そのうちの一つは茅葺きだった。さらに、川沿いの牧草地のそばに小さな作業用の小屋があり、二つの水車があった。一つは小麦を挽くためのもので、もう一つは縮絨作業のためだった。エドワードは、王子として、その後王として、この所領に手を加え続けた。ギャヴェストンの遺体が埋葬されたのもこの場所だった。

イザベラとモーティマー

王にとって、王妃とよい関係を築くのに失敗したのは不幸なことだったが、それは、いまや不幸どころか悲劇になろうとしていた。王廃位の物語は破局を迎えた結婚の物語だった。しかし、イザベラについては、ほかの側面も強調しなければならない。イザベラは、政治において重要な人物、いくつかの点では夫の治世を通じてもっとも重要な人物だったのである。まず注目すべきものは彼女の富である。イザベラには豪勢な家政組織が与えられ莫大な出費が許されていた。彼女は、年間一万ポンドの収入により、どの伯とも肩を並べることのできる存在だったのである。次に注目すべきは彼女の気質である。エドワードの治世初期から残るイザベラの家政記録簿は、彼女がフランス宮廷、何人かの伯、そして友人たちと頻繁に書簡のやりとりをしていたことを物語っている。王が当初ギャヴェストンに示した偏愛（当時の多くの人々が同性愛だと信じた関係）のために、そしてその後には王がディスペンサー父子に示した贔屓のために、イザベラは自分が、そのほかの政治にかかわる人々と同様に排除されていると感じていた。ロンドンのセント・ポール司教座聖堂の年代記[☆6]は、一三二一年に、ディスペンサー父子が追放に処されるよう求める人々にたいして、イザベラが好意を示したと伝えている。イザベラの活動基盤は、一三二四年に彼女の土地が没収されたことで大きく脅かされた。事の真偽はともかくフランスからの脅威が没収の理由だった。カンタベリー大司教座聖堂付属修道院の副院長は大司教に宛てて意見を述べている。「師よ、王妃が王の敵となられる前に、もとの高貴なご身分が回復されるのが適切かと存じます。」これは洞察に満ちた言葉である。イザベラは、これまでの王の侮辱的な言動を前にしても一定の分別を保っていたが、自分の家政組織の存在が脅かされ、宮廷から排除されたことで、一線を越えてしまった。彼女は夫に真っ向から敵対するようになったのである。

イザベラは国外追放に処されたわけではなかった。しかし、彼女は、同じ年、一三二四年に、フランスの宮廷へ使節として赴くことになった。父フィリップ美麗王は一三一四年に死んでおり、彼女の三人の兄弟がその後王位を継承していた。彼女は、この兄弟のなかでもっとも若いシャルル四世（在位一三二二―二八年）の宮廷に赴いたのである。イングランド王は、自分がもつガスコーニュ公の地位のために、フランス王即位に際し臣従礼を行わねばならなかった。しかし、兄弟二人の治世が立て続けに短く終わったことで、この臣従礼の問題が顕在化し悪化したのである。一三二三年には戦争が勃発していた。外交上の失策により、エドワード二世が臣従の義務を果たすことを嫌がっているという印象をフランス側にもたせてしまった結果だった。イザベラの派遣はこのとき生じていた問題を解決したのである。当時一二歳だった息子エドワードが到着した後、休戦協定が結ばれた。エドワードは、父に代わり、ガスコーニュに関して臣従礼を行い、六万ポンドの相続上納金を約束した。これらの任務が完了した後も、王妃と王子はフランスにとどまった。彼らはイングランドから追放された人々に合流したが、そのなかにはロジャー・モーティマーがいた。モーティマーは、一三二三年に、ロンドン塔から脱走したと伝えられている者たちのグループに加わっていた。エドワード二世はようやく、妻イザベラ周辺の人々がもたらす危険を認識するようになったが、それはあまりに遅すぎた。この危険に加えて、イザベラとモーティマーの情事の噂も伝えられていた。王妃の使者には、どこに遣わされようとも、見張りがつけられた。和平の条件を伝える教皇特使は、ドーヴァーで王自身によって追い返された。噂はまたたく間に広まった。王の広報担当者たちが、セント・ポール司教座教会の敷地内から、噂のなかでもとくに有害なものを否定したが、流れを止めることはできなかった。エドワード二世の治世は、これまでも広報活動に関しては完全に失敗していたが、いまや彼の治世そのものが終わりに近づいていた。王妃とロジャー・モーティマーは、一三二六年九月二四日、オーウェルの入江に上陸した。大変な人気を博した『ブルート年代記』の英語版[☆7]は、この知らせがもたらされたとき、王とディスペンサー父子はロンドン塔で食卓に着いていたと記している。最初の使者は、王妃とともに大軍が上陸したと告げた。この知らせはなんら驚くべきことではなかった。しかし、やがて二番目の使者があらわれ、王妃はわずか七〇〇人の兵しか連れていないと伝えた。そのとき、ディスペンサー一世は大声で次のように叫んだという。

ああ、われわれは裏切られた。彼女がそんなに小さな軍をともなって上陸するはずがない。この国の民は彼女の側についていたのだ。

この場面はまぎれもなく想像によるものである。しかし、それは重要な真実を述べている。王妃の試みは危険をとも

図74（上）　ヒュー・ディスペンサー１世。その母、エリナー・ド・クレアの依頼により、テュークスベリー修道院のステンド・グラスに描かれたもの。
図75（下）　収穫物をぎっしりと積み込み、急斜面を上ぼる荷馬車。『ラトレル詩篇集』から。

なっていた。もし民衆の支持と事前に同盟を結んだ有力者たちの助けを当てにしていなかったとしたら、彼女は無謀な企てをしたことになる。

王妃イザベラに関しては、当時も今も次のような二つの見方がある。

ある者たちは彼女のことを王と王国の裏切り者であると言い、またある者たちは、彼女は平和と王国の安寧のため、そして王から邪悪な側近を取り除くために行動していたのだと言う。

決断を迫られたとき、人々はイザベラを支持した。王妃は上陸するやいなや、ロンドン市民とほかのイングランドの諸都市に使者を送った。彼らの支持は決定的に重要だった。王は首都を保持することができず、西方へ、ディスペンサー父子の拠点である辺境領地方へ、王と志を同じくする最後の人々のもとへと退却していった。王妃は距離を置いて追撃し、「その地の農民にはなんの害ももたらさず、ディスペンサー父子の所領だけを徹底的に破壊していった。」ディスペンサー一世はブリストルで捕らえられ、二世は王とともにニース修道院で捕らえられた。ディスペンサー父子は、同輩の貴族による裁判にかけられた後、地位を剝奪され、処刑された。これまでの多くの先例の結果、公開処刑は見世物の役割を果たすようになっていた。王は、実際的な理由からケニルワース城に連れていかれたが、このことに象徴的な意味を見いだすことも可能である。かつてこの城の城主だったランカスター伯トーマスの処刑は、いまだ人々の記憶に新しかった。この城では、トーマスを初めとする過去の亡霊たちが、この世の者以上に王権の濫用を厳しく責め立てるのである。エドワードから王の印璽が奪い去られ、その息子が摂政として統治することになった。しかし、これは国の安定に関してなんら希望をもたらさず、ロンドンは、一三二六年の最後の数週間、ほとんど無政府状態におちいってしまった。

パーラメントは国（ネイション）の統一をおのずと体現するものだった。王の名において召集されたパーラメントは、王を廃するという革命的事業をなそうとしていた。罪状を作りだすのはたやすいことだった。まず、王は救いがたく無能だったし、この国の教会と数多くの貴顕の者たちに大きな害をなしていた。さらに、スコットランドは失われていた。加えて、王は賢明な助言を聞かず、戴冠式の際の約束に反してまったく正義をなさなかった。こうしたことは、すでにディスペンサー父子の裁判で述べられていた。歴史的観点からすれば、こうした罪状は一方的で片寄ったものである。しかし、エドワードの治世を統治の歴史として見ることは不可能である。というのは、統治の中心に立つべき王がその本質的役割を放棄していたからである。彼はいまや王位を正式に放棄するよう「招かれ」、これは推測だが、もしそうしたならば命は救うと約束されたのだろう。いかにして国（ネイション）は王の支配（ロードシップ）への服従を放棄することができたのだろうか。人々はおそらくイングランドを、膨大な数の個々の臣従礼によってつなぎ合わされた一つの国（ネイション）として考えていたのである。ケニルワースに王を訪ねたのは、パーラメント全体の代表ではなく、諸身分ごとの代表だった。『ブルート年代記』の英語版は、この場面について印象的な記述を残している。「エドワード王はいかにして王位から降ろされたのか。」諸身分を代表してただ一人の者が進み出て、諸身分を構成するすべての者に代わり、臣従を放棄した。その結果、エドワードはその地位を失った。「このとき以後、あなたは、この国のたんなる一私人と見なされます。」エドワード三世は一三二七年二月一日に戴冠された。父親は、その後、私人として監禁状態に置かれていたが、この年の九月にバークリー城で殺害された。

ここからエドワード三世の親政の始まりまでは、ほんの一歩である。ロジャー・モーティマーは、一三三〇年一〇月、ノッティンガム城で捕らえられた。若い王とウィリアム・モンタギューの率いる王の宮廷の者たちが練った策略の結果だった。年代記作者たちによって巧みに描かれている場面だが、モーティマーが囚人として連れ去られたとき、王妃イザベラはこの「立派な騎士、非常に敬愛されている友、そしてわれわれの愛する仲間」のために慈悲を求めた。しかし、なんらの慈悲も示されることはなかった。モーティマーは、エドワード二世の死に加担したとの罪状により翌月処刑された。この罪状は、ありうることだが、証明するのは不可能である。モーティマーは実際に、非常に敬愛されていた。彼とイザベラが数年にわたって愛人関係にあったのは周知のことだった。モーティマーは、年若い王の名において国を治めた摂政評議会に正式に参加する資格をもっていなかったが、王の親族の一員であるかのように手当てを支給されていた。王が未成年だったことによってもっとも得をしたのは、モーティマーとイザベラだった。彼らが手にしたものは莫大な額だった。前王の宝蔵庫（トレジャリー）には六万二〇〇〇ポンドもの蓄えがあり、ディスペンサー父子の土地と巨大な富が没収されていたのである。モーティマーはウェールズ辺境領地方において自らの権威をさらに増していくことができた。彼は、一三二八年一〇月の議会において、ウェールズ辺境伯（アール・オヴ・マーチ）の称号を与えられた。「そのような称号は、イングランドにおいて、それ以前には耳にしたことがない」、とある年代記作者は述べている。それは事実である。しかし、その称号はモーティマーが達成した権力の大きさを正確に反映したものだった。同じ年、モーティマーの二人の娘がノーフォーク伯とペンブルック伯と結婚したが、それを祝うために、馬上槍試合大会（トーナメント）がヘリフォードで盛大に開かれ、エドワードとその母親が臨席した。このような騎士道を誇示する祭典は、まさに二人が好むものだった。しかし、王国に絶対的な権威の源泉が存在しないため、摂政評議会の議員たちは互いに争うことになった。ランカスター伯は嫌疑をかけられ失脚し、ケント伯（エドワード一世が二回目の結婚でもうけた息子の一人）は一三三〇年に処刑された。人気がなく分裂した体制からエドワード三世が権力を引き継ぐのは、時間の問題だった。

それにもかかわらず、イザベラとモーティマーの体制には、怪我の功名とでも言うべき功績があった。この体制はエドワード二世の財産を二年で使い尽くしたが、多額の金がどんどん消費されるにつれて、彼らが深くかかわっているさまざまな事案の数を減らすことが必要になった。まずスコットランドと和平が結ばれた。ロバート・ブルースは望んでいたすべてのものを得た。すなわち、ブルースは、スコットランドにたいして世襲権をもつことを認められたのである。しかも、スコットランドは、イングランド王にたいしていかなる種類の臣従礼も行う必要のない独立王国として承認されたのである。スコットランド側も多少の譲歩をした。それは、二万ポンドを賠償金として支払うこと、そしてロバート・ブルースの息子デイヴィッドをエドワード三世の妹ジョウンと結婚させることだった。このような本質的問題に加えて、さほど重要ではないが象徴的な意味をもつ事柄があった。まず、スコットランドにたいして宗主権をもつというイングランド側の主張を支持する古文書が、スコットランド人に返還されることになった。また、スクーンの「運命の石」も返還されると約束されたが、ロンドン市民がこの石を手放すことはなかった。この協定は評判が悪かった。独立したスコットランドの最初の王は、イングランド人の目から見れば戦争犯罪人だったからである。しかし、ブルースと結ばれたこの和約は、一三二八年二月、ヨークで開かれたパーラメントにおいて承認された。そして、ブルースはその数ヵ月後に死んだ。

スコットランドとの和平が合意された月に、王妃イザベラの弟フランス王シャルル四世が死んだ。彼にも、彼の前に王となった二人の兄にも、男の子がいなかった。一方、エドワード三世が、母親を通じて、フランス王位継承権をもつのかどうかも疑わしかった。この点も検討されたが、王冠は結局、フィリップ美麗王の弟ヴァロワ伯シャルルの息子フィリップに与えられた。彼はフィリップ六世となった。彼の即位は、九八七年以来男系直系の血統を守ってきたカペー朝の終焉を意味した。一三二九年二月、エドワード三世はフランスに渡り、アミアンにおいて、フランスに保有する領土に関して従兄弟であるフィリップ六世に臣従礼を行った。イングランドがフランス王国やスコットランド王国と結んだ和約は明らかに、エドワード三世が未成年だったことの結果だったが、その背後にはイザベラの存在がはっきりと感じられる。一三二八年一月三〇日、パーラメントが開催される直前に、エドワード三世とエノーのフィリッパとの結婚式がヨーク大司教座聖堂で挙行されたが、この式をとり仕切ったのはイザベラだった。これに続いて、デイヴィッド・ブルースとイザベラの娘ジョウンとの結婚がベリックで執り行われた。ある年代記作者は、実権を握っているのはイザベラだと考え、王妃フィリッパを「小王妃」と呼んでいるが、彼女は一三三〇年六月、男の子を産んだ。後に黒太子となるエドワードである。王はいまだ未成年であり、政治的雰囲気が一晩で変わることはありえなかった。モーティマーを取り除く必要があった。しかし、彼女なりに細心の注意を払って目的を達成しようとするイザベラは、一三二〇年代を通じてイングランドの政治を支配していたのである。イザベラは、帰化したイングランドの国から（現代のいく人かの歴史家が判断するよりも）高い評価を受けるに値する人物だった。

一四世紀初期のイングランド

この時期のイングランドの人口は中世を通じて最大になっていた。ただ、このように述べるのは簡単だが、具体的な数値を提示することは困難である。というのは、最後に各世帯について全国的な調査が行われたのは一〇八六年のことであり、次の全国的調査が実施されたのは、非常に不人気だった人頭税導入の最初の年、一三七七年のことだったからである。しかも、この二つの調査のあいだの期間に、多大な人命を奪った黒死病が襲っている。とはいえ、一三三〇年代のイングランドの人口として、五〇〇万という数字を提示することができるだろう。このうちの一〇パーセントが都市に居住していたと推測されている。都市住民の全体に占める割合は一〇八六年以来変わっておらず、都市人口全体は二・五倍に増えていた。この時代の都市と農村における人口増加の割合は歴史的に見ると高いものである。イングランドの人口は確かに近代に一〇倍に増えているが、この増加は都市における増加で、農村での増加ではないからである。たとえば、一三〇〇年頃に行われた地域的調査結果に見られるリンカンシャー南部における農村人口の数値は、一八五一年に実施された国勢調査の数値とほとんど変わらない。こうした農村人口は、中世の農地が養うには大きすぎたのだろうか。一般にはそのように主張されることが多い。それは、黒死病以外に人口をコントロールする方法をもたなかった社会の必然的結果だというのである。しかし、このような結論は事実ではない。一四世紀初期のイングランドは繁栄した社会であり、農民もその繁栄の恩恵にあずかっていたのである。

当時の社会は、商取引の増大、すなわち市場経済の拡大によってますます繁栄するようになっていた。このような商取引のほとんどは市場都市で行われていた。本書ではすでに、イングランドの市場都市に関して、そのいちじるしい成長期、一二〇〇年前後の時期を考察した。その後、一三世紀を通じて、さらに一四世紀の初期に入っても、市場の数は増加し続けた。リチャード・ブリットネルによるいくつかのすばらしい研究がこの発展の過程を明らかにしている。新しい市場は、国際交易の必要ではなく、各地方における商取引の必要を満たしていたのである。国際交易は地方の市場を飛び越えて行われるものである。ドゥームズデイ・ブックの時代以後に生じた人口増加のかなりの部分は、自給しない人々、すなわち生活の糧を耕地の収穫物から得ない人々の増加だった。それは、賃金労働者、職人、採取産業や製造業に従事する人々の増加だった。このような人々は、必ずしも貧困だったわけではないが、市場に依存していたため、穀物価格の変動の影響を受けやすかった。とくにこの問題が明らかになったのは、一三一五年と一三一六年のことだった。このとき、収穫が二年続けて激しい雨により駄目になった。穀物の収穫量は、品種にもよるが、地域によって、平年の五五パーセントから八五パーセントのあいだだった。しかし、この程度の収穫量の変動でも、いくつかの場所では穀物価格を四倍にまで上昇させるのに十分だった。ヨークシャーのボルトン修道院の修道士たちは、食事の割り当てを減らした。貧しい人々は餓死した。需要がもっとも高い地域では、小麦価格が、一クウォーターの分量につき、通常の六シリングから二〇シリングあるいは二四シリングまで上昇した。トーントンでは、この二年間に、貧しい人々の死亡率が一〇パーセントにまで達した可能性がある。トーントンはとりわけ、このような状況下で大きな影響を受けやすい型の小都市だったと考えられるが、農村部においても同様に死亡率は高かった。ツヴィ・ラヴィの研究によれば、この時期、ウスターシャーのヘイルズオーウェン村では、土地の獲得が以前より簡単になったにもかかわらず婚姻率が低いままにとどまるという、飢饉の際に生じる典型的な人口学的反応が見られた。

イングランドは、発達した市場都市のネットワークを備えていたが、ヨーロッパ全体から見ると依然として発展途上の国だった。一二五〇年代のブリュージュのある商人は、自分の取引商品の原産国を概観しつつ、「イングランドからは、羊毛、皮革、鉛、錫、石炭、チーズがもたらされる」と述べている。イングランドは鉱物資源に恵まれた国であり、西ヨーロッパの製造業に原料を供給していた。しかし、その主要製品は毛織物だった。中世後期イングランドの製造業の発展を理解するには、毛織物産業は一つの業種ではなく多くの業種が集まったものだということを認識するのが重要である。そのどれもが、家内生産システムでなされ、都市と同様に農村でも可能だった。さまざまな個々の業種はそれぞれの生産段階に対応していた。そのうちもっとも重要なものについてだけ説明しよう。最初の段階では、前もって加工された羊毛は、糸巻き棒あるいは紡錘（つむ）を使って糸に紡がれた。これは女の仕事だったが、その後の作業のほとんどは男によってなされた。糸は織布に織られた。大きく平らな織機によって、イングランド特有の、長さ二四ヤード、幅二・五ヤードの広幅の織布（ブロード・クロス）を生産することが可能だった。織布ができあがると、それは洗浄され縮絨（しゅくじゅう）された。この工程では、水と縮絨用の土つまり明礬（みょうばん）でいっぱいの桶に織布を入れることで、その生地を密にしフェルト化した。この縮絨工程は、一二世紀の終わりにイングランドに導入された縮絨用水車によって機械化することが可能だった。縮絨された織布は洗浄し乾燥され、最後に仕上げの工程が行われた。すなわち、起毛機を使って織布の毛羽を立て、表面をきれいにするために毛羽が刈り込まれたのである。最終生産工程は染色だった。さまざまな色の染料が入れられた大きな桶が多く使用された。一三世紀の都市のありとあらゆる場所で、このような多岐にわたる仕事が行われていたのである。それゆえ、これらの仕事の場面が当時の詩編集やミサ典書のなかで多く描かれているのは当然だった。たとえば、みごとな『ホルカム彩飾聖書（バイブル・ピクチャー・ブック）』のなかでは、幼な子キリストが、典型的な

図76　幼な子のキリストによる（正典にはない）２つの奇跡。『ホルカム彩飾聖書』から。1320年代。下の場面では、キリストは、染色職人から布をそれぞれ違う色に染めるよう言いつけられるが、その命令を無視し、すべての布を１つの桶に入れてしまう。しかし、布は、取り出されたとき、すべてきちんとした色に染まっていた。

中世イングランドの都市で、忙しく汚く危険な通りを怪我することも汚れることもなく歩いているのが描かれている。

一三世紀のあいだに、イングランドの生産者は高品質の毛織物を扱う国際市場から閉めだされ、この市場に製品を供給してきた都市の毛織物産業は大きな打撃を受けた。一二七〇年代には、毛織物職人たちがウィンチェスターの町から完全に退去し、その郊外やまわりの農村に移っていったと言われている。一三三四年には、以前ノーサンプトンで雇われていた三〇〇人の職工のうち、町に残っている者は誰もいなかったという。この産業が都市と農村で回復したのは、イングランド政府が財政政策を転換したおかげだった。イングランドから輸出される原料羊毛に課せられた悪関税（マルトート）と呼ばれる高率の関税は、一二九〇年代にはじめて適用されたが、一三三〇年代の終わり、百年戦争の初期の段階で、再び徴収されるようになった。この措置は、やがて恒常的な関税となり、イングランドの毛織物産業にとって（偶然ではあったが）きわめて有効な保護障壁として機能した。原料羊毛にかけられた三三パーセントにも及ぶ関税は、外国の毛織物生産者にとって大きな経費の増加をもたらすことになった。また、フランドルへの原料羊毛の供給も外交上の理由からしばしば完全に止められた。この関税のせいで、まず、外国産の毛織物の輸入品がイングランドから閉め出された。一三〇〇年代の終わりには年間一万二〇〇〇反（クロス）の毛織物が輸入されていたが、一三三〇年代の終わりには年間二〇〇〇反しか輸入されなくなった。以前毛織物をイングランド市場に供給していたのはフランドルの生産者だったが、それに国産の毛織物が取って代わり始めたのである。これは長期にわたる発展だったが、非常に重要なものだった。イングランドの輸出は、一三六〇年代の終わりまでは年間一万六〇〇〇反だったが、一三九〇年代の数年間には年間四万反を超えるようになったのである。当初、主な輸出先はフランス南西部だった（ガスコーニュのワインが帰り荷として運ばれた）。しかし、一五世紀には、毛織物はさらに遠隔の地へ、バルト海や地中海へと輸出されるようになった。フランスのトゥールーズ地方では、農民の婚姻契約のなかで、花嫁に与えられる毛織物の原産地がしばしば明記されていた。一四世紀初期には、原産地はフランドルやブラバントだったが、一四五〇年代には、イングランドがしばしば原産地として明記されるようになっていた。

　イングランドの毛織物生産量の増加によって、新たな地域が発展することになった。古くから毛織物で知られる諸都市は、毛織物生産のあらゆる段階での独占を失い、それにともなって周辺の農村への対応を変えねばならなかった。毛織物産業の新たな成長が見られたのは、とくにイースト・アングリア地方、イングランド西部地方、ヨークシャーのウェスト・ライディングという三つの地域だった。ウェスト・ライディングは今日にいたるまで織物生産の重要拠点であるが、この地域がその重要性を増していくことになる最初の段階は、一三七〇年代の人頭税報告書に見ることができる。ランカスター伯トーマスの悲劇の最終舞台ポンティフラクトは、依然としてウェスト・ライディング最大の都市だったが、ブラッドフォード、ウェイクフィールド、ハリファックス、リーズといった町にも毛織物産業に従事する住民が存在するようになっていた。彼らの多くは、小屋住み農（コッター）と呼ばれる小土地保有農だったが、この地位のおかげで、彼らが市場や商人資本に依存する度合いは低いものとなった。同じような展開は他の二つの地域でも見られた。ここで生じた変化は、「都市」から「農村」への移転だったとしばしば言われている。しかし、農村といっても実体は都市と変わらない事例が多く見られた。たとえば、サフォークのラヴェナムは、都市特権を与えられていなかったが、一六世紀初期には、ウィンチェスターやレスターよりも多額の税を支払っていた。また、古くからの都市がかつての地位を完全に奪われてしまったわけでもなかった。都市でも毛織物生産はひき続いて行われていたし、都市はその流通において欠かすことのできない拠点であり続けた。したがって、中世後期イングランドの毛織物産業に生じた疑問の余地のない変化について語るとき、それを「都市」から「農村」への移転として理解するよりも、「都市」から「地域」への変化として理解したほうがよい。この変化は、製品の呼称の変化に認めることができる。一三世紀に好まれた商品には、「リンカンの緋色織（スカーレット）」とか「スタンフォード織物」というように都市の名を冠した名称が使われていたが、後の時代には「コッツウォルズ織物」とか「西部地方織物（ウエスターンズ）」というように地域の名を冠した呼称が使われるようになったのである。最高品質市場から距離を置いたことにより、厳密に生産地を記すことが以前よりも重要ではなくなっていたのである。

ブリュージュの商人が記したイングランドの産物リストのなかには、錫、鉛、石炭が入っていた。イングランドの鉱夫たちは国際的には高く評価されていたが、地元での評判はかんばしくなかった。一二五六年には、もはや採掘が行われていない竪坑に落ち込む危険のゆえに、暗くなった後ニューカースルの町に近づくのは非常に愚かな行為だと言われていた。ニューカースルの石炭は、その流通経路から一般に「海石炭」として知られており、その販路は遠隔の地にまで及んでいた。ロンドンでは、ニューカースルの石炭は「空気を汚染する」と文句を言われつつも、石灰の製造と鉄の製錬に使われ続け、さらに（とくにイングランド北部では）家庭用の燃料としてますます用いられるようになった。このことは、考古学の成果により裏づけられる。ウスターシャーのヘイルズオーウェン修道院の宿坊の下から、そして一三世紀初期のサセクスのペヴンジーの民家で、またそこの石灰・鉄・陶器生産のための窯の近くで、石炭が見つかっている。王の行政文書は、石炭が軍事的利用に供されたことを示している。石炭は、一三三三年には攻城器に使われる鉄を精錬するための燃料として、一三三七年には王の司令艦艇である「クリストファー号」と「コッグ・エドワード号」の錨を鋳造するのに用いられた。

ニューカースルの経済においては石炭が重要だったが、デーヴォンやコンウォールの経済においては錫がそれ以上に重要な位置を占めていた。コンウォールの成人人口の一〇人に一人が鉱山業もしくはそれに関連した産業にかかわっていた。コンウォールは王権に属する公領であり、この理由から、この地がピアーズ・ギャヴェストンに与えられたとき、それにたいする反対の声があがったのだが、ここでは鉱物資源にたいする王の諸権利が注意深く守られていた。生産された錫に課される税（「錫精錬税（コイネッジ）」）の額から判断すると、その生産量は一三三〇年代に最大に達したよう

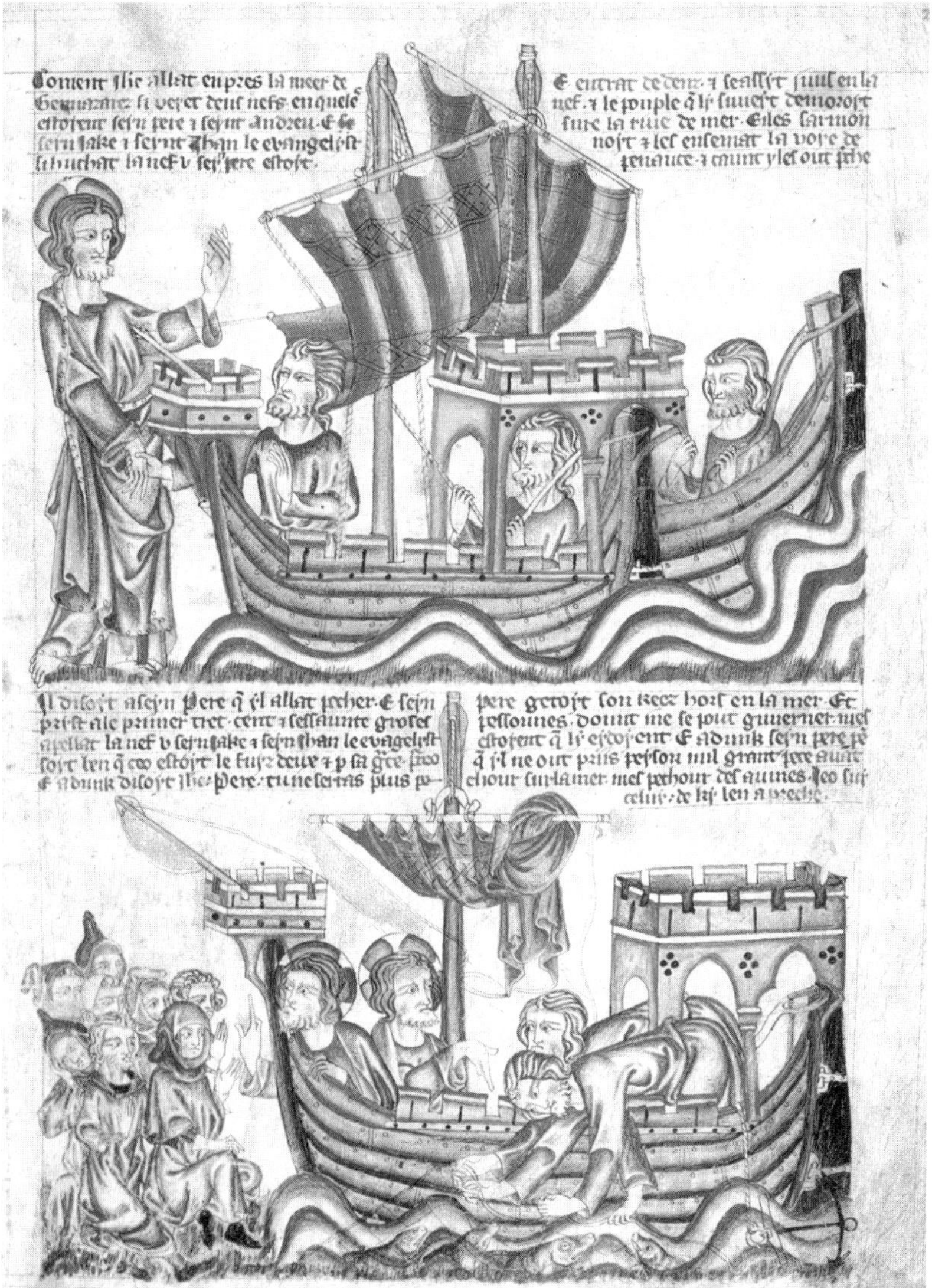

図77　ガリラヤ湖のキリスト。『ホルカム彩飾聖書』から。下の場面では、キリストの奇跡により魚が網いっぱいにかかり、使徒の２人が舟から身を乗り出して引き上げているが、そのあいだキリストは岸にいる人々にたいして教えを宣べている。

である。この時期、わずか数年間で、重量にして一四〇万ポンド以上もの錫が生産されていた。中世経済では珍しいことだが、錫生産では工場生産システムを発展させることも可能だった。錫鉱業者エイブラハムは、一三五七年に七つの錫採掘製錬所で三〇〇人を雇っていた。また、「自由契約」鉱夫とでも言うべき人々も存在していた。彼らのほとんどは、小保有農地をもっており、錫鉱業の仕事には副業としてしか従事しなかった。冬のあいだはどんな鉱山も不快な場所だった。したがって大部分の鉛、錫、石炭が掘りだされたのは夏のあいだだけだった。錫に鉛が混ぜられ、白鑞（ピューター）の合金が作られた。白鑞製の器は、中世後期のイングランドで広く使われていた。この点に関しても、考古学により、それがどの程度広く使われていたのかを具体的に知ることができる。バートン・オン・ハンバーで一二世紀の司祭の墓から見つかった聖杯（カリス）と聖体皿（パテナ）は、そうした白鑞製食器の典型的なものである。一三世紀には各教会の聖杯はほとんど例外なく銀製だったと思われるが、教会には白鑞製のさまざまな器、たとえば水盤、燭台、ミサ用の水とワインを入れる祭瓶などがあっただろう。一四、一五世紀には、白鑞はあらゆる階層の家で用いられるようになっていた。鉱夫には特権が与えられており、通常の課税からの免除もその一部だった。その結果、鉱夫たちの富に関する情報は、行政文書にはあまり残されていない。したがって、こうした行政文書にもとづいて、イングランドの北部地方や西部地方が経済的に停滞した地域だったと主張することはできないのである。

　実際、北部のヨークは、一四世紀初期のほとんどの期間、イングランドの首都のような存在だった。先例を作ったのはエドワード一世だった。政府は、一二九八年に北へと移され、一三〇四年までその地にとどまった。尚書部（チャンセリー）だけでなく、財務府（エクスチェッカー）、王座裁判所（コート・オヴ・キングズ・ベンチ）、人民間訴訟裁判所（コート・オヴ・コモン・プリーズ）も移された。これらの統治部局は、そのすべてが移転させられたのである。スコットランドの脅威に対応して政府の機能を移転させたのは、これが最初だったが、この後たびたび繰り返されることになった。一三二二年、復活祭の翌日の月曜日、リンカンの州長官は、トークジーで、「それぞれ八つのワイン樽の重みに耐えられる四隻の頑丈な小船」を準備するように命じられた。このワイン樽はワインを詰

図78　ジョン・ダバーノン卿（1330年頃作）とその息子ジョン・ダバーノン卿（1345年頃作）の真鍮墓碑板（サリー、ストウク・ダバーノン教会）。

めるものではなかった。ワインの入った樽ならば、ヨークにはすでに十分な数があっただろう。八つのワイン樽には、洗浄・修繕が施され、蠟を塗り込められた粗布で内張りがされ、必要な文書記録類が詰め込まれたのである。詰め込まれたのは、かさばり扱いにくいが欠くことのできない財務府の割り符の束、巻物状の行政文書、書籍形式の文書（おそらくドゥームズデイ・ブックそのものも含まれていた）、さらに王の宝物・貨幣などだった。積荷は、ウェストミンスターを出発し、まずグレイト・ノース街道を北上し、トークジーから水路をとった。ヨークまで一三日間の旅だった。ヨークは、エドワード二世にとって最大の勝利を収める場所となった。一三二二年、今述べた移動の直後、王党派はこのヨークで一三一一年の改革勅令を破棄し、反対派にたいして死刑あるいは国外追放を宣告したのである。この時期の出来事は、ヨークの市民、都市住民にとって刺激的だったが、同時に不安をかきたてるものだった。市長は一三一九年の「マイトンの聖堂参事会」事件で死んでおり、一時的に首都となったことで多くの人々が新たに流入して来たことは、結果としてこの町に緊張をもたらすことになったのである。

王の評議会および市の役人が一三〇一年に定めたヨーク独自の規定は、この事態の改善策として意図されていた。食料品および持ち帰り料理の値段、さらに宿の値段が定められ、医者は適切な資格をもつべきとされ、売春婦は公認されている者であろうとなかろうと、通りから姿を消さねばならなかった。同様に、豚とあらゆる排泄物に関しても規則が定められた。ヨークの四市街区域のそれぞれに公衆便所が建てられねばならなかった。この衛生的な世界で市民の多くは富裕になっていった。居酒屋およびビール醸造業者がこの時期とくに栄えたようであり、その富によって食糧供給業の他の分野にも事業を拡張していった。つかの間の繁栄の永続的な記録がヨーク大司教座聖堂の身廊に今にいたるまで残っている。その彫刻やステンドグラスには王の宮廷の影響を見ることができる。採光用の高窓が並んだ側壁に沿って紋章の装飾が一列に施されており、それぞれの窓にはイングランド王家の紋章が描かれ、イングランド北部の大諸侯の紋章がその脇を固めていた。紋章を記された大諸侯は、パーシー家やヴァヴァサー家といった家門であり、大司教座教会と密接な関係があった。そこには、バノックバーンで死んだエドワード・ド・モーリー卿の紋章も描かれており、寄進者のなかにはその弟、クリーヴランドの助祭長スティーヴン・ド・モーリーの名前も見られた。彼らは、ステンドグラスのなかでヨークの富裕な市民と親しく交わっていたのである。ヨークは、明らかに、イングランド北部の大首都だった。

百年戦争の始まり

一三三三年五月、ウェストミンスターから数台の荷馬車が再び出発した。スコットランドとの和平は、その規定がいかに良識あるものだったとしても、信頼を失った摂政団の手によるものだった。イザベラとモーティマーが失脚した後、国外追放に処されていた有力な人々の一団が帰国した。その多くはスコットランドの諸領地への請求権をもっていた。彼らは、自分たちの指導者を、一二九二年に任命されその後退位させられたスコットランドの統治者ジョン・ベイリオルの息子であるエドワード・ベイリオルに見いだした。彼は、相続地を奪われた者たちの支持を得て、一三三二年九月二四日にスクーンで戴冠された。本来スコットランド王に属すべき統治組織は、ロバート・ブルースの息子デイヴィッドの名により支配する人々の手中にあった。デイヴィッドは、父ロバートが死んだとき、わずか五歳の少年にすぎなかった。エドワード三世は、相続地を奪われていた人々とベイリオル家の主張から最初は距離をとっていたが、次第にひき込まれていった。上述の荷馬車の出発は、古くから争われてきた問題をめぐって、スコットランドとの戦争に再び深くかかわり始めたことを示すものだった。ベリックがイングランド軍によって包囲され、スコットランド軍がその救援のために送られたが、それは、一三三三年七月一九日、ベリックの北数マイルに位置するハリドン・ヒルにおいて敗北を喫した。スコットランド貴族に数多くの犠牲者を出したこの戦いの後、ベイリオルは、エドワード三世にスコットランド低地地方(ローランド)のほとんどを割譲し、デイヴィッド・ブルースはフランスへと逃げた。ある年代記作者によれば、一三三五年には、この幼い「デイヴィー王さま」を支持していると認めるのは小さな子供しかいなかったという。とはいえ、ベイリオルの大義、そして彼を支持するイングランドの大義を財政的に支え続けることもむずかしかった。強固な城塞のネットワークがなければ、常備軍が必要だった。しかし、それは非常に高くついた。一三三五年の三ヵ月の軍事行動のために、エドワード三世は二万五〇〇〇ポンドも費やしていた。一方、一三二六年のコルベイユ条約で、フランス王とスコットランド王は、どちらかがイングランドと戦争をする際には相互に援助することを約束していたが、フランス王フィリップ六世にとって、この条約の定める自分の義務を率直にそのまま受け入れることは都合がよかった。フランス王は、デイヴィッド・ブルースのパリでの生活を支援し、スコットランドに武器と食糧を送ったが、援助はそれにとどまらなかった。フランスがさらに直接軍事介入するという威嚇も、同様に援助の一部だった。

一三三七年五月、フランス王フィリップ六世は、ガスコーニュの没収を宣言した。しかし、それが実際に達成されたのは、ようやく一四五〇年代になって、彼の継承者の一人によってだった。それまでの期間は、一般に「百年戦争」と呼ばれている。ある観点からすれば、この名称は、イングランドとフランスとの敵対的関係が、この期間を通じてずっと継続していたかのような誤った印象をもたらす。現実には、この敵対的関係は、百年戦争以前と同じように、長い休戦期間に突然の軍事行動の勃発が区切りを入れる形で続いたものだった。しかし、別の観点からすれば、この戦争には継続性も存在した。この期間、一貫して、イングランド王によりフランス王位継承への要求がなされているからである。それは、イングランドの政治共同体の支持を得て、一三三七年一〇月にはじめて請求されたものである。エドワードが主張したのは、自分こそが正当なフランス王であり、その法的権利は母イザベラから伝えられたということである。エドワードは、一三二九年に、臣従礼を行うことでフィリップ六世の権利を一度認めていたが、それにもかかわらずこのように主張したのである。フランスでの戦争にイングランドの人々を巻き込むというのは、大きな問題をはらんだ企てだった。というのは、エドワードが追求していたのは個人的な目的であって、国家の目的ではなかったからである。エドワードが主張したのは、彼自身の個人的な権利にすぎなかった。臣民は、兵士として、そして担税者としての役割を果たすことになる。しかし、なぜ彼らは他人の争いのために戦い、税を払わねばならないのだろうか。エドワードがまず勝利すべきものは、決定的な重要性をもつこの宣伝戦だった。

王の考えを広めるための組織は、州および郡において、そして本章で扱った市場都市のネットワークにおいてすでに存在していた。王の成功は、カンバーランドで書かれた『ラナーコスト年代記』にあらわれた変化に見ることができる。この史料では、「旧敵」とはフランス人ではなくスコットランド人のことだった。にもかかわらず、北部地方で書かれたこの年代記は、一三三〇年代の終わりになって、突然、対フランス戦争に関係するもっとも重要な文書を載せ始めるのである。そのなかには、一三三七年に出された声明文がある。この文書は、最近フランス王とのあいだで交わされたやりとりに関するエドワード側の見解を記したものであり、結婚の申し出やその他の手段を通して戦争を避けるためにエドワードが試みた数多くの事柄について述べている。これらすべてをフランス王は拒絶したのだ、と彼は主張する。エドワードの前に立ちはだかっていたのは、「イングランド王の敵、スコットランド人を支援・擁護するのに忙しい」ずる賢い日和見主義者だと言うのである。対フランス戦争はスコットランドとの紛争から派生してきたのだというこの見方を、イングランド人は明らかに疑うことなく支持していたが、それはまた非常に政治的な意図を含んだ主張でもあった。それによって、エドワードは、自分の攻撃的なフランス王位の要求を、自分の権利を守るために必要な防衛的な行動として提示できたのである。また、同じ年代記には、当時南フランスのアヴィニョンにいて和平を仲介しようとしていた教皇とのあいだで交わされた書簡の写しも載せられている。エドワードが一三四〇年二月にヘントで出した書簡の写しもとられているが、そのなかで彼は、自分がフランス王の称号を得たことを告知し、自分の新たな臣民に向かって自分の王位請求権の根拠を説明し、彼らによき統治を提供したいという希望を述べている。フランス臣民にたいして不正な強制取立てをすることはないであろう。というのは、「余には十分な資産があるからである。神に感謝あれ。」エドワードの臣民がこの見え透いた偽りにたいしてどう感じたのか、今となっては知るよしもない。しかし、彼らは、それを書き記したのであり、書き記すことでその偽りにかかわりをもつことになったのである。

　エドワードの臣民のなかで、彼がとくに気を遣い喜ばせようとしたグループが一つある。彼らの支持なしにフランスとの戦争は不可能だったのである。それは騎士階層だった。彼らは、ノルマン征服以来大きく性格を変え数も少なくなっていたが、その気風と専門的職業戦士としての訓練により、いまだにほかとは区別された一つの階層を形成していた。その気風は、騎士道の名においてもっともよく知られている。騎士道は、馬に乗り戦う者たち（シュヴァリエ）の文化、騎士階層の文化である。騎士道はコスモポリタン的なものだった。その英雄たちは国際的舞台を必要としていた。イングランド人がフランスから撤退するにつれ、また西ヨーロッパの人々が聖地から追い立てられるにつれ、武芸を披露する機会は減少した。その代わりを提供したのが、馬上槍試合大会（トーナメント）だった。騎士道精神に満ちた年代記作者トーマス・グレイ卿にとって、それは「平和な戦争」だった。彼の年代記によると、エドワード三世は若い頃、この文化に浸り、「馬上槍試合や武芸大会に参加し、高貴な女性たちを楽しませる」愉快な生活を送っていたという。彼の治世初期には、ロンドン市内あるいはその周辺で、盛大な馬上槍試合大会が何度か開かれた。一三三一年九月には、ロンドン市内の大通りチープサイドで馬上槍試合大会が開かれ、「イングランドのすべての騎士階層の人々」がそこへやって来たという。彼らは、もっとも上質な着物、赤いビロードの上着（チュニック）、そして白い毛皮の帽子で着飾って練り歩き、タタール人のようにみなマスクをしていた。騎士たちは、馬に乗り進むとき、それぞれ右側に淑女をともない、銀の鎖で導いていた。騎馬行進の後、続く三日のあいだ競技が争われた。それは槍試合を専門とする人々に任された。一六人の騎士が全員の相手をし、すばらしい腕前を見せた。ここで報告されている唯一の事故は、王妃とその侍女たちについてのものだった。彼女たちが観戦していた仮設櫓の部屋が人の重みに耐えかねて崩落したのである。

いうまでもなく、かたわらで観戦しているこの女性たちが、騎士道理念の中心に位置していた。馬上槍試合大会は、戦争に備える訓練であるのと同時に、女性に自分をアピールする場でもあった。女性たちに自分を印象づけようと若者たちが示した勲功について、数々の話が伝えられているが、それによりこの特質が明らかとなる。彼らは、時には女性から直接に試されることもあった。バノックバーンでの惨敗の後、ウィリアム・マーミオンは、庇護を受けている女性からから金箔を張った戦闘用の兜を送られた。しかし、それと同時に、その兜を被りブリテン島でもっとも危険な場所に行き、そこで誉れを勝ち取らねばならない、という言いつけも受け取った。そのためには、スコットランドとの境界地方へ行くのが自然だと思われた。彼は、その後すぐに、その美しい兜を被ってノーラム城に姿をあらわした。守備隊の騎士たちの戦意は高揚しウィリアムとともに戦うことになり、スコットランド人もそれに応えた。ウィリアム卿は最初の攻撃を率いたが、そこで危うく命を落とすところだった。女性たちもこの一部始終を見ていた。彼女たちは、お目当ての男をほとんど文字通りの意味で「採点」していたのである。現代のテニスのトーナメントにおいて、一流のプロたちが、きわめて重要なコンピュータ・ランキングを上げるためにポイントを重ねるのとまったく同じことが、中世の騎士と馬上槍試合大会に関しても言えるのである。たとえば、ジャイルズ・ダルジャンティン卿というあるイングランドの騎士は、キリスト教世界のなかで三番目に優れた騎士だと言われていた。若き王エドワード三世も同じように自分の名声が欲しかった。彼も、[☆8]「武芸と栄光を熱心に求めていたのである。」彼の時代には、やがて、最高ランキングに達した者への賞品は、ガーター騎士団の一人に選ばれることとなるであろう。エドワード三世は、自分に従う者たちの騎士道的野心を自分の名声を勝ち取る方向へ振り向けていったのである。

戦時財政

百年戦争が始まった一三三七年に開かれた議会は、寛大な課税同意を与えた。それは、三回に及ぶ十五分の一税と十分の一税であり、一三三七年、一三三八年、一三三九年の収穫にたいして課税されたものだった。それは、一三三四年の査定にもとづいており、各課税年につき三万八〇〇〇ポンドの徴収額が見込まれていた。この三年に及ぶ課税は慣習的なものだったが、それには人々の怒りをひき起こす特別な理由が存在した。この査定は各地方の人々に任されていた。税は貧しい人々にとってより重いものとなった。たとえば、ケントでは、一三三四年には担税者は一万一〇〇〇人だったが、一三三八年にはその数は下層へと広がり一万七〇〇〇人前後まで増えていた。このうえにさらに、戦争に必要な物資を取り立てる王の大権による徴発がのしかかった。この時期、市場は不況におちいっていた。王の必要な貨幣を得るには、収穫がよすぎたのである。「物資はあり余るほどたくさんあるのに貨幣がまったく足りないので、ロンドンでは小麦一クォーターが二シリングにしかならない」と、ラーヌルフ・ヒグデンは『ポリクロニコン』[☆9]のなかで述べている。同時代の詩も同じような愚痴を述べている。

> 市場にでは、買い手があまりに少なすぎ、人々が織物、穀物、豚、羊、何を売ろうと望んでも、商いはまったく成り立たなかった。

こうした証言は、深刻なデフレの兆候を並べ立てている。一三三九年のパーラメントは、王が資金を必要としていることは認めながらも、貨幣不足のために十分の一税を物納によって徴収することを余儀なくされた。王は市場が耐え

図79（上）　エドワード３世と家族。かつてウェストミンスター修道院内のセント・スティーヴン礼拝所にあったフレスコ画から描き起こされたもの。

図80（下）　ロンドン司教ジョン・グレイヴサンド（在位1319-1338年）の印章。

られる以上のものを要求していたのである。それは、イングランドの地方市場だけとどまらなかった。

エドワードは、一三三八年七月から一三四〇年まで大陸の低地地方(ロー・カントリーズ)に滞在していた。同盟者に支払うのに必要な資金をそこで調達しようとしたのである。その調達のために、イングランドの羊毛市場は直接管理されることになった。それは、これまでのように、羊毛を担保に借り入れをするということだけにとどまらなかった。通常の羊毛輸出のやり方では、商人は、羊毛をある指定された港（指定市場(ステイプル)）を経由して輸出し、そこで関税を支払わねばならないが、その後は好きなように取引できた。しかし、いまや、王が羊毛を独占的に取引することになったのである。イングランドからフランドルへの羊毛輸出は、そのため、一三三六年八月に停止された。一三三七年に、ハルのウィリアム・ド・ラ・ポールとロンドンのレジナルド・コンデュイットによって率いられたイングランドの羊毛商人たちは、共同事業組合を組織した。彼らの目論見では、三万袋の羊毛を集めることが可能であり、それは羊毛不足のため最高値で売れるはずだった。彼らは、この計算にもとづいて、王に二万ポンドを貸し付けると約束した。理論上はすべての者に利益があるはずだったが、この計画は大失敗に終わった。一三三七年一一月、約束されていた三万袋のうち一万二〇〇〇袋に満たない量の羊毛だけがオランダ南西部ゼーラントのドルドレヒトに送られたのである。そして、商人たちが（よくあることだが）約束した全額を調達することができなかったとき、彼らの羊毛は王によって没収されたのである。この共同事業組合に名を連ねた一四七人の商人たちは、将来の支払いを約束した債権証書を与えられた。ただ、商人の多くは、現金として償還される前にその債権を大きく割り引いて譲渡するはめになった。王の同盟者に年金を支払うために早急に資金が必要だった。王の代理人であるモンテ・フロールムのパーオロは報告している。「大領主たちは大変困った状況にある。彼らは羊毛が売れるのを待てないのだ。」儲かるはずの独占はたんなる供給過剰になり、それには必然的な結末が待っていた。価格が下落したのである。一三三八年に没収された羊毛の一部を託されたバルディ商会とペルッツィ商会は、彼らがもつ取引相手のネットワークを駆使しても、続く二年のあいだ一袋につき六ポンドでしか売ることができなかった。この価格ではまったく利益が出なかった。このようなフィレンツェの商人銀行家たちは、戦争が始まったときは王の主要な貸主だったが、いまや王とのかかわりを減らそうとしていた。やがて、ドイツ人がフィレンツェ人に取って代わったが、彼らは法外な条件のもとでしか貸付をしなかった。一三三九年二月、エドワード三世は、フランス王位を要求するなか、借り入れの担保としてイングランドの大王冠をドイツ選帝侯の一人、トリアー大司教にひき渡したのである。

エドワードがフランス王の称号を正式に使用したのは、一三四〇年一月二六日、ヘントの市場が開かれる広場でのことだった。ヘントのヤーコプ・ファン・アルテフェルデに率いられたフランドル人は、エドワードの称号を受け入れたのである。輸出羊毛指定市場（ウール・ステイプル）はブリュージュに移された。イングランド王は、フランドルの人々に一万四〇〇〇ポンドを約束し、フランスの攻撃があった場合には船と武器を送ることも約束した。それから、エドワードは、妻と子、さらに何人かの軍指揮官を、実質的に借金の人質としてルーヴァンに残し、イングランドで開かれたパーラメントに戻った。エドワードは、要求した資金をパーラメントから得て、その後すぐに、彼の絶えることのない名声にとって決定的に重要な勝利を収めたのである。一三四〇年の夏、フランドルの人々が恐れていたように、フランス軍はスライスにかなりの規模の海軍を集結させた。今スライスがどこかを示すには詳しい地図が必要だが、一四世紀のヨーロッパの船乗りたちにとってスライスはよく知られた航海の目印となる場所だった。この町は当時ズウィン湾の奥に位置した港町で、そこから川を上った内陸にブリュージュがあった。ブリュージュは北ヨーロッパの一大集散拠点であり、一方では北ヨーロッパの商人たちの終着地であり、他方では地中海の物資を毎年定期的に運んでくるイタリアのガレー船団の終着地でもあった。したがって、当時のスライスのブリュージュにたいする関係は、現在のクラッパム・ジャンクション[☆10]が、ロンドンから南に向かう鉄道ネットワークにたいしてもつ関係と同じだと言える。そうした場所での勝利の知らせは、はるか遠くまでこのネットワークが広がっている限り伝えられた。これこそがエドワードが成し遂げたことだったのである。一三四〇年六月二四日、勝利に浸る王は、息子に、神が勝利を授けられたと書き送った。フランス側の一九〇隻のうちたった二四隻、三万五〇〇〇人の兵士のうち五〇〇〇人しか逃げ延びることができなかった。「残りはフランドルの海岸のいたる所で屍となり横たわっていた。」スライスの殺戮は人々の記憶に長くとどまった。「もし魚が話すことができるなら、フランス語をしゃべっただろう。あまりに多くの死体がズウィン湾をいっぱいにしたのだから。」ヨークシャーのモー修道院の年代記作者は、五〇年後にこのように述べている。エドワードは、この戦いの後間もなく、イングランドで最初の金貨を発行する。彼が海外に広めようとしたのは、そこに刻印されたスライスの海戦における勝利のイメージだったのである。

スライスでの勝利は、イングランドにとって直接的な利益をもたらさなかった。それは、むしろ事態を悪化させたとさえ言いうるかもしれない。というのは、この勝利によって王は自分を過信するようになったからである。自分の方針に誤りはなく、臣民たちが自分にたいして以前行った約束をきちんと守ってさえいたならば、ほかにもさらに大きな勝利をおそらく収めていただろう。王はこのように確信したのである。尚書部長官ジョン・ストラトフォードは、迫り来る嵐を予測して、スライスの戦いの直前に辞任していた。彼は全力を尽くしてエドワードとイングランドの担税者とのあいだをとりもつ努力をしたが、イングランド行政の偉大なる伝統に照らしてみると、ストラトフォードも、当然のごとく、ソールズベリーのロジャーやヒューバート・ウォルターのような者たちと同じように、個人としては偉大な足跡を歴史に残してはいないことが明らかとなる。結局、王は、多額の債務を抱え、一三四〇年九月、フランスとエスプレシャンで休戦を結ぶことを余儀なくされた。エドワードは、この四年間の政策に公にかかわってきた人々の責任を追及するため、イングランドに再び戻ってきた。一三四〇年一一月三〇日、王は予告なしにロンドン塔にあらわれた。ロンドン塔の城代は、そのとき不在であり、後にそこに投獄されることになった。職務怠慢の容疑をかけられた何人かの裁判官、さらにウィリアム・ド・ラ・ポールとその弟ジョンを含む数多くの商人が、同様に投獄された。ウィリアムは、一三三七年の共同事業組合の指導者の一人として責任を負わされることになった。エドワードは、この組合の失敗のせいで、その後多くの困難な問題が生じたのだと考えていた。不正行為を見つけるのはむずかしくなかった。陪審の評決によれば、少なくとも二五〇〇袋(サック)という量の羊毛が、この共同事業組合の枠外で密輸されていたのである。関税の査定も組合に有利になるように行われていた。ボストン港の王の役人は、関税が支払われたすべての袋(サック)について、実際には規定の重さよりも四分の一から四分の三も多い量の羊毛の輸出を許していたのである。こうした他人の犯したささいな罪のために、ウィリアム・ド・ラ・ポールは一三四二年五月まで投獄されることになった。

エドワードは、間違いなく、ジョン・ストラトフォードも同じように投獄することを望んでいた。しかし、ストラトフォードはカンタベリー大司教だった。ダービー伯とノーサンプトン伯といった貴族たちは、彼ら自身前年に大陸の低地地方において投獄されていたが、自分たちがそのような苦境におちいった責任はストラトフォードにあると考えていた。したがって、王は、帰国すると、まず一人の騎士を送り、大司教にたいして、ルーヴァンの商人たちに負っている負債の人質となるため出国できるように準備し、ロンドンに来るよう求めた。「貴殿がどう出るか見物だ」というのが、繰り返し伝えられた王のメッセージだった。これは学校の遊び場レベルの裁きと言ってよいが、ストラトフォードはそのような裁きを受けるほど愚かではなかった。彼にとっては自分の司教座聖堂の説教壇のほうがはるかにふさわしい場所だった。聖トーマスの祝日（一二月二九日）に、彼は俗語である英語で、そして要を得た話しぶりで、自分に向けられていた罪状にたいして答えた。彼は、説教の主題として、かつて自分と同じ地位にあったトーマス・ベケットの殺害を、そしてさらにエドワード二世の死をとりあげた。「彼に起こったことをよく覚えておくがよい。」この説教の要点は、適切な助言の必要性だった。ストラトフォードの事例とベケット論争の初期の経過には類似性があった。大司教は、小役人のように釈明するために呼び出されたことにたいして抵抗しているのである。しかし、ストラトフォードのほうがベケットよりもはるかに外交的なセンスをもっていた。彼は、出頭すると述べはしたものの、自分と同輩の貴族による裁判を強く要求した。世俗諸侯たちは、ランカスター伯トーマスやアンドルー・ハークレイといった偉大な人々を死刑にしてしまった略式裁判を恐れていたので、この件についてはストラトフォードを支持すると当てにできたのである。彼が説教で強調した「適切な助言」は、議会(パーラメント)に代表される政治共同体と解釈されるべきである。一三四一年の四月から五月にかけて開かれた議会において、貴族のあいだでは同輩貴族による裁判が行われ、庶民たちにたいしては戦争開始以来費されたあらゆる資金について適切な決算報告が行われた。そして、両身分にたいして、王の役人は議会への説明責任があるという原則が承認された。

フランスとの新たな戦争の初期の段階から、いくつかの明確な教訓がひきだされていた。スライスの戦いが示したように、イングランドはフランスを海戦で打ち破ることができた。しかし、もし陸戦においてフランスを攻撃しようと望むならば、フランドルだけでは十分に堅固な基盤にならないということが明白だった。しかし、一三四一年四月に、ブルターニュ公でありリッチモンド伯であるジャン三世が死んだとき、新たな戦線を開くことが可能となった。継承者の選定は紛糾したが、争いが続くことがエドワード三世の利益にかなっていた。エドワードは、死んだ公の弟であるジャン・ド・モンフォールの継承権の請求を承認した。その代わりに、ジャンは、エドワードを正当なフランス王として認めたのである。これにたいして、フランス王は、対抗者として、前公の姪と結婚していたブロワ伯シャルルを継承者として承認し、ブルターニュ公とした。イングランド王は、ここでも、フランス王支配領域の周辺地域を不安定化させるといういつも通りの政策を追求していた。イングランドの守備隊は、モンフォール派のためにブルターニュのいくつかの都市を占領し、いくつかのめざましい軍事的成果をあげた。しかし、戦略的な意味におけるブルターニュの重要性は、ただちに反撃される危険なしに、ノルマンディーのもっとも弱い地点である西部から攻撃することを可能にした点にあった。陸戦における最初の重要な軍事衝突の舞台は、こうして整えられたのである。

クレシーの戦い

一三四六年七月、ポーツマスに大軍が召集された。その軍は、現在のシェルブールの港にほど近いサン・ヴァ・ラ・ウーグに向けて出帆した。そこからエドワードは南へ、そして東へと進路をとり、ノルマンディーの中心部へ向けて進軍した。その土地の有力な修道院（そのうちのいくつかはイングランドに土地をもっていた）に宿を求め、防御が整っていない都市を略奪し、防御がよく整っている都市はそのままにしていった。フランス人たちのある者は驚いた。フロワサール[☆11]によれば、カーンでは、フランス軍務長官（コンスタブル）とタンカルヴィル伯が、「自分たちが誰か知らない」弓兵らにより捕らわれ命を失うのを恐れ、城門の塔のなかで縮こまっていた。助けは、ロバート・ホランド卿という人物を通して得ることができた。彼らがロバートに気づいたのは、「かつてグラナダやプロイセンや他の遠征で一緒に戦ったことがあったからである」。二人は塔の上からロバートを呼びとめ、捕虜としてくれるように頼んだ。この勇敢な騎士は喜んで従った。「彼らを捕らえたことは、一日の仕事としてすばらしいもので、金になる捕虜を得たという意味で大漁とも呼びうる成果だった。」カーンのイングランド軍は、故国に「自分たちの儲けでいっぱいになった船」を送り、進軍を続けた。そしてついにポンティユー伯領クレシーにやって来た。ここで、百年戦争において最初の陸戦、数少ない陸戦が行われたのである。

クレシーの戦いは非常に混乱した戦いだったが、年代記作者たちはなんらかの秩序立った記述を与えようとし、身分の高い者たちには彼らにふさわしい功績を認めようとした。勝利はエドワードのものとなった。少なくともフロワサールによれば、その理由は、長弓が優れていたためというよりは、イングランド軍が防御的な陣形をとり、それを守り抜いたからであるという。イングランド軍は三つの部隊に分かれていた。エドワード黒太子、ウォリック伯とオックスフォード伯とともに、数多くの身分の高い者たち、八〇〇人の騎兵、二〇〇〇人の弓兵、一〇〇〇人の歩兵からなる部隊を指揮していた。残りの二つの部隊、すなわちノーサンプトン伯とアランデル伯の指揮下にある部隊と王の指揮下にある部隊には、さらに一二〇〇人の騎兵と三二〇〇人の弓兵がいた、とフロワサールは伝えている。彼らは「それぞれの騎士が自らの幟（のぼり）あるいは長三角旗のもとで自分の部下に囲まれる」通常の陣形をとっていた。フランス軍の攻撃がジェノヴァの弩兵隊によって開始された。フィレンツェの年代記作者ヴィッラーニによれば、それは、六〇〇〇人だったというが、イングランドの弓兵によって押し戻された。弓兵の矢が彼らの上に「雪のように厚く」降り注いだのである。付近の道は何マイルにもわたり逃亡する一般兵でいっぱいであり、そのうちの多くはどちらに向かっているのかさえわからなかった。要するに「非常に残酷で残忍な出来事であり、数多くの武勲は記録されることもないままだった。」伝令官たちは、翌日になってはじめて、確認作業をすることができた。彼らは、戦場を馬で進み、紋章を見て倒れている者たちを確認した。もし攻撃した相手が「この者たちが誰か」さえ知っていれば、彼らは命を助けられたかもしれない。フロワサールによれば、エドワードがもっとも悔やんだのは、そのような者たちの身代金を得る機会を失ったことだったという。これはありふれた描写である。しかし、他方で、フロワサールは、フランス王について忘れがたい場面を書き残している。王は、一日中戦場にとどまり、最後に部下により導かれ静かに去っていくまで、茫然自失の状態で立ち尽くしていたのである。

第七章　黒死病の後　一三四九—一三九九年

一八二二年秋、ウィリアム・コベット[☆1]は「田園騎行（ルーラル・ライズ）」に出かけた。彼は、イングランドを旅しつつ、自分の興味ある話題をいろいろと語っている。その話題の一つは、旅行中に目にした景観、イングランドの村々の小教区教会の塔やその上の尖塔、さらにその突端の尖頂から生まれたものだった。コベットは、ある川沿いの肥沃な地域で、大きな教会が集中して建っているのを見たが、その地域の住人はほとんどいないように思われた。ウィルトシャーのソールズベリーからウォーミンスターに続く川の流域地方には二一もの教会があったが、その一つの教会だけで、その地域全体の住人すべてを容易に収容できるように思われたのである。こうした事実にもかかわらず、イングランドの人口は一四世紀当時よりもはるかに増えていると、アダム・スミスなどの「スコットランドの哲学者たち」は述べていた。コベットは、彼らの主張に疑問を抱き、次のような問いかけをした。

なぜこの地の二一の教会は建てられたのか、何のためにこれらの教会は建てられたのか、なぜコッドフォードの二つの大きな教会は互いに数百ヤードの近さに建てられたのか。

それぞれの村の丘陵地域は、かつて鋤で耕された痕跡があったが、コベットの時代には耕作されていなかった。これらの村の周縁部には数多くの小さな囲い地があり、「そのそれぞれにかつて家屋が存在していたことは確かだった。」コベットの観察は大変優れたもので、彼が立てた問いもすばらしいものだった。しかし、彼は、あらかじめその答えを用意していた。この地域での人口減少は、コベットの考えでは、領主と小教区の牧師（犯罪人のなかでも最悪の者たち）が共謀してイングランドの一般の人々を追い立てた結果だったのである。

現在では、このような変化を説明するには、一四世紀ヨーロッパの歴史においてもっとも劇的で重要な出来事、黒死病の到来から始めなければならない。この伝染病の起源は中央アジアのステップ地帯にあった。それは、海を経由して、まず地中海を通じて、そしてさらにヨーロッパ北部とを結んでいる航路に沿って広がった。エドワード三世の娘ジョウンも、一三四八年九月、ボルドーで黒死病のために死んだ。イングランドに最初に黒死病が到来したのはドーセットのメルカム・リージスだった。「船乗りの一人が恐ろしい疫病の種をガスコーニュから一緒に運んできたのだった。」しかし、ひょっとすると、最初に黒死病があらわれたのは、ブリストルあるいはサウスハンプトンだったかもしれない。どちらの港も黒死病の影響を最初期に受けた場所の一つである。黒死病が最初にあらわれた場所を特定するのは困難である。というのは、黒死病は、その病名が明らかになったときには、すでにイングランド南部のほとんどの地域に広まっていたからである。黒死病は、一三四八年末までに、おそらく水路を経由して、ロンドンまで達していた。議会が一三四九年二月にロンドンで開かれるよう召集されていたが、それは、「突然発生した死をもたらす疫病」のために延期された。一三四九年は、イングランドの大部分の地域で、この疫病が猛威をふるった年となった。「太陽の行路に従ってイングランドの隅々まで恐るべき死が訪れた」と、レスターの律修参事会員ヘンリー・ナイトン[☆2]は述べている。ナイトンは天に目を向けたが、恐れるべきものは足元にいた。それは、人々の家の軒に住みつき納屋に積まれた穀物のなかに隠れるイエネズミ（学名ラットゥス・ラットゥス）だった。黒死病はネズミを媒介として広まったのである。黒死病は突然襲ってきた。その症状は恐ろしいもので、多くの人々は数日のうちに死んだ。その症状は脇の下あるいは足の付け根にあらわれる腫れ物で、それは膨れあがって腐肉のように悪臭を放つようになり、最終的に破裂した。この段階の後三日から五日で死ぬ、と教皇庁の医者は事務的に述べている。これは典型的な腺ペストだが、さらにひどい症状のものが見られた。ほかに肺ペストも存在していたのである。これは肺に達し、喀血をひきおこし、腺ペストよりも早く死をもたらした。「その後二日で死んだ」と言われている。

膨大な数の人々が死んだ。正確な数字を出すことは不可能である。教会も世俗国家も死亡者の記録をとっていなかったからである。ほぼ全国に及ぶ記録としては、聖職禄を新たに受ける小教区司祭の数に関するものがある。ヨーク大司教区の五三五小教区のうち二三三の聖職禄が司祭の死亡によって空席となった。それは、四三パーセントの割合である。リンカン司教区では、小教区司祭の総数にたいして空席となった割合は四〇パーセントだった。ただし、この数のなかから、黒死病による死亡者だけを抽出するのは不可能である。個々の村における死亡率は、個々人の死から直接的にではなく、土地譲渡の事例を通じて出すことができるが、その作業が可能な村落共同体の規模は小さいので、事例を処理するのは比較的容易である。こうした記録では、三〇パーセントから四五パーセントのあいだの死亡率が一般的である。当時最良の治療を受けることが可能だった裕福な共同体でも、数値は似たようなものだった。ウェストミンスター修道院では、修道院長と二六人の修道士が死んだ。しかし、ロンドンのほとんどの人々は、黒死病が蔓延する町から逃れようとした。王は郊外のキングズ・ラングリー（一三四九年七月、そこにいる王のもとに聖遺物が送られている）とウッドストックにとどまった。王については後でまた触れる。

黒死病は誰でも同じように襲ったわけではない。ツヴィ・ラヴィがヘイルズオーウェン村について出した数字が示すように、年老いた者たちと年若い者たちがとくに感染しやすく、反対に二〇代と三〇代の者たちがもっとも免疫力があった。もしそうだとすれば、人口は一世代後には黒死病以前の水準に戻ることが可能だったはずだが、実際にはそうならなかった。イングランドの人口は、黒死病の時期に激減した後、一四世紀を通じて減少し続け、この世紀の終わりまでに黒死病以前の半分になっていた。リチャード二世治世のイングランドの人口として二〇〇万人という数字は、コベットが拒絶したものだが、現在では妥当な推定値だと見なすことができる。このような一四世紀後半の人口減少の原因を、一三四八年から四九年にかけて広まった黒死病だけに帰することはできない。ほかの要因も考察されねばならないのである。もっとも明白な原因は、黒死病が繰り返し襲ったことである。エドワード三世の時代だけをとっても、それは、さらに三回、一三六一年、一三六九年、一三七五年に襲来している。一三六一年の襲来はとくに注目に値する。このときには多くの貴族が死んだ。二四パーセントという彼らの死亡率は、第一回襲来の際に記録された数値よりもはるかに高いものである。レスターにいたヘンリー・ナイトンは、「身分の高い者も低い者も死んだ」と述べているが、とくに若い男たち（以前はあまり感染しなかったグループ）と子供たちが死んだのである。人口における性別の割合が片寄ったものになったとすれば、人口再生産の過程は妨げられることになっただろう。黒死病と並んで、ほかにもコレラ、インフルエンザ、腸チフス、結核などさまざまな伝染病があったが、それにたいする予防接種など存在しなかった。シルヴィア・スラップの言葉を使えば、一五世紀は「バクテリアの黄金時代」だったのである。カンタベリーの修道士たちは、仲間の修道士がどのような原因で死んだか、どこで死因が診断できたかに関して記録を残している。それによると、黒死病で死んだ者よりも、結核あるいは「汗かき病」[☆3]で死んだ者のほうがこの時代には多かったのである。したがって、人口水準が低いままだったとすれば、その主要原因はその後も続いた高死亡率だったと推測されるが、同様に低出生率も重要な原因だった可能性が高いように思われる。一五世紀の家族は黒死病以前よりも小さくなり、未婚の人々もそれ以前より増えていたのである。

人口減少はイングランドの農村に重大な影響を与えた。人口減少の帰結は、どのように村が組織されていたかによって左右された。村は共同体であり、その多くは共同体的耕作組織として機能していた。もっとも顕著な特徴は、そ

図81　「死」がその餌食を槍で自分のものとしている場面。神、司祭、そして骸骨で描かれる「死」は、それぞれにふさわしい二行連句の韻文を述べている。

の組織全体の名称となっている開放耕地制（オープン・フィールド）だった。開放耕地制でもっともよく見られる形態は、まず二つないし三つの大きな耕地があり、そのなかに農民の保有地、小教区司祭の保有地（小教区所属耕地（グレーブ）として知られる）、そして時に領主の保有地（領主直営地（ディミーン）として知られる）が混在していた。現存する地図のなかで、この状態をもっともよく示しているのは、バッキンガムシャーのボアストール村のものである。この地図では、村を取り囲む三つの領域が、フリスフィールド、カウハウスフィールド、アーングローヴフィールドというように耕地（フィールド）の語を入れた名称で呼ばれている。地図の中心に村が描かれており、そこには、教会、市場の十字架、領主の館へと続く門番小屋など、社会組織を象徴するものすべてをはっきりと見ることができる。地図の下のほうには、ディアーハイドという名前の二〇〇エーカーほどの土地があり、それはいくつかの小さな囲い地に分けられている。その隣に描かれている絵が、この土地の由来を物語っている。その絵では、猟師ナイジェルが猪の住み着く土地を開墾し、猪の頭を王に進呈している。王は右手に狩猟用ラッパをぶら下げ、ナイジェルの家の紋章をもっている。王は、左手でディアーハイドを指差し、忠実な奉仕にたいする報酬としてそれを授与している。こうした特定の奉仕にたいして与えられるこの種の保有地は、役務保有地（サージャンティー）として知られていた。開放耕地と小囲い地のまわりには立派な木々からなる森林地域があり、そのなかで森の獣たちがくつろいでいる。森林地域は、村の人々にとって重要な資源であり、豚の放牧地と建築用の材木を提供していた。この「典型的な」村に欠けているもの、というよりこの地図に描かれていないものは、犂隊（プラウ・テイーム）☆4を引く大きな動物を養うための牧草地と草地である。牧草地は、不可欠なものだが不足しがちな資源だった。それは一般に、同じ面積の耕地と比べて三倍の価値があると評価されていた。

　動物と人間の必要のバランスをとることが、ボアストールのような村にとって重要な問題だった。動物には放牧のための開放された土地が必要だった。これにたいして、人間、すなわち自分の利益を追求する農民たちは、区分された個々の耕作地所有権を求めたのである。両者の必要を満たすのは、完全ではないが十分に可能だった。取り決めに

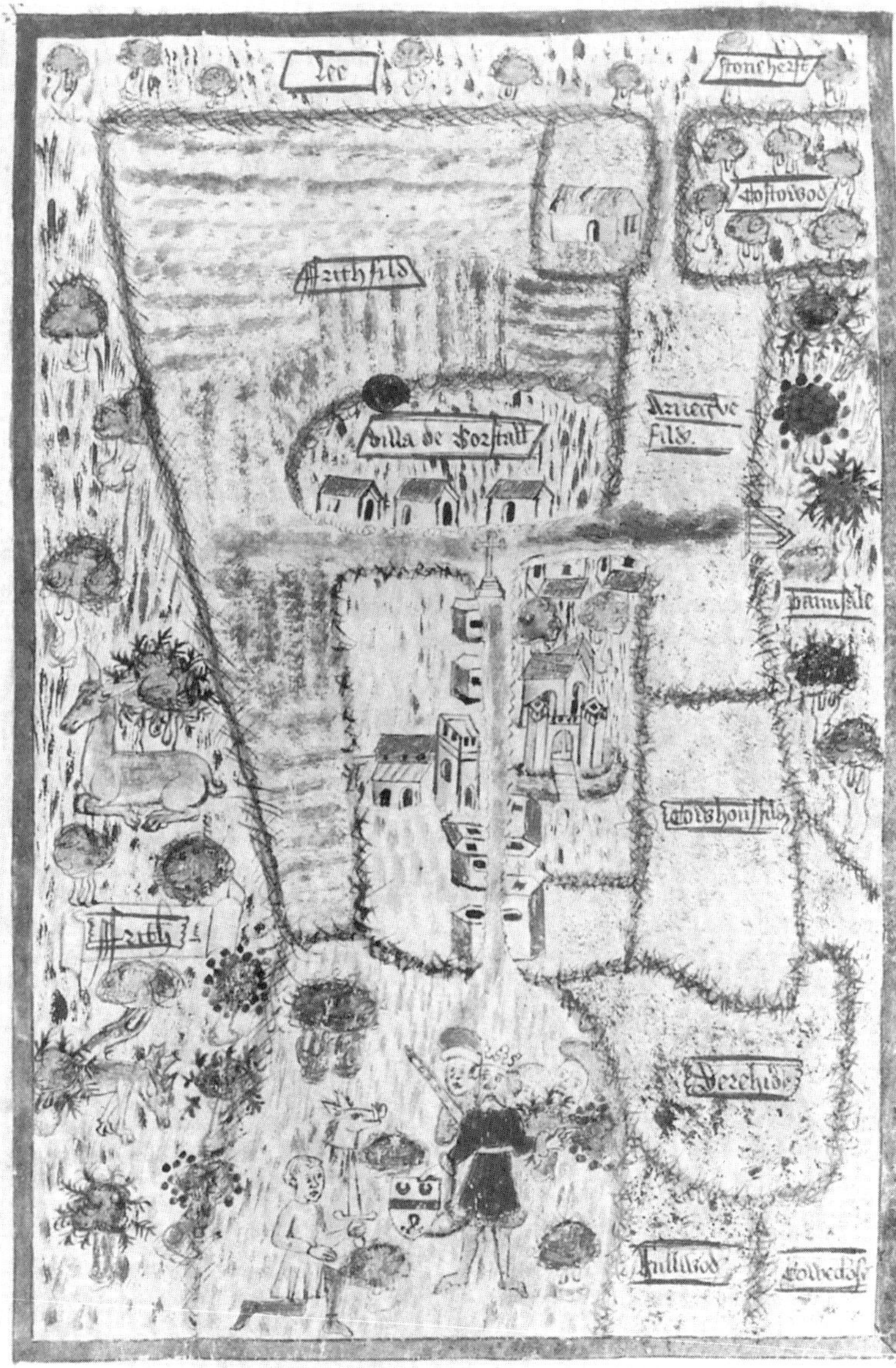

図82　ボアストール村の地図。王がこの村の猟師に会っているところが描かれている。

よってある時期には開放耕地で放牧することができ、さらに前述した荘園のほかの土地がそれを補うことができる場合には、ある程度バランスをとることが可能だったのである。ボアストール村の地図の作者は、三つの耕地を描いたとき、それぞれが年ごとに異なった目的のために利用される輪作を念頭に置いていた。耕作可能な土地の約三分の一に当たる耕地の一つが、毎年、交代で休閑地とされた。その目的は二つあった。一つは、休閑地にすることでその土地の生産力を回復すること、もう一つは、休閑地を動物のために必要な牧草地とすることである。残りの二つの耕地にはさまざまな作物が作づけされた。そのような耕地は、一四二五年頃のレスターシャーのウィムズウォルド村で見られたように、「小麦畑」、「エンドウ豆畑」など、その畑のなかですべてではないが特徴的な作物の名前で呼ばれることもあった。小麦とライ麦は主要な冬播き作物であり、エンドウ豆は大麦、オート麦、その他の雑穀、豆類と並んで主要な春播き作物だった。このように、三つの耕地のあいだで輪作が行われていた。輪作をするためには、各農民に割り当てられる土地を分けて耕地のなかで分散させ、各人がさまざまな地力の土地を保有するようにし、また、各村人が休閑地のなかで自分の権利に釣り合った持ち分を得るように配慮しなければならなかった。三つの主要な耕地は特定の輪作手順に従って耕作されており、単一の作物だけが作づけされることはめったになかった。収穫単位はファーロング[☆5]であり、バッキンガムシャーのパドベリーの航空写真が示すように、一つの耕地は通常いくつかのファーロングからなっていた。ここでは、二つの時代の土地景観が重なり合って存在している。垣根の線は、一八世紀に議会の承認により囲い込まれた土地の境界であり、それが中世のファーロングの線を横切っているのである。村人は各人で作物の種を播いたが、人と動物を分けたり、個々の利益を守ったりするなど、共同体的規定を必要とする要因が多く存在していた。「三耕作地内のすべての草地と牧草地は、各耕地で播種が行われるときには、柵で囲われねばならない。」ノーサンプトンシャーのハールストン村では、一四一〇年にこのように宣言されている。この耕地は、「耕地と村の必要から慣習だと定められる時期に」、共有地とされたのである。その日時の詳細は、年ごとに定められる

図83　パドベリー村（バッキンガムシャー）。村の北東にある耕地を南西に向かって見る。ここでは、２種類の土地景観、中世のもの（囲い込みまで存続）と近代のものが並存している。囲い込み後に造られた垣根が以前の耕地の畝と鋤き溝を横切っている。

必要があっただろう。それは荘園裁判所の仕事の一つだった。この裁判所は、領主の利益を守るためのものだったが、それと同時に村の共同体組織の不可欠な部分を構成していた。

一三四九年の春、人々は種を播いたが、その収穫を刈り入れることはなかった。ハンティンドンシャーのウォーボイズ村では、黒死病によって八つの主な保有地と一〇の家屋の保有者がいなくなったため、領主はそこで育った穀物を七ポンド・一シリング・八ペンスで売ることになった。人々の生活は続いた。膨大な数の保有地が数ヵ月のうちに別の人々により受け継がれた。多くの人口を抱えた村々では、土地を受け継ぐのに十分な数の相続人がいた。もし息子や娘がいない場合には、血縁の者が相続人となった。しかし、相続できる者もやがていなくなった。そして、そのような状況が進むにつれ、村の性格が変化していった。人々は、以前のような条件では土地をひき継がなくなったのである。人々はとくに、労働賦役の義務を負う土地を拒否したのである。彼らは、その土地本来の価値にふさわしい額しか支払わないであろう。一三七〇年代から物価が下落すると、土地の価値も下がっていった。領主たちは、自分たちの所有物だと考えていた村々に目をやりつつ、ますます危惧を深めていった。とくに二つのことが問題だった。一つは、見た目に明らかなことだが、建物が朽ち果てていくことだった。領主は、地代を下げる覚悟はしていたが、新しい保有者が修理をすべきだという点では譲らなかった。そのような家屋は、木で枠組みが作られていたが、その ための木材はしばしば領主から提供された。家屋敷は、耕地のなかの特定の土地と結びつけられていた。この家屋敷と土地のつながりが弱まってきており、領主はその点も懸念していた。この状態から農民が逃げ出していなくなるまでほんの一歩であり、そうなると領主と村落共同体全体が人的資源と労働賦役を失うことになるのである。この時期の裁判記録が、世襲的隷農身分[☆6]であると記されている男女で逃亡した者たちについて高い関心を示しているのはそのためである。たとえば、一三八七年に、ノーサンプトンシャーのメイドウェルの村人たちは、「世襲的に領主の隷農」だった以前の隣人たちの居場所を尋ねられている。四家族の者たちが言及されており、それぞれの居場所があげられ

図84、85　14世紀半ばの教会法に関する百科事典に描かれた装飾文字。その個所で論じられている論点を示す場面が描かれている。下の装飾文字は、司教が病気になっている修道士たちの相手をしている場面である。修道士たちは、黒死病か、少なくとも水疱瘡（みずぼうそう）を患っている。

ている。そのうちの一人は、ジェフリー・ホーチャンの娘セアラであり、彼女は（村人たちによれば）かつて近隣の市場町、ラシュトンに住んでいたという。行方不明になってしまった家族の行方を突きとめようとする試みは失敗した。村人たちは自分たちが知っていたわずかなことすら徐々に忘れていったが、セアラが美人だったという記憶だけは残っていた。裁判記録の後のほうの記述で、彼女は「美しいセアラ」（村人の英語では「フェアー・セアラ」、役人のラテン語訳では「プルクラ・サラ」）と記されているからである。このような調査が、同じ頃数多くなされたのである。

なぜ領主たちはこのような問題にそれほどの関心を払ったのだろうか。現代の私たちの目には、この世紀の前半の人口が半分になったのなら、以前の人口の多い時代からひき継いだ家屋の必要が小さくなるのは明らかなことに思える。同じ理由で、いくつかの集落が捨てられたのも驚くこととは思われない。しかし、そうした動きは止まり、ほとんどの村が、その規模を縮小させながらも生き残ったことが現在知られている。ただ、一三七〇年代および一三八〇年代の領主は、これを予見することができなかった。これは農民反乱の時代に起こったことであり、農民が得た自信とそれにたいして領主が感じた恐れは、ともにこの時代を動かす要因となった。現地調査、発掘、航空写真の活用によって、イングランドには、放棄されたか大幅に縮小してしまった村がおよそ三〇〇〇あることがわかっている。その多くにとって鍵となる時代は一四世紀末である。ノーサンプトンシャーからもう一つの例を採るならば、ポールブルック小教区のキングズソープは、ソーニー修道院に属する小さな所領だった。一三八六年に修道院は裁判を行った。一〇人の陪審が指名されたが、そのうち四人は、裁判に姿をあらわさなかった。残りの陪審たちは、領主に属する一三人の隷農たちがキングズソープの所領の外に住んでいると述べた。次の記録は一四八八年のものだが、キングズソープでは、その時点で、たった二人が修道院から土地を保有しているだけだった。一人はかつての領主直営地を保有しており、もう一人はかつての農民保有地を保有していた。そして、この村では、一六世紀初期に、牧羊のために囲い込みが行われた。一般には、この村が放棄されたのは、この一六世紀の出来事によってであると伝えられているが、それは事実ではない。それは、すでに一三八六年の時点で、いわば「脳死」状態にあったからである。村落共同体はすでに消え去っていたのである。この村から一五世紀の陶器が見つからない事実が、このような印象を裏づけている。

しかしながら、死に絶えた村、完全に放棄された村は、例外的な事例だった。より一般的だったのは、土地利用の変化をしばしばともなう調整の過程だった。イングランド中央部のミッドランド地方のほとんどの地域では、人口が安定してきた一五世紀初期がこの調整期間に当たった。すでにこの時代からいくつかの事例をあげたが、それが可能だったのは、この時代に慣習が書き留められるようになったからである。さもなければ、それがわれわれに伝えられることはなかっただろう。いったん開放耕地農法が棄て去られると、もとに戻ることはありえなかった。開放耕地制には大きな人力と資金が必要であり、その両方が一五世紀には不足していたからである。農耕と牧畜の両方に適した地域、ミッドランド地方のほとんどの地域では、かつて耕作されていた土地が牧草地となった。古い畝と鋤き溝がこの変化を今にとどめている。また、いつ起きたかが記録されている立ち退きの事例がいくつかある。一四九一年、ケイツビー女子修道院の修道女たちは、一四の家屋を破壊して一六人を退去させ、牧草地としてその土地を囲い込んだ。テューダー朝時代のパンフレット作者たちは、こうした「人口を減少させる」囲い込みを取り上げて、その土地の領主たちを強く批判した。しかし、人口減少にとって重要な時代は、それよりもずっと前だった。人口減少の原因は、領主たちではなく、病気を広めたネズミだったのである。変化のただなかでも、しっかりと生き残ったのは、小教区教会だった。農地のなかに教会がただ一つ建っているのは、今でも稀な光景ではない。それぞれの事例によって話は違うだろうが、多くの場合、鍵となる時期は黒死病直後の時代だったのである。

対フランス戦争の継続

あらゆる土地所有者たちが黒死病の影響を受けた。彼らは、所領経営の鍵となる人材がいなくなり、日常の仕事が途絶するのを目の当たりにし、自分たちの自信と気力も失いかけていた。彼らが相手にしていた人々も同様に被害を受けており、人々は弱体化のどんな小さなしるしにも敏感になっていただろう。たとえば、ハンティンドンシャーのエルトン村では、ラムジー修道院荘園の荘役(リーヴ)が、隷農が通常支払わねばならないタリッジ税の減額を要求した。会計監査官は状況を理解し、この荘役は、黒死病のせいで、これまでもこの額を課されてこなかったと記した。円滑・効率的な支配権の行使は、この種の注意深さにかかっていた。この意味で、王の支配権とその行政組織は、イングランドの担税者と労働者から距離があったため、本質的に大きな弱点を抱えていた。王の権威を伝えるネットワークには多くの結節点があり、そのすべてがきちんとつながっていなければならなかったが、それはこの時期にもしっかりと維持されていた。危機的な数週間のあいだ、王は農村地方で自分の荘園の館に滞在していたが、ウェストミンスターでは王の書記(クラーク)たちが働き続けていた。一三四八年に承認された三年間の動産課税は徴収され続けており、その措置は一三五二年にさらに三年間延長された。担税者の数は少なくとも四分の一ほど減少していたが、この課税は一三四八年と同じ査定額にもとづいて延長されたのである。土地所有者階級はますます結束を強めた。議会は、一三四九年と一三五一年に、賃金を安定させ労働力の移動を制限するため、労働市場を規制する制定法を公布した。

イングランド政府が、その権威を傷つけられることなく、政治的合意もほとんど損なわれることなく、この危機の時代をうまく乗り越えたのは、注目すべき成果である。それが可能だったのは、当初、その権威と政治的合意がともに非常に強力だったからである。一三四一年の危機は統治行政にまつわるものだった。王は、以前、自分が信用できない役人を使い、また自分では達成できない金額の要求をしていた。この二つの問題が改革されるべきだった。王は、一三四一年以降、自ら積極的に行政の運営にかかわるようになった。王は、それ以前、一三三〇年代には、「自らの楽しみを求め、若い女性たちの相手をする」ために、統治行政をおろそかにしていたのである。一三四〇年代と一三五〇年代においてもっとも重要な役人は、ウィリアム・エディントンだった。彼は、王の書記（クラーク）であり、一三四四年から一三五六年まで、きわめて長い期間にわたって財務府長官を務め、その後尚書部に移り、一三五六年から一三六三年までそこで働いた。エディントンは、王財政の安定を回復した。黒死病が襲った時期にも税が徴収され続けたことは、すでに言及した。議会は、一三四四年から一三五七年までの期間に、全部で一一回にわたって直接臨時課税（サブシディー）に同意した。そのすべてが、一三三四年の査定にもとづいていた。これに聖職者への臨時課税が追加され、この期間に五〇万ポンド以上が徴収された。この額はきわめて大きなものだが、羊毛取引への課税収入はさらに巨額なものだった。黒死病の後、羊毛輸出が活況を呈したが、政府はこの税源からの収入が最大限のものとなるように努めたのである。「旧関税」（六シリング・八ペンス）と「新関税」（三シリング・四ペンス）に加えられたのが、外国人に課せられた四〇シリングの「悪関税（マルトート）」だった。彼らには（高率関税の支払いにより）取引の独占が許された。市場は一袋につき五〇シリングの税に耐えることができ、税収は、一三五三年から一三六二年までの期間で、七〇万ポンドを超えた。この額は、議会に代表される政治共同体の同意をともなったうえで徴収されたものである。年代記作者レディングのジョン[☆7]は、エディントンを王国共同体（コムニタス）の友と評している。彼が、人民を王の不当な取り立てから救い、王と王国の共通の利益のために尽力したと言うのである。

王は、重要な軍事遠征の直前とその最中に、行政の運営に特別の関心を払った。これは驚くべきことではない。戦争遂行のために資金が徴収されていたのである。一三四六年八月のクレシーの戦いは、エドワード三世に軍指揮官としての名声を与え、また、議会は、珍しく王を賞賛し、調達された資金のすべてが有益に使われたと述べた。王はただちに、クレシーからカレーを攻囲するために移動した。カレーは、イングランドから海を隔てて近い距離にある大陸の主要な港である。カレーの守備隊を兵糧攻めにする作戦がとられた。エドワードは、フランスの地で自軍への兵站を確保するため、新たな都市を建設した。それは、イングランドとフランドルの両方から物資が供給され、あたかも大見本市のような様相を呈していた。「雑貨小間物商や肉屋の店があり、衣服、パン、その他の必需品を売る屋台が並んでおり、ほとんど何でもそこで買うことができた」とフロワサールは述べている。

　フランス王は、カレーをイングランド軍の攻囲から解放することも、イングランド軍を戦闘に誘いだすこともできなかった。やがてフランス王が撤退すると、カレーの市民は降伏した。フロワサールは次のような話を伝えている。六人の指導的地位にある市民が、守備隊の代わりに、裸になって縛られ処刑に備えるように首吊り縄を首に下げてあらわれたのである。しかし、彼らは、エドワードの評議会議員たちと当時身籠っていた王妃のとりなしによって救われたのである。この逸話は、おそらく百年戦争に関して伝えられるどの話よりも、ヨーロッパ人の意識・想像力に強く訴えたものであり、もっとも新しいところではロダンの有名な彫刻がそのことを証明している。エドワードは、一三四七年八月四日、カレーに入城した。エドワードは、征服軍の当然の権利と思われていた破壊・略奪からこの町を救ったが、それは騎士道精神によるものであると同時に、政治的な理由によるものだった。エドワードはカレーを必要としていた。そして、カレーは、防衛できる状態にとどめておかねばならなかった。また、たんに町を防衛するためだけでなく、町を取り巻いて輪をなす諸要塞にも労働力が必要だった。大工、石工、水道治水工事に熟練した者たちがイングランドから連れてこられた。エドワード治世の終わりには、そこには二〇〇人以上の保守営繕要員がいた。カレーを維持するには多大な出費が必要だった。一三六三年に輸出羊毛指定市場（ウール・ステイプル）がカレーに移されるが、それはカレーを経済的に自立させるのが目的だった。カレーは、フランスにおけるイングランド人の永続的植民・定住の希望と模範を提供していた。しかし、この町は、そのような希望が消え去った後も、メアリー・テューダーの治世、一五五八年に失われるまで、長くイングランドの支配下にとどまったのである。

エドワードのフランス王位請求、陸戦・海戦双方におけるその勝利、彼が支配下に収めた諸港、これらすべてがフランスに先行きの不透明感をもたらした。フランスの統治組織は、黒死病によってイングランド以上に混乱していた。一三五〇年、新王ジャン二世が士気の落ちた国をひき継いだ。フランス王の実効支配領域は、二世紀前の地域に縮小していく恐れがあった。イングランド軍が、遠征に派遣され、長距離を進軍し、行く手を阻むすべてのものを破壊した。これは、戦術書でも論じられている「騎行（シュヴォシェ）」という戦術で、エドワード三世の治世中期にイングランド軍が頻繁に用いたものである。エドワード三世の息子、エドワード黒太子は、一三五五年にガスコーニュへ送られたとき、二五歳だった。彼はすでに熟達した職業軍人だった。彼の短い生涯は、一四世紀の戦争について教科書的な事例を提供してくれる。黒太子は、上陸後ただちに古典的な騎行に乗りだした。一〇月と一一月の二ヵ月で九〇〇キロ、一日平均で一五キロを踏破し、地中海にほど近い古都ナルボンヌまで到達した後、ひき返した。翌春、彼は、フランス側が支配する領土に直接攻撃を加え、同じ戦術を用いながらベリー地方とロワール川流域地方へと向かった。「その地方は豊かで農作物や家畜に恵まれていたが、イングランド軍はそれを徹底的に破壊して去っていった。」彼らは、フランス中部の重要な大司教座都市でありフランス王権にとって古くからの中心地の一つ、ブールジュを占領した。

ブールジュの陥落は、ジャン二世の忍耐を超えたものだった。シャルトルの近隣で召集されたフランス軍は、黒太子がポワトゥー地方へ向けて西に移動したとき、追撃を開始した。そして、一三五六年九月一九日、両軍は、ポワティエの南数マイルの場所で対戦することになった。休戦協定の結果、黒太子は自分の陣地を自由に選ぶことができ、双方の偵察隊には敵の陣容を調べる機会が与えられた。明らかに数において劣勢だった黒太子は、障害物のない平地を避けることを余儀なくされ、「生け垣とブドウと茂みのなかの強固な場所」に陣を構えた。当初、最良の騎兵のうち、ほんのわずかな数しか必要とされなかった。残りの騎兵は、武具と装備を新たな地形に適応させた。槍を短くし、靴に取りつけられた拍車を取り外したのである。多くの者たちの目には、これは身分を貶める不名誉な行為だと感じられたに違いないが、それは相応の見返りをもたらした。フランス軍は、こうした戦術について密偵から十分に知らせを受けており、おそらくそれに過剰に反応して、自分たちの騎兵も馬から降ろしてしまった。彼らは、援護のための弓兵を欠いていたため、撃退されてしまった。フロワサールの解説によれば、この戦いは、クレシーの戦いとは異なり、玄人好みの戦いであり、両軍は十分に戦闘準備を整え、その技量を誇示することができたのである。最終的に黒太子が勝利を収め、フランス王は捕らえられた。イングランド軍は、自分たちが処理できる数以上の捕虜を得ることになった。捕らえられた騎士やその従者たちは、その場で身代金を支払い自由の身とされるか、後に身代金を支払うか再び捕虜として戻るという約束をしたうえで釈放された。捕虜として拘留されたのは、もっとも利用価値のある者たち、フランス王、「そして、ほとんどの捕らえられた伯や諸侯」だけだった。戦いの行われた日の夜、黒太子は、彼らを夕食でもてなした。その後、捕虜たちは、ボルドーへ連れて行かれ、そこから極上のヴィンテージ・ワインのようにイングランドへと船で送られたのである。

ポワティエの戦いの捕虜たちは、イングランドである程度快適な暮らしを送りつつ、問題の解決を待つことになったが、それは、自分たちが捕らえられたことでいっそう困難なものとなっていた。二人の王の争いは、いったいどのような条件で決着が図られるのだろうか。自分が何のために戦っているのかを理解していれば、戦争の決着をつけるのは簡単だろう。しかし、イングランド王はその答えを知らなかった。彼は、戦争開始から三年後の一三四〇年に、すでに「フランス王」の称号を名乗っていた。フランス王の称号は、この争いの原因ではなく、その結果だった。しかし、この称号により、エドワード三世は、取引材料のなかでもっとも重要なものを得たのである。エドワードは、イングランド人だけでなくフランス人からもこの称号で呼ばれることに馴染んできており、戦争が有利に展開しているときには、彼がフランス王となる見通しもあながちばかげたものだとは思われなかっただろう。しかし、エドワー

図86　カインとその子孫。『ホルカム彩飾聖書』から。1320年頃。カインは邪悪な農民として描かれている。カインのしるしは頭の2本の角であるが、この描写では、かぶっている帽子がその角を隠している。その下に描かれている子孫も同じ特徴をもっている。ここで描かれているような中世の農民やその妻たちが、このように邪悪だとは思われない。

図87　地獄の悲惨さ。『ホルカム彩飾聖書』から。上半分の描写では、キリストが、アダムとエバを従え、扉を打ち破っている。キリストは、扉の内側にいる者たちから熱い歓迎を受けているが、その内側の何人かは、悪魔からそれ以上に熱い歓迎を釜のなかで受けている。

図88　14世紀半ばの農家。この絵は、扠首（さす）（弧を描く１対の縦材）が木組みの基礎として用いられていることを示している。

図89（左頁上）　射手。『ラトレル詩編集』から。

図90（左頁中）　羊囲い。『ラトレル詩編集』から。

図91（下）　馬車にのった貴婦人たち。『ラトレル詩編集』の欄外の彩飾。

図92（右上左）　牛の頭をしたグロテスクな動物。『ラトレル詩編集』から。

図93（右上中）　鷹の頭をしたグロテスクな動物。『ラトレル詩編集』から。

図94（右上右）　もう一つの目を引く動物。『ラトレル詩編集』から。

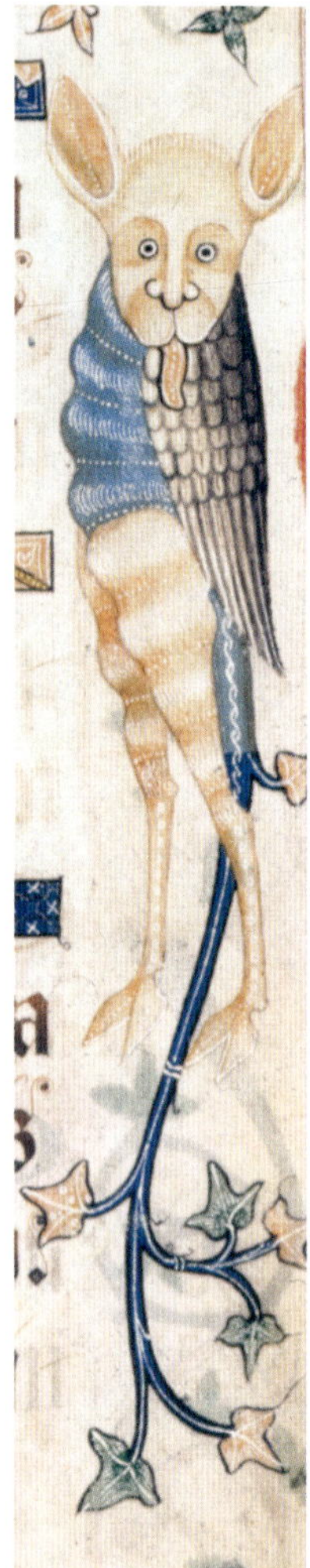

potum dabis nobis in lacrimis in

ならば、地獄にいたる滑りやすい道にいることになる。バビロンの大娼婦（左下に描かれた恥知らずな自堕落女）によって象徴されたこの世とその虚栄に屈した者たちは、間違いなく地獄へと追いやられる。

図95　秘跡の必要性。このすばらしい寓意絵の中央上部に、さまざまな秘跡の描写が示されている。その下に描かれているのは天国の門に至る早道であり（右上部）、それは罪を犯さないままでいる人々の道である。その下に描かれているのは、罪は犯したが告解をした者たちであり、彼らも天国へ続く道に乗っていることになる。しかし、彼らが再び罪を犯す

ucles yre· Ich wes wel fair· Such schelton be· For gode

図96、97　三人の生者（上）と三人の死者（右頁）の寓意。高慢の罪にたいする警告である。
それぞれの人物には詩文が付されている。
王たち：私は恐れている。私は何を見ているのだろう。この者たちは３人の悪魔だと私は思う。
死者たち：私は美しい。おまえはこれからも美しくあるだろうよ。神の愛にかけて、私によって支配されよ。

tem secreto proximo suo: hunc persequebar.
Superbo oculo et insaciabili corde: cum h
oc non edebam. Oculi mei ad fideles terre
ut sedeant mecum ambulans in via imma
culata hic michi ministrabat. Non habi
tabit in medio domus mee qui facit super
biam: qui loquitur iniqua non direxit in
conspectu oculorum meorum. In matu
tino interficiebam omnes peccatores terre:
ut disperderem de civitate domini omnes o
perantes iniquitatem.

omi
ne ex
au
dio
ra
tione
mea
cla
mor
meu
ad te
veni
at. Non auertas faciem tuam a me: in

図98（右頁）　勝利に酔うイングランド人たち。1361年から1373年頃の詩編集と時禱書から。この装飾文字の左側の余白には、1356年のポワティエの戦いの後、ライオンにまたがったエドワード３世がフランス王ジャン２世から降伏のしるしとして剣を受け取っている場面が描かれている。その下では、ナヴァラ王シャルル悪王が身を潜めている。

図99（上）　1381年の農民反乱の１場面、ワット・タイラーの死。ジャン・フロワサールの『年代記』、15世紀後期の写本挿絵。農民たちが聖ジョージとイングランドの紋章旗を掲げていることがわかる。

図100（右頁上）　もてなされるジョン・オヴ・ゴーント。

図101（右頁下）　リチャード２世が王冠・王位を放棄する場面。これは明らかにランカスター派の観点から王権委譲を描いたものである。リチャード派の観点は図117を参照。

図102（上）　海戦の図。ジャン・ド・ワヴランの『イングランド年代記』から。これは、エドワード４世の蔵書用に、ブリュージュで作られたものである

a vous entier
a vous entier
a vous entier
a vous entier
a vous entier
a vous entier
a vous entier
a vous entier

図103（右頁）　ベッドフォード公ジョンが聖ジョージの前に跪いている。『ベッドフォード公の時禱書』から。フランドル職人の手によるこの書は、ブルゴーニュ公フィリップ善公の妹アンがベッドフォード公と1423年に結婚した際に、ブルゴーニュ公からアンに贈られたものである。ベッドフォード公の兄、ヘンリー５世はとりわけ聖ジョージを崇敬していた。この絵のなかで、聖ジョージは完全武装の上にオコジョの毛皮によって裏打ちされたガーター騎士団の君主用の外衣をまとい、従者を１人従えている。周囲の小窓の絵は、聖ジョージ殉教の際のさまざまな場面を描いている。

図104（上）　運命の女神。古典古代の作品を筆写した15世紀の写本に描かれたもの。女神は、宮廷に生きる人々の運命を決める「運命の車輪」を手にしている。宮廷での没落や破滅の危険を暗示するこのようなイメージは、当時そこに出入りした人々にとってなじみのあるものだった。

図105（上）　40人のイングランド王を描いた彩飾天井。ビヴァリーのセント・メアリー教会（ヨークシャー）。1445年頃。

図106（下）　カースル・エイカー修道院長の居館（ノーフォーク）。15世紀から16世紀初頭のもの。クリュニー修道会のこの重要な修道院の院長は、ヘンリー8世による修道院解散以前には、彼と等しい地位にある多くの者たちと同じようにとても安楽な暮らしをしていた。

ドは、この有利な時期においても、もしフランス側が（しばしばその領域が大幅に拡張されてきた）アキテーヌの主権（サヴァレンティー）の問題も含めて譲歩をするならば、その代わりにフランス王の称号を棄ててもよいと考えていた。エドワードは、このような状況下で、一三五七年、黒太子にボルドーで捕虜となっていたフランス王と交渉を始めるよう命じたのである。黒太子は、和平交渉を始めるにあたって、けっして譲歩してはならない点を指示されていた。「獲得可能な土地すべてが恒久的自由（リバティー）をもつかどうかという点に関しては、常に断固たる態度をとるように」と。現代人はこの「自由」という語を「主権（サヴァレンティー）」と訳すだろう。しかし、このような訳語が許されるのは、現代の主権という概念が中世のものとは異なった一連の理念を含んでおり、それが中世のものよりもはるかに強力な国家を前提としているということを認識している場合だけである。中世の自由という概念は、歴史的に形成された諸権利からなっていた。アキテーヌにおいてイングランド王が自由として求めていたのは、明確に規定された領域にたいする実効性のともなう裁判管轄権だった。

　一三六〇年五月八日、シャルトルにほど近いブレティニーにおいて、両者は協定草案に合意した。イングランド王は、ずっと求めてきたアキテーヌの恒久的自由を得ることになっていた。また、カレーとその北の沿岸諸領を保持することになった。そのうえ、フランス王の身代金として、三〇〇万ロワイヤル金貨（五〇万ポンドに相当）という膨大な額を得ることになっていた。四ヵ月以内にまず六〇万ロワイヤルがカレーで支払われ、残りは毎年四〇万ロワイヤルずつ分割で支払われるはずだった。これらすべての見返りとして、イングランド王は実質的にはたった一つの譲歩しかしなかった。それは、フランス王位請求権を放棄するというものである。このときが、両者が問題の解決にもっとも近づいた瞬間だった。しかし、最終的な合意にはいたらなかった。議論されねばならない数多くの細目があり、それが解決されるまで、決定的に重要な事柄、すなわち一方では主権（サヴァレンティー）の放棄が、他方ではフランス王位請求権の放棄が延期されたのである。そして、この二つの譲歩が実際に行われることはけっしてなかった。この失敗の責任のほとんどはエドワード三世にあった。この時期に主導権をもっていたのはエドワードだったからである。彼には、和平を成立させる動機とヴィジョンが欠けていたのである。彼の長寿は、結局、戦争を長びかせることになった。

エドワード三世の晩年

一三六〇年代には、エドワード三世にたいする圧力はほとんど存在しなかった。この一〇年間は平和な時期だったが、エドワードは当初戦争の必要から正当化されていた課税のほとんどを維持することができた。黒死病の結果、土地所有者たち、大諸侯やジェントリーたちのあいだで利益共同体が形成された。彼らは、議会に代表を送っていた。黒死病直後に続く二〇年間に作られた重要な制定法のうちのいくつかは、この文脈のなかで理解される必要がある。黒死病直後にとられた対応策は、一三五一年の労働者規制法だった。その狙いは、賃金率を固定し、農業労働者の移動を抑制することだった。地方のジェントリーたちは、この制定法に従って裁判を行った。彼らは、自分たちの領主権が実効力をもつには、この法が本質的に重要だと考えていたのである。また、彼らが、この制定法を支持するほかの理由も存在していた。ジェントリーたちは、自分たちが課した罰金を懐に入れて、その額で自分たちの税負担を相殺しようと目論んでいたのである。しかし、刑事訴訟に関するジェントリーの権限は限られており、彼らはこれまでもずっとその権限を強化しようと努力していた。ジェントリーたちは、「治安維持官（キーパー・オヴ・ザ・ピース）」を務め、犯罪者を裁判で告発する権限をもっていたが、彼らを処罰することはできなかった。そのような権限は、王の裁判官や法律家や諸侯に属するものとされていた。彼らは、もっとも厳格な形では、犯罪者を捜しだすために特別に授権されて派遣されたトレイルバストン裁判官[☆8]として、また、定期巡察にやって来る巡回裁判官としてその役割を果たしていた。しかし、このような制度は一四世紀に衰退していくことになった。これにたいして、ジェントリーは、まず一三六一年に、それから一三六八

図107　労働者規制法により発行された通行証の印章。この法は、労働者が農村を移動するのを規制する目的で、1388年に公布された。この印章はケンブリッジシャーのステイプロウ郡のものである。

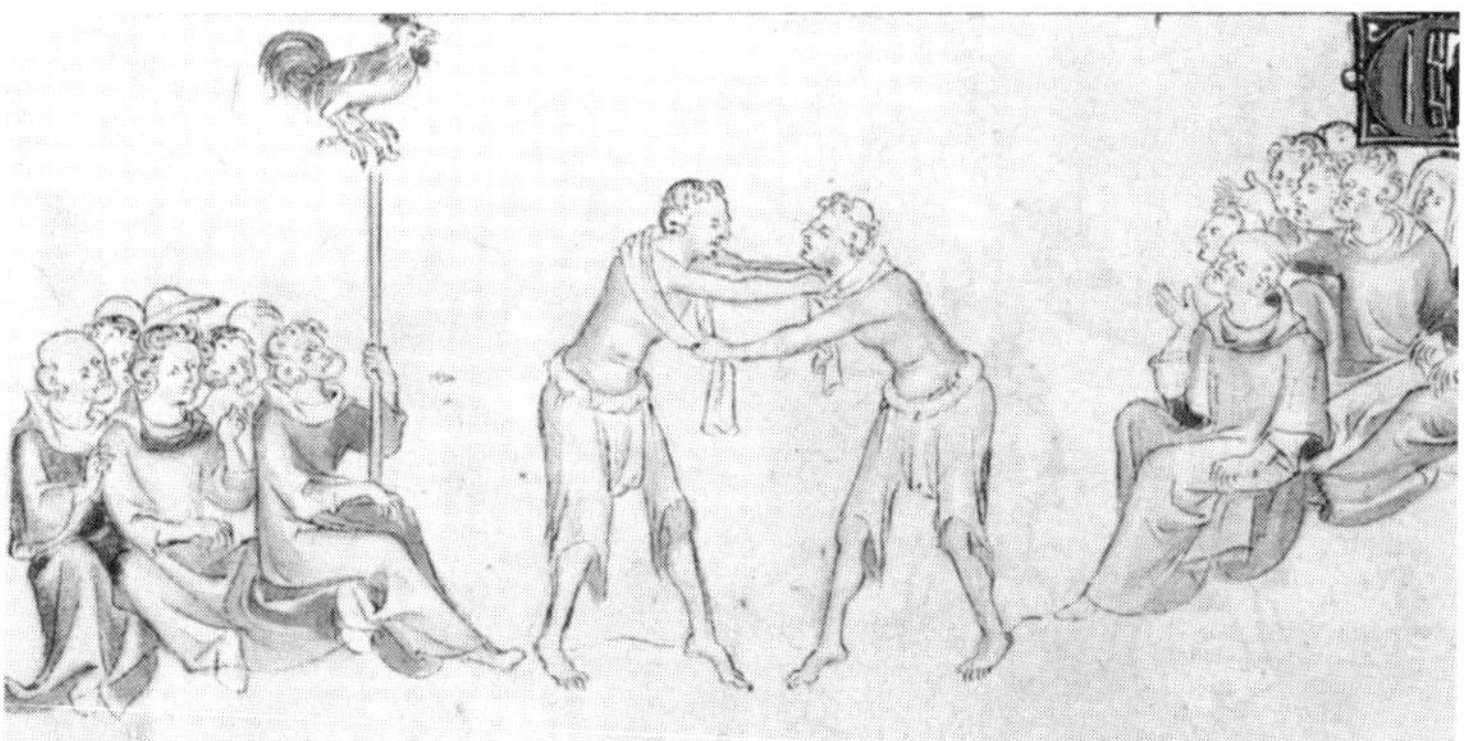

『女王メアリーの詩編集』の２場面

図108(上)　２人の女性がフェレットを使って兎狩をしている。

図109(下)　２人の男がレスリングをしている。

年に、議会制定法により、何種類かの犯罪類型を審理あるいは「裁決」する権限をはじめて与えられた。地方の騎士がいまや治安判事（ジャスティス・オヴ・ザ・ピース）を務めるようになったのである。JPと略されるこの治安判事の役職は、イングランドとアメリカでは今日にいたるまで存続している。当時の典型的な治安判事任命書によれば、各州の治安判事は、二名の大諸侯、二名の騎士、二名の法律家で構成されていた。極刑の可能性のある重罪犯罪人が治安判事によって裁かれる場合には、一定数の法律家の出席が定足数として要求されていた。それゆえ、定足数を必要とする委員会（コミッティー）による行政統治（ガヴァメント）という新しい概念も、この時期に起源をもつと見なすことができるのである。

　エドワード三世は晩年には裕福だった。ブレティニーの和議以後、戦争遂行の努力は止まり、王は自分の快適な暮らしに十分な資金を充てることができたのである。このような環境では、その人の趣味や好みがあらわになるものだが、エドワードも例外ではなかった。彼はイングランドに振子時計を導入した。そのもっとも初期のものは、一三六一年から一三六四年のあいだにウィンザー城の天守に備えつけられた。時計自体はイングランドで製造されていたが、技術は輸入されたものだった。この時計に関する支出のなかには、三人のイタリア人への賃金が含まれていたのである。一三六〇年代後半には、さらに三つの時計が、ウェストミンスター、キングズ・ラングリー、そしてシェピー島クイーンバラにあるエドワードの新しい城に設置された。クイーンバラは、中世後期において唯一、まったくあらたに築かれた王の城だった。工事は一三六一年に始まり、続く一〇年間に約二万ポンドの費用が費やされた。しかし、エドワードの趣味がもっともはっきりと見られたのは、ロンドン市内やその近郊に古くからあった宮殿だった。ウェストミンスターとキングズ・ラングリーにあった王の浴場は、当時の驚異に数えられたに違いない。ウェストミンスター宮殿では、王の部屋と王妃の部屋のあいだに水が引かれていた。一三五一年から翌年にかけて、王の臣民が黒死病後の生活を再建しようと苦闘しているとき、エドワードは、「王の風呂用の二つの青銅の蛇口」のために、五六シリング・八ペンスを支払っている。一つは温水用であり、もう一つは冷水用だった。一三七〇年から翌年にかけて、キングズ・ラングリーでは、王の浴場用に新たな調理場が建てられており、王がこの風呂のなかでゆっくり過ごしていたことは明らかである。

しかしながら、エドワードにたいする人々の記憶は、ウィンザー城ともっとも強く結びつけられている。ウィンザー城では、王の家庭的な側面と騎士道的英雄、国の指導者としての側面の両方が見られた。「エドワード」と名づけられた大きな鐘の音がこの城の中庭でいつも響き渡っていたが、人々の思いは、その鐘と同じように忠実に、指導者である王の望みに共鳴していたのである。エドワードは、一三四八年、この地に、ガーター騎士団の本拠地として用いるために在俗の参事会教会（コレッジ）を新たに設立した。やがて、王は、ウィンザー城の周辺数マイルの労働市場から大工と石工の一団を独占的に集め、あらたに教会を建て直した。画家たちが、この教会の内装を手がけ、エドワードの王権の洗練されたイメージを目に見える形で人々に示した。毎年、聖ジョージの祝日に、すべての者がここに集まり、催し物が行われた。イングランド王権は、やがてこの種の催し物のゆえに有名になっていった。一三五八年にはあらたな教会の完成を祝う催し物が行われたが、それはとりわけ華麗なもので、そのために二〇〇ポンド以上もの費用がかけられていた。フランス王の身代金の一部も躊躇することなくこの教会の建築費に充てられたが、この王もまたこの催し物を楽しんだ一人だった。王母イザベラも出席したが、これが公の場に姿をあらわした最後の機会の一つとなった。

伝説的舞台となったこの機会にフランス王が驚いたと伝えられているのは、こうした壮大な催しの費用の支払において金や銀ではなく割り符が使用されていたことだった。この表現には、エドワードの行政運営が信用貸しによって行われていたことへの鋭い洞察が暗示されていたのかもしれない。すでに見たように、エドワードの収入は、定期的に徴収される臨時課税（サブシディー）と羊毛取引を担保にして調達される借入金の二つに頼っていた。エドワードは、臨時課税について、議会の同意を得る必要があった。また、借入金の背後には複雑な金融取引のネットワークが存在しており、そ

図110　現存最古のガーター騎士団の紋章集。主席紋章官（ファアースト・ガーター・キング・オヴ・アームズ）ウィリアム・ブリュージュ卿により作成されたもの。ブリュージュ卿は、ここでは、ガーター騎士団の守護聖人、聖ジョージの前で、王の紋章の付いた陣羽織を着て跪いている。

図111　エドワード3世。ウィリアム・ブリュージュ卿の『ガーター騎士団紋章集』に描かれたもの。エドワードが手にしている板絵には、ウィンザー城のセント・ジョージ礼拝堂の座席に描かれた、その後の王位継承者たちの紋章が並べられている。

の活動は、羊毛取引がひき続き活況を呈することを前提としていた。しかし、エドワード治世最後の一〇年間、一三六七年から一三七七年にかけて、羊毛取引は衰退し、それとともにエドワードの名声も落ちていった。時代の状況が悪かった。一三六九年にフランスとの戦争が再び始まったのである。一三七〇年代には重税が定期的に課された。一三七一年から一三八一年までのあいだに、約四〇万ポンドが徴収されたが、それは中世後期におけるもっとも重い課税額に限りなく近づくものだった。この時期、直接課税に議会の同意がなされなかった年は、唯一、一三七六年だけであり、それも、この年に開かれた善良議会（グッド・パーラメント）が支払いを拒否したことの結果だった。この議会が明らかにしたのは、エドワード三世が政治共同体の信頼を失ってしまったという事実だった。それは行政と政治の両面における失敗だった。

批判の的になった行政官は、ウィカムのウィリアムだった。ウィカムは、中世イングランドにおけるもっとも有名な役人の一人である。彼は、ウィリアム・エディントンの後継者としてウィンチェスター司教となり、その地に学校を創設した。それは、現在においても、この町の教育において、またイングランドの教育において重要な役割を果たしているウィンチェスター校（カレッジ）である。同様に、ウィカムは、オックスフォードに土地を買い、現在ニュー・カレッジと呼ばれている学寮（カレッジ）を新たに創立した。彼は偉大な建築家だった。彼が名声を確立したのは、一三五六年から一三六一年にかけて現場監督を務めたウィンザーにおいてだった。ある年代記作者は、彼についてこのように述べている。

このウィリアムの生まれはたいへんに卑しかった……しかし、彼は、非常に頭が鋭く精力的な男だった。彼は、どのようにすれば王を喜ばせ好意を得ることができるかと考え、今あるような形でウィンザー城を建てることを王に助言したのである。

一三六三年、ウィカムは、「常にかたわらにいて仕える王の秘書官」と呼ばれる地位にあった。そして、一三六七年、彼は尚書部長官となった。彼は、このように王と密接な関係にあったことがよく知られていたため、なにか問題が起きたときには当然批判の的となったのである。一三七一年の議会において彼が尚書部長官から解任されたのは、貴族(ローズ)たちが課税同意の代わりに要求した代償の一部だった。一三七六年、ウィカムは、尚書部長官在任中に犯したさまざまな悪行について告発され、善良議会が解散された後、その罪で裁かれたのである。

一三七六年の善良議会は、中世の議会のうちでもっとも有名なものの一つである。その始まりは、それまでの慣例に沿ったものであり、庶民(コモンズ)たちは、個別に会合を開き、いつものように出された課税同意の要求について議論した。彼らが長い時間をかけて検討したため、王はしびれを切らさんばかりだった。庶民たちが再び姿をあらわしたとき、ピーター・ド・ラ・メアー卿がその代表として行動した。彼は、この議会の開会中ずっとその職を務め、その活動により初代「庶民院議長(スピーカー)」と見なされることになった。庶民たちは王に資金を与えることを拒否した。これは王にたいする前例のない反抗的な行為だった。彼らの主張によれば、エドワードが資金不足におちいっている理由は、「エドワードのまわりに、王あるいは王国に忠実でなく有益でもない助言者や役人がいることだった。」庶民院の議長は、具体的に個人名を挙げ嫌疑を特定するよう迫られた。議長は従った。ここで名前を挙げられたのは、王の侍従長ウィリアム・ラティマー、ジョン・ネヴィル、リチャード・ライアンズ、そして他の数人のロンドンの商人、さらに王の愛妾アリス・ペッラーズだった。ある年代記作者たちは、非常に道徳的な見方をして、王の姦淫を主要な争点だと見なした。しかし、議長の考えは違った。これさえ非常に勇気のいることだが、彼は次のように述べた。「問題の女性」にたいする国の出費は、年間二〇〇〇ポンドから三〇〇〇ポンドに上っており、その額は本来、対フランス戦争のためにもっと有益に使用されうるものである、と。主な嫌疑はラティマーとライアンズにたいしてかけられた。二人は、カレーから輸出羊毛指定市場(ステイプル)を取り除き、その規制を逃れるための許可を与えることで利益を得ていたというのである。また、彼らは、王との金融取引においても、きわめて大きな利益を得ていた。このときあげられた嫌疑の事例は、すでに人々によく知られたものだった。最後に、ラティマーは、フランスにあるベシュレル港とシェルブール近くのサン・ソヴール港が前年に降伏し失われた責任を負わされた。この一連の嫌疑は、エドワード三世晩年の主要な問題を明確に反映したものである。不首尾に終わった戦争のために重税が課されていた。そして、王の宮廷の贅沢な暮らしぶりと不道徳ぶりがさらに人々の反感を増したのである。

この議会で庶民たちが成功を収めたのは、彼らが団結していたからである。「われわれの一人が言うことは、すべての者が述べ同意するものである。」庶民院の議長は、貴族たちの前にはじめてあらわれたとき、このように述べた。嫌疑を追求するときも、この団結は維持された。ラティマーが告発人を一人出すよう要求したとき、このことを予期していた議長は、自分と庶民たちはラティマーを共同(アン・コミューヌ)で告発しているのだと主張した。これは、庶民院が自らを組織体として認識していくうえで、意識の進化における重要な段階を意味していた。また、それは、共同告発が弾劾裁判において本質的な要件をなしていたという意味で、手続きのうえでも重要な革新だった。庶民たちは、議会において、貴族たちの面前で開かれた弾劾裁判において、訴追人の役割を果たしたのである。善良議会は、王の政府を監督するために「常設の」委員会を設立したが、それは三ヵ月しか存続しなかった。結局、必然的に反動が起こり、善良議会の翌年、一三七七年の一月、「不良議会(バッド・パーラメント)」が召集された。この議会は、弾劾された者たちに恩赦を与え、庶民たちの議長ド・ラ・メアーを一定期間収監することを命じ、さらに、王に資金を提供するため、あの有名な人頭税の最初のものに同意したのである。こうして、注目すべき公共意識の表出と政治的問題をめぐる論争によって特徴づけられる一年が終わった。この年には、歴史著作の分野でささやかな文芸復興が見られ、歴史叙述のなかで重要人物たちがいきいきと描かれた。このような状況が再びあらわれるのは、一三八一年の農民反乱まで待たねばならないだろう。

リチャード二世の未成年期と農民反乱

エドワード三世は、一三七七年六月二一日に死んだ。エドワード黒太子は、すでにその前年、善良議会の会期中に死んでいた。彼は、戦争が行き詰まっていた時代の軍事的英雄であり、父王の宮廷にたいする批判者たちに同情的だったと思われており、誰もが彼の死を悼んだ。エドワード三世を継いだのは、エドワード黒太子の息子、当時一〇歳のボルドーのリチャードだった。彼は、一三七七年七月一六日、リチャード二世として戴冠された。ウェストミンスター宮殿からウェストミンスター修道院に向かう行列のなかでリチャードのかたわらにいたのは、叔父ジョン・オヴ・ゴーントだった。ジョンは、一三四〇年三月ヘントの生まれで、このときエドワード三世の存命の息子のうちで最年長だった。彼は、ランカスター公ヘンリーの娘であり相続人であるブランチと結婚しており、ヘンリーの死後、一三六二年に、ランカスター公になっていた。ブランチが一三六九年に黒死病で死んだため、ジョンはカスティリャのペドロ残酷王の長女と再婚した。これによりジョンは、このスペインの王国への請求権を獲得し、この後その権利を執拗に追求することになった。ジョン・オヴ・ゴーントは、(一三七〇年に黒太子が重病におちいったため)この後三〇年近く、ランカスター公としてイングランド王の臣下のうちでもっとも重要な人物であり、その生まれと富によりほかの領主たちから隔絶した地位にあった。彼は、一三七六年の善良議会の成果にたいして宮廷側の反動的な運動を率いたため、多くの敵を作ることになった。そのなかでとりわけ重要なのは、ロンドン市民や指導的聖職者たちだった。敵のある者は、ジョンが王位を狙っていると主張したが、そのような証拠は存在しなかった。ある意味では、ジョン・オヴ・ゴーントが王位継承者とならなかったのは残念なことだった。父親の優れた資質をいくらかでも受け継いだ成人が王位を継承していたならば、イングランドの政治は活性化されていただろう。しかし、年少の子供が継承したことで、政治活動は停滞してしまったのである。

リチャード二世が即位した時期、ジョン・オヴ・ゴーントは不人気だったため、ウィリアム・マーシャルが一二一六年に年若いヘンリー三世にたいして得たような、摂政としての権力が彼に与えられることはなかった。その代わりに、権力は王の評議会に委ねられたのである。一四世紀末の王の評議会は、この役割を遂行するためにふさわしい制度として発展しており、この時期までに通常の集会場所が固定され、職務内容や構成員が厳密に定められていた。この集会場所は、ウェストミンスターの財務府の隣に新築された部屋であり、当時もそれ以後もその装飾から「星室（スター・チェインバー）」として知られていた。評議会の長は尚書部長官であり、構成員は王の役人、裁判官、上級書記、その他の王の顧問だった。評議会は、議会の司法に関する仕事のほとんど、たとえば、徴発官（パーヴェイヤー）など王の役人の振る舞いに関する苦情の取り扱いや請願の聴取などを行っていた。評議会議員たちは、一週間に五日（少なくとも四日半、というのは彼らが金曜日にとった「朝食」が豪勢だったため、通常業務がきちんとなされたのは午後だけだったからだが）、勤務時間に従い、しばしば朝の七時から働いた。リチャード二世が未成年だった時期、この評議会は、中核的な構成員のほかに、指導的な大諸侯を含むさまざまな身分の代表者が加えられたため、必然的に司法・行政上の役割だけでなく政治的役割も担うようになった。

王の評議会は、前王の治世から未解決の問題をひき継いでいた。懸案事項として、まず、フランスとの戦争遂行の問題、そして、そのためにどのようにすれば最善の形で税を徴収できるのかといった問題があった。一三六九年に戦争が再開して以来、イングランド軍は守勢に立っていた。フランス軍は、軍務長官ベルトラン・デュ・ゲクランの指揮下で、かなりの成果をあげていた。もっとも注目に値するのは、ポワトゥーとアキテーヌ東部のほとんどを奪還したことだった。百年戦争の初期にイングランドが獲得し、一三六〇年にブレティニーの和議で確認された領域は、エドワード三世治世の終わりまでにほとんど失われていた。イングランド軍が当時支配下に置いていたのは、カレーとその周辺、ブレストとほかのブルターニュの諸要塞（ただデュ・ゲクランはここでもイングランド軍を撃退しつつあった）、そしてガスコーニュの古くからの中心地、ボルドー周辺領域だった。一三七八年、リチャード二世の最初の評議会は、「前哨地政策（バービカン・ポリシー）」と称される方針を決定した。それは、連なって大きな輪を形成するようないくつもの前哨基地を獲得し、それらを防衛の第一線かつ攻撃拠点とするものだった。イングランドはブレストを防衛し、シェルブールを条約によって獲得したが、同年夏のジョン・オヴ・ゴーントによるサン・マロ獲得の試みは失敗し、アランデル伯はアルフルールから撃退された。一三八〇年、イングランド軍は、エドワード三世の末子で最近バッキンガム伯となったウッドストックのトーマスの指揮下で、フランス北西部にかけて「騎行」を行った。この進軍はナントの攻撃で締めくくられたが、結局ナントは陥落しなかった。

　このような遠征のための資金は、どのように調達されたのだろうか。羊毛関税が減少し、それを補うために急場しのぎで考えだされた課税政策のために、人々は、俗人と聖職者に課せられた臨時課税（サブシディー）がひき続いて有効であるのか疑問を投げかけるようになった。臨時課税は昔から不公平だった。この点について異論はなかった。しかし、それに代わってどのような税を課すべきかについては、意見の対立があった。庶民たちは、一三七七年、時間を費やしてこの問題を論じた。「というのは、ある者は十分の一税と十五分の一税を望み、ある者は羊毛関税に一マルクを課すことを望み、ある者は各家の炉に課せられる炉税を設けることを考え、またある者は一人当たり四ペンスの人頭税を課すのがよいと主張したからである。」大きな問題点は、臨時課税に代わるさまざまな税が実際にどれぐらいの額をもたらすのかについて、漠然とした見当しかついていなかったことである。これは一三七一年の経過を見ればよくわかる。この時点で、臨時課税は過去一〇年間徴収されていなかった。それに代わる税として、各小教区への課税が決定された。一小教区につき二二シリング・三ペンスという額が課されることになっていたが、徴税委員たちは、裕福な小教区からは多く取り立て、貧しい小教区からは少なく取り立てることになっていた。しかし、イングランドにはいくつの小教区があったのだろうか。議論されていた額から判断すると、四万五〇〇〇の小教区があると考えられていたようである。しかし、これは大幅に誇張された数字であり、八六〇〇というより正確な数字に辿りつくには、州長官たちによる調査が必要だった。次の課税策、「一人当たり四ペンス」の人頭税（ポール・タックス）が試されたときも、別に大規模な調査がなされたわけではなかった。それは、一三七七年になってようやく合意されたものだった。一三七九年には、二回目の人頭税が課され、それぞれの富に応じて段階的な額が徴収された。さらに、一三八〇年には、三回目の人頭税が承認され、翌年初めに一人当たり一シリングの割合で徴収されることになった。この課税では一〇万ポンドの税収が期待されていたが、実際の額はかなり少ないものだった。そして、この人頭税が農民反乱をひき起こすことになったのである。

一三八〇年の議会は、新しい人頭税の必要性に疑問を呈しただけでなく、非常に稀なことだが、この課税水準は「耐えられないもの」、すなわち人々が担うことのできる以上のものだと述べた。非常に大規模な担税拒否が生じた。最初の査定調査が完了したとき、担税者リストに載せられた人々の数は、一三七七年のものよりも五〇万人近く少なかった。徴税委員の一団がさらに派遣されたが、それ以上の成功を収めることはなかった。たとえば、ジョン・バンプトンは、一三八一年五月三〇日、人頭税を徴収するためエセクスのフォビング村にやって来たが、人々は「彼を相手にする気はさらさらないし、一ペニーたりとも支払わない」と告げたのだった。新しい人頭税にたいして一貫して反対運動が起こったのには、多くの理由があった。まず、戦争がうまくいかないのは、高い地位にある人々の腐敗が原因だという感情がたえず存在していた。そして、さらに、それまで税を免除されていた人々が人頭税の支払いを強制されたという事実があった。一〇代の若者たちは、そうしたグループの一つだった。一三八一年には一五歳以上の者が人頭税を支払うことになっていたのである。また、小保有農や職人も同様に支払わねばならなかった。職人たちは労働者規制法によっても苦しんでおり、多くの者たちが農民反乱にかかわるようになっていった。荘役や村の指導的立場にあった者たちは、かつての臨時課税とは異なり、村人のあいだで税負担額を割り当てる権限を与えられていなかった。これは、黒死病以後の時代に、彼らの立場がより微妙なものとなっていったことの一つのあらわれだった。領主たちは、地代の減少を埋め合わせるために、自分たちの裁判収入を維持することに腐心していた。しかし、裁判により科された罰金を徴収するのは、村の指導的立場にある人々だったのである。そして、彼らにとって明白だったのは、「領主的反動」と呼ばれる政策手段が存在していたという点だった。領主たちは、実際以上に誇張された形においてだが、富が自分たちから労働者たちへ、隷農たちへ移っていると感じていた。フロワサールが反乱の原因として述べたことは、領主たちの気持ちを正確に反映している。「庶民たちは、自分たちが享受していた安楽のため」に反乱を起こしたというのである。

宮廷の腐敗と階級対立についてこうした認識が人々のあいだで共有されていたため、個々人や共同体の不平不満はまたたく間に大規模な反乱へとつながっていった。ジョン・バンプトンがフォビング村で一ペニーも徴収できず恐れをなして逃げ去ってから一月もしないうちに、イングランドは中世においてたった一度の民衆反乱を経験することになった。反乱の経過が非常に劇的であり、反乱指導者の考えが権威ある人々にとってあまりにも衝撃的だったため、多くの報告が伝えられている。詳細な記録が残ったのは、(われわれにとっては)幸運なことだが、反乱が、イングランドにおける歴史叙述の重要な中心地だったベリー・セント・エドマンズ修道院やセント・オールバンズ修道院、そしてロンドン市にとって、直接の脅威となったためだった。反乱者たちが向かったのはロンドンだった。二つのグループがあった。一つはエセクスから、もう一つはケントから、テームズ川の河口をまたいで密接な接触を保ちつつ、ロンドンへと進軍した。反乱の指導者たちを輩出したのは、ケントのグループだった。反乱の預言者はジョン・ボールだった。彼は、カンタベリーに着いたケントのグループによって、大司教の牢から解放されたのである。反乱者たちの指揮官はワット・タイラーだった。彼は、メイドストーンでケントの暴徒の集団に加わり、彼らを規律ある軍へと変貌させたのである。ケントの人々は六月一二日にグリニッジ近くのブラックヒースに到着した。伝えられているように、ボールが次の言葉について有名な説教をしたのは、この場所だった。

　アダムが耕しエバが紡いだとき
　誰が領主だったのか。

ボールの集会のなかには、当日マイル・エンドに到着し説教を聴くためにテームズ川を渡ってきたエセクスの反乱者の多くが混じっていた。その説教は、イングランドにおける領主支配の終焉について語っていた。続く数日間の経過が示すように、反乱者たちのほとんどが望んでいたのは、もっと穏やかなものだった。彼らは王を必要としていた。彼らが会いに来たのは、王（当時一四歳）だったのである。この日、リチャードは船でグリニッジまで来ていたが、王の評議会議員たちは、自分たちの命の危険におびえ、王が上陸することを許さなかった。彼らは川沿いの水門からロンドン塔に戻ったのである。

　農民反乱の鍵となる出来事は、ロンドン市内と市東部の郊外で起こった。六月一三日、反乱者たちは、ロンドン橋を渡り市内に入ることを許され、そこから西へ向かい、クラーケンウェルのセント・ジョン修道院（プライアリー）を襲撃し、さらにジョン・オヴ・ゴーントのサヴォイ宮殿を焼き払った。ロンドン市民も彼らに加わった。ホルバーンのロジャー・ゲイラードは、クラーケンウェルからミサ典書、ベーコン、何通かの教皇勅書を盗み、後にこれらすべてを返却したと報告されている。ウェストミンスターの年代記作者は、この修道院襲撃を狂気の沙汰と考えたが、これには理由があった。クラーケンウェルの修道院はヨハネ騎士修道会の管区本部であり、この修道会の管区長ロバート・ヘイルズ卿はイングランドの財務府長官だった。彼は、一三八一年の時点で、王の重要な二人の長官の一人だったのである。もう一人は、カンタベリー大司教であり尚書部長官でもあったサイモン・サドベリーだった。この二人は、反乱者たちがロンドンに入ったとき、ロンドン塔にいた。反乱者たちは、翌日マイル・エンド（市壁から東へ一マイルの場所）で王が反乱者たちに会うと告げられたが、おそらくこれはヘイルズとサドベリーの二人を逃すためになされた無益な努力だったのであろう。この六月一四日の王との面会は、そこで主張され伝えられていることのために、この反乱全体の鍵となる出来事である。反乱者たちは自分たちの主要な要求を述べた。そのうちの三つが決定的に重要だった。まず彼らが求めたのは、「裏切り者」を裁きにかけることだった。彼らは、次に、農奴制・隷農制廃止の要求を遠回しに述べた。そして、労働賦役は自由契約にもとづくものに置き換えられるべきだと要求した。彼らは、実際には、一エーカーにつき四ペンスという固定地代で土地を借りる権利を望んでいた。これに加えて、反乱者たちは、この反乱においてこれまでなされたすべての不法行為について恩赦を求めた。これらの要求は明確で、議論もよく準備されたものだった。しかし、実際に何が認められたのかは、それほど明確ではない。確かに、王は恩赦の決定をし、書記がその場で証書を認めた。そして、王は、非常に一般的な言い方ではあるが、いかなる裏切り者も裁きにかけられるべきだ、と明確に述べた。イングランド各地の都市や村では、人々が、必要に迫られて王が行った時間稼ぎの対応に多くの期待をかけていた。とりわけ二つのスローガン、「裏切り者は逮捕されるべきこと」、そして「すべての者は自由であるべきこと」という言葉が、すでに達成されたことを簡潔に表明したものとして広まっていった。

この二つのスローガンは、イングランド中に伝わるにつれて、その本質的な性格を失うことはなかったが、さまざまに解釈された。確かに、「自由」という言葉は人によって異なる意味をもっていたし、「裏切り者」の語も同様だった。ロンドンでは、サドベリーとヘイルズが処罰を受け、ロンドン塔近くのタワー・ヒルで即座に処刑され、彼らの首がロンドン橋で晒された。これはまだ六月一四日の出来事である。同じ日、ベリー・セント・エドマンズで反乱が始まった。ここで権力を握っていたのは、王座裁判所主席裁判官ジョン・キャヴェンディシュ卿と、修道院長の死去直後で修道院の事実上の長になっていたベリーの副修道院長ケンブリッジのジョンだった。彼らは、身の危険を感じ、逃げだした。しかし、キャヴェンディシュは、レイケンヒースで捕らえられ処刑された。彼が逃げ込もうとしていた小船をキャサリン・ゲイメンという女が岸から押し流し、マシュー・ミラーという男が処刑人の役割を果たした。副修道院長は、ニュー・マーケットで見つかり、ミルドンホールで殺された。二人の首は、ベリー・セント・エドマンズの市場広場で、尖った杭に刺して晒され、操り人形として使われた。その首は、互いにキスをし、互いに悪巧みを教え合っている場面を演じたのである。こうした「陰惨な寸劇」は、キャヴェンディシュを腐敗の元凶として示すことが目的だったが、彼が労働者規制を行う裁判官を務めていたことも同様に重要な意味をもっていたに違いない。人々は、マイル・エンドで、要求の一つとして、労働賦役は自由契約にもとづいてなされるべきだと主張したが、それは、まさに黒死病の結果生じた問題、一三五一年の労働者規制法で具体化された労働者立法を念頭に置いていたのである。

自由の観念も、その言葉が用いられた地方の状況のなかで解釈されねばならなかった。セント・オールバンズ修道院は、古い歴史をもつベネディクト会修道院であり、大規模な都市共同体に囲まれていた。それは、一三七七年の人頭税の報告書によれば、五〇〇〇人もの住民を抱えており、イングランドで一一番目の大きな都市だった。住民のある者たちは、マイル・エンドで起こったことを知り、自分たちなりにささやかな行動にでた。彼らは、修道院長の養魚池の水を抜き、その猟鳥獣を殺し、その後、修道院長の私室から挽臼をもちだした。その挽臼は、粉挽水車の使用権をめぐってかつて起こった争議の「証拠かつ記念」として修道院長の私室に置かれていたものである。人々はさらに、八世紀のオファ王の時代にまでさかのぼる「自由・特権の証書」をひき渡すよう、修道院長に要求した。こうしたさまざまな行動の背後には、二つの主要な関心があった。まず第一に、セント・オールバンズの住民は、自治都市（バラ）の地位を要求していた。第二に、修道院の土地を保有している者たちは、修道院長が主張する粉挽水車独占権から自

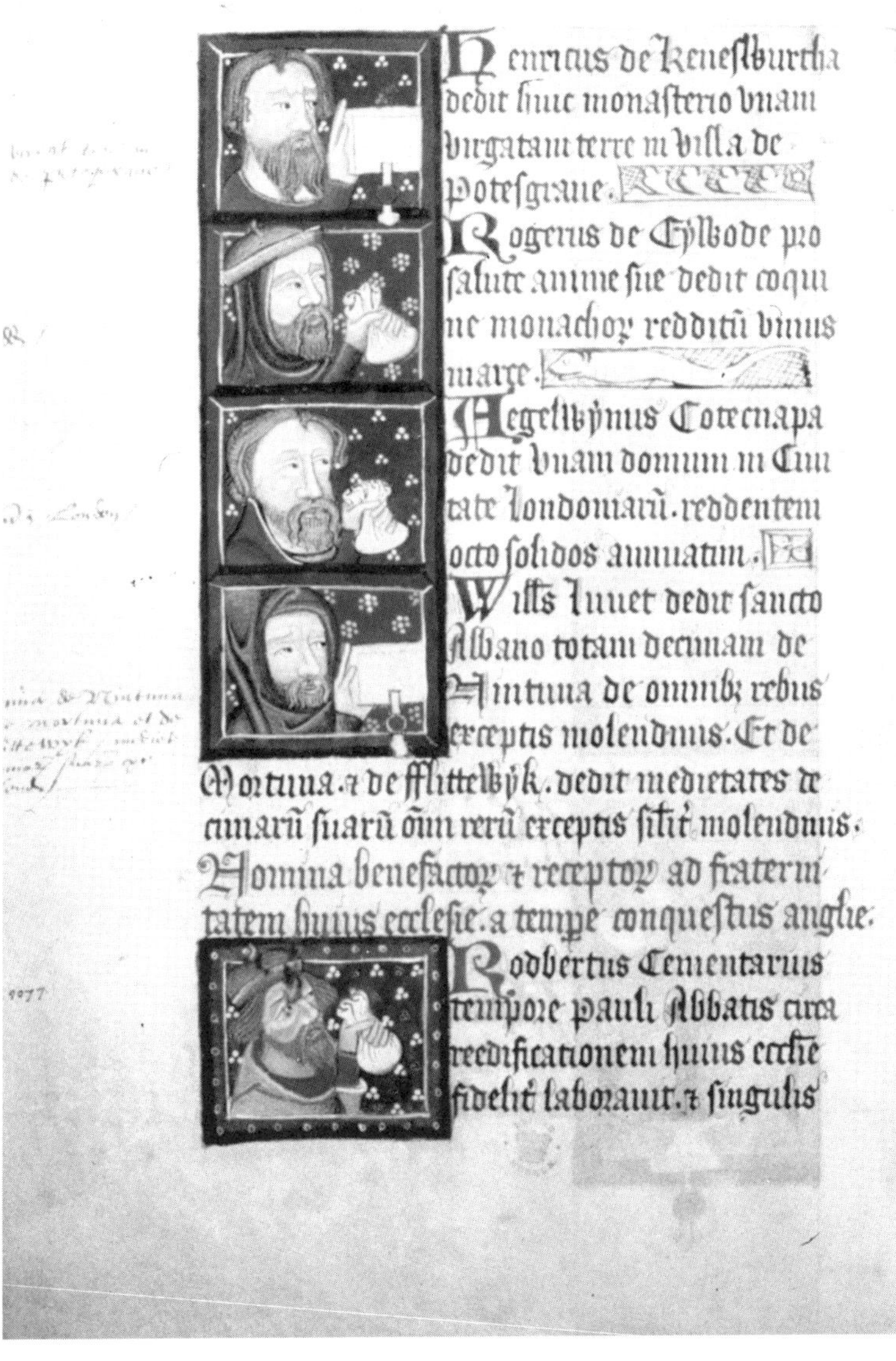

図112　トーマス・ウォルシンガムによるセント・オールバンズ修道院の『寄進者の書』の1頁。1380年。寄進者たちは、捧げたものの違いによって、印章の付いた証書か金の入った袋を手にしている。

由であることを望んでいた。似たような規模の多くの都市は、この時期に法人化する特権を認められつつあった。この特権により、都市は、法人格を認められ、固有の役人をもち、自らの法廷で裁判を行い、自分たちの都市法を制定することができた。だが、このような特権と独立性は、これまでセント・オールバンズの人々に与えられていなかったのである。この修道院の年代記作者、トーマス・ウォルシンガム[☆9]は、セント・オールバンズでの反乱を詳細にいきいきとした筆致で書き記しているが、修道院の土地保有者全員をおしなべて農奴として描くことに余念がなかった。同じような事情が、似たような規模の都市ベリー・セント・エドマンズでの反乱の背後にも存在していた。そこでも、ベネディクト会修道院が、都市特権が周辺の居住地に授与されないように画策していたのである。

ジョン・ボールが予言したように、中世の終わりまでに、イングランドにおいて、隷農は消滅するか、存在していたとしてもほんのわずかな数となった。しかし、それは農民反乱の結果ではなかった。六月一四日、マイル・エンドで劇的な情景が数多く繰り広げられ、その翌日、反乱者たちはスミスフィールドへと移動したが、ワット・タイラーがその場所で殺されてしまった。これを機に反乱者たちは四散したが、その後裁判官たちにより追及され、首謀者たちが裁判にかけられた。一三八一年一〇月、重苦しい雰囲気のなかで議会が開かれた。領主たちの利益を代表する者たちは、王がマイル・エンドで隷農の解放を約束したと思われることについて、恐怖の念を表明した。「自分たちはそのことにけっして同意しなかっただろう。たとえそれが自分たちの死ぬ日だったとしても。」領主たちはこのように主張したが、彼ら自身、隷農制そのものが実質的な意味を失っていたことを知っていたに違いないのである。

農奴制・隷農制の本質は、歴史的に見て、領主直営地で働くという点だった。しかし、農業労働のほとんどは、すでに雇用労働者あるいは常勤の使用人によって担われていた。さらに一三五〇年代以後の賃金の高騰と一三七〇年代以後の穀物の安値によって、こうした領主直営地での耕作は割に合わなくなっていった。加えて、続く半世紀間に、大領主たちは自らの直営地を、断片的に、あるいは一括して、土地の人々に賃貸するようになった。このような状況のもとで、隷農制の本質である労働賦役の意義は完全に失われることになったのである。論理的に考えれば、隷農制は当然廃止されるべきものだった。しかし、領主たちにとって、これは論理の問題ではなかった。そのような意識の一端は、ラムジー修道院の記録に見ることができる。一四三九年四月、ある保有農が解放され、自由身分となったが、彼はそのとき、修道院長にたいして、恩知らずな態度をとらず迷惑をかけないことを約束しなければならなかったのである。もう一人の隷農は、同じ頃、聖職者になることを許されたのだが、自由となった後も「自分の立場をわきまえるべきだ」と、くどくどと諭されたのである。貧しい者たちが自分たちについて何を言うのか、こういったことに大領主たちが関心を示していたという事実は、非常に興味深い。それは、この世における自分たちの地位が農民に与えられた自由により脅かされるのではないか、という不安のあらわれなのである。

農奴制・隷農制の終焉は、一三八一年に試みられたような、一般原則に関する全面対決によってもたらされたのではなく、各地域での細かな具体的な問題にたいする共通の認識によってもたらされたものだった。オックスフォード大学マートン学寮がもっていたレスターシャーのキブワース・ハーコート荘園では、農民反乱の年に重要な変化が見られた。この荘園では、諸家族が死に絶えたり、よそへ移っていなくなってしまう可能性があり、しかも、そのような耕作する人がいなくなった土地をひき継ぐ親族がいつも見つかるとは限らないということが、そのとき確認されたのである。村を、血の絆によって土地とその領主に固く結びつけられた諸家族の集まりとして見ることが、もはやできなくなっていたのである。このように結ばれた家族、「血による隷農身分（ナーティーウィー・デ・サングウィーネ）」として知られていた家族の数は、ますます少なくなっていた。一四二七年に事態は次の段階に達し、「隷属的（イン・ボンダギオ）」土地保有が廃止された。このような言い回しのなかに、イングランドの農民にたいする領主支配の長い歴史が詰まっているのである。隷農制は不承不承廃止された。一四二五年から一四五〇年頃までに、領主がこうした事態を受け入れるのは、以前よりも容易になっていた。この時期までに人口動態は安定したものとなり、イングランドの村々は、縮小したものの、そのほとんどが生き延びたのである。しかし、ジョン・ボールの主張の後半部分は実現しなかった。イングランドには、いまだ領主が存在していたのである。

リチャード二世とその批判者たち

一三八一年、一般の人々の多くは、王が英雄のような役回りを務めていると見なしていた。しかし、その後の年月には、彼がどのような役割を演じているのか見極めるのはむずかしくなった。当時、彼は、十代の終わりで、直接に後見を受けていたわけではないが、政府を完全に掌握していたわけでもなかった。王が経験不足だったため、国の政治的な諸問題は一三七〇年代から変化していなかった。人々は、王の側近たちがどのように行動するのか、王はどのように助言を受けるべきなのかといった問題に大きな注意を払っていた。ウェストミンスター修道院のある修道士が記した『ウェストミンスター年代記[☆10]』は、一三八〇年代についてとくに貴重な記録であり、以下の議論でもしばしば言及されることになるだろう。この年代記が重要なのは、とくに外交交渉について、そして一三八七年から翌年にかけて生じた政治的危機について詳細な記録を残しているからであるが、同様に、その文章の調子により当時の雰囲気を伝えているからでもある。世間から遠く隔絶されたウェストミンスター修道院の回廊から見ると、イングランドの政治生活には何か抑制の効かない荒々しさがあり、それがリチャード二世の治世全体を特徴づけているように思われたのである。

外交については、対フランス戦争の舞台が、短い期間ではあるが、再びフランドルへと移った。エドワード三世はかつてフランドル伯領の女子相続人マルグリットを自分の息子ケンブリッジ伯エドマンドの妻にしようと画策した。しかし、彼女は一三六九年に、ブルゴーニュ公フィリップ剛胆公と結婚してしまった。これはイングランドにとって大きな痛手となった。このように統一されたブルゴーニュとフランドルは、一五世紀に両地域のあいだにある、数多くの領土を加えていき、やがて強大な政治力と文化的活気にあふれた領域、独立した領域国家の観を呈する領域へと発展した。しかし、フランドルは不安定だった。フランドルで最大の都市ヘントは、フランドル伯による中央集権化の影響をもっとも受けており、一三七九年に再び反乱を起こした。一三八二年に和平交渉が決裂すると、ヘントの都市民はリチャード二世をフランス王として認めた。これは二世代前に生じた状況と同じだった。ヘント市民の指導者フィリップ・ファン・アルテフェルデは、かつてエドワード三世をフランス王と認めたヤーコプ・ファン・アルテフェルデの孫であり、リチャード二世はそのエドワード三世の孫だったのである。しかし、この動きは長期的な成功にはつながらなかった。イングランド議会が大規模な軍事行動のために資金を提供することを渋ったため、ファン・アルテフェルデは、イングランドの援軍を得ることができず、一三八二年一一月、ローゼベーケでフィリップ剛胆公に敗北したのである。一三八三年三月、マイケル・ド・ラ・ポールが尚書部長官に任命されたが、彼は、この重要な戦いの結果を踏まえて、イングランドがフィリップ剛胆公と和平を結ぶべきだと考えるようになった。これは良識ある政策であり、王の支持もとりつけられた。王は後に、この戦争は「耐えがたいものだ」と述べたと伝えられている。戦争のために重税を課されてきた国民の支持を得るには、強力なリーダーシップが必要だった。しかし、これこそリチャード二世に欠けていたものだったのである。

フランスとの和平を求める政策は、王の宮内府（ハウスホールド）の人々には不人気であり、さらに宮廷の指導的立場にある人々のあいだで意見の対立をひき起こすことになった。リチャード二世は、ますます、一部の少人数の人々の影響下にあると感じられるようになった。ある史料は、王の周辺にいるそのような人々を「共謀者たち（カヴィン）」という言葉で呼んでいる。これは、不幸な結末に終わったエドワード二世の統治につきまとう、密室的な雰囲気を髣髴させる言葉である。この一団のなかに数えられているマイケル・ド・ラ・ポールは、リチャード二世の父、エドワード黒太子に仕えることにより出世し、一三八五年にサフォーク伯に任命された。黒太子の家政組織で働いたもう一人の寵臣の息子、ロバート・ド・ヴィアーは、ド・ラ・ポールよりもさらに王と親しい関係にあると見なされていた。彼は世襲の侍従長職にあったが、この宮内府の役職は、彼が王に重用されたことにより重要性を増した。侍従サイモン・バーリーは以前、リチャード二世の養育係として仕えていた。王はこうした人々に非常に寛大だった。「王になりたての頃、彼はたいへん気前がよかったので、正当なお願いをすれば、それはただちに叶えられた」と『ウェストミンスター年代記』は記している。そうした個々人への寛大さと王の公的な地位を害する特権譲与とは紙一重だったが、リチャード二世は、その境界をあまりにしばしば踏み越えていると思われていた。政府は賢明にも王に慎重さを求めた。一三八四年四月の議会で、アランデル伯が、国は崩壊の危機に瀕していると述べた。これにたいし王は怒って、「真っ赤な嘘だ、貴様は悪魔のところにでも行くがよい」と言い返した。一年後、今度はカンタベリー大司教が、王は好ましくない助言を受け入れていると意見を述べた。王は腹を立て「剣を抜いた。」王は、もしまわりの人々に止められなかったならば、「その場で大司教を刺していただろう。」リチャードは、それから和平交渉に当たっていた者たちに怒りの矛先を向けた。彼らは、非常におびえ、聖域の保護を求めて、王の船から大司教の船へと飛び移った。こうした「驚くべき諍い」の背後には、旧世代の貴族たち、アランデル伯やバッキンガム伯トーマス（エドワード三世の末子、一三八五年以降グロスター公）などを、リチャードが遠ざけていたという事実があった。

一三八四年の議会で、二つの派閥、旧世代の貴族たちとリチャード二世の寵臣たちのあいだに立っていたのは、ジョン・オヴ・ゴーントだった。彼が抱えていた扈従の一団は、イングランドの政治において、強力な「第三の勢力」として機能した。ジョンは、その立場のために、リチャード二世の寵臣たちからは快く思われなかった。（ド・ヴィアーを含む）何人かは、一三八五年二月半ばに催された馬上槍試合大会で彼を殺そうと企てていたようである。『ウェストミンスター年代記』によると、ジョン・オヴ・ゴーントは、その後、王をシーンに訪れ、悪しき助言というおなじみの問題について、「かなり厳しい態度で」意見を述べた。ランカスター公自身からもたらされたと思われるその詳細な記述は、訪問時の雰囲気を伝えている。彼は、自分の護衛のほとんどをテームズ川北岸のブレントフォードにとどめ、一部の者たちが、彼とともにテームズ川を渡った後、船上で待機した。そして、それ以外の者たちが、主君が不意打ちに遭わないよう王宮の門まで護衛した。ジョン・オヴ・ゴーントは、ここまで安全に気を配ったうえで、さらに自分の甥である王の面前で胸当てをつけていたのである。翌年、一三八六年の七月、ジョン・オヴ・ゴーントは、カスティリャ王位を要求するため、南へ向かって出帆した。彼は、一三八九年一一月に帰国するまで、三年間不在だった。このあいだ、その息子、ダービー伯ヘンリー・ボリングブルック（一三六六年生まれ、後のヘンリー四世）がランカスター家の利益を代表していた。リチャード二世は、この時期に王位を失いかけたのである。

　ジョン・オヴ・ゴーントがイングランドを去った後、最初の議会が一三八六年一〇月に開かれた。フランス海軍が、一三四〇年の大海戦の場所、スライスに集結し、イングランドを侵略すべく待機していた。イングランド南部はパニックにおちいり、議会では、戦争遂行にあたって責任のある者たちが釈明するよう召喚された。王は当初議会への出席を拒み、後に有名になる言い回しだが、自分の台所の皿洗いでさえこのような形では首にはしない、と述べた。リチャード二世は、自らの廃位の可能性を突きつけられ、財務府長官ダラム司教ジョン・フォーダムと尚書部長官サフォーク伯ド・ラ・ポールを守りきれなかった。サフォーク伯は、ヘントの人々に救援を送らなかったこと、前年に議会が要求していた王財政にたいする調査委員会を設けなかったことについて、一三七六年の善良議会で定められた手続きに従って弾劾された。サフォーク伯は有罪とされ、投獄された。尚書部長官の後任には、アランデル伯の弟、兄同様王にたいして一貫して批判的だったイーリー司教が任命された。以前のものよりも大きな権限をもつ評議会が、この一三八六年の「奇跡議会（ワンダフル・パーラメント）」によって設けられ、宮内府にたいする幅広い監督権を与えられた。翌年、評議会が実権を握ると、王はウェストミンスターを離れた。王は、失った権威を回復する直接的な方法を探った。一三八七年八月、彼は、まずシュルーズベリーに、ついでノッティンガムに裁判官たちを集め、彼らに一連の問題について諮問し、自分が求めていた回答を得たのである。評議会は「王の地位と王の大権」に反して設けられたものであり、その設置と王の役人の弾劾に関与した者たちはすべて反逆罪に処せられるべきだというものである。この「裁判官たちへの諮問」は、多くの人々にとって脅威となり、多くの人々の関心を集めた。

「裁判官への諮問」の即時的な結果として、これによって脅威を感じた人々のなかで中心的ないく人かが、結束し相互扶助のため同盟を組織した。『ウェストミンスター年代記』の作者はこれらの人々を「私が語ってきた貴族たち」と呼んだが、その後彼らは「反逆罪告発貴族（アペラント）」として知られるようになった。というのは、彼らは、サフォーク伯やド・ヴィアー、その他数人を反逆罪のかどで反対に「告発（アピール）」したからである。反逆罪告発貴族たちは、一三八七年から翌年の冬に集まった。グロスター公とアランデル伯にウォリック伯が加わり、この三人の大諸侯は、ロンドンの北のハリンゲイ・パークに扈従たちを召集した。そこには、「あらゆる方角から、非常に多くの数のジェントリーたちがやって来て、彼らに加わった。」以上の三人に、さらに二人の若い伯が加わった。ダービー伯ヘンリー・ボリングブルック（グロスター公の義弟）とノッティンガム伯トーマス・モウブレー（アランデル伯の娘婿）である。この二人の伯の争いが一〇年後にリチャード二世の廃位と死のきっかけとなるわけだが、それは次の数ヵ月の出来事と関係していた。一三八七年、リチャード二世は、対抗策として兵を集めるため北のチェスターにド・ヴィアーを派遣したことで、五人の告発貴族たちから厳しい非難を受けた。ド・ヴィアーは最近アイルランド公にとりたてられたばかりだった。ド・ヴィアーの軍は、ロンドンへ戻る途中、バーフォードとファリンドンのあいだの道がテームズ川を越える場所、ラドコット・ブリッジで告発貴族たちによって迎撃された。一〇年もの後、リチャード二世は、この戦いでの犠牲者のために用いられるようチェスター修道院に四〇〇〇マルクを預けた。自分の軍にたいして王が忠実だったのは立派だった。しかし、これは賢明な方策ではなかった。そうすることで、小規模な軍事的小競り合いが、王の大権

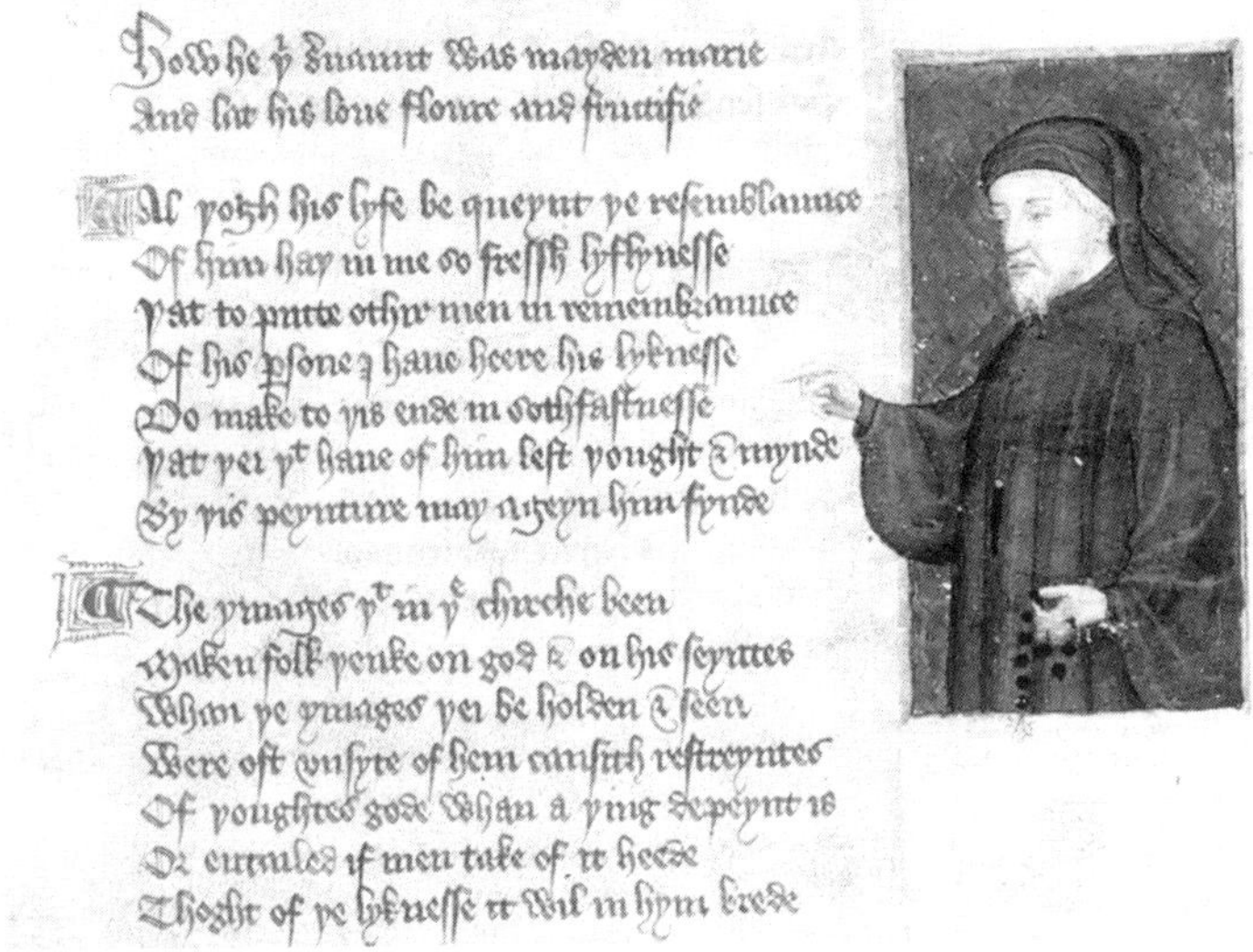
Hou he ẏ svaunt was mayden marie
And lut his loue floure and fructifie

Al þogh his lyfe be queynt þe resemblaunce
Of him hay in me so fressh lyflynesse
Þat to putte othir men in remembraunce
Of his persone I haue heere his lyknesse
Do make to þis ende in sothfastnesse
Þat þei þt haue of him lest þought & mynde
By þis peynture may ageyn him fynde

The ymages þt in þe chirche been
Maken folk þenke on god & on his seyntes
Whan þe ymages þei be holden & seen
Were oft unsyte of hem causith restreyntes
Of þoughtes gode Whan a þing depeynt is
Or entailed if men take of it heede
Thoght of þe lyknesse it wil in hym brede

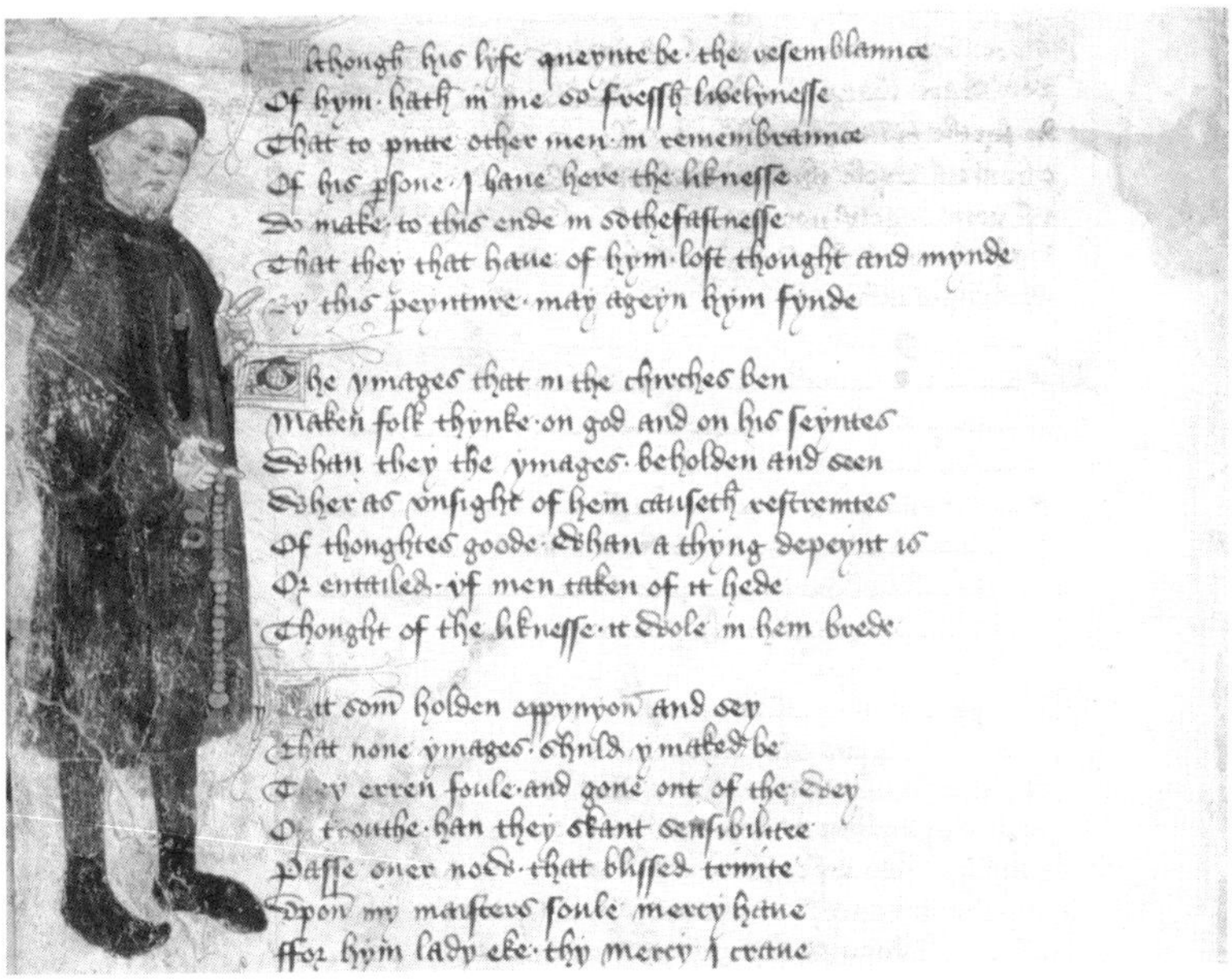
Although his lyfe quenyte be the resemblaunce
Of hym hath in me so fressh lyvelynesse
That to putte other men in remembraunce
Of his persone I haue here the likenesse
Do make to this ende in sothefastnesse
That they that haue of hym lost thought and mynde
By this peynture may ageyn hym fynde

The ymages that in the chirches ben
Maken folk thynke on god and on his seyntes
Whan they the ymages beholden and seen
Wher as unsight of hem causeth restreyntes
Of thoughtes goode whan a thyng depeynt is
Or entailed if men taken of it hede
Thought of the likenesse it wole in hem brede

Yit som holden oppynyon and sey
That none ymages shuld y maked be
They erren foule and gone out of the wey
Of trouthe han they skant sensibilitee
Passe over now that blissed trinite
Upon my maistres soule mercy haue
For hym lady eke thy mercy I crave

図113、114　詩人ジェフリー・チョーサーの２つの肖像画。トーマス・ホックリーヴの『君主の統治』の写本から。どちらの肖像も、この詩人が、黒いガウンと帽子を着用し、胸から筆入れを下げ、手にロザリオの数珠をもち、写本の本文を指さしているところを描いている。２つの肖像が共通の原画から派生した可能性がある。

を巡る重大な戦いとして解釈されるようになってしまったからである。

事態はさらに悪化した。一三八七年のクリスマス直後、反逆罪告発貴族たちは、ロンドン塔に王を訪ね、人々の面前で恭順の意を表した後、塔内の礼拝所へ退いた。「彼らは、そこで、王にその行動について厳しい口調で詰め寄った。」それから、彼らは、リチャード二世を廃位すると脅した。ある年代記によれば、王は二、三日のあいだ実際に廃位された状態にあり、彼が王位に戻されたのは、告発貴族たちが王の継承者を誰にするかについて合意できなかったためだという。一三八八年二月三日に議会が召集されたとき、貴族たちは「互いに腕を組み金色の衣装を身にまとい」自分たちの考えを主張した。彼らは、以前の反乱を弁護し、宮廷に巣くう「大敵たち、すなわち王のかたわらを片時も離れない者たち」がいることがその原因だと主張したのである。そのような王の寵臣たちの名前があげられた。王の宮内府（ハウスホールド）で寝所部騎士（ナイト・オヴ・ザ・チェインバー）を務める一三人のうち、少なくとも一二人が望ましくない人物とされ、そのうち四人が処刑されることになった。そのなかでもっとも著名な人物は、サイモン・バーリーとホールトのジョン・ビーチャムだった。バーリーは、とりわけ前年の王の行動にたいして責任があると見なされた。このほかで処刑されたのは、王座裁判所主席裁判官ロバート・トレジリアン卿と以前のロンドン市長ニコラス・ブレンバーである。トレジリアンは、前年に王の諮問にたいして行った回答の責任を問われたのである（他の裁判官たちも有罪とされたが命は容赦された）。ド・ヴィアーとサフォーク伯は、国外に逃亡して同じ運命を辿るのを免れたが、不在のまま有罪とされた。これはまさに「無慈悲議会（マーシレス・パーラメント）」だった。告発貴族たちは議会の庶民たちから全面的な支持を集め、「反逆者たち」を裁くためにかかる費用として二万ポンドが認められた。

この「無慈悲議会」ほど議会の両院が一致して行動したことは、めったになかった。しかし、両院で意見の対立が見られた主要な議題の一つが、一三八八年の二回目の議会、「ケンブリッジ」議会で再び問題となった。『ウェストミンスター年代記』によれば、その議会で「庶民たちは、貴族たちにたいして支給されていた徽章（バッジ）について厳しく苦情

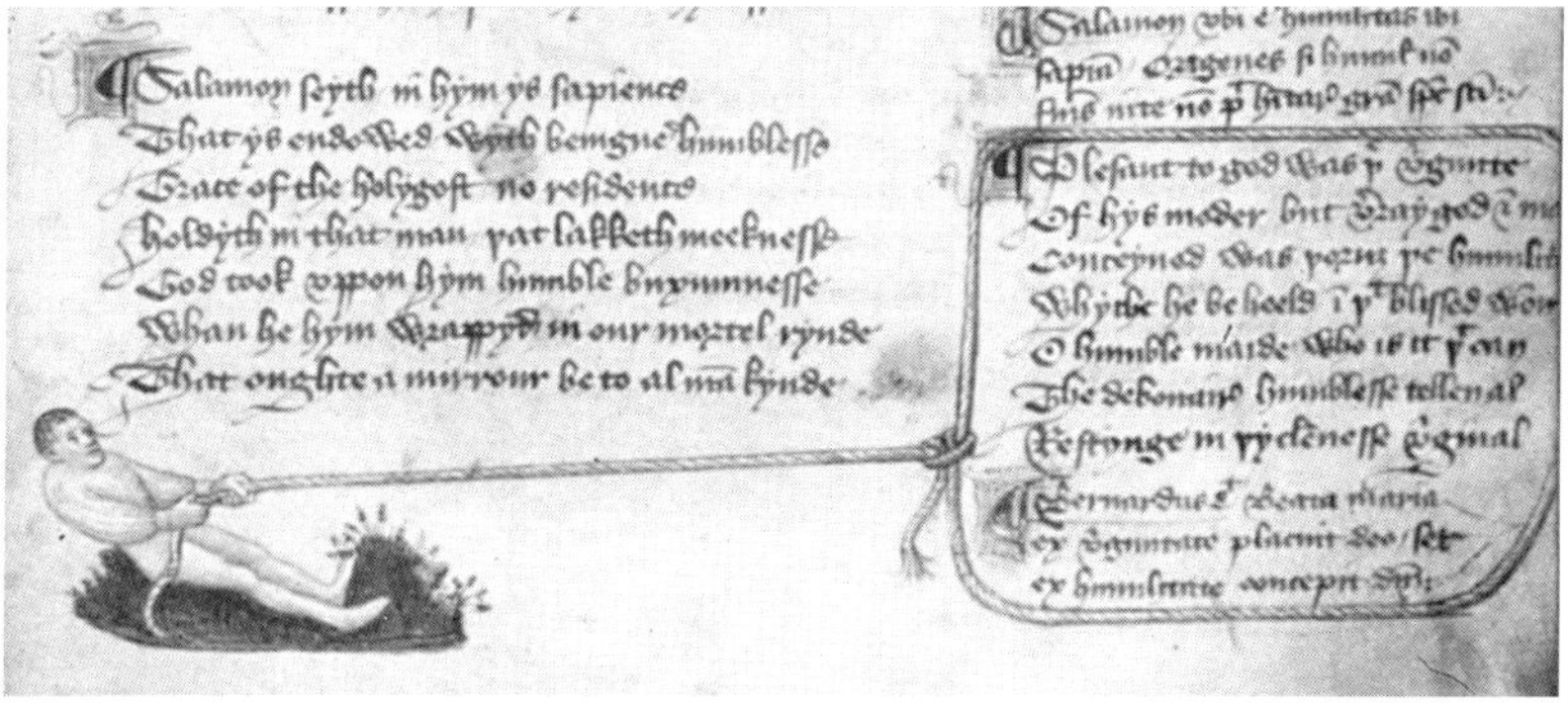

図115（上）　誤って置かれた文を正しい場所にたぐり寄せる図。ホックリーヴ『君主の統治』の別の写本から。

図116（下）　リチャード２世の肖像画。これは、ウェストミンスター修道院の王家専用席の上に飾るためにに作成されたもので、王の姿を忠実に再現していると考えられる。

を述べた」という。現代の軍隊において帽子の徽章により所属部隊が識別されるように、中世の諸侯から仕着せを受けた扈従たちもその領主を示す意匠を身に着けていたのである。ヘンリー・ボリングブルックの徽章は白鳥であり、その父ジョン・オヴ・ゴーントの徽章は二つのSの字を用いたものだった（二人の意匠はともに、ロンドンのサザーク大聖堂にあるジョン・ガウワーの墓に今も見ることができる）。徽章のなかでもっとも有名なものは、リチャード二世が、一三九〇年にサザークの馬上槍試合大会ではじめて配った白い牡鹿の意匠のついた仕着せだろう。リチャード二世は、ケンブリッジ議会にたいして、もし領主たちが自分の例に従うのであるならば、自分の徽章を支給しないであろうと答えた。しかし、領主たちはこれを拒否した。ここで懸案となっていたのは、中世後期のイングランド社会を理解するうえで非常に重要な要素、「仕着せ（リヴェリー）」と「帮助（メインテナンス）」の問題だった。領主の仕着せは、帽子あるいは衣服の上下一揃いを支給する形をとるが、その仕着せをほかのものから区別する重要な要素が「徽章（バッジ）」だった。議会の庶民たちにとって、こうした徽章ないし仕着せは領主への帰属を示すシンボルであり、そのような関係・意識は、当時のイングランドの農村地域においてあるべき秩序を乱している原因にほかならなかった。人々はその脅威を「帮助（メインテナンス）」と呼んだが、それは、「血縁によっても結婚によっても関係のない人の争いを帮助する（メインテイン）こと」だった。当時の人であれば、そのような「帮助」の典型例として、一三九二年に生じた次のような事例を思い浮かべただろう。デーヴォン伯の扈従の一人、ロバート・ヨーは、殺人の罪で起訴されていた。しかし、デーヴォン伯は、ヨーに有利になるよう、その裁判にかかわる治安判事やその地の陪審を脅迫し、告発されたのである。伯は罪を認めたが、ただちに赦免を受けた。このような事例は日常茶飯事で、有効な手立てはほとんどなかった。ただ、世論にたいして多少の譲歩がなされた。たとえば、この件では、治安判事を任命する領主の権利と、領主の配下の者によってなされた重罪への赦免を求める権利が縮小されたのである。

　ケンブリッジ議会は、「王国の防衛、海上の保安、北部境界地方の防御」に向けられる課税への同意をもって閉会した。リチャード二世にとって重要な課題の一つは、父と祖父の思い出に傷をつけず、自分の臣民が納得する条件で、フランスとの紛争を解決することだった。議論の焦点となったのは、アキテーヌの地位と、リチャードが一三九〇年にアキテーヌ公に任命したジョン・オヴ・ゴーントの立場だった。一つの案は、ジョン・オヴ・ゴーントとその相続人が、イングランド王とのつながりを切り、フランス王の封臣としてアキテーヌを保有するというものだった。この案やこれに類したほかの案は、イングランドの庶民たちやガスコーニュの人々の反対に遭って消え去った。しかし、一三九六年三月、和平協定が再び締結された。今回は二八年続くことが意図されていた。フランス王シャルル六世は、イングランドがカスティリャと同盟を結ぶかもしれないと恐れ、自分の娘イザベラをリチャードの花嫁として差し出したのである。シャルル六世はこの結婚に大きな望みをかけていた。この縁組みによって、二人の王がロマンス文学の偉大な登場人物に匹敵する存在となること、すなわち、キリスト教世界のさまざまな敵にたいして、叙事詩『ローランの歌』の宿敵、ローランとオリヴィエのように、自分たちも一致団結できることを望んでいたのである。この結婚には、より現実的な利益もあった。リチャード二世の使節は、ジャン二世の身代金がまだ満額支払われていないとフランス側に繰り返し伝えていたが、今回、リチャードに、イザベラとともに二〇万ポンドもの持参金が提供されたのである。一三九六年三月、二人は代理人を通じて結婚した。しかし、イザベラはこのとき七歳であり、そのため、イングランド王位継承の問題が、この後一〇年以上にわたり解決されない可能性が生じたのである。

ケンブリッジ議会は、北部境界地方の防御を求めたが、スコットランド人との和平は望んでいなかった。ほとんどの人々にとってそれは不可能に思われただろうし、なかには望ましくないと考えた者もいただろう。トーマス・グレイは『スカラクロニカ』のなかで、和平の効果はけっして明らかではないと述べている。対フランス戦争に従軍した兵士たちは、イングランド中央部・南部から集められていたが、グレイのような北部の人々は、一四世紀を通じて、スコットランド人に対抗するため定期的に召集を受けていた。カーライル、ニューカースル、ベリック、ロクスバラといった境界地方の諸城塞は守備隊を必要していた。こうした守備隊を維持する資金は、財務府から北へと送られていたのである。イングランド北部の貴族の指導者たちは、自分たちだけの独自な世界を作っており、彼らの地位は、対スコットランド「辺境守護職（ウォードン・オヴ・ザ・マーチーズ）」という権威の授与により認められていた。そのような貴族のなかで、とくに二つの家門、パーシー家とネヴィル家が重要だった。一三九〇年代末の両家の長は、ヘンリー・パーシー（一三七七年以降ノーサンバーランド伯）とラビーのラルフ・ネヴィル（一三九七年以降ウェストモーランド伯）だった。一三九〇年から一三九六年にかけて、ノーサンバーランド伯とその息子「短気者（ホットスパー）」ヘンリーが二つの辺境守護職を掌握していた。その後、おそらくリチャード二世の政策によって、この権限は、イングランド北部に領地をもたない数多くの王の寵臣たちに移されてしまった。この職務の権威を目に見える形で示すものは、イングランド北東部にあるいくつもの大きな城塞である。それは、建設した領主たちの自信と、彼らのあいだの競争心を今日に伝えている。ウォークワース城の天守は一四世紀末に建てられたものだが、興味深いことに、ノーサンバーランド伯は、守護職の権威の要となるこの城塞のなかに、ウィンザー城の例にならって、参事会教会を設けようとしたのである。他方、ネヴィル家はラビーを城塞化していた。このほかでは、ジョン・オヴ・ゴーントが、リチャード二世治世中に二度、辺境守護職代理（リフテナント・オヴ・ザ・マーチーズ）に任命されている。これは、おそらく名誉職にすぎなかったと思われるが、それでも地元の人々の感情を害するものだった。ダンスタンバラの城塞は、残念ながら現在では朽ち果ててしまっているが、それはジョン・オヴ・ゴーントにより築かれたものである。この三家門が、一三九九年、リチャード二世に対抗するという共通の目的のために、協力して行動することになるのである。

リチャード二世の「専制支配」

イングランド北部の不安定さは、南部の状況を反映したものだった。セント・オールバンズの修道士トーマス・ウォルシンガムによれば、一三九七年以後、リチャード二世は「暴君として振る舞い」始め、「人々を虐げる」ようになったという。リチャードは、同年七月、グロスター公、アランデル伯、ウォリック伯を逮捕した。この三人は、一三八七年から八八年に行動を起こした反逆罪告発貴族のうちで年長の者たちであり、王は、とくにアランデル伯の忠誠心を信頼していなかった。一三九七年九月の議会において、三人は、貴族の一団によって、一三八六年から八八年の行動について反逆罪の嫌疑で訴えられた。一三八六年の評議会の設置、さらに一三八七年のラドコット・ブリッジにおける王軍への攻撃、一三八八年の無慈悲議会での反逆罪宣告による私権剝奪、これらへの関与が逆に反逆罪に値するとされたのである。グロスター公は、議会が開かれる前に逮捕され、カレーに連行され殺害されていたが、残りの二人は、少なくとも一応しかるべき手続きに従って裁かれた。アランデル伯は最初に赦免を求めたが、無駄だった。リチャードは、アランデル伯を、サイモン・バーリーの死にたいして責任があるとして、死刑に処した。その判決はジョン・オヴ・ゴーントにより宣告された。ウォリック伯はひれ伏し自らの罪を告白したため、マン島への追放以上の責めは受けなかった。これらの裁判が行われているあいだ、王は、ウェストミンスターの宮殿の庭で、「それまでのどの王よりも華麗に威儀を保ち」玉座に着いていたという。

もしリチャード二世が、この三人にたいして一〇年前に自分が受けた屈辱の復讐をしただけならば、（反逆罪のもっとも厳しい罰、相続権剝奪をこうむる直系相続人を除いて）不満を感じる者はほとんどいなかっただろう。しかし、政治共同体の大部分の者たちは、なんらかの形で、この三人が裁かれた罪に関係していたのである。王は、この点を認識し、議会で大赦令を出したが、その後、五〇人はこの恩恵から除外すると述べ、その効果を台なしにしてしまったのである。しかも、その五〇人が誰であるかを、王は明かさなかったのである。庶民院の議長はこれに抗議したが、王は考えを変えなかった。五〇人よりもはるかに多くの人々が、この知らせを聞いて眠れない夜を過ごすことになっただろう。人々は赦免を請い求めに来るように言われ、六〇〇人以上が王のもとを訪れた。リチャードはその人々の記録を作成した。この記録に載せられたのは、赦免を得るために金銭を支払った個人だけではなかった。ケントおよびイングランド南部と東部の一六州の代表たちも、共同体として罪を認め、赦免を請い求めるよう強制された。彼らは認めた。「われわれは、これまで陛下を害することをしてまいりましたので、この身柄とすべての財産を陛下のご意志に委ねます。」これが、有名な白紙委任の証書である。王はこれらの証書も保存した。王がこのような記録を必要としたのは、彼が抱いていた恐怖心のせいだとこれまでもっともらしく論じられてきた。しかし、ここで明らかなのは、王は、わずかな財政収入を得ただけで、今回の行動によって臣民のあいだに逆に恐怖心をひき起こしてしまったということである。

王の行動にたいする警戒心と将来への恐怖心をもつようになったのは、中層の人々だけではなかった。一三八七年から八八年の反逆罪告発貴族たちのうち、二人が残っていた。ヘンリー・ボリングブルックはヘリフォード公とされ、トーマス・モウブレーはノーフォーク伯とされた。この二つの叙任は、一三九七年、かつての仲間たちが失脚した裁判の直後に同時に行われたものだった。一三九八年一月、ボリングブルックは、モウブレーが次のように言ってきたと、王に告げた。「ラドコット・ブリッジでの行動」のゆえに、二人がともに危険にさらされているのだと。このようなやり方で、ボリングブルックとモウブレーは、それぞれ自分に都合のよい話をして、互いに相手を反逆罪で告発したのだった。この問題は、一三九八年九月一六日、コヴェントリーにおいて、決闘裁判で決着が図られることになった。しかし、リチャードはこの手続きを途中でやめさせ、二人にたいして国外追放を宣告した。ボリングブルックは一〇年の追放（すぐに六年に減刑された）、モウブレーは終身追放だった。シェイクスピアの戯曲のなかでも最高傑作の一つである『リチャード二世』は、この場面をもって幕を開ける。実際に、リチャード二世の生涯の最終章は、この時点で始まるのである。ジョン・オヴ・ゴーントが、息子ボリングブルックに厳しい判決が下されたことをどのように受けとめたかを示す記録は残っていない。ゴーントは少し前から体調を崩していた。彼がこの時期に取り組んでいたのは、息子に忠実に仕える扈従のネットワークを築くことだった。彼は一三九九年二月三日に死んだ。彼は、詳細な遺言書のなかで、自分の魂の救済のためにさまざまな取り決めをし、自分が領主だった領域にあるいくつもの修道院に食器・金・高価な衣服などを遺贈した。彼は、自分の広大な土地が「ランカスター家の正当な相続人」によって相続されることを率直に望んでいた。彼がこの気持ちを表明したとき願っていたこと、そしてほとんどの人々が予期していたことは、ボリングブルックがすぐに国外追放から呼び戻され、父親の所領の支配権を与えられることだった。しかし、現実にはボリングブルックにさらに厳しい処罰が下され、終身国外追放が宣告された。彼の土地は、ウィルトシャー伯ウィリアム・スクロープを含む、王のさまざまな友人たちの管理下に置かれたのである。

　ボリングブルックは、いまや強い憤りを感じることになった。そしてそれは、もはや武力をもってしか解消しえないものとなっていた。一三九九年七月上旬、彼は、船で帰国するが、南部から駆逐された後、ハンバー川沿いのレイヴンスパーに上陸し、そこからポンティフラクトの父祖伝来の城に入った。「北部のすべての人々」が彼に加わった。そのなかにはノーサンバーランド伯とウェストモーランド伯も含まれていた。王はそのときアイルランドにいたが、このような事態はイングランドに残された王の軍指揮官たちの手に負えるものではなかった。リチャード二世は、まずウェールズ南部のミルフォード・ヘヴンに上陸し、そこから北へと向かい、彼が安全だと考えたチェスターをめざした。チェスターは王にとって非常に重要なものとなっていた。彼は、一三九七年の議会で、その町が位置するチェシャーに君主領（プリンシパリティー）の地位を与えていたほどである。リチャードは、以前に、チェスター、フリント、リズランなどチェシャーの領域に位置する城塞の防御を固めており、さらに一三九七年には、アランデル伯から所領を没収したのにともない、チャーク、オズウェストリー、ホールトといった城塞をこの領域に加えていたのである。王は、とくにホールトに莫大な財貨を蓄えていた。アスクのアダムによれば[☆11]、それは一〇万マルクにもなったという。また、アダムの考えでは、チェシャーの弓兵が王の個人的な支配を可能にした重要な要素だった。このように、この地域における王権の拡大が政策上きわめて重要視されていたため、八月九日にボリングブルックがチェスターを獲得したことは、決定的な意味をもつことになった。王は、その二日後コンウィに着いたが、その知らせを受けて、そこで進軍を止めてしまった。リチャード二世は、このわずかな期間に王国を失ったのである。

ボリングブルックが王に忠実な君主領の中枢を確保したため、リチャードは相手の条件を受け入れるよりほかなかった。このときどのような条件が出されたかについては、さまざまな議論がある。その後の経過について、「ランカスター側」に立つ史料と「リチャード側」に立つ史料のあいだで、報告されている内容が異なっているからである。おそらくこの時点で要求されていたのは、裁判にかけるためにリチャードの五人の評議会議員をひき渡すこと、そして、ヘンリーによる王位相続の問題を議会で審議すること、この二点だったと思われる。もしこの条件が満たされるならば、リチャードが今もつ王としての尊厳が守られることになるだろう。リチャードは、宣誓により保証されたこの約束を受け入れ、ボリングブルックとフリントで会見したが、このとき以後捕囚の身とされたのである。九月の終わりに議会を開くため、王の名において令状が送付された。しかし、議会の開催以前に、リチャード廃位の決定はなされていたのである。一三二七年のエドワード二世の廃位という前例が存在していたが、このときは王位が王の子に与えられたため、王権の委譲は今回よりも容易だった。しかし、リチャードには子供がいなかった。男系直系の原則からすれば、王位継承権第一位の地位にあるのはボリングブルック自身だった。ウェストミンスター・ホールで、玉座が空席のまま議会が開かれたとき、ボリングブルックに王位継承の意思があることを疑う者はほとんどいなかっ

図117（上）　リチャード２世の退位後、空位となっている玉座の図。リチャード２世派のジャン・クレトンの『歴史』から。聖界貴族たちが玉座の右側に、ランカスター公ヘンリーを含む世俗貴族がその左側に立っている。

図118（下）　ジョン・ロウヴェル卿（1408年没）の伝記に見られる肖像画。この絵では、ロウヴェルが、ソールズベリー司教座聖堂参事会員の１人に、彼らのために注文した聖書朗読集を贈呈している。

た。議会に集まった人々にとって問題だったのは、何がなされれば、その継承が歴史において正当と見なされるのかということだった。議会記録簿（ロールズ・オヴ・パーラメント）に残されている廃位の報告によれば、リチャードは、退位の文書に印璽を付与し、自分の代わりにボリングブルックが統治することを望むと述べたという。この記述に続いて、リチャードの罪状を並べた長いリスト、「廃位の諸条項」が議会記録簿に挿入された。それは、リチャードが犯した罪、とくに直前の二年間に犯した罪を詳細に記していた。リチャードは、王として、王国の慣習に従って統治せず、自らの意志に従い恣意的な統治を行ったというのが、この「諸条項」を貫く主題だった。リチャードには選択の余地はほとんどなかった。いまや彼が望みうる最善の事態は、命を助けてもらうことだけだった。しかし、リチャードは、ランカスター家のもっとも堅固な城塞、ポンティフラクトへと移され、二月の半ばまでに殺害されてしまった。すでにヘンリー四世として即位していたヘンリー・ボリングブルックは、リチャードの亡骸をキングズ・ラングリーに埋葬するよう命じた。おそらくヘンリーは、後の歴史的評価を意識していたのだろう。その場所は、エドワード二世の私的な隠遁場所だったのである。ウェストミンスター修道院では、リチャードとその王妃のために準備された立派な墓が、その主を待ち続けていた。しかし、リチャードの亡骸は、一四一三年になるまで、そこに納められることはなかったのである。

第八章　ランカスター家とヨーク家　一三九九―一四八五年

一四〇六年に開かれた議会は、二三週間に及んだ。これは、中世イングランドにおいて、もっとも長期間にわたり開会された議会となった。開催期間がそれほど長引いたのは、議会がその重要性をますます増していたこと、そしてヘンリー四世治世初期の政策にたいする不満の声が高まっていたことが原因だった。議会における庶民院の主な役割は、請願提出と課税同意の二つだった。庶民たちは、この議会において、一四〇四年に可決した土地所得税の使途に関する報告を要求した。ヘンリーは、「王が会計報告をするしきたりはない」と尊大な返答をしたが、その要求は押し通され、一四〇四年に徴収された土地所得税を監査する委員会に、庶民たちのなかから六名が任命された。この後、一四〇六年の議会は課税への同意を与えたが、王は、その後三年間はさらに課税を求めることはないと約束し、議員一人ひとりに彼らが地元に戻ったときに証拠として提示できる念書が渡された。この議会で達成されたほかの主な事項は、評議会の議員に有力な貴族を任命し、王の権力の大半をこの評議会の影響下に置くことだった。「あらゆる事柄について、王は、評議会議員の助言によって統治すべきであり、また彼らを信頼すべきである。」

ヘンリー四世治世初期には、庶民院は、積極的に要求を出し、王の言動に批判的に対応した。庶民院は、自分たちはたんにその直前の数年間の失政を裁いているのではないと考えていた。彼らは、一四〇四年の議会で、一三六六年以降に王が行った王領地の譲与すべてを検討に付すことができるよう公開せよと要求した。庶民たちはこのとき、全盛期のエドワード三世をよき時代として回顧し、その後四〇年近くのイングランドの歴史を無価値なものと見なしていた。彼らにとって、全盛期のエドワード三世が認めうる最後の模範的な王権の姿であり、没落期のエドワード三世、リチャード二世治世の全期間、そして当時の王ヘンリー四世は、すべて吟味に耐えなかったのである。王たちが、この期間に王領地を譲与してしまい、より広範なイングランドの政治共同体の必要にたいして務めを果たさなかったからである。一四〇六年の議会は「よき豊かな統治」を求めていた。この言葉は常套句のようなもので、さまざまな異なった考えを込めることができたが、確かなのは、そのなかに共同の利益と共同の必要といった意識が存在していたことである。たとえヘンリー四世が当初模範的な王でなかったとしても、それは別に驚くべきことではなかった。ヘンリーは自分が王になるとは予期していなかったし、ほかの人々もまさか彼が王になるとは思ってもいなかったのである。大諸侯の身分でありながら、言ってみればなにかの間違いで王となった前回の事例は、一一三五年のスティーヴン王だった。ヘンリーは幸運だった。スティーヴンは人々の同意により王位を継承したが、ヘンリー四世は（事実上）征服により王位を継承したからである。スティーヴンは最初に開いた宮廷において最善を望む諸侯たちに囲まれていたが、ヘンリーは最悪を恐れるより少ない貴族たちに囲まれていたのである。この貴族たちはリチャード二世親政期の統治にかかわっていた者たちであり、その多くは富裕な有力者だった。新王は彼らを安心させるよう全力を尽くした。少数の者たち、とりわけ一三九九年に処刑されたウィルトシャー伯、ジョン・ブッシー、ヘンリー・グリーンの三人、シェイクスピアの戯曲（『リチャード二世』第二幕第三場）に登場する「王国を食い物にする者たち」に、「王国を襲ったあらゆる邪悪なことの責任がある」と王は宣言した。さらに、一三九七年の国事犯裁判でリチャード二世を擁護したほかの者たちは、その領主支配権と権威を縮小された。自分自身の直接の役人を除いて、仕着せを与えること、つまり扈従をもつことが禁止されたのである。

このような対応が熟慮の末にとられたが、それは部分的には、仕着せと幇助に関して依然として懸念を抱いていた庶民たちを安心させるためだった。切実な問題は財政だった。ウォリック伯など、大諸侯のなかでもっとも裕福な者たちは、果たすべき義務の観点から見るならば、おそらく王以上に多くの富を手元に残していた。そうした大諸侯たちは明らかに、王ほど厳格に支出を管理していなかった。ヘンリー四世は、このことを苦い経験を通じて学ぶことになった。彼は、いまや突然西ヨーロッパの王侯の仲間入りをしたのだが、派手に金を使いそのような人々から注目を集めることを望んだ。一四〇一年七月、リチャード二世の年若い未亡人イザベラがフランスへ戻ったとき、五〇〇人のお供がつき従った。その費用は八〇〇〇ポンド以上だった。それ以前にも、自分の娘ブランチがバイエルンのルートヴィヒに嫁ぐためドイツへ向かったとき、同じような規模のお供がつけられ、総額一万三〇〇〇ポンドを超える持参金の初回支払分として、五〇〇〇ポンド以上もの現金が託された。このつけは、早くも同じ年に回ってきた。イングランドの財務府長官が、王の評議会にたいして、統治と防衛の費用を満たすには年間一三万ポンドが必要だと示したのである。おそらくこの額は少し誇張されたものだったが、そうだとしても、それはヘンリー四世の調達能力を超えたものだった。彼の王としての収入は、その当時、七万五〇〇〇ポンドから一〇万ポンドのあいだだった。王は、この差額を埋め合わせるために、借り入れをし、ランカスター公領の私的な収入を国庫へ移し、自分の家政の支出を削減しなければならなかった。ランカスター公領のいく人かの役人が、王の財務行政にかかわる重要な役職に就けられたが、その任務を果たす能力がなく解任された。こうした王の財政的脆弱さと王の役人の能力不足が、一四〇六年の議会において庶民たちの批判の的となった。庶民院議長ジョン・ティップトフトは、王の宮内府（ハウスホールド）は「悪党でいっぱいだ」と述べた。

イングランド政府が弱体化するとき、その徴候は例外なく、イングランドの辺境地方で王権の弛緩という形であらわれた。そのような事態が、イングランドの北部境界地方とウェールズの両方で生じたのである。当時、北部で問題が起きると予測するのはむずかしかった。この地域を治めていた二つの重要な家門の長、ノーサンバーランド伯とウェストモーランド伯は、一三九九年にはヘンリー四世の支持者だったのである。しかし、その年から一四〇三年までのあいだに、パーシー家と新王との関係は悪化し、一四〇三年に同家の反乱が起こったのである。彼らは、辺境・守護職（ウォードン・オヴ・ザ・マーチーズ）の職務遂行により生じた負債を王が支払っていないと訴えた。一四〇二年九月、ホミルドン・ヒルでスコットランド人を敗退させたとき、王はその場で得た捕虜から身代金を取ることを許さなかったが、彼らは、そのことにも怒りを感じていた。

　ホミルドン・ヒルでの一戦は重要な戦いだった。捕虜のなかには、ファイフ地方監理官（ステュアート）、四人の伯、一〇数人の諸侯が含まれていた。パーシー家は、離反していくにつれ、リチャード二世の記憶に訴えるようになった。彼らは、一三九九年の政変に同意していたわけではないと主張し、より正当な王位継承権は自分たちの親族であるエドマンド・モーティマーにあると主張したのである。前者の主張は筋が通らず、後者は誤っている。パーシー家の最初の反乱は、一四〇三年七月、シュルーズベリーで鎮圧され、「短気者（ホット・スパー）」ヘンリーは戦死し、その叔父ウスター伯トーマス・パーシーは処刑された。ノーサンバーランド伯ヘンリー・パーシーは、同輩貴族たちによる裁判で裁かれたが、反逆罪の嫌疑を晴らすことができ、生き長らえて再び戦うこととなった。この後、一四〇五年、モーティマー家の王位継承権を再び焦点として、二回目の反乱が起こった。この反乱の指導者のなかには、軍務伯（アール・マーシャル）トーマス・モウブレーとヨーク大司教リチャード・スクロープがいたが、彼らは、反乱が失敗に終わったとき処刑された。この反乱にはヨークの数多くの市民・住民が関係していた。英語で書かれた一連のビラが、通りや市場、さらに教会の扉に貼られ、反乱に加わるよう煽動していたのである。彼らは、「ゆき過ぎた統治」（現代的な響きのある言葉である）にたいして、そしてジェントリーや商人や一般の人々にかけられた財政的圧力にたいして不満を訴えていた。聖職者も深く関与していたようであり、大司教は、裏切りの行為だけでなく、説教壇を悪用した罪を負わされ、処刑されることになったのである。

二回目の北部の反乱が起こった時期に、ノーサンバーランド伯、ウェールズ辺境伯エドマンド・モーティマー、そしてオーウェン・グリンドゥル（シェイクスピアの戯曲におけるグレンダワー）が、「三分割証書（トリーパータイト・インデンチャー）」として知られている文書を取り交わした。そのなかで、イングランドとウェールズの統治を彼ら三人で分割するという約束がなされていた。グリンドゥルは、ウェールズで、前述したイングランドの反乱と並行して蜂起したが、このような反乱の同時発生により、ヘンリー四世の立場は危ういものとなった。ウェールズ人は、イングランド人以上に、「ゆき過ぎた統治」にたいして不満を募らせていただろう。彼らは、一四世紀を通じて、自らの土地にいながら「外国人」の地位にとどめられていたからである。このようなウェールズ人の不利な状況が時間とともに和らぐことはなかった。黒死病の後、イングランドでは、領主たちが（渋々ではあるが）自分たちの保有農にたいして譲歩したが、ウェールズではそのようなことが起こらなかったのである。ウェールズでは同じ領主の多くが、狩猟、交易、粉挽水車の使用にたいする統制権、領主独占権を維持し続けたのである。さらに、領主たちはこの征服された土地から多額の金銭を取り立てていた。アスクのアダムによれば、それは年間六万ポンドに上ったという。このような支配のやり方は、領主にとってたやすいことのように思われた。しかし、一三九〇年代の終わりに、いく人かの人物が死に、所領の没収が行われたこと（とくに一三九七年のアランデル伯の処刑と一三九八年のウェールズ辺境伯の死去）により、リース・デイヴィスがウェールズと辺境領地方の「領主権地図における激震」と呼ぶ大変化が起こったのである。領主支配の実効性は、日常の所領経営活動と領主にたいする個々人の忠誠の二つにかかっていた。ヘンリー五世が王位に就いたとき、この二つの点である断絶が起こったのである。

ウェールズ人は詩のなかで、自分たちの民族の救世主となる解放者を求めていた。「ルウェリンの血筋を引く者たちのなかに、民を率いる勇者はいるのか」と人は尋ねた。そしてその答えが与えられた。一四〇〇年九月、グリンドゥルは、自らをウェールズ大公（プリンス・オヴ・ウェールズ）であると宣言したのである。グリンドゥルはウェールズの王族のなかでも高い地位にあった。しかし、彼は、イングランドのウェールズ支配と密接にかかわっており、イングランド軍に加わりフランス人と戦ったこともあった。彼のように高い地位の者たちは、一四世紀にはイングランド王によって騎士に叙任されていたが、この時代にはそのようなことはもはやありえなかった。一四〇一年のイングランド議会は、ウェールズ人の民族全体に制裁を科すよう求めた。このようなイングランド人の硬直した対応が、グリンドゥルとその同胞たちに反乱の機会を提供することになったのである。彼らは、エドワード一世時代のウェールズ征服の際に建設された城や都市を包囲し、コンウィ城、ハルレッフ城、アベリストゥイス城を一つずつ奪い、さらにイングランドによるウェールズ支配の拠点のうち中心部から離れた場所をゲリラ戦によって悩ませたのである。グリンドゥルが自ら名乗ったウェールズ大公という称号は、一四〇四年までにある程度の実質をともなうようになっていた。彼は、自らの議会を開き、フランス人から武器と軍の提供を確保する公式合意を結んだ。翌年、「三分割証書」の年に、フランス人との約束が実行された。しかし、状況は困難だった。グリンドゥルは、イングランド王の優勢な軍事力にたいして持続的に抵抗していくため、外部からの助けを必要としていた。イングランド軍は、皇太子（プリンス・オヴ・ウェールズ）ヘンリー（後の五世）の指揮のもと、一四〇一年から一四〇八年まで毎年夏に定期的に召集されていた。しかし、グリンドゥルの同盟者は次々と脱落していったのである。最初に抜けたのはフランス人だった。続いて、一四〇八年二月にブラマム・ムーアの戦いでノーサンバーランド伯とバードルフ卿が戦死し、イングランド北部の者たちが同盟から脱落した。同じ年、ハルレッフとアベリストゥイスがイングランド軍によって奪還された。イングランド人はグウィネッズまでグリンドゥルを追いかけるほどの力はなかったため、彼は自由に行動することができたが、一四一五年以降その消息も途絶えてしまった。あるウェールズ人の年代記作者は、「非常に多くの者がグリンドゥルは死んだと言うが、占い師は死んでいないと主張している」と述べている。

イングランドの国内政治に話を戻すと、ヘンリー四世は、その治世末期には、自分の息子が達成した成果により影の薄い存在となっていた。アスクのアダムのような年代記作者は、一四〇九年からヘンリー四世が死んだ一四一三年までの期間について、まったく記録を残していない。後の年代記作者たちは、この空白を埋めようと試みた。一連の物語が、父と子のあいだに明らかに存在した緊張関係と皇太子が博した人気をもとに形成されていき、時代が進むにつれ手が加えられ、やがてシェイクスピアの『ヘンリー四世』第二部のなかで結実した。そこでは、王は病んだ姿で描かれ（彼は梅毒を患った最初のヨーロッパ人の一人だったかもしれない）、自分が王国を獲得したやり方に深い悔恨の念を示しているのである。皇太子は父王の権威を手に入れようと画策していたが、それは、一四一〇年から一四一一年にかけて、自分の支持者が王の評議会を支配したとき、ある程度現実のものとなった。一四一一年九月には、アランデル伯の指揮のもとフランス遠征がなされ、さらに皇太子自身の指揮による全面的な侵攻も計画されていた。この時期がその作戦にとって好都合のように思われた。フランスが内乱状態におちいっていたのである。フランスの名目上の支配者はシャルル六世（在位一三八〇年—一四二二年）のままだったが、彼は精神錯乱に苦しんでおり、王族に属する公たちが権力をめぐって争っていたのである。一四一一年に支配権を握っていたのは、ブルゴーニュ公ジャン無畏公だった。彼は一四〇四年にフィリップ剛胆公から公領を継承し、一四〇七年には宿敵オルレアン公を暗殺していた。それとは別の党派が、ブルボン公、ベリー公、次のオルレアン公、その義父アルマニャック伯によって率いられていた（この党派はアルマニャック伯からその名をとって「アルマニャック派」として知られるようになった）。アルマニャック派は、イングランドと同盟を結ぶことが権力回復への道だと考え、一四一二年五月にブールジュ条約によってイングランドに多大な譲歩を行った。彼らはヘンリー四世の「正当な争い」を支持すると述べた。ヘンリー四世の要求にはアキテーヌ公領の継承も含まれていたが、「彼らは、それをヘンリーの正当な権利だと見なし」、ヘンリー四世のアキテーヌ奪回を支援するためにふさわしい軍事的支援と結婚を通じた同盟関係を申し出たのである。これらのうちで実現したものはほとんどなかったが、こうしたアルマニャック派の途方もない主張が忘れられることはなかった。皇太子ヘンリーはブルゴーニュ派との同盟関係を好んでいたが、この政策をめぐる違いが、後にシェイクスピアの戯曲のなかで感動的な場面として描かれることになったのである。皇太子が父王に短剣を渡し、自分の忠誠心に疑いをもつのならば、それで自分を刺せと述べる場面である。実際は、皇太子ヘンリーがそのように感情的な人間だったという証拠はほとんどない。この場面の出来事が起こったとされる一四一二年九月までに、ヘンリー四世がまもなく死ぬことは確実視されていた。そして、王は一四一三年三月二〇日、死去したのである。

ヘンリー五世

皇太子(プリンス・オヴ・ウエールズ)は、いまやヘンリー五世として即位した。彼は二五歳だった。彼は、軍事的指導者として、そしてアザンクールの戦いでの勝者としてもっともよく知られている。しかし、それは彼が成し遂げたことの一部でしかない。ヘンリー五世の重要な業績は、彼が、イングランドで再び君主政を人々の生活において統一を促す存在にしたということである。それに先立つ四〇年間の分裂は、政治的・経済的なものであるだけでなく宗教的なものでもあった。ロラード派[☆1]の考えは、イングランドの支配者層にとってたんに反乱を誘発するものと見なされただけでなく、自分たちの存在そのものを脅かすものと映ったのである。ランカスター朝にたいする最後の反乱がヘンリー五世治世初期に起こったが、それをジョン・オールドカースル卿が率いていた事実は、支配者層にとってもっとも恐れていたことを確認しているように思われた。驚くべきことにオールドカースルは、ランカスター家の扈従であり、庶民院議員を務め、ウェールズにたいする戦いに加わり、海外で外交使節団の一員として活躍していたのである。彼は、公の場で働きよく知られていた人物だったが、そのロラード派としての考えは支配者層にとってはとんでもないものだっ

図119　ヘンリー５世の肖像画。作者不詳。セント・ジェームズ宮殿のロイヤル・コレクションから。

た。一四一三年九月、彼は逮捕され、カンタベリー大司教トーマス・アランデル（一三九七年に処刑されたアランデル伯の弟）により異端のかどで裁かれた。オールドカースルは有罪とされたが、王との友情に免じて、処刑の前に自説を撤回する時間を与えられ、今回は処刑を免れたのだった。しかし、その後、彼はオールドカースルの乱として知られる反乱の計画を練り始めた。一四一四年一月、ロラード派の同調者の集団が、王を捕らえる意図でロンドンに集まった。その計画は知られるところとなり、反乱者たちは集結する前に取り押さえられた。オールドカースルは、一部始終を知り、姿をあらわさなかった。事件の調査が行われた結果、イングランドの半分以上の州で、なんらかの反乱の徴候が認められた。オールドカースル自身は、恩赦を示されたが、拒絶した。彼は、ついに捕らえられ、一四一七年一二月一四日に処刑された。

ヘンリー五世自身、イングランドにおいてキリスト教信仰を遵守させることに、それまでのほぼすべてのイングランド王よりも、はるかに積極的な関心を寄せていた。父王ヘンリー四世は、一四〇五年の大司教スクロープの処刑を償うため、新たに修道院を建設することを約束していた。ヘンリー五世は、二つの修道院を建てることでこの約束を果たした。一つは、シーンのカルトゥジア会修道院であり、もう一つは、川向かいのサイオンのビルギッタ会女子修道院である。この二つは、中世イングランドで新たに建設された最後の修道院であり、その宗教生活の厳格な遵守で知られるようになった。シーンは王の宮殿の一つであり、ロンドンからウィンザーへと向かう道のりの半ば、テームズ川沿いに位置していた。この場所は、ヘンリー五世の王権にとってもっとも重要な中心地となった。それは、真に聖なる場所であり、王の正統信仰とそこで仕える者たちの信心によって守られていた。王はまた、古くからある修道院でも宗教生活の質が保たれるよう心を配っていた。治世も終わりにさしかかった一四二一年四月、ヘンリー五世は、ウェストミンスターにベネディクト会修道院の総会を召集し、そこで、自分こそイングランドの修道制の「創設者」であり「後援者」であり、自分が修道院を支えその霊的恩恵を分かち合うすべての者たちを代表するのだと主張した。王は、修道士たちにたいしてベネディクトゥス会則厳守の必要性について語り、改革のための規定を定めた。それがとくに厳しい態度で臨んでいたのは、ほとんどの修道院長が別個の家政組織をもち、修道士たちとは離れた場所に住んでいた事実だった。そのような行いは、「修道院会則に反するものであり、修道会創設者の意図でもなかった。」王とガーター騎士団に宛てられたバラッドのなかで、ホックリーヴ☆2は王についてこのように歌った。

聖なる教会を支えるまさにそのお方
われらの信仰の柱であり戦士
異端にたいする苦い胆嚢

同様に、ヘンリー五世のフランス政策も、原則回帰によって特徴づけられるだろう。彼は、治世の最初の数ヵ月に、フランス宮廷と和平条件を協議するために使節を送ったが、そのとき、(一三六〇年のブレティニーにおける)「偉大な和約」で認められた領域だけでなく、ノルマンディーやアンジューをも要求するよう指示していたのである。王は自分の先祖のすべての権利を要求した。彼の合意できる最低条件は、アキテーヌとノルマンディーの両方を完全な主権つきで回復することだった。フランスがこれを拒絶したとき、ヘンリーには戦争に訴えるよりほかに手段がなかった。三回に及んだフランス遠征の最初のもので、彼はもっとも有名な勝利を得た。彼は、一四一五年八月一一日に出帆した。伝えられるところによれば、一五〇〇隻の船、一万人から一万二〇〇〇人の兵が召集された。彼らは、セーヌ川河口の北岸、現在の港町ル・アーブルにほど近いアルフルールに上陸した。長い攻囲戦の後、アルフルールは占領されたが、そのとき軍のなかで赤痢が蔓延した。しかし、王は、帰国すべきだという忠告を無視し、当初の軍のわずか半分ばかりの兵をひき連れて西へ移動し、カレーにある自分の拠点へ向かった。彼は、セーヌ渡河に適した場所を見つけるのに苦労し、自軍を数で大きく上回るフランス軍に直面したが、ベタンクールで適当な渡河場所を見つけた。フランス軍は、そこでヘンリー五世を釘づけにする好機を逃し、ようやくアザンクールでその行く手を阻んだが、その場所はイングランド軍にとって都合のよい森林地帯に位置していた。一四一五年一〇月二五日の朝、戦いが行われた。その結果は、イングランド軍の優れた軍紀と統制を示すものと常に考えられてきた。フランス軍は、その政治的分裂を反映して、独立した多様な部隊で構成されており、統一した指揮系統を確立することに失敗していた。フランス側の死者は五〇〇〇人を超えていた可能性がある。イングランド人は、この数字を誇張して伝える一方で、自分たちの死傷者数をできるだけ少なく見積もった。

王は、この戦いの一ヵ月後、イングランドに帰国し、ただちに英雄として扱われた。ロンドンの住民は、いつもは、近くにある王の宮廷にたいして敏感に反応し、しばしば敵対的な態度をとっていたが、この勝利によって完全に心を奪われた。王の礼拝堂付司祭の一人が（『ヘンリー五世事績録』[☆3]のなかで）、王がロンドン市によって野外劇で歓迎された様子を詳細にわたって記している。これによれば、二万頭の馬が町の外で王を迎えた。市長と都市貴族（オルダーマン）は緋色に身を包み、その下の者たちはガウンに身を包み、彼らすべてが「それぞれの同職組合（クラフト）[☆4]の贅沢に装飾されたバッジ」を着けていた（彼らもまた自分たちの仕着せをもっていた。ロンドンの数ある組合は今日にいたるまで、いずれもそれぞれ所定の服を着用する組合として存続している）。王は、キリスト受難の色である深紅の衣服をまとい、供を従え町の通りを進んだ。行く道々は、イングランド王権のイメージ、そして聖書に描かれた王権のイメージで特別に装飾を施されていた。聖ジョージ、聖エドワード、聖エドマンドの紋章、それからイングランドの紋章が掲げられ、「天幕の下には、白髪の預言者に扮した一団」がおり、王が通り過ぎるときに小鳥を放った。「そのいく羽は王の胸に舞い降り、他のいく羽かは王の肩にとまり、またある鳥はらせん状に輪を描いてまわりを飛んだ」。老人たちは見物人として重宝されたに違いない。それ以外の者たちは、十二使徒や聖人とされたイングランド歴代の王たちの役を務める必要が

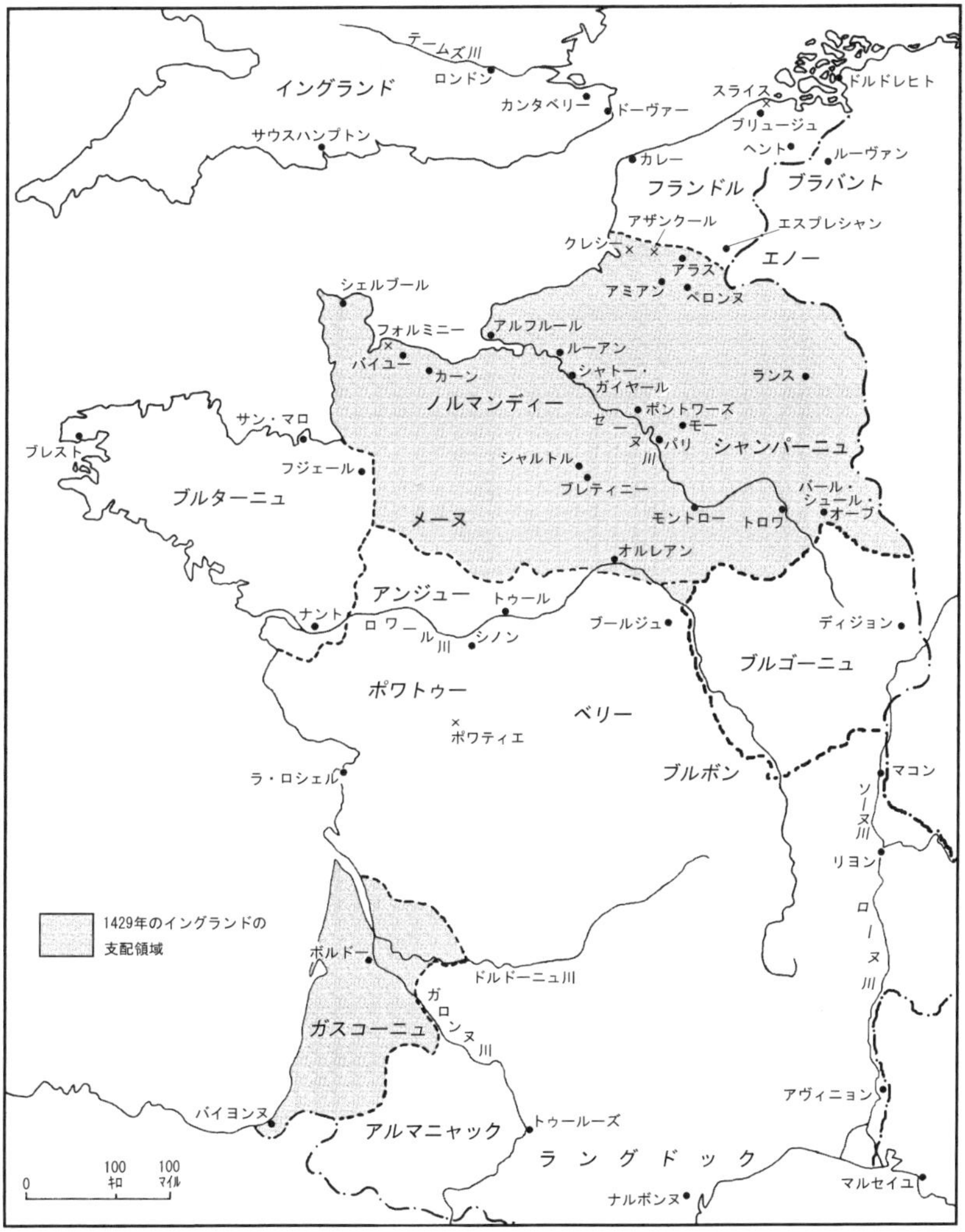

地図 6　百年戦争期のフランス

あったからである。彼らは、「自分たちが扮している人物がわかるように、頭には王冠を被り、それぞれの聖性を示すしるし」を身に着けていた。娘たちも重宝された。チープサイドに立つ王妃エリナーの十字架は小道具で完全に埋め尽くされ、城門の塔を備えたミニチュアの城に変えられた。これにも、聖ジョージや王や大貴族の紋章といったイメージがたくさんつけられていた。そして、その影から聖歌隊があらわれた。

とても美しい乙女たちが、純白の衣服と処女の衣装で美しさをひき立てられ、タンバリンと踊りで、まるでダビデがゴリアテ（おそらく傲慢なフランス人を暗示している）を倒して戻ってきたかのように、次の詞を追いつつ、祝いの歌を歌った。「イングランドとフランスの王、ヘンリー五世、ようこそ。」

見物人は神の恩寵を確信し、ヘンリー五世が真の王位継承者であることを疑う者はいなかっただろう。一四一五年一一月四日にウェストミンスターで開かれた議会は、王がその生涯にわたって羊毛関税を課してよいと認めた。これは、ほとんど類を見ない王への信任のしるしである。この課税同意は、あの偉大な勝利の後のことだが、王の財政管理の方法を議会が見た結果でもあった。すなわち、議会は、税によって得られた資金を王が適切に用いるだろうと認めたのである。ヘンリー五世は、信用貸しに頼ることなく、事実上現金立てでフランスとの大規模な戦争を行っていた。収入のほんのわずかな額、たとえば治世当初二年間の収入のうち、わずか七パーセントだけが年賦金の支払い、あるいは過去の債権者への支払いに充てられていた。これはたいへん賞賛に値することだった。しかし、ロンドンの乙女たちが「注意深く詞を追いつつ」ヘンリー五世に与えた称号が現実のものとなるには、いまだ大きな障害が横たわっていた。彼は、イングランド支配の権利を現実のものとするため、フランスの地に拠点を確保しようとしたのである。ヘンリーにとって、アルフルールが、カレーに次いでフランスにたいする第二の橋頭堡となった。一四一七年の夏の終わり、ヘンリーは、第二回フランス遠征を始め、カーンやバイユーといった下ノルマンディーの主要都市を占領し、西に戦線を拡げていった。フランスに侵攻する者は、それ以前にもこの戦略をとったが、同じことはこの後も起こるだろう（一九四四年、ノルマンディー上陸作戦のとき、連合国軍がとった戦略も同じである）。ヘンリーは、それからルーアンを奪取するため東に転じた。ルーアンは一四一九年初め、六ヵ月に及ぶ攻囲の後、降伏した。

こうしたことが可能だったのは、フランスの支配者たちがひき続いて内紛に明け暮れていたからである。ヘンリーの軍事的成功は、この内部対立をいっそう激化させた。イングランド王は、フランスでの支配領域が拡大したことにより、いまやフランスの政治においてブルゴーニュ派とアルマニャック派と並ぶ「第三の勢力」となった。この争いは、この段階では明らかにフランス王位継承権をめぐるものとなっていた。アルマニャック派の指導者は、事実上、シャルル六世の相続人、王太子シャルルだった。数多くの外交交渉がなされたが、一四一九年九月に開かれた交渉の過程で、ブルゴーニュ派の頭目、ブルゴーニュ公ジャン無畏公がモントローで待ち伏せされ暗殺された。それから一世紀後、あるカルトゥジア会の修道士が、フランス王フランソワ一世にジャン無畏侯の頭蓋骨と言われるものを差しだした。そのしゃれこうべには深い割れ目が入っていた。「陛下、イングランド人がフランスに浸入してきたのは、この穴からです。」この言葉には、よくあるこの手の話以上の深い意味がある。イングランド人はそれ以前にフランスに侵入していたが、今回あらたに約束されたものは、彼らがそれまでに獲得していたものとは比較にならないほどのものだった。王太子はジャン無畏侯の暗殺に関与していたとされており、ヘンリー五世とブルゴーニュ派は、それを口実としてシャルルから王位の相続権を剝奪することにたやすく合意できたであろう。一四二〇年五月にブルゴーニュ派と締結されたトロワ条約によって、ヘンリーは、フランス王位継承者となり、フランス政府にたいする支配権がただちに与えられた。これと並んで、フランス王の娘キャサリンとの結婚が取り決められた。この合意を成立させた動機には、復讐の感情と諦念が入り混じっていた。この時点までに、イングランド人はポントワーズを占領し、それによってヴェクサン地方と有名なシャトー・ガイヤールの城塞の支配権を獲得していた。パリの人々は、いまや完全にイングランド軍とブルゴーニュ軍に囲まれており、和平の条件が突きつけられとき、「しかり」と叫ばざるをえなかったのである。イングランド王とフランスの花嫁は一四二〇年六月に結婚し、相続人、後のヘンリー六世が一四二一年一二月に生まれた。

対フランス戦争の最終段階

ヘンリー五世は、この相続人に非常に大きな期待をかけていたが、その誕生の後、長く生きることはなかった。パリの西にある重要な交差路、モーでの攻囲戦において、赤痢が非常に多くの兵士たちの命を奪ったが、ヘンリー自身もその犠牲となった。彼は一四二二年八月三一日の夜死んだ。その後二ヵ月も経たないうちにフランス王も死に、幼少のヘンリー六世に両王国の支配が委ねられることとなった。ヘンリーのフランス支配はブルゴーニュ派の支援に頼っていたが、王太子シャルルがこれに対抗した。彼は、いまや（イングランド人は認めないが、その支持者にとって）シャルル七世（在位一四二二年―一四六一年）となった。シャルルは当初、ロアール川とシェール川の流域地方を越えて支配することができず、財務行政の拠点をブールジュに置き、高等法院（パルルマン）☆5をポワティエで開いていたため、「ブールジュの王」と呼ばれていた。しかし、彼はやがて最終的に王国全体を支配するようになった。彼が死を迎えるときまでに、イングランド人はフランスから完全に駆逐され、自国で内乱の時代を迎えることになった。フランスにおいて領土を失ったことが、内乱の勃発を早めたのである。

フランス人にとって、イングランド人からの解放をめざす国民的戦いは、ジャンヌ・ダルクの経歴に凝縮されていた。ジャンヌは、一四二九年初頭、シノンにおいてシャルル七世の前にはじめて姿をあらわし、そこで自分の見た幻

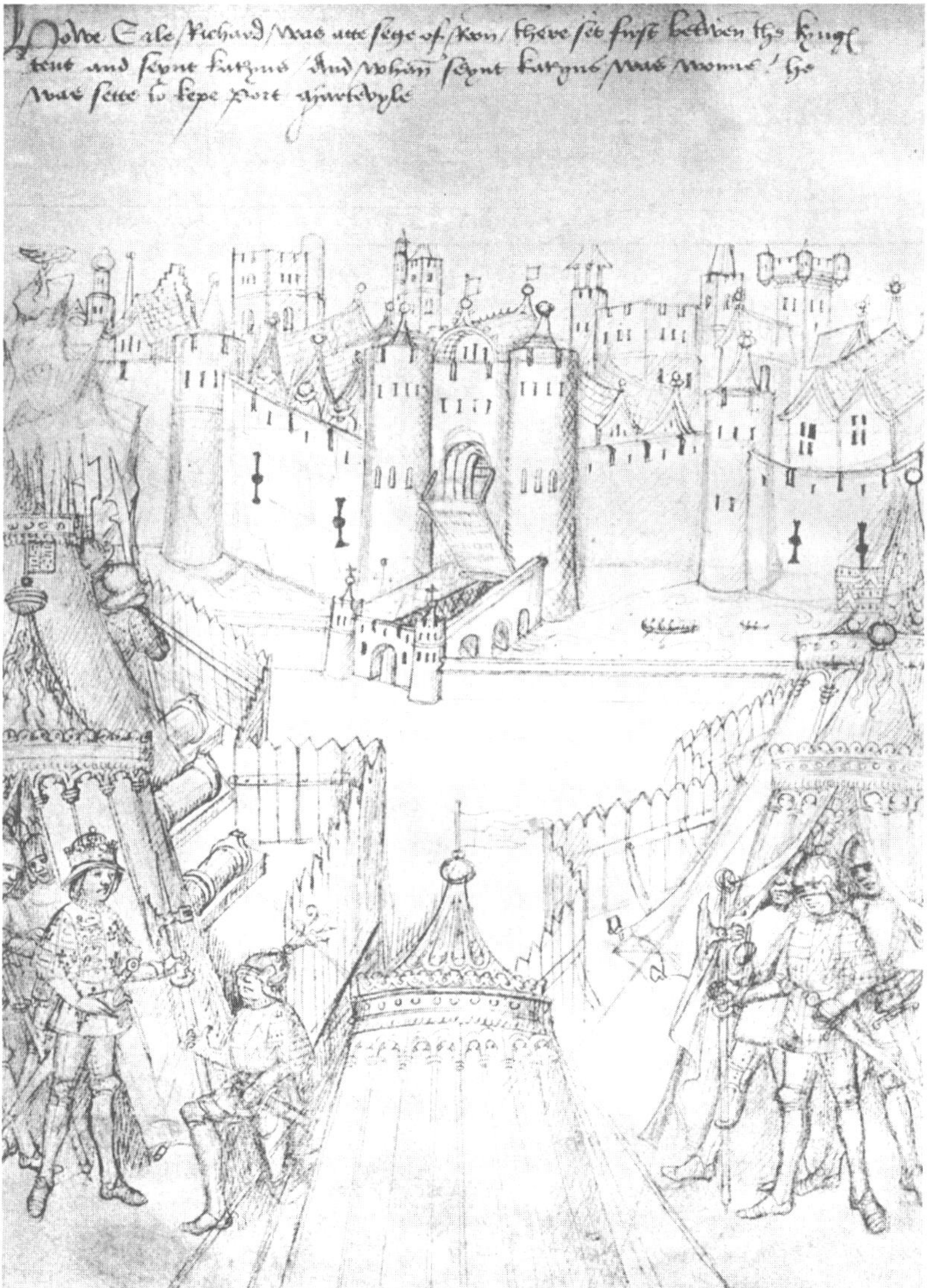

図120　1418年から1419年のルーアン攻囲戦の場面。『ビーチャム・ページェント図』から。この写本は、ウォリック伯の生涯を記したもの。図の左下で、ウォリック伯が軍指揮官の１人に指示を与えている。

視について語った。戦争はいまや決定的な段階にあると伝えたのである。オルレアンがイングランド軍によって攻囲されており、フランス王権の支配拠点が攻撃を受けていた。ジャンヌは神から託された使命といった意識をもたらした。彼女は、シャルルの前にはじめてあらわれたとき、聖王ルイとシャルルマーニュが跪き王のために神に助けを求めている、と述べたのである。オルレアンの攻囲は解かれた。イングランド人はこのとき、重要な軍指揮官ソールズベリー伯を失い、同時にその勢いも失ってしまった。イングランドの兵站線はあまりにも伸び、人員の増強はノルマンディーの守備隊を弱体化させることによってのみ可能だった。数ヵ月のあいだ、ジャンヌ・ダルクのなすことは、ほとんどすべてうまくいった。しかし、彼女は、一四三〇年五月二四日、コンピエーニュの町の外で捕虜とされた。捕らえたのはブルゴーニュ派であり、「アルマニャック派の娘」とパリの一市民に呼ばれているジャンヌは、より大きな争いのために使われる人質となった。彼女は、まずイングランド側に売られ、異端として裁判にかけられた。その嫌疑はささいなものであり、裁判手続きもまったく怪しいものだったが、ジャンヌは、異端審問により魔女として断罪され、一四三一年五月三〇日、ルーアンで火刑に処された（彼女は一九二〇年に聖人となる）。しかし、このとき実際に裁かれていたのは、ジャンヌ自身ではなく、シャルル七世の王位の正統性だったのである。

一四二〇年代には、戦争はイングランド側に都合よく進んでいった。ヘンリー五世の死後、その弟二人がイングランドとノルマンディーで権力を分有していた。一四二二年の議会は、グロスター公ハンフリーに護国卿[☆6]という称号を付与し、王の主席顧問と認めた。これは貴族院が不承不承与えた権威であり、ハンフリーの兄、ベッドフォード公ジョンが国外に滞在している期間だけの処置だった。ジョンにはよりむずかしい任務が与えられ、それにともなってさらに威厳のある称号が与えられた。彼は、まずノルマンディー総督とされ、さらにブルゴーニュのフィリップ善良公の辞退により、フランスの摂政となった。ベッドフォード公は、このブルゴーニュ公の妹アンと一四二三年四月に結婚した。この結婚に際して、あの有名な『ベッドフォード公の時禱書』が贈られた可能性が非常に高い。この時禱書は、まさにこの時期の作品だと考えられている。たとえば、そのなかでは、裏切りに触れた詩節が強調されているが、これはジャン無畏公の暗殺を意味するものと理解されているし、また公と公妃両者の立場が、それぞれの家門の歴史のなかに位置づけられ強調されているのである。フランスにおいて戦争を推し進めていったのは、ベッドフォード公だった。ランカスター家が支配するノルマンディーは占領地となった。この地では、獲得された諸都市が守備隊によって固められ、さまざまな土地や役職や地位が分配され、多くの人々がイングランドから入植者としてやって来た。こうした人々は、イングランドのノルマンディー保持に必要な財政負担の問題に関心をもっていた。彼らの数は、一四二五年から一四五〇年頃の期間に、イングランドにおける「ノルマンディー・ロビー」とでも呼べるような圧力団体を形成するのに十分なほど多かった。この事実が戦争の終結をいっそう困難なものとしていた。

　こうした戦争局面が次の一〇年にさしかかってくるにつれ、フランス側とイングランド側双方が歴史に訴えるようになった。シャルル七世は、ジャンヌ・ダルクの主張に従い、一四二九年七月、ランスで戴冠された。ベッドフォード公はただちにこれに反応し、同年一一月、ヘンリー六世をウェストミンスターで戴冠させた。この式は、八歳の少年には精神的肉体的に負担だったに違いない。王冠はあまりに重かった。一度ならず繰り返して「チェスター司教とロチェスター司教が王のために連禱を捧げ、カンタベリー大司教が数多くの集禱文を読み上げた」が、その間ずっと供の者が王冠を側面から支えねばならなかったのである。その後、豪勢な祝宴が催され、メイン・ディッシュには、その場にふさわしい言葉が添えられていた。この献立のなかで、「ミートパイと香ばしいフリッター」や「ゼリー菓子」は、年若い王の大好物だったのではないかとつい思ってしまう（とはいえ、最後の「ゼリー菓子」には、『神よ、あなたを賛美します（テー・デウム・ラウダームス）』と記されて」いた）。この後、王はパリで再び戴冠を受けるために送りだされた。彼は、一四三〇年四月にフランスへ渡り、一年以上もルーアンにとどまった後、そこからセーヌ川を船でさかのぼりパリへ向かい、一四三一年一二月に戴冠された。イングランド側は、この直前になってようやく、しかも一時的にパリを確保したのである。この「二重戴冠」の背後には、イングランドのフランス支配を断固として維持したいという、イングランドの世論があったに違いない。これは一四二〇年のトロワ条約によって定められた「二重王国君主政（デュアル・モナーキー）」を象徴するものだった。ジャンヌ・ダルクの訴えは最終的に、イングランド議会の庶民たちの財布を直撃することになった。彼らは、一四三〇年、王にたいして二回の臨時課税を認め、さらに一四三二年と一四三三年にも臨時課税を認めたのである。こうした支援を受けて、タルボット卿ジョンと、一四三六年にフランス総督（レフテナント）に任命されたヨーク公リチャードは、その少し前に奪われていた上ノルマンディー地方の数ヵ所を奪還することができた。イングランドの戦争指導者は、依然としてその質を高く保っていたのである。

　しかし、フランスとイングランドの二重王国君主政を維持する鍵となっていたのは、ブルゴーニュ派との同盟だった。にもかかわらず、ヘンリー六世がパリで戴冠した月に、ブルゴーニュ公はフランス側の王と六年間の休戦協定を締結した。この協定は、その期間の終了前に、さらに強力な同盟によって更新された。それは、一四三五年八月のアラス条約の結果だった。この年、「真の意味でヨーロッパ最初の和平会議」と見なされている会談が開かれたが、その終わりにこの条約が締結されたである。この会議は、二人の枢機卿の主宰のもとで、イングランド、フランス、ブルゴーニュの三者が「全般的平和」を達成する望みをかけて（これには失敗した）、またフランスとブルゴーニュの間の「局地的平和」を達成する目的で、開かれたものだった。フランス側は、ブルゴーニュ側の主要な交渉相手に相当の賄賂を贈ったが、それよりも重要だったのは、北はペロンヌからバール・シュール・オーブを経由して南のマコンにいたる領土をブルゴーニュ側へ譲渡したことである。彼らはこれまで、この地域を正当な権原なしに領有していたのである。国際交易に携わる者にとって、こうした都市の経済的重要性は自明のことだった。モントローの記憶は消し去られた。アラスで交渉した人々にとって、この領土割譲はきわめて重要なものであり、たとえイングランドの支持を失ったとしても、それよりもはるかに意義のあるものだった。しかし、ブルゴーニュ公の顧問官のなかでより慎

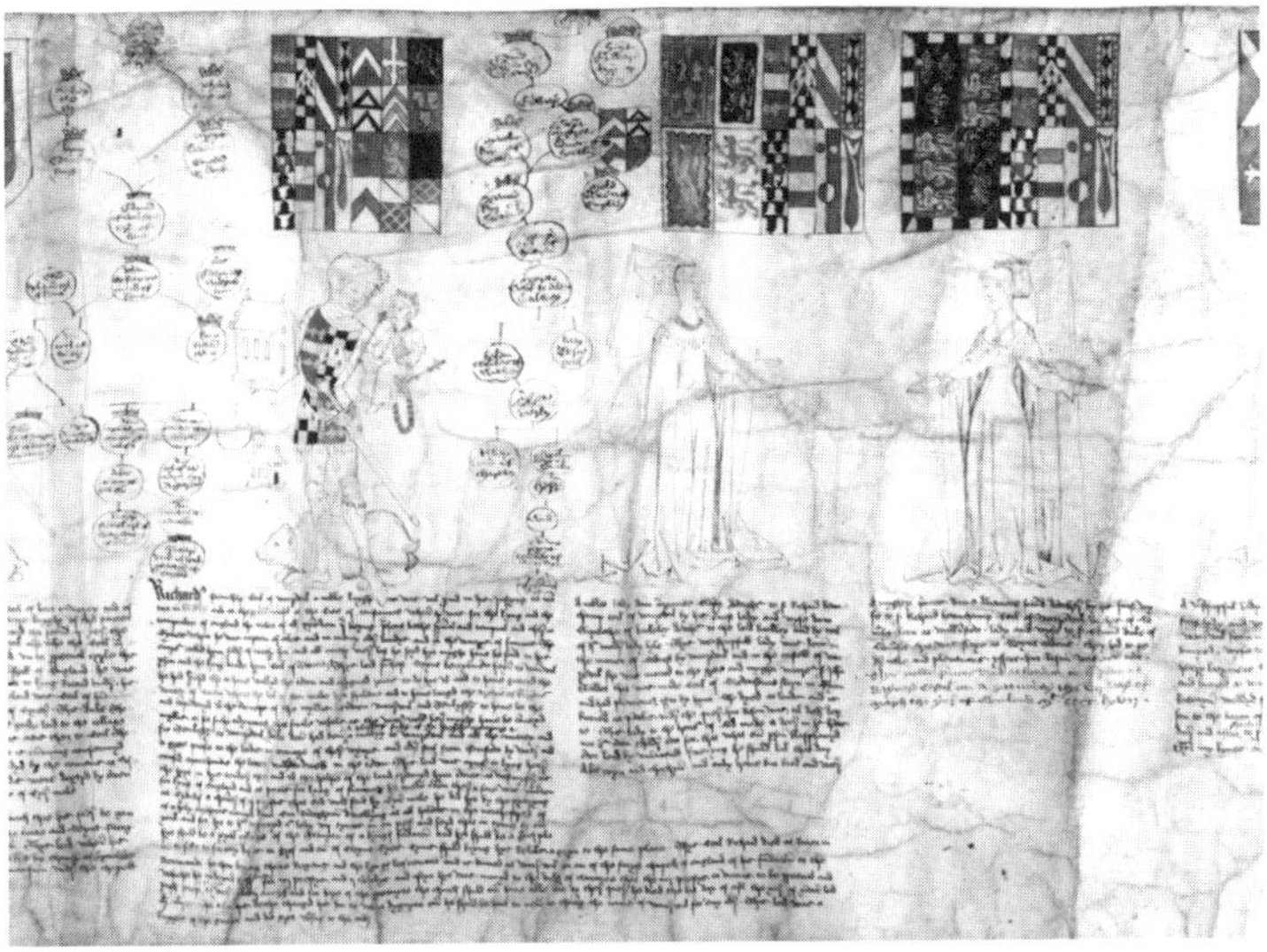

図121（上）　まだ子供のヘンリー６世が養育係ウォリック伯リチャード・ビーチャムの腕に抱かれている。ジョン・ラウスによるウォリック諸伯の挿絵入りの歴史から。ラウスは、同伯家のお抱え歴史家である。

図122（下）　同様に少年のヘンリー６世が、聖職者と宮廷のお付きの者とともに、聖エドマンドの墓前で跪いている。

重な者たちは、この合意にともなう危険を察知し、依然として「全般的和平」が達成されることを望んでいた。そのような者の一人、オランダ総督ラノワのユーグは、一四三六年九月に次のように記している。

イングランドの王と王国について申しますと、王は年少で、統治するにはあまりに若すぎます。イングランド人たちは、過去二〇年間、対フランス戦争に法外な資金を費やしてきました。彼らは、この戦争のあいだ、相当数の軍指揮官や貴族などさまざまな人々を失っています。そして、わが尊敬すべき公殿下、あなた様は、彼らとの同盟を破棄なさいました。その結果、イングランドの人々は、いまや自分たちだけでこの戦争すべてを担い、資金を調達しなければならなくなりました……あらゆる状況を勘案して判断しますと、彼らは戦争に飽きており、より分別のある理にかなった政策を喜んで受け入れると思われます。このことは、以前のどの時期よりも、今そうなのです。王は、聖ニコラウスの祝日〔十二月六日〕に一五歳になるのですから。

この策略に富んだ観察者の目には、まだゲームは終わっていないように思われた。多くのことが、イングランドの新王の性格とその指導力にかかっていたのである。

ヘンリー六世とフランスの喪失

ヘンリー六世は、一四二二年から一四六一年に廃位されるまで、イングランド王の地位にあった。彼の「親政期」と呼ばれる期間は、一四三七年から一四五三年までである。一四三七年以前には、実際の統治は父親の勝利に貢献した人々で構成された評議会が行っていた。そのうちの一人、ウォリック伯リチャード・ビーチャムはヘンリー六世の養育係だった。彼は、ヘンリー五世の遺志によりこの役職に任命された。評議会の二人の指導的人物は、ヘンリー五世の弟グロスター公ハンフリー、そしてウィンチェスター司教ヘンリー・ボーフォートだった。ボーフォートは、一四〇四年にウィカムのウィリアムの後を継ぎ司教となり、一四二六年に枢機卿となった（ボーフォート家は、ジョン・オヴ・ゴーントとその愛妾キャサリン・スウィンフォードの子孫であるが、彼らは、一四〇七年に正当な家系とされ、一五世紀の大諸侯のなかでもっとも影響力のある家系の一つとなった）。グロスター公ハンフリーと枢機卿ボーフォートは、ヘンリー六世の未成年期のあいだ、常に相争う関係にあった。たとえば、一四二五年、ボーフォートは、ロンドン市内にいたグロスター公の支持者たちにたいして備えるため、ロンドン塔に守備隊を駐屯させた。武力衝突は不可避だと思われたが、ハンフリーの兄、ベッドフォード公がフランスから呼び戻され、調停役をひき受け、衝突は未然に防がれた。この不和は、政策、とくに戦争のやり方をめぐるものだった。グロスター公は、ボーフォートの和平を推進させようとする立場に反対していた。ボーフォートは、一四三五年のアラスの会議に、高級な深紅の仕着せを身にまとった八〇〇人の手下を連れていった。彼らの袖には「名誉」という言葉が刺繍されていた。しかし、「名誉ある平和」は、達成されることもなく、捉えどころのない理念にとどまっていた。王の評議会は、この失敗にたいして責任はないが、この時期、その議員のある者たちを統制できなかったという点で非難に値する。たとえば、一四二八年、イースト・アングリアにおいて、ノーフォーク公とハンティンドン伯のあいだで争いが生じたが、それは深刻な暴動の原因となり、評議会の他の議員たちを徐々に巻き込んでいったのである。

一四三七年以降、これらの争いは、若い王が調停するところとなった。ヘンリー六世の人格については大きな意見の隔たりがある。一四五三年に彼が発狂していたと考えられている点については、議論の余地がない。見極めるのがよりむずかしいのは、ヘンリーがこれ以前に王としてどの程度の力量をもっていたかという問題である。それに関するよい史料は、いろいろと議論はあるが、ジョン・ブラックマンが王についてその死後に記した伝記である。[☆7]ブラックマンは、一四四三年から一四五四年にかけてイートン校の教師だったため、政策にもっとも影響力を及ぼしていた時期のヘンリー六世をよく知っていた。ヘンリーを理解するのに、ウィンザーとイートン以上にふさわしい場所はない。イートン校は、中世イングランドではじめて設立された男子のためのラテン語文法を教えるパブリック・スクールだった。当初は二五人の貧しい生徒のためのものだったが、一四四八年から四九年にかけて定員が七〇人にまでひき上げられた。それにともなって、この学校のためにはるかに壮大な建物をウィンザーの城下イートンに建設することが必要となった。ブラックマンによれば、生徒たちがウィンザー城を訪れたとき、王は、この「わが子供たち」を自分のもとへ呼び、訓戒したという。「おまえたち、よき子供たちよ、礼儀正しく、すなおに学び、神に忠実でありなさい。」王は、自分の宮廷のせいでこの少年たちが堕落することがないよう、非常に気を配っていた。実際、王が自分の宮廷の作法や風紀を好ましく思っていなかったことが、ブラックマンの回顧録の端々で明らかにされている。

クリスマスの時期に、ある貴族が、胸元をあらわにした若い娘たちからなる踊りか見世物の一座を連れてきた。娘たちは、その姿で王の御前で踊ることになっていた。

この極端に襟ぐりの深い服は、当時流行の極みにあったが、王はこれを喜ばなかった。彼は、一四四八年にバースでも、同じように不快な思いをしていた。王はこのとき、湯治場で男たちが「真っ裸で」風呂を浴びるのを目にすることになり、翌年、バースの司教が湯治者たちに身を覆うよう命じなければならなかった。リチャードの宮廷にたいする冷ややかな態度は、たんに外面的に規律や礼儀を守るということだけに関係していたのではなかった。王は、公務のために自分の祈りの時間が奪われるのも好まなかった。ブラックマンは次のように伝えている。

王国のある有力な公がすぐさま王の部屋の扉をノックすると、王はこのように答えた。「みながあまりに邪魔をするので、昼であれ夜であれ、余には、聖なる教えを読み、心を新たにする暇もないのだ。」

こうした態度が、やがて政策の立案遂行に影響を与え始め、広く知られるようになってくると、それはヘンリーの王権を蝕むようになった。

王が公務や宮廷の儀式にたいしてこのような態度をとったとしても、その責務を回避するわけにはいかないため、彼は当然、信頼するごく少数の人々に依存することになるだろう。ヘンリー六世の親政期には、王の評議会議員のなかに小数の支配的グループが形成され、彼らが評議会の名において実質的にすべての官職任命権を握るようになった。必然的にそのなかで重要な地位を占めたのは、聖職にある者たち、バース司教スタフォード（湯治者に身を覆うよう命じた人物）、ソールズベリー司教アイスコー、玉璽尚書であり一四四五年にチチェスター司教に任命されたアダム・モリンズといった人たちだった。王と親密な関係にあった俗人のなかでもっとも重要な人物は、サフォーク伯ウィリアム・ド・ラ・ポールだった。サフォーク伯は、同名のハルの商人の曾孫だった。伯は、ボーフォート派に属しており、フランスとの和平を希望していると考えられていた。王は、こうした者たちに非常に寛大だった。ブラックマンが証言するように、「王は、彼に以前仕えた者たちがその証拠だが、贈り物を与えることにおいて非常に気前がよく、その結果、貪欲の混乱がもたらされたのである。」この表現の背後には、王の臣民が悪徳だと見なしたものを美徳として解釈しようとする意図を見ることができる。

一四四九年、議会が俸禄回収令（アクト・オヴ・リザンプション）を承認した。これは、一四二二年の即位以来王によって与えられたすべての俸禄に適用されるはずだった。しかし、彼は、一四八もの免除条項を加えることによって（それは許されていたことだが）、この法令を実質的に無効なものにしてしまった。王にたいする不満の一因はこの気前よさだったが、潜在的にもっと重大だったのは、王の宮廷からほかの重要な大諸侯を排除したことだった。王の宮廷に属する人々とその他の人々との分裂は、イングランドの地方において、しばしば文字通りの意味で、戦いをひき起こした。ノーフォークでは、サフォーク伯の保護のもとで動く王の宮廷の者たちが、州の政治的支配権を握ろうとした。一四四九年、これにたいする苦情を調査するため、裁判官が派遣されたが、主としてその苦情の的となっていた二人の人物、トーマス・タドナムとジョン・ヘイドンが、ウォルシンガムの裁判集会に四〇〇人もの配下の男たちを連れて行き、人々が自分たちにたいして不利な発言をするのを許さなかった。パストン家書簡集[☆8]がこの一部始終を詳しく記録している。この書簡集の別の個所では、「私の主君であるサフォーク伯とその顧問すべてによる力ずくの圧力行為」について言及されている。こうした圧力行為によって、イングランドの州共同体の均衡が脅かされていたのである。さらに問題を悪化させたのは、王が犯罪にたいして簡単に恩赦を与えたことだった。再びブラックマンを引用するならば、王は、「自分にとってどれほど有害な人物であろうと、いかなる者にたいしても処罰が下されること」を望まなかったのである。ヘンリーの治世中には、個別の恩赦に加えて六回の大赦令が出され、それにより、一六シリング・四ペンスの支払いをすれば、いかなる犯罪も赦されることになった。一四四六年の大赦令の後には、全部で三三一九通の赦免の書状が送られた。それは、しばしば、各地方の大諸侯の執り成しによって得られたものであり、その多くは仕着せ規制法違反にたいする恩赦だった。そのため、このような書状が庶民院へ送付されると、それは、あたかも闘牛にかざす赤い布のように、庶民たちの怒りをかきたてたのである。

王が当然ながら深くかかわった事柄の一つは、自らの結婚だった。それは、フランスにおいて和平を成立させるための一歩として意図されていた。サフォーク伯もまたそれに深く関与していた。彼が王のために選び王の評議会を説得して受け入れさせた花嫁は、アンジュー公ルネの娘マーガレットだった。彼女の嫁資は大したものではなかった。アンジュー家が申しでたマリョルカ島とミノルカ島は、この時期にはあまり魅力的なものではなく、この二島にたい

図123（上）　馬上槍試合をする騎士の図。この一連の絵に見られる肖像は、実在の人物ではなく、紋章を示すためのモデルにすぎない。ここでは、ペイトン家とテンドリング家の紋章が描かれている。

図124（下）　さまざまな人物類型の描写。人物像は、その上の見出しにより説明されている。（右から左に向かって）主キリスト、自由意志、悪魔、農民、妻とその姦通相手。聖アンセルムの悪徳と美徳に関する論考の写本から。ドーア修道院（ヘリフォードシャー）、1220年代。

する彼らの権利も薄弱なものだった。実際に譲歩の約束をしたのはイングランド側だった。そのなかで最も重要な譲歩は、誠実の証しとしてメーヌを割譲するというものだった。結婚式は一四四五年四月二三日に執り行われ、その直後、七月にフランスから使節が到着した。会談の雰囲気は温かく誠実なものであり、その様子は、フランス側の一人が記した日記に詳細に描かれている。まず儀礼的な挨拶がなされ、その後、王は、

前述の使節たちに近づき、自分の帽子に手をやり、頭からそれを取り、二度か三度フランス語でこう言った。「聖ヨハネ、ありがとう」、「聖ヨハネ、ありがとう」と。それから、一行の一人ひとりの背中を軽くたたき、さまざまな形で喜びの気持ちを示し、前述のサフォーク伯を通じてフランス側一行に、彼らは自分にとって見知らぬ他人ではないと知らせたのである。

これは心地よい描写であるが、とりわけサフォーク伯が通訳を務めていたという記述が興味深い。このイングランド王は、フランス王位を要求していながらフランス語を話せなかったのである。この年の終わりまでに、メーヌ割譲の約束がなされた。これは王自身が主導して行ったものだが、この時点では、フランス側から見返りとしてなんらかの譲歩が得られるのかどうか明らかではなかった。この王の決断は、イングランド世論とフランスで戦うイングランド軍のどちらにとっても、非常に不人気なものだった。一四四八年三月、ル・マンが最終的に割譲された。イングランドからアダム・モリンズとロバート・ルース卿がフランスに渡り、実際に移譲を行った。

これまでの和平への動きのなかで、すでに最初の重要な犠牲者が出ていた。ヘンリー四世の息子、グロスター公ハンフリーは、メーヌの割譲に反対するだろうと考えられていた。そのため、彼は、まず一四四五年の議論から締めだされ、その後反逆罪に問われることになった。ハンフリーは、ベリー・セント・エドマンズ（彼の支配権が弱く、政

敵の勢力が強い場所）に召喚され、逮捕され、一四四七年二月（おそらく卒中で）拘禁中に死んだ。しかし、彼は、墓の中からサフォーク伯を悩ませ続けることになるだろう。その年が終わる前に、サフォーク伯は、自分の不人気に不安を抱き、メーヌ割譲に自分はかかわっていなかったと公式に宣言する許しを求めた。そして、彼は、一四四九年、おそらく人々の批判をかわすために、しかし軽率なやり方で、フランス北西部での休戦協定を破棄してしまった。イングランドは、フジェールを攻撃し、ブルターニュ公の忠誠を自分たちの側に移させようとしたのである。フランス側は正当にもこう述べた。ブルターニュ公をイングランド側に寝返らせるのは、「フジェールの奪取そのものよりも二〇倍も困難な企てであり、重大な休戦協定違反である。」協定を破ること自体は、なんら深刻な問題ではなかった。それは駆け引きの一部にすぎなかった。しかし、今回の協定破棄が間違っていたのは、その背後になんの戦略も存在していなかったという点である。フランス側は休戦期間中に軍を立て直していた。彼らは、攻囲攻城機部隊を備えた三万人以上の野戦軍を整えていたのである。イングランド軍はおそらくその三分の一の規模しかなく、その指揮官である第二代サマーセット公エドマンド・ボーフォートは、ノルマンディー公領の防衛を組織的・効果的に行うことができなかった。イングランドの守備隊は、一つずつフランス軍に降服していった。一四四九年一〇月にはルーアンが、そして一四五〇年一月一日には「全イングランドの至宝」と言われたアルフルールが陥落した。イングランドの援軍も、同年四月、バイユーにほど近いフォルミニーで敗北を喫したのである。

一四五〇年には、イングランドがフランスを失ったことは明らかだった。より一貫した戦略とそれにたいする民衆の支持があれば、そうならずにすんだのかもしれない。しかし、王国の有力者の多くから孤立した王、不人気な政策を推し進めようとする王の側近たち、地方における仕着せと幇助の横行などに見られるように、政策の一貫性も民衆の支持も存在しなかった。庶民たちは、課税承認の要求に抵抗することで、これらすべてについて不満を表明した。その結果、一四三五年以降、課税額が一四三〇年代初期の半分のレベルにまで落ち、軍事的状況はいっそう困難なものとなった。少数の者が失敗の代償を払うことになった。そのなかでもっとも重要な人物は、サフォーク伯だった。一四四九年一一月に議会が開かれたとき、彼は、批判にたいして先手を打ち、自分にかけられる嫌疑にたいして論駁しようとした。「嫌悪すべき恐ろしい言葉が国中を駆けめぐっていた」ため、彼は糾弾されることが不可避だと予期していたのである。しかし、議会が休会しているあいだに、アダム・モリンズがポーツマスの水夫たちによって殺害された。当時広まっていた噂では、モリンズは、サフォーク伯とともに自分がそうした「嫌悪すべき」犯罪的行為にかかわったことを告白したという。一四五〇年一月に議会が再び召集されたとき、この嫌疑が審議に付され、サフォーク伯を弾劾する根拠とされた。嫌疑の具体的内容は主として次のようなものだった。サフォーク伯が、フランス側と結託してイングランドへの侵攻を計画していたこと、メーヌ割譲の決定を伯が単独で下したこと（実際は王の決定だった）、王の廃位をたくらみ、自分の息子をマーガレット・ボーフォートと結婚させ王位に就けようとしたこと、これらが問題とされた。最後の嫌疑に関して、サフォーク伯は、「マーガレット・ボーフォートが王国の王位継承順位第一位にあると偽りの主張をしていた」という（彼女はやがて、実際に王位継承において重要な役割を果たすことになるが、もちろんここで言われているような理由によるのではなかった）。彼は、さらに「幇助によって数多くの大所領」を手に入れたという嫌疑をかけられた。王は、反逆罪にあたるという嫌疑を受け入れなかったが、最後の嫌疑にもとづいてサフォーク伯を五年間の国外追放に処した。しかし、彼は英仏海峡を渡ることすらできなかった。サフォーク伯は、海上で「塔のニコラス号」によって捕捉され、船乗りたちが本来あるべき手続だと考えた裁判にかけられ、斬首された。船乗りたちは、この行動の根拠として次のように述べたという。王位・王権は王国共同体の象徴であり、王といえどもそれにたいして独占的・排他的な権利をもつのではないのだ、と。

　これは新しい理論であり、やがて生じる事態を予言していた。このときにいっそう明確となったのは、庶民たちの反乱は政府内部の分裂状態を外に向かって示す兆候だということである。この後、同じ一四五〇年、指導者ジャック・ケイドに率いられた反乱が起こった。この反乱には、多くの面で一三八一年の農民反乱との共通点があった。たとえば、ロンドン周辺の諸州で支持者を集めた後、ロンドンを中心に行動したことも同じだった。この反乱は当初、ケントを中心に拡がっていった。この州で生じていた幇助の問題が反乱の出発点となっており、最後に赦免された二〇〇〇人を超える参加者のうち、六五パーセントがこの地域の人々だった。反乱者たちはロンドンに向かって進み、ブラックヒースで宿営した。評議会議員たちは王に、反乱軍に近づかないよう助言した。反乱軍の言葉を使えば、当の評議会議員たちが「陛下の誤まれる裏切り者たち」であり、彼らこそが反乱者たちの攻撃対象だったからである。ブラックヒースから伝えられた話では、この反乱を鎮圧するために諸侯の扈従が動員されたが、その多くが、反乱者たちの主張に共感しており、彼らへの攻撃を拒否したという。後の史料は次のように記している。

われらの王陛下はこのことを理解してくださるだろう。誤れる評議会議員たちは、陛下が司るべき法を蹂躙したのである。陛下の財産も失われた。陛下のもとにある庶民も虐げられてきた。また、フランスも失われてしまった。王ご自身がこのような境遇におありなので、ご自身の肉や飲み物の支払いもおできにならないかもしれない。

ジャック・ケイドに従った者たちは自らを、反乱者ではなく、王に忠実な請願者と見なしていた。「このような問題が改善されれば、自分たちは家に帰るのだ」と彼らは述べていた。彼らは、これまでのヘンリー六世の失政を実に正確に指摘していたのである。

バラ戦争の始まり

ジャック・ケイドは、いわば自分の「芸名」として、ジョン・モーティマーの名を用いていた。これは興味深い考えであり、一四五〇年代の政治的問題の本質を言い当てたものだった。ケイドは、モーティマーの名を用いることにより、エドワード三世の次男クラレンス公ライオネルの血統による王権を主張していたのである。このとき、この血統のなかでもっとも重要な人物は、ヨーク公リチャードだった。その父、ケンブリッジ伯リチャードは、一四一五年、ヘンリー五世をサウスハンプトンで暗殺し、ウェールズ辺境伯エドマンド・モーティマーを王位に就けようとした陰謀に関与したため、処刑されていた。しかし、一四五〇年の反乱者たちにとって、ヨーク公は「権勢の絶頂にある高貴な王族」であり「王国の真の血を引く者」だった。彼は、その血統や背後関係のゆえに、ランカスター家の宮廷の厳しい環境のなかで育てられ、王にもっとも忠実であることを示すため、自分の長男をヘンリーと名づけていた。ヨーク公リチャードは、一四四〇年代に宮廷から遠ざけられた有力者の一人だった。彼は、ノルマンディーでの軍役にたいして与えられるべき手当を受け取っておらず、一四四七年には事実上アイルランドへ追放されていた。この年にグロスター公ハンフリーが死んだため、ヨーク公は、ランカスター家の継承問題において、イングランド王位継承順位第一位に位置することになり、またフランスにおける和平政策に反対の立場をとるという点でも、グロスター公の立場をひき継いでいたのである。枢機卿ヘンリー・ボーフォートも一四四七年に死んだが、彼の政策と宮廷における立場は、その甥、第二代サマーセット公エドマンド・ボーフォートが受け継いだ。この称号には土地による実質的裏づけがほとんどなかった。サマーセット公は、三〇〇ポンド程度の価値の所領を相続したが、それは、二〇〇〇ポンドほどの王の寝所部（チェインバー）からの年金で補われた。この年金によってのみ、彼は自分の身分を保てたのである。サマーセット公は宮廷に依存する貴族にすぎず、それ以外ではなんら重要な存在ではなかった。これにたいしてヨーク公は、二つの伯領を相続しており、それに由来する富と地方における権力をもっていた。このヨーク公とサマーセット公の争いが、一四五〇年代の政治を理解する鍵である。

ヨーク公は常に宣伝に長けた人物だった。彼はそうならざるをえなかったのである。その理由は、失われつつあったフランスの領土を維持する財政的必要性があり、さらにフランスの喪失に責任ある人々の多くがいまや死んでいたことから、和平反対勢力が議会で形成される可能性が小さかったからである。一四五一年、王は国内を巡歴し、前年の反乱者たちに関する裁判を行った。「ケントでは、人々はそれを首の収穫と呼んだ。」サマーセット公が、王のかたわらにつき添っていた。彼は、このように王を支えており、一四五一年にはカレー総督に任命された。この役職は、この時期に影響力を増していた。ヨーク公はサマーセット公との争いをイングランドに持ち込んだ。一四五二年二月三日、ヨーク公は、シュルーズベリーの市民に書簡を送ったが、その末尾で自分を「あなたがたのよき友」と記している（この書簡が果たした役割は、現代の国会議員が自分の選挙区の党支部長に手紙を書き送り、その写しを新聞社に送るのと同じようなものだった）。この書簡のなかで、ヨーク公は、フランスの喪失におけるサマーセット公の責任について、つまり「権威の失墜、物質的損失、名誉の喪失、そして以上のものが失われた際になされたと一般に伝えられる卑劣な所業」について、またイングランドにおける幇助の諸悪について再び触れている。しかし、このような戦いを続けるためには、ヨーク公は、自分の軍を集め、反乱を煽動することが必要だった。彼は、そのような反乱は王ではなく自分の敵に向けられたものだと主張していた。カンタベリー、メイドストーン、コルチェスター、サンドウィッチ、オックスフォード、ウィンチェルシー、サドベリーといった諸都市の指導者たちは、ヨーク公の回覧状の写しを評議会に送付した。これ以外にも多くの写しが送られたに違いないが、この現存する例から判断すると、ヨーク公はケントの人々から再び支持を得ることを望んでいたようである。しかし、この点で、ヨーク公は失望することになった。一四五二年三月、公の軍はダートフォードで王軍と対峙した。王の評議会は、まだ二派に分裂しておらず、ヨーク公と和平を結ぶべきだと主張した。この和平は、ヨーク公に不利な条件を含んでおり、サマーセット公の立場を強めることになった。しかし、この状況は翌年変化した。

一四五三年八月、ヘンリー六世が発狂した。彼は、クラレンドンの宮殿で病に倒れ、その二ヵ月後ウィンザーに移された。一年半のあいだ、イングランド王は、自分の周囲にまったく気がつくことなく、夜も昼も介護され食べ物を口に入れてもらう必要があった。五人の医者が王の患った謎の病を診療したが、彼らは自分たちにできることはほとんどないと確認しただけだった。現在では、王が患っていたのは緊張型統合失調症だと考えられている。こうして王が責務から離れているあいだに、王妃は一四五三年一〇月一三日、相続人エドワードを産んだ。それ以前であれば神の祝福と見なされたであろうこの出来事は、いまやまったく異なった意味をもつことになった。これまで筋が通らないことを常にしてきたうえにいまや精神異常をきたした王に相続人が生まれても、それは短期的には王位継承問題を複雑にする効果しか生まなかったのである。一時期王妃が事実上夫王の政府の長として行動し、摂政職を要求した。しかし、そうした前例は、フランスでは見られたが、イングランドにはなかった。そのため、一四五四年二月、次の議会が開かれたとき、ヨーク公がイングランドの「護国卿」とされた。ヨーク公はこの称号によって、すでに王の評議会の長として得ていた立場をさらに強化することになったのである。

ヨーク公の第一次護国卿在任期は、王が回復した一四五四年一二月まで続いた。この短い期間に、それ以前の三〇年間のどの時期よりも民衆に人気のある王権のモデルが実際に示されたのだった。王財政の改革およびカレー防衛の努力がなされた。サマーセット公は投獄されたが、危害を加えられはしなかった。そして、サマーセット公の代わりに、ヨーク公がカレー総督となった。ヨーク公は、この地位の移行とその他の同様に重要な評議会の決定について、それに賛成した人々の署名を残すようにした。ヨーク公は、王の財産を注意深く公正に管理しつつ、秩序維持という

図125(上)　街道沿いの宿屋の酒場。『人生の巡礼』から。到着する巡礼者（左)、酒を飲んで議論する３人の客、そして無愛想な女給が描かれている。

図126(下)　10月の労働。月々の労働を描いた一連の丸窓ステンド・グラスのうちの１つ。

王の公的な責任が王の名において活動する人々によってきちんと果たされるよう気を配った。弱体化し党派的となった政府のもとで数多くの私的な争いが生じていたが、そのなかでもっとも重要で評議会の注目を集めていたのは、北イングランドにおけるパーシー家とネヴィル家の争いだった。一四五三年一〇月八日、王の評議会は、第二代ノーサンバーランド伯ヘンリー・パーシーとソールズベリー伯リチャード・ネヴィルに書簡を送った。その書簡は、両者が「分別・節度があり自制心の強い人物」であるとの評判だと述べ、そのうえでおのおの扈従団を解散するよう命じていた。しかし、この命令はなんの効力ももたなかった。両家門は、それぞれの支持者たちをヨークシャーに召集した。ノーサンバーランド伯パーシーと行動をともにしたのは、その息子、ポイニングズ卿、エーグレモント卿、クリフォード卿だった。ソールズベリー伯ネヴィルのもとには、同名の息子リチャード（すでにウォリック伯となっていた「王擁立者（キング・メーカー）」）とその他の領主たちが集った。このとき両者のあいだで休戦協定が結ばれたが、翌年にはほかの領主たちがこの争いにひき込まれ、イングランド北部では内乱が不可避だと思われた。ヨーク公と評議会は、内乱の勃発を押さえるため、直接行動に出た。公は北へと向かい、動乱にまき込まれていたヨーク市へ赴き、そこで、裁判官団を率いて、過去一八ヵ月間の動乱の責任を問われ告発されていた人々を裁いた。敗北したのはパーシー家だった。ノーサンバーランド伯は告発され、裁判は次回にもち越された。エーグレモント卿はその後、同じ年に捕らえられ投獄された。ヨーク公は、護国卿としてイングランド北部に平和をもたらしたが、それは、必然的に一党派の肩をもつという犠牲を払って達成されたのである。そして、ネヴィル家はいまやヨーク公の不変の同盟者となったのである。

一四五四年のクリスマス、王が正気（そう呼べればの話だが）を取り戻すと、ヨーク公の護国卿在任期に達成されたことが急速にくつがえされていった。新年早々、ヨーク公は護国卿の職務を解かれ、サマーセット公が釈放されて宮廷でのかつての地位を取り戻した。以前の状況に戻ったのである。しかし、事態はより深刻なものとなりつつあった。いまや宮廷では、パーシー家がサマーセット公と固い同盟関係を結んでいた。評議会で指導的立場にあった両者は、五月二一日レスターに大評議会を召集した。議題は王の安全の確保だったが、ヨーク公とネヴィル家の人々が正しくも述べたように、それは「ある人々にたいする不信を共通の前提としていた。」ヨーク公たちにとって、「ある人々」が自分たちを指しているのは明らかだった。彼らは、いったん北部に退き、軍を集めた後南下し、王と宮廷派の者たちを、ロンドンを出発してからわずか一日の旅程の場所、セント・オールバンズで迎え撃った。どちらの軍もそれほど大きくはなかった。ヨーク公はおそらく三〇〇〇人の兵を従えており、サマーセット公は王のために二〇〇〇人程度の兵を率いていた。サマーセット公は降服し裁判を受けるべきだとヨーク公が強硬に主張したため、和平交渉は決裂し、一四五五年五月二二日、バラ戦争の最初の戦いが行われたのである。この第一次セント・オールバンズの戦い（後にここで再び戦いが起こる）は小規模な戦闘にすぎなかったが、サマーセット公、ノーサンバーランド伯、クリフォード卿といった人々が命を落としたという点で非常に重要な戦いだった。王はその場にいたが、超然としていたというよりも戦いそのものに気づいていなかった。ヨーク派が自分たちの立場を明確に主張した宣言書は、王には示されなかった。戦いの後、王はロンドンまで送り届けられ、ヨーク公が再び護国卿となった。一四五五年七月に開かれた議会は、王にたいして武器を取った件について、ヨーク公と彼に従った者たちに赦免を与えた。人々は、戦いのことは忘れ、「そこでなされたことについて、今後いっさい口外してはならない」と命じられた。

しかし、この命令を守らせるのは不可能だった。強力な統率のもとでは可能だったかもしれないが、そのような統率がもたらされることはなかった。一四五〇年代後半において、王は王権の影法師にすぎなかった。この時代に関する現代の主要な研究者、ラルフ・グリフィスによれば、ヘンリー六世の治世は、「統治が困難で、政府機能が麻痺し、政治的な党派分裂が激化した時代」だった。ヘンリーは、自らの王国の首都においてすら安全を確保できなかったため、王妃は、ヘンリーをロンドンから離れさせ、ランカスター家の私的所領の中心に位置するコヴェントリーを主要な滞在地とさせた。

この時期のほとんどの期間、ロンドンは無政府状態に近い状況にあった。ロンドンで取引していたイタリア商人たちが襲撃されたが、彼らにはなんらの保護も与えられなかった。そうした襲撃の背後にあったのは、粗野な重商主義、イタリア人がイングランドから貨幣を奪い去っているという感情だった。しかし、そのような感情は事実にもとづいたものではなかった。イタリア人商人は、イングランド経済が効果的に機能するために重要な銀行業と為替業の知識・技術を提供していたのである。したがって、ランカスター家の支配は、ロンドンの庶民と同様に、商業に携わる人々全体を疎外していたことになる。商人の利害はカレーの守備隊が成功するかにかかっていた。ウォリック伯リチャード・ネヴィルは、ヨーク公の第二次護国卿在任期に、カレーの守備隊の指揮を委ねられたが、一四五六年に護国卿職が廃止された後も、その指揮権を維持し続けることができた。この時期、カレーの司令官はイングランド兵からなる常設的守備隊を指揮しており、輸出羊毛指定市場（ステイプル）を管理することにより、彼らの給料を支払う手段を確保していた。カレーの輸出羊毛指定市場は、そもそもこの目的のために設立されていたのである。ヨーク派にとってカレーは、戦いを有利に進めるための切り札だった。そして、ヨーク派の革命を財政的に支えたのは、カレーを必要とするロンドン市民だったのである。

イングランドの内乱の一時期、一四五九年から一四六一年のあいだに、革命が起こった。事態が武力対決の再燃へと推移した責任は、主としてヘンリーの王妃マーガレットにあった。もし戦争を不可避にした出来事が一つあるとすれば、それは、一四五九年六月二四日にコヴェントリーで開かれた大評議会だろう。ヨーク派は、これを自分たちの立場にたいする脅威と考え、出席しなかった。彼らを逮捕する命令が発せられ、両軍が紛争に備え武装した。最初の大規模な交戦は、シュロップシャーのラドフォード・ブリッジで起こった。このとき王は、自ら軍を率いて、ヨーク公とネヴィル家の者たちと対峙した。ヨーク派の指揮官たちは、王と戦いを交えることを好まず、兵を棄てて海外に逃れた。ヨーク公はアイルランドへと逃亡した。彼は、その地の大領主であり王の総督だったのである。一方、ネ

地図 7　中世後期のイングランドとウェールズ

ヴィル家父子、ソールズベリー伯とウォリック伯は、ヨーク公の息子エドワードを連れてカレーに逃れた。議会がコヴェントリーで一四五九年一一月二〇日に開かれるべく召集され、そこでヨーク公と数多くの支持者たちにたいして権利剝奪決議（アクト・オヴ・アテインダー）がなされた。すべての者が反逆罪を宣告された。彼らは死刑に処されるだけでなく、その相続人たちも相続権を剝奪されることになったのである。もし自分の相続人の権利を守ろうとするならば、父親はそのために戦うほかなかった。偉大な先祖の血を引く中世の大領主にとって、戦争を行うのにこれ以上に重要な理由は存在しなかった。

ヨーク派は、一四六〇年六月、カレーから英仏海峡を渡り、市民の許可を得てロンドンに入城した。彼らは、ノーサンプトンで王軍と遭遇した。七月一〇日、そこで短い戦闘が行われ、王は捕らえられ、二人の側近バッキンガム公とシュルーズベリー伯が殺された。一〇月、ロンドンで議会が開かれ、権利剝奪決議の無効が宣言された。ヨーク公は、この戦いではなんの役割も果たしていなかったが、アイルランドから帰国し、王位を請求した。この動きは、ほとんどの貴族が望むところではなく、それを積極的に支持する者もいなかった。しかし、ヨーク公は、それでも思いとどまることなく、一〇月一六日、貴族院に文書を送り、自分がエドワード三世の次男にさかのぼる血統に属することを示し、王位を求めたのである。当時、イングランド王家の血統を示す系図文書が盛んに作られており、ヨーク公の血統もよく知られていた。ただ、貴族たちが危惧していたのは、ヨーク公を王にすれば、それは時計を事実上七〇年戻すことになり、そのことにより、一三九九年にランカスター家が王位を継承した後のことすべての正当性が否定されてしまうということだった。ヨーク公は動じなかった。彼は、王を拘束しており、王位請求を取り下げようとはしなかった。結局、妥協による解決が図られ、ヘンリー六世が生涯王位を保持するが、ヨーク公がその相続人となり、その後王位はヨーク公の相続人に伝えられることになった。

イングランドの裁判官たちは、一四六〇年一〇月の議会において、ヨーク公の主張について司法判断を下すよう求

図127(上)　ウィリアム征服王からヘンリー６世への血統に連なる１人、リチャード獅子心王。ジョン・リドゲイトの彩飾詩集から、1440年頃。

図128(下)　ヘンリー５世、ヘンリー６世、エドワード４世の徽章と紋章。ジョン・ライズの『ガーター紋章集』から。

められたが、この件は「われわれの学識を超えている」と返答した。しかし、これは彼らの落ち度ではなかった。今回なされた裁定により、ヘンリー六世の息子エドワード（当時七歳）、それからボーフォート家の血統の者たち、すなわちサマーセット公ヘンリー、その妹リッチモンド伯妃マーガレット、その息子ヘンリー・テューダーの王位相続権が奪われることになったのである。彼らは、自分の時が来れば、王位を求めて戦わねばならなくなるだろう。ヘンリー六世の王妃アンジューのマーガレットは、彼らの強力な支持者であり、依然として行動の自由を保っていた。彼女は常に「自分の」領地であったヨークシャーで兵を挙げたが、ヨーク公は彼女を激しく攻め立てた。しかし、一四六〇年一二月三〇日、イングランドの相続人、ヨーク公は、ウェイクフィールドの戦いで戦死した。その首は、紙の王冠をかぶせられ、ヨークの城壁の上に晒された。王妃は、それから南に進軍し、一四六一年二月一六日、セント・オールバンズで再び勝利を収めた。この地での戦いは、今回も大規模な戦闘とはならず、ヨーク派の指揮官ウォリック伯は、そこから逃れることができた。しかし、重要なことは、王妃が夫ヘンリー六世を「取り戻」したことだった。もしこのとき王妃が確固たる意志を持ち合わせていたならば、おそらくヨーク派は王権を奪取できなかっただろう。しかし、ロンドンの人々が王妃の軍が到来するのを恐れていたにもかかわらず、彼女はあえて首都への入城を果たそうとはしなかったのである。あるロンドンの年代記作者は次のように述べている。

この季節のあいだ、ロンドンの町には見張りが立てられていた。王妃が北部の兵を連れてやって来て、この町を略奪し、町と南部地方全体を完全に破壊するだろうと伝えられていたからである。

王妃がロンドンを支配下に置かなかったことで、ヨーク公の息子にして相続人エドワードは好機を得た。彼は、ウォリック伯とともに、コッツウォルズの自分の安全な拠点から離れ、一四六一年二月二七日、ロンドンに入城した。ヨーク公エドワードは、ロンドン市民によって、いまや王として「選ばれた」のである。彼は、王として承認された後、敵を北へと追い、一四六一年三月二九日、彼らをタウトンで打ち破った。この戦いはまさしく、イングランド史における決定的な合戦の一つと見なしうるものだった。敗北したランカスター軍は、ある史料が二万二〇〇〇人という数字をあげているように、大規模なものだった。王妃は、夫と息子を連れて、スコットランドに保護を求めて逃れた。ヨーク公は、ロンドンに戻り、エドワード四世として戴冠された。

エドワード四世

エドワード四世治世の始まりは順調だった。彼は、一四六一年一一月に開かれた最初の議会において、玉座から演説を行った。これは、記録された王の演説としては最初のものである。それまでは、王に代わって尚書部長官が話をするのが常だったのである。王は、これまでの支持にたいして庶民たちに感謝の意を表明し、「公正で誠実な君主」として統治することを約束した。また、彼は、治安の状態にたいする批判に応えて、国内を巡幸し自ら裁判を行うことを約束した。この議会に関して、最古の貴族院議事日誌（ローズ・ジャーナル）が残っており、それにより、貴族院が開かれたすべての日に、王が出席し熱心に議論に加わっていた様子を知ることができる。王の臣民は、彼がその言葉に見合って、よい人物であると考えるようになった。数多く残っているパストン家の書簡から、エドワード四世による統治の雰囲気をいくらか知ることができる。パストン家の人々は、一四六一年の議会が開かれる以前、デダムの荘園の保有権を主張して法廷で争っていたが、そのとき財務府長官に問い合わせをした。長官は、王にこの件を取り次いだ後、次のように返答してきた。「王は、こうお答えになりました。余がイングランドでもっとも貧しい者にたいしてよき主君であるように、この件においても貴殿のよき主君となるであろうと。」王は、パストン家やそのような人々のことをよく知っていた。「王は、この王国の諸州に散らばっているほとんどすべての人々の名前と所領を思い起こすことができたのである。」中世イングランドで同じような名声をもつ王は、ほかにはヘンリー三世しかいなかったが、彼は、エドワード四世ほど、優れた記憶力を徹底的に活用することはしなかった。エドワードの魅力を示す話として、一四七五年にフランス王が歴史家フィリップ・ド・コミーヌ[☆9]を紹介したときのことが伝えられている。エドワードは、彼のことをよく覚えていると言った。そして、「どこでコミーヌが自分と会ったか、そして以前カレーで自分が王に仕えているとき、いかに大変な問題を抱えることになったか」について詳細に語り、そのことを証明したのである。この年代記作者は、これ以外では、このイングランド王にたいして批判的だったが、この出来事に深く感銘していた。この記憶力は、エドワードがあらゆる点で王らしい印象を与えるのに役立った。このことは、彼がロンドンで権力の座に就いたときにも役立ったのである。それは彼の強みであり続けた。コミーヌは、別の機会にもエドワードについて述べている。「王はウォリック伯殿のせいでイングランドを去らねばならなかったのだが、そのときの彼ほど立派に見えた人物はほかでは記憶にないのである。」エドワードは、王の役にふさわしかったし、実際にこの役をうまく演じた。しかし、それを演じきることはできなかったのである。

　王は、一四六一年の議会において、よき主君として振る舞うと約束したが、それはランカスター派の有力者たちには適用されなかった。総計一一三もの権利剥奪決議が議会でなされ、年間三万ポンドもの価値を有する土地が没収された。これは、王にとって自分の財政を強化し支持基盤を拡大するよい機会だったが、それはまったく活かされなかった。エドワードが王位を得たのは間違いなくネヴィル家のおかげであり、当然、彼らに最大の報酬が与えられた。「王擁立者」ウォリック伯は、侍従長、五港長官（ウォードン・オヴ・ザ・サンク・ポート）[☆10]、カレーの守備隊司令官に任じられた。その弟モンタギュー卿ジョンには、一四六四年に、ノーサンバーランド伯領と、ヨークシャーにおけるパーシー家の所領のほとんどが与えられた。これは、ひき続きその支持を得るための報償だった。イングランド北部では、一四六〇年代初期には、ランカスター派を支持する拠点がまだ数ヵ所残っていた。三度にわたり、たて続けに、アニック、バンバラ、ダンスタンバラといったノーサンバーランドの三つの大きな城が、フランスとスコットランドの援助により、ランカスター派の支持者の手に落ちていたのである。しかし、一四六四年五月一五日のヘクサムの戦いによって、ランカスター派の脅威は、ようやく取り除かれた。ヘンリー六世は、依然としてランカスター派のもっとも強力な象徴であったが、その翌年捕らえられ、ロンドン塔へ送られた。王妃マーガレットはこのときすでにフランスに逃れていた。こうしてランカスター派からの圧力が弱まるにつれ、それまで逆境のなかで育まれてきたエドワード四世とウォリック伯の緊密な同盟関係も弛緩することになった。彼らが別々の道をとり始めた原因は二つあった。それは、王の結婚と外交政策の相違だった。

ヨーロッパの王家の一つと婚姻関係をとり結んでいれば、ヨーク家は、その同等者としての地位を確立することになっていただろう。しかし、大陸の王家がイングランドの新しい王朝とかかわり合うのを嫌がっていることが次第に明らかとなった。そして、エドワード四世は、早く相続人をもうける必要があり、諸王家との外交交渉にしびれを切らし、一四六四年五月一日、ノーサンプトンシャーのグラフトン・リージスで、エリザベス・ウッドヴィルと結婚したのである。エリザベスは寡婦だった。彼女の最初の夫、ジョン・グレイは、第二次セント・オールバンズの戦いで、ランカスター派として戦い、死んでいた。エドワードは、この結婚において多くの慣習を破っていた。王の結婚は国事であり、助言が求められるべき事柄だったが、彼は、いかなる助言も無視し、この結婚を半年近く秘密にしていたのである。そのあいだ、ほかの縁組に関する交渉が続けられていた。そのため、王の主席顧問であるウォリック伯をはじめとして、こうした交渉に従事していた者たちは面目を失うことになったのである。新王妃は、多くの親族を抱えており、そのすべてに家格の昇格と新たな身分にふさわしい結婚が必要だった。この理由から、ウッドヴィル家は、いわば結婚市場を独占することになったのであるが、それはまさにウォリック伯の二人の娘が結婚適齢期に近づいているときのことだった。ウッドヴィル家の者たちは、一つの利益集団と見なされていて、人気がなく、とくに、彼らが最近同等の階層となった人々、大貴族たちに不人気だった。伝えられるところでは、エドワード四世が早すぎる死を迎えたとき、評議会がもっとも関心を払ったのは、幼少の相続人が「王妃の側のおじや兄弟」の庇護下に置かれないようにすることだった。エドワード四世の結婚は多産なもので、一四六六年から一四八〇年にかけて、一〇人の子供が生まれていた。しかし、この結婚により王は軋轢の種も播いたのである。

エドワード四世がウォリック伯と不和におちいったもう一つの理由は、外交政策であり、フランスにおけるかつてのイングランド領回復の方策をめぐる問題だった。ウォリック伯は、フランス王ルイ一一世と同盟を結びブルゴーニュと敵対する政策を支持したが、エドワードはより伝統的な反フランス・親ブルゴーニュ政策を好んだ。当時のイングランドにおいて主導的な立場にあったこの二人の人物が、一四六四年から一四六八年にかけて、二つの異なる外交政策を追求するという事態が生じていたが、一四六八年、ブルゴーニュと正式に同盟を結び、エドワード四世の妹マーガレットをブルゴーニュ公シャルル剛胆公と結婚させることで、この問題はひとまず解決された。イングランド国内でも、ネヴィル家の影響力が弱まる徴候が見られた。一四六七年にヨーク大司教ジョージ・ネヴィルが尚書部長官から解任された後、一四六九年に問題は頂点に達した。続いて生じた危機に関して注目に値するのは、ウォリック伯が、イングランド王権の権力基盤は脆弱だと明確に認識していた点である。ヨーク家とランカスター家のどちらも地方の支配を完全には掌握していなかった。多くの領主たちは、宮廷での失敗にともなう処罰のほうが、成功した際の報償よりもはるかに大きいと見ていたのである。マウントジョイ卿ジョン・ブラントは自分の息子に宛てて、「君主と近づきになるのは危険だ」と警告している。多くの者が距離を置いた。そして、ほんのわずかな数の人々しかかかわらないため、いずれかの方向へのわずかな動きが地盤を揺るがすほどの大変化となったのである。一四六九年、イングランド北部で反乱が起こった。その背後にはウォリック伯がいた。エドワード四世はこの脅威に対応するため北

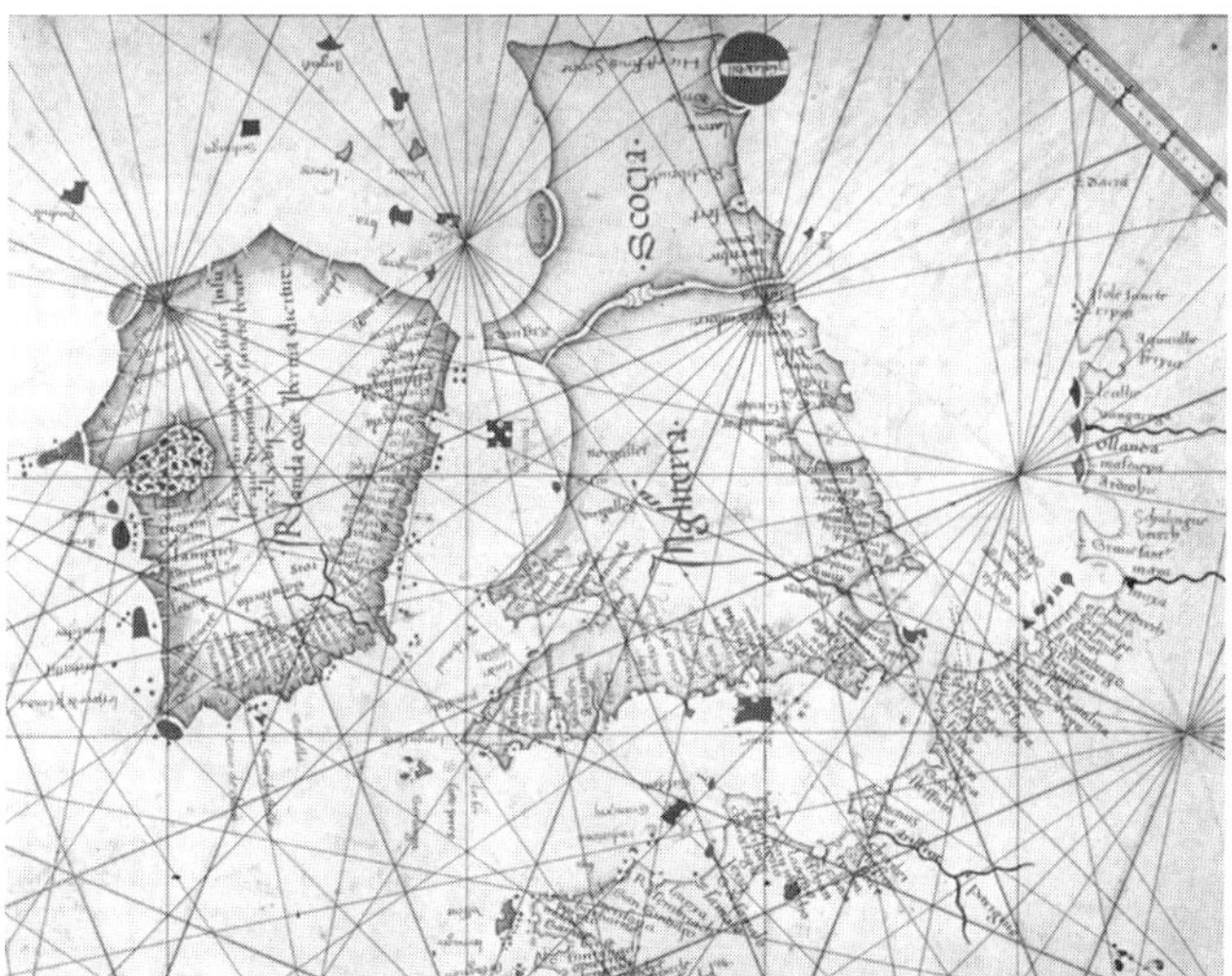

図129（上）　エドワード４世の伝記の１場面。

図130（下）　中世末のイギリス。1470年代の地図。

へ進軍したが、ウォリック伯がカレーで兵を挙げ、ロンドンを獲得し（エドワードはこれまでこの都市の支持を得ようとしなかった）、そして王を捕らえたのである。ウォリック伯は、おそらくエドワード四世の代わりに、その弟クラレンス公ジョージを王位に就けようとしていたと思われるが、その動きは支持を得られず、一時的休戦が合意された。しかし、続いてリンカーンシャーで反乱が起こり、それは小規模な戦闘へと発展した。ウォリック伯は、自分にたいする支持が崩壊したため、国外へ逃げることを余儀なくされた。ウォリック伯は国外で、かつての敵、ヘンリー六世の王妃アンジューのマーガレットとの同盟を取り急いでまとめ、フランス王の支持を得て、一四七〇年一月、イングランドに帰還した。いまや彼が擁護することを求められているのは、ヘンリー六世の王位だったのである。

これが、いわゆるヘンリー六世の「復位」である。一四七〇年一〇月から六ヵ月間、イングランドの統治はヘンリー六世の名において行われた。エドワード四世は、人々の支持を完全に失ったため、亡命するよりほかなかった。「戸口から出て行き、その後、窓から戻るのはむずかしい。」ある外国人の報告者はこのように論評したが、これこそが、エドワード四世がその能力と幸運により成し遂げたことだった。一四七一年三月、彼はレイヴンスパーに上陸したが、ヨークシャーではタウトンの戦いの傷がいまだ癒えていないため、あまり好意的でない雰囲気が漂っていた。しかし、彼は、南へと向かうにつれ、次第に人々の支持を集めていった。ヘイスティングズ卿ウィリアムは、エドワードの庇護のもとミッドランド地方でもっとも有力な貴族となっていたが、彼は三〇〇〇人の兵を連れて合流した。エドワードは、四月一一日の聖木曜日、ロンドンに到達した。彼はそこで、ヘンリー六世の身柄を確保し、さらにウェストミンスターで、前年の一一月に生まれていた息子にして相続人エドワードをはじめて目にしたのである。ここで彼は二つの挑戦に直面した。一つはウォリック伯からの挑戦だった（クラレンス公はこれまで態度を明確にしてこなかったが、このときすでに兄エドワード四世の側にいた）。復活祭の日曜日、両軍はバーネットで対戦し、ウォリック伯は戦死した。同じ日、ヘンリー六世の王妃マーガレットがウェイマスに上陸した。エドワード四世は、自分の王位にたいするランカスター派最後の脅威に応じるため、西へと向かった。王妃は、息子、王子エドワードをともなっており、イングランド南西部で相当の支持を集めていた。両軍はテュークスベリーで戦い、王子エドワードは殺された。そして、王は、ロンドンに戻ると、ヘンリー六世の暗殺を命じた。エドワード四世治世の第一段階が終わった。「この国には、家系により王位を請求できる者は誰も生き残っていなかった。」少なくともこの時点では、そのように思われた。

エドワード四世は、ヘンリー六世の復位期にフランスが自分の政敵たちに与えた援助にたいして、怒りを覚えていた。一四七二年の議会においてこの問題について語ったのは、尚書部長官（チャンセラー）だった。彼は、イングランド王がもつフランスの「正当な相続権」について訴えた。かつて戦争のおかげで貧者は通りから姿を消し、次男以下の息子たちが職を得ることができたのだと述べた。そして、もっとも成功したイングランド王たちは戦争に身を投じた王たちではなかったか、と問いかけた。これが開戦を主張する論拠になっていたとしても、それは状況証拠にもとづくものでしかなかった。しかし、議会はこの議論を受け入れた。一万三〇〇〇の弓兵一年分の給与の推計費用、総額一一万八六二五ポンドが約束された。王は、所得の一割を徴収する通常の税に加え、商人に冥加金（ベネヴォレンス）を課し、さらに自分の個人的魅力すべてを戦争努力に傾けた。たとえば、あるサフォークの寡婦は、この君主から受けたキスの見返りに、自分の負担額を一〇ポンドから二倍の二〇ポンドに増やしたのである。こうして準備された軍隊は、「これまでイングランドから送りだされたなかで、もっとも大規模で立派で最高の軍だった」と、メディチ家のブリュージュにおける代理人トンマーゾ・ディ・ポルティナーリは述べた（フランドル派の画家メムリンクによるポルティナーリの肖像画が、ニューヨークのメトロポリタン美術館に所蔵されている）。しかし、この軍が大規模な戦闘を経験することはなかった。イングランド軍は、一四七五年七月、フランスに上陸したが、エドワードと同盟を結んでいたブルゴーニュ公とブルターニュ公は、積極的な支持を与えなかった。八月の半ばまでに、イングランド王とフランス王の双方がなんらかの合意にいたることを望み、アミアン近くのピキニーにおける和議で合意が成立した。イングランド王は、すみやかな撤退とひきかえに、一万五〇〇〇ポンドを受け取るのに加え、七年間の休戦期間に年一万ポンドを得ることになった。また、フランス王の息子、王太子は、イングランド王の長女か次女と結婚することになった。軍の指揮官たちも、戦利品を得る機会を失ったため、その補償として年金と贈り物を与えられた。これは、フランス側にしてみれば、非常に寛大な、ひょっとすると相手に恩を売るほどの決着だと思われただろう。しかし、イングランド側では、庶民たちが不満を唱えていた。庶民たちの金銭が費やされたにもかかわらず、彼らには得るものがなかったからである。どちらの側も、この合意に満足したわけではなかった。しかし、それは公平な合意だった。

エドワード四世は、一四七五年、弟たちを自分の側につかせるために全力を尽くした。彼は、八月一三日、フランスにいる使節団に和平交渉のための指示書を送ったが、二人の弟、そこにいたクラレンス公ジョージとグロスター公リチャードがそれに連署するよう配慮したのである。二人はともに、ウォリック伯リチャード・ネヴィルがもっていた土地と権力の分け前にあずかっていた。クラレンス公が以前裏切った記憶は依然として生々しく、いく人かの外国人報告者は、彼は再び兄を王位から引きずりおろそうとするだろうと記している。いずれ裏切る人物役を割り振られたクラレンス公は、続く数年間にその役をみごとに演じきることになった。クラレンス公は、妻が産褥で死んだ後、ブルゴーニュ公シャルルの女子相続人と再婚しようと画策した。しかし、もしそれが実現し、さらに「由緒正しきランカスター公」ジョン・オヴ・ゴーントの子孫の一人との同盟関係がそれに加わるならば、ブルゴーニュ公の権力は、ヨーク家最初の王にたいする明白な脅威となっていただろう。クラレンス公は、この結婚が許されないことを知ると、とげとげしい態度をとった。彼は、王の評議会で押し黙り、王との食事の席でも無作法に振る舞い、毒が盛られていると言って飲食をしなかった。クラレンス公はついに、一四七八年一月の議会において、数々の反逆の罪で告発された。罪状のどれも具体的な内容をともなっていなかったが、彼は、兄王にたいする「矯正の見込のない」敵として死刑を宣告された。クラレンス公はおそらく、その死の場面によってもっともよく知られているだろう。処刑は、一四七八年二月一八日、ロンドン塔で密かに実行された。彼が溺死したのはほぼ間違いないだろう。もっとも脚色された伝え話も嘘ではないのかも知れない。「誓いを破り信義にもとるクラレンス」は、マルムジー種ワインの樽のなかで最期の時を迎えたのだろう。『クロウランド年代記』の作者は正しくも、今回の脅威が満たされぬ人心の離反を体現したものだと述べている。彼は続ける。「過去において、変化を待望する数多くの人々が、こうした誤れる輩どもに期待を寄せてきたが、このたびそのような者どもが取り除かれたのだから」、王の支配はいまや確固たるものとなっただろう、と。

実際、エドワード四世は自分の権力とその王位継承について自信を深め、その統治はいまや安定したものとなっていた。ウィンザー城の新しいセント・ジョージ礼拝堂はエドワードが建造したものであり、彼はやがてそこに埋葬されることになった。イートン校にも資金が投入された。その礼拝堂はフランドル美術の影響を強く受けた壁画で飾られた。フランドル美術は当時のイングランドに大きな影響を与えていたのである。エドワードは、一四七〇年から七一年にかけて、ブリュージュに亡命していた。彼は、そのときの逗留先の主、ローデウェイク・デ・フルントホイセンからウィンザー城の王立図書館の基礎となる数多くの書物を入手し、さらに治世最後の数年間、その蔵書に特別に発注した書物を加えた。ここにはルネサンス君主の姿が見られるのである。エドワードは、ルネサンス君主のなかで中心的な存在ではなかったとしても、少なくとも一定の基準は満たしていた。彼は、一四八二年のクリスマスの宮廷で人々に強い印象を残した。ファッションで時代の先端を行っていたのである。

修道士の衣服の襞のように、その外套の袖は数多くの襞になって下がっており、その内側はもっとも贅を尽くした毛皮で裏地がつけられ、両肩から垂れていた。

エドワードは、この装いに身を包んで、「気品に満ちた雰囲気」を漂わせていた。彼には五人の娘がいたが、誰もがその美しさを称えていた。数年も経てば、この娘たちがすばらしい結婚をし、またエドワードの相続人が王位を継承するものと思われていた。しかし、現実はそのようにはならなかった。王は卒中で倒れ、一四八三年四月九日に死んだのである。四〇歳だった。彼の遺体は、一週間、ウェストミンスター修道院内のセント・スティーヴン礼拝所で王の威厳を示す装いで安置された。四月一八日、王の葬列は出発し、テームズ川に沿って進み、サイオン修道院で一夜を過ごした。葬列は翌日、イートンを通過した際、そこで教師を務める聖職者たちから祝別を受けた。そして、四月二〇日、王は、盛大な葬儀の後、ウィンザーの地に葬られたのである。

ボズワースの戦い

王位はエドワード五世により継承された。彼は、そのとき一二歳であり、すでに自分でものを考えることができた。彼を後見・監督したのは、これまでと同じく、王妃の弟リヴァーズ伯だった。エドワード四世は、病床で、弟グロスター公リチャードをイングランドの護国卿に任命していた。この時点まで、グロスター公の忠誠心が疑問視されたことはほとんどなかった。王が死んだとき、彼の立場はむずかしいものとなったが、それはなにも彼だけの問題ではなかった。おそらくグロスター公が一番恐れていたのは、いったんエドワード五世が即位すれば、摂政としての自らの権威が失われるということだろう。そこで、彼は、若い王を手元に置いて監督することが必要だと考え、ストーニー・ストラットフォードで王の身柄を奪ったのである。リヴァーズと王の護衛は、このように事態が手遅れになるまで、グロスター公の反逆的行為をまったく予期していなかった。王妃エリザベスは、エドワードが捕らえられたと聞くと、ただちに聖域の保護を求め、家族を連れてウェストミンスター修道院へと避難した。王妃は、かつて同じ状況を体験しており、この場合どうすればよいかをわきまえていたのである。状況は困難だったが、分別のある人々が合意に達する可能性はまだ残っていた。王の評議会議員のうちで穏健派の中心的人物は、ヘイスティングズ卿だった。彼は、ウッドヴィル家を恐れつつも、エドワード五世の王位継承に忠実だった。彼は、六月一三日の朝、ある実務的な会合に呼びだされた。そして、昼食時までに死んでいた。彼は、グロスター公の面前で捕らえられ、裁判なしに処刑されたのである。リチャードが王位を狙っていると、これまでもずっと噂されてきたが、いまやそれは否定されえないものとなった。議会を召集し、そこでエドワード五世を退位させるために、少なくともなんらかの論拠を示すことが必要だった。これは正当性に乏しい主張だったが、グロスター公の覚悟は確固たるものだった。ヘイスティングズ卿の運命がグロスター公の野心に逆らった者にたいする明確な脅しとなった。最善の策は、エドワード四世の結婚の有効性を問い、そのことでその息子たちの正統性に疑いをかけることだった。息子のうち、次男リチャードは、武力の脅しにより聖域からひき渡され、長男エドワードとともにロンドン塔に幽閉された。七月四日、グロスター公はリチャード三世として戴冠された。ロンドン塔ではそれまで、幽閉された王子たちの姿がときに遠くからかすかに見えることもあったが、戴冠後数日もすると、その姿は完全に消えてしまった。

ヨーク朝の支配は依然として確固たるものではなかったし、リチャード三世は自分の野心のために、ヨーク朝がもっていた一体性と結束力のほとんどを破壊してしまった。彼にたいする抵抗がただちに起こり、彼が得たばかりの王位を要求する者があらわれようとしていた。ロンドン塔の王子たちの運命が噂となり、それがイングランド南部に拡がっていった。この噂によりかけられた嫌疑を晴らすのは不可能であり、それが、リチャードの立場を掘り崩す危険な要因となった。「この噂のために、彼は人心を失い、多くの郷紳が彼を破滅させようと考えたのである。」一四八三年一〇月には武装蜂起の準備が整えられた。その指揮官はバッキンガム公とドーセット侯だったが、翌月バッキンガム公が捕らえられて処刑され、蜂起は失敗へと向かうと思われた。しかし、反乱者たちは、リチャードの継承者として、思いもよらない人物、リッチモンド伯ヘンリー・テューダーを考えていたのである。ヘンリー・テューダーは、エドワード四世の長女、ヨークのエリザベスと結婚することになっていた。彼女は、二人の弟が死んだ後（当時この死を疑う者はいなかった）エドワード四世の相続人となっていたのである。一四八三年のクリスマス、レンヌ司教座聖堂において、亡命中のヘンリー・テューダーは、王となったあかつきには彼女と結婚すると誓約した。この結婚は、リチャード三世の支配という現実を受け入れることのできない人々にたいして、突然、夢のような希望としてあらわれた。やがて訪れるリチャード三世の没落と死は、イングランドのフランス介入政策の転換点となった。数十年ものあいだ、最近では一四七五年に、イングランドの諸王は、フランス王権の勢力を切り崩すために、フランスの有力諸家門の党派分裂を利用する手段をとってきたが、いまやその立場が逆転したのである。一四八五年八月七日、ヘンリー・テューダーは、ミルフォード・ヘヴンに上陸し、一週間後にはシュルーズベリーでセヴァーン川を渡り、イングランドに入った。リチャード三世の最後は幸いにも短かった。その一週間後、八月二二日、レスターシャーのボズワースの野において、両軍は最初で最後の戦闘に入った。ヘンリーは、数で劣るため、別の日に戦うことを望んだのかもしれないが、リチャードの意思でこの場で戦うことになったのである。両軍が完全に戦闘に入り、数の違いがものを言う前に、リチャードは自ら王位を狙う者を見つけるべく、護衛を連れて飛びだした。彼は、ヘンリー・テューダーに近づき、かたわらにいた旗持ちを殺すところまでいったが、ヘンリー自身には届かなかった。そして、日暮れどき、リチャードの死体が戦場に横たわっていた。真偽はともかく言い伝えによれば、戦場に落ちていた王冠が拾われ、新王の頭に置かれたという。前王の死体は、身ぐるみはがされ、裸でレスターのフランシスコ会修道院へと運ばれた。中世イングランド最後の王、リチャード三世は、戦争犯罪人として扱われた最初の王だった。

訳者あとがき

本訳書の原著は、最初にオックスフォードのファイドン出版社からイングランド史叢書の一巻として一九八八年に出版されたものですが、その後二〇〇一年にグロスターシャーのテンプス出版社から補説を除き大幅に写真を入れ替えた形で出版され、さらに二〇〇五年にいくつかの写真を入れ替えてポケット版として再版されました。この二〇〇五年版では若干の訂正がなされていますが、本文は二〇〇一年版とほとんど変わりはありません。本訳書は、二〇〇五年版を参考としつつ二〇〇一年版を翻訳したものです。その際、原著に残っている誤りなどを、原著者の承認を得たうえで訂正しました。

原著者のエドマンド・キング教授は、一九四二年ロンドンの生まれで、イーリングのカトリック系パブリック・スクール、セント・ベネディクト・スクールで学んだ後、ケンブリッジ大学セント・ジョンズ・カレッジに入り歴史学を専攻し、エドワード・ミラーやマージョリー・チブナルなどよって中世史への興味を育まれ、大学院でマイケル・ポスタンの指導のもとでピーターバラ修道院領の研究に取り組み、同大学より博士号を取得しました。一九六六年からシェフィールド大学で教え始め、一九八四年準教授（リーダー）、一九八九年教授となりました。主要な著作・編著として以下のものがあります。

・*Peterborough Abbey 1086–1310: A Study in the Land Market*（Cambridge U. P., 1973）
・*England 1175–1425*（Development of English Society series）（Routledge & Kegan Paul, 1979）
・*A Northamptonshire Miscellany*（Estate Records of the Hotot Family）, Northamptonshire Record Society, xxxii（1983）
・*The Anarchy of King Stephen's Reign*（Oxford U. P., 1994）
・William of Malmesbury, *Historia Novella*, Oxford Medieval Text（Oxford U. P., 1998）

現在は、エール英国君主伝記叢書（Yale English Monarchs series）のためにスティーヴン王の伝記を執筆中です。

キング教授の学問的出発点となったのは、博士論文で取り組んだノーサンプトンシャーのピーターバラ修道院領の研究です。本書でもたびたび言及されるこの修道院は、ノルマン征服以後もっとも遅い時期までアングロ・サクソン的伝統を保ち続けた場所の一つです。キング教授は、博士論文において、一一世紀のドゥームズデイ・ブックの時代から一四世紀初頭、黒死病直前の時代にいたるまで、この修道院領の多様な側面を考察しました。この所領内の農民や修道院による所領経営・農業経営ばかりでなく、修道院から土地を保有する騎士たちの実態についても明らかにしました。その後のキング教授の研究テーマは、政治史から社会経済史まで多岐にわたっていますが、根源的にはこの博士論文に由来するようです。また、現在にいたるまで、博士論文で取り組んだノーサンプトンシャーを自己のフィールドとして、地方史的な関心を常にもち続けています。

本書は、写真と年代記の記述をふんだんに使い、イギリス中世の雰囲気をヴィジュアルに具体的に伝えることを意図した読み物です。政治史に限らず社会的・経済的な変化・発展にも目配りをした概説書で、地方からの視点が随所にちりばめられており、著者の学問的性格のあらわれた著作となっています。翻訳では日本語がすこし固くなったかもしれませんが、原著の英語は非常にくだけたものです。本書は、これまで二度再版されポケット版で出版されていることからもわかるように、イギリスの一般の読者によって広く読まれており、また大学においても学部学生の中世史の入門書として使用されているものです。

人名・地名の表記に関しては、基本的な方針を凡例で述べておきました。本書の表記法、とくに一一世紀・一二世紀の人名表記については無原則のように思われるかもしれませんが、これ自体が歴史の現実を反映したものにほかなりません。ノルマン征服以後のイングランドは、多重言語社会でした。農民層のあいだでは「英語」が話されていましたが、一四世紀前半にいたるまで社会の上層ではフランス語が圧倒的に優位な位置をしめていました。これに加えて、聖職者の共通語ラテン語が同時に使用されていました。イングランドは、中世後期になってようやく「英語」を主体とした社会に変化していきます。こういった点を考慮に入れ、なぜ人名表記法の統一が困難なのかを考えつつ本書を読んでいただければ、イングランド中世社会への理解はさらに増すでしょう。

最後になりましたが、本書の出版を引き受けてくださった慶應義塾大学出版会に、とくに編集部の佐藤聖さんと乙子智さんに厚くお礼申し上げます。

二〇〇六年九月

吉武　憲司

訳註

第一章　ノルマン征服と植民定住　一〇六六―一一〇六年

☆1　クヌートの治世。イングランドは、一〇世紀後半、ウェセクス王家のもとで統一を成し遂げるが、一一世紀初めにヴァイキング（デーン人）により征服された。一〇一六年、エゼルレッド二世の死後、デーン人のクヌートがイングランド王となり、デーン朝が成立。クヌートはやがてデンマーク王兼ノルウェー王となり、北海両側にまたがる広大な「北海帝国」が成立する。

この「北海帝国」は、一〇三五年にクヌートが死んだ後、その子ハロルド一世とハルザ・クヌートにより継承されるが、すぐに崩壊した。エゼルレッドの子、エドワード（証聖王）は、デーン朝による支配のあいだ母方の血統をたよりノルマンディー公家のもとに亡命していたが、一〇四二年に呼び戻され王位に就いた。しかし、証聖王には子がなく、彼が一〇六六年一月に死ぬと、王妃の兄、ハロルド・ゴドウィンソンが王位を継承した。この継承にたいして異議を唱えたのがノルマンディー公ウィリアム（ギヨーム）である。ノルマンディー側の史料によれば、その根拠は、証聖王が生前ウィリアムに王位継承を約束していたというものだった。ウィリアムは、同年九月二八日、イングランド南岸のペヴンジーに上陸し、一〇月一四日、ヘイスティングズの北一〇キロの地点でハロルド率いるイングランド軍と対戦し、勝利を収めた（いわゆる「ヘイスティングズの戦い」）。

☆2 オルデリク・ヴィターリス（Orderic Vitalis）。一〇七五年―一一四二年頃没。ノルマン人の父とアングロ・サクソン人の母のあいだに、シュルーズベリー近くのアッチャムで生まれる。子供のときに、ノルマンディーのサン・テヴルー修道院に入り、生涯そこで修道士として過ごす。彼の『教会史（ヒストリア・エクレジアスティカ）』は、とくに一〇八〇年頃から一一四一年までのイングランドとノルマンディーの歴史に関してきわめて重要な史料である。オルデリクのアングロ・ノルマン世界とノルマン人にたいする理解は、現代の歴史家の叙述に少なからぬ影響を与えている。

☆3 ミッドランド地方（the Midlands）。イングランド中部地方。テームズ川以北、ハンバー川以南の地域で、リンカンシャー、ノッティンガムシャー、ダービーシャー、スタフォードシャー、ケンブリッジシャー、ハンティンドンシャー、ノーサンプトンシャー、ラトランド、レスターシャー、ウォリックシャー、ウスターシャー、ハーフォードシャー、バッキンガムシャー、オックスフォードシャーを含む。ちなみに、ハンバー川以北の地域、ヨークシャー、ランカシャー、ダラム、カンバーランド、ノーサンバーランド、ウェストモーランドは「北部地方」、そして、ノーフォーク、サフォークは「イースト・アングリア地方」と呼ばれる。なお、本書で使用されている州区分は、原則として中世のものであり、現在とは異なっている。

☆4 フュルド軍（fyrd）。伝統的見解では、アングロ・サクソン時代に農民などの一般自由人が負う三大義務のひとつである軍役義務により構成される歩兵からなる一般召集軍。ノルマン征服後もある程度存続し、ノルマン朝の王によりしばらくのあいだノルマン人の騎士軍とともに使用された。

☆5 『アングロ・サクソン年代記』（*Anglo-Saxon Chronicle*）。九世紀のアルフレッド大王の時代に最初に編纂された編年体の年代記。古英語で書かれ、それまでのアングロ・サクソン人の歴史をウェセクス王家を中心に記している。この年代記はその後も継続され、九〇〇年頃以降、イングランドのさまざまな修道院へと伝わり、さらに書き継がれていった。この年代記の記述はほとんどの版で征服後一一世紀末頃までに終わるが、ピーターバラ修道院では一一五四年にいたるまで古英語で書き続けられた。

☆6 グレイト・ノース街道（the Great North Road）。ロンドンからハンティンドンシャー、リンカンシャー、ヨークシャー、ダラムを抜けてスコットランドへといたる最も重要な北への幹線道路。現在の国道A1に相当。

☆7 ライディング（riding）。ヨークシャーに特有な州の下の行政単位。ヨークシャーは、イースト・ライディング、ウェスト・ライディング、ノース・ライディングの三つに分けられていた。ライディングはさらにワプンテイク（wapentake：郡）に分割される。ヨークシャーを含むイングランド北東部の旧デーン・ロー地域では、ワプンテイクの名称が使用されたが、それ以外の地方では郡はハンドレッド（hundred）と呼ばれた。

☆8 助祭長区（archdeaconry）。一一・一二世紀の西ヨーロッパでは、各司教区の運営において司教を補佐する役職として助祭長（archdeacon）と呼ばれる職が発展した。とくに一二世紀には、司教区をいくつかの区域に分割し、それぞれの管理を各助祭長に委ねる制度が確立された。この管轄区域が助祭長区である。助祭長は、副司教、司教補佐、大助祭とも訳されることがある。

☆9 助祭長ヘンリー。ハンティンドンのヘンリー（Henry of Huntingdon）。一〇八四年頃—一一五五年。リンカン司教区ハンティンドンの助祭長。ケンブリッジシャーもしくはハンティンドンシャーの聖職者の子として生まれ、少年のときにリンカン司教の家政組織に加わる。リンカン司教アレグザンダーの伯父ソールズベリーのロジャーの勧めで、一一三三年頃から『イングランド人の歴史（ヒストリア・アングロルム）』を書き始め、一一五四年まで書き続けた。

☆10 イードマー（Eadmer）。アンセルムの秘書として仕えたカンタベリー大司教座聖堂の修道士。『アンセルム伝』とその時代の教会政治史『イングランド同時代史（ヒストリア・ノウォルム）』などを書いた。

☆11 マームズベリーのウィリアム（William of Malmesbury）。一〇九五年頃—一一四三年頃。ウィルトシャーのマームズベリー修道院の修道士。一二世紀のイングランドでもっとも評価の高い歴史家のひとり。ノルマン人とアングロ・サクソン人の混血だが、征服以前のアングロ・サクソン時代の歴史にも興味を示し、イングランドの王や司教の列伝、『イングランド王事績録（ゲスタ・レグム）』、『イングランド司教事績録（ゲスタ・ポンティフィクム）』などを書き残し、さらにスティーヴン治世の内乱を扱った年代記

『同時代史（ヒストリア・ノウェッラ）』も書いている。最後の作品は、二章訳註8の『スティーヴン事績録』とは対照的に、帝妃マティルダ・グロスター伯ロバート側の観点から書かれている。

第二章　宮廷の生活　一一〇六―一一五四年

☆1　『諸公年代記』（*Chronicle of the Princes, Brut y Twysogion*）。六八二年から一三三二年までのウェールズの歴史を支配者たちを中心に記したウェールズ語の年代記。八世紀にセント・デイヴィッズで編纂されたものが、その後いくつかの教会や修道院で受け継がれ、書き継がれていったもの。三種類の版が現存している。

☆2　尚書部（Chancery）。尚書部長官（Chancellor）が管轄する、文書を作成する部局。国璽（Great Seal）を保管する。尚書部、尚書部長官は、一二・一三世紀にコモン・ローが発展してくると、コモン・ロー令状を発給する責務を負うようになり、次第に法的権能を獲得した。そのため、近代史では、大法官府、大法官の訳語が使用される。

☆3　ニューバラのウィリアム（William of Newburgh）。一一三五年頃―一一九八年頃。ヨークシャーのニューバラにあるアウグスティヌス律修参事会員の修道院で教育を受け、そこの参事会員となる。近くのリーヴォーの修道院長の勧めで、一一九六年頃から『イングランド史（ヒストリア・レルム・アングリカルム）』を書き始める。この年代記は、ノルマン征服から一一九八年までを扱うが、とくにヘンリー二世とリチャード一世の治世に関しては独自の情報を伝える重要な史料。

☆4　『財務府についての対話』（*Dialogus de Scaccario*）。財務府長官（ロンドン司教）リチャード・フィッツ・ナイジェル（フィッツ・ニール）により、一一七〇年代後半に生徒との対話形式で書かれた財務府運営のための手引書。

☆5　割り符（tally）。州長官などが事前に支払いを行った際に、その領収書の役割を果たすもの。小さな棒状の板に取引の内容が書かれ、ギザギザの線で二つに切り分けられ、それぞれを支払側と受領側が保管した。

☆6　アウグスティヌス律修参事会員。聖アウグスティヌス（三五四年―四三〇年）に帰される修道院会則を遵守する人々。聖職者は原則として「在俗聖職者（在俗司祭）」と「修道士・修道女」に分けられる。修道士・修道女は、清貧・貞潔・服従の修道誓願を立て、私的所有を放棄し、修道院会則（戒律）に従い修道院に定住し共同生活を送る人々である。中世の西ヨーロッパでは、ヌルシアの聖ベネディクトゥス（ベネディクト　四八〇年頃—五五〇年頃）の修道院会則を遵守する修道院が主流だった。改革派のクリュニー修道会やシトー修道会も同じである。ただし、ベネディクト会の修道院は、クリュニーやシトーとは異なり、それぞれが独立した存在であり、一つの修道会として全体の総会があるわけではない。

司教座聖堂や王の礼拝堂や都市の豊かな教会などの在俗司祭は、その責務を遂行するため参事会（canonry, chapter）という団体に組織されていた。このような聖職者が、在俗参事会員（secular canon）である。一一世紀後半以後、教会改革の推進者たちは、道徳的・知的水準を高めるため、彼らが修道士的共同生活を営むよう勧めた。しかし、参事会員たちは、司牧・慈善・学校運営など世俗社会での責務を担うため、概して規律のより緩やかな「聖アウグスティヌス会則」を採用した。この会則のもとで修道士的共同生活を送る参事会員が、律修参事会員（regular canon）もしくはアウグスティヌス律修参事会員（Augustinian canon）と呼ばれる人々である。この律修参事会は、現実にはさまざまな生活形態をとったが、とくに一二世紀以後世俗社会との関わりのなかで責務を果たしつつ修道士的霊性を追求することを可能とする宗教生活の新たな型を提供した。このような律修参事会のなかには、クサンテンのノルベルトによって創設されたプレモントレ会やセンプリンガムのギルバートによって創設されたギルバート会のように、ひとつの修道会として発展したものもあった。

ちなみに、イングランドの司教座聖堂参事会には、在俗参事会の他に、カーライルのように「聖アウグスティヌス会則」を採用しているものもあるが、カンタベリーの大司教座聖堂参事会（司教座付属クライストチャーチ修道院）のように古くから「聖ベネディクトゥス会則」を採用しているもののほうが主流だった。

なお、一二・一三世紀以降には、本来のものとは性格の異なる修道会、聖地での戦闘などを目的とする騎士修道会（神殿騎士修道会（テンプル）やヨハネ騎士修道会）や遍歴を許される托鉢修道会（ドミニコ会やフランシスコ会）も存在している。

☆7　御料林法（forest law）。御料林とは、ノルマン征服以後導入された王のお狩り場。必ずしも森林地とは限らない。御料林に指定された地域では、特別な御料林法のもと猟獣の保護が図られ、その違反には身体刑を含む厳罰が科された。そのため、御料林は、ノルマン朝・アンジュー朝王権の圧政の象徴ともみなされ、やがて一三世紀に御料林憲章を生むことになった。

☆8　『スティーヴン事績録』（*Gesta Stephani*）。一一三五年から一一五四年までのスティーヴン治世全般を扱う年代記。とくに史料が少なくなる一一四〇年代以降の記述は重要である。一貫してスティーヴン側の立場で書かれている。作者は、バース司教ロバート（一一六六年没）だという説もあるが、確証はない。

☆9　トリニーのロベール（Robert of Torigny）。一一八六年没。ベックで副修道院長を務めた後、一一五四年にモン・サン・ミッシェルの修道院長となる（それゆえ「デ・モンテ」とも呼ばれる）。ギヨーム・ド・ジュミエージュの年代記の改訂などをしているが、もっとも重要な作品は天地創造から一一八六年までを扱った『年代記』。この年代記は、ハンティンドンのヘンリーの影響などを受けているが、一一四七年以後の記述は自身の見聞にもとづくオリジナルなもの。とくにモン・サン・ミッシェルの庇護者、ヘンリー二世の大陸での活動に詳しい。

第三章　アンジュー帝国　一一五四―一二〇四年

☆1　行政長官（Chief Justiciar）。最高法官とも訳される。王に代わり統治を行う役職。ノルマン征服以後王が大陸領土に滞在する期間が長かったため、発展した制度。その萌芽は、ヘンリー一世治世のソールズベリーのロジャーに見ることができるが、この制度が完成されるのはヘンリー二世治世のこと。しかし、ジョン王治世に大陸領土のほとんどが失われたため、この職は存在意義を失い、ヘンリー三世治世に消滅する。

☆2　スタッブズ主教。ウィリアム・スタッブズ（William Stubbs）。一八二五年―一九〇一年。オックスフォード大学近代史欽定講座教授。イングランドにおいて最初に大学教員として重要な役割を果たした歴史家。中世国制史の体系化を成し遂げ、史料刊行事業などにも尽力した。一八八三年にチェスター主教に任命され大学を去るが、一八八八年にはオックスフォード主教に任命された。

☆3 ソールズベリーのジョン（John of Salisbury）。一一一五年頃―一一八〇年。十二世紀ルネサンスの知識人。ソールズベリーの生まれ。フランスで学んだ後、カンタベリー大司教セオボールドとトーマス・ベケットに仕え、晩年にシャルトル司教となる。ベケット殺害の場にも居合わせる。著作に、政治理論書『ポリクラティクス』、論理学書『メタロギコン』、教皇庁を訪れたときの記録『教皇史（ヒストリア・ポンティフイカリス）』などがある他、膨大な量の書簡を残している。

☆4 ラーヌルフ・グランヴィル（Ranulf Glanville）。一一九〇年没。ヘンリー二世治世後期に行政長官を務めた。令状を中心に王の裁判所の訴訟手続きを解説した最初の手引書『イングランド王国の法と慣習』は、グランヴィルの作とされてきたが、定かではない。

☆5 ウィリアム・フィッツ・スティーヴン（William fitz Stephen）。一一九〇年頃没。トーマス・ベケットの秘書的存在。ベケットと同じく、ロンドン市民層の出身で、ベケットの大司教就任以前、王の尚書部長官時代から、彼のそばにいたと思われる。ベケット殺害の場にも居合わせ、その伝記を書いた。ベケットの死後、二〇年近く、グロスターの州長官や巡回裁判官として王に仕えた。

☆6 リジューのアルヌー（Arnulf of Lisieux）。一一八一年没。リジュー司教。ヘンリー二世治世のノルマンディーの統治・行政において中心的な役割を担った人物の一人。残された膨大な数の書簡がこの時期の重要な史料となっている。

☆7 ジョーダン・ファンタスム（Jordan Fantasme）。イングランドの生まれと思われる。フランスのシャルトルの学校で学んだ後、ウィンチェスター司教ブロワのヘンリーに仕える。一一七三年から七四年にかけて起こった内乱に関して、アングロ・ノルマン方言のフランス語で韻文の『年代記』を記す。その事件とほぼ同時代の作品だが、ロマンス文学の影響を受けた記述となっている。

☆8 ディスのラルフ（Ralph of Diss）。一一二〇年代―一二〇一年頃。一般には、ラルフ・ディーケトー（Ralph Diceto）

として知られる。ノーフォークのディスの生まれのため、こう呼ばれたと考えられる。一一四〇年代にパリの学校で学んだ経験をもつ。ロンドンのセント・ポール司教座聖堂の参事会員、参事会長の地位にあった。一一四八年から一二〇一年頃までを扱った『歴史の像（イマギネス・ヒストリアルム）』がある。一一八〇年以降の部分は同時代の史料として重要である。ロンドン司教座の立地のおかげで、多くの歴史的場面に立ち会うことができ、さらに王の役人として働いたことから、王の政府内で得た重要な情報を提供している。

☆9 『バトル修道院年代記』（*Battle Chronicle*）。一一五〇年代と一一八〇年代に二人の修道士により書かれた年代記。バトル修道院は、征服直後にヘイスティングズの戦場跡にウィリアム征服王により戦没者の慰霊のために建設された修道院であり、創建時より多くの所領と特権が与えられていた。この年代記は、こういった特権を守るために編纂されたもので、修道院の口承伝統を記録し、真正であれ偽造であれ証書類を転写し、さらにヘンリー二世の時代に特権を守るために行った裁判の記録などを伝えている。そのため、コモン・ロー誕生期の王の裁判所の実態を知るための貴重な史料となっている。

☆10 リンカン司教ヒュー（Hugh of Lincoln）の伝記作家。ヒューはグルノーブル近くのアヴァロン出身のカルトゥジア（シャルトルーズ）会士。一一八六年から一二〇〇年に死ぬまでリンカン司教を務める。一二二〇年に聖人とされる。ヒューの伝記は、ウェールズのジェラルドによるものもあるが、ここで引用されているのは、エインシャム修道院の修道士アダムによる『大伝記（マグナ・ウィタ）』。この伝記は、主として宗教史的価値をもつものだが、ヘンリー二世、リチャード一世、ジョンとの関係についても興味深い記述を残している。

☆11 ウォルター・マップ（Walter Map）。一一三〇年頃—一二一〇年頃。ウェールズ辺境領地方出身のウェールズ人。ヘリフォード司教（後にロンドン司教）ギルバート・フォリオットに仕え、一一七〇年代初期から王の宮廷で働くようになる。一一七九年には、ヘンリー二世により第三回ラテラノ公会議へ派遣され、異端のワルドー派への審問をしたことで知られる。やがてリンカン司教区のオックスフォードの助祭長となる。ヘリフォードとセント・デイヴィッズの司教候補として挙げられることもあったが、選ばれることはなかった。彼が、宮廷での生活で得たゴシップを集めた『宮廷閑話集（ヌギス・クリアルム）』がある。

☆12 ウェールズのジェラルド（ギラルドゥス・カンブレンシス）（Gerald of Wales）。一一四六年頃―一二二三年。ノルマン人の父親とウェールズの有力家門の血を半分引く母親のあいだに南ウェールズに生まれる。パリで学んだ後、セント・デイヴィッヅ司教区のブレコンの助祭長となり、ヘンリー二世・リチャード一世のもと中央政府で働く。後のジョン王によるアイルランド征服やカンタベリー大司教のウェールズ巡行などに同伴し、その地の地誌などを著す。セント・デイヴィッヅ司教位を狙うが目的を果たせず、一一九四年に中央から引退し、以後叙述に専念する。

☆13 助修士（*conversi*）。とくにシトー修道会において、俗人の一般信徒でありながら、修道院のさまざまな労働に従事する人々。多くの場合、修道院の付属農場（グレインジ）で労働し、修道院の日々の典礼に参加することはあまりなかった。

☆14 ブレイクロンドのジョスリン（Jocelin of Brakelond）。ベリー・セント・エドマンズ修道院の修道士。一二〇二年頃に『年代記』を書くが、それは自分の修道院長サムソンの聖人伝的な伝記にほかならなかった。この年代記が扱う一二〇〇年前後の時期は、経済変動の時代だったため、それは意図せずして社会経済史においても重要な史料となっている。

☆15 行政文書の保管。発給された王の証書・令状などは、本来、受領者の側だけが保管していたが、一二世紀末以降、その写しが王側の台帳にも記録されるようになった。封緘書状録（封緘勅許状録）や開封書状録（開封勅許状録）はそのような台帳の一例である。封緘書状（letter close）は、羊皮紙の文書を、折り畳んだ後、その下部の紐状に切った部分で結び、それに蠟の印璽を付し封緘したもの。印璽を破壊することなくその文書を読むことができないため、行政内の通達など機密性の高い文書に使用された。開封書状（letter patent）は、そのように封緘する必要のない内容、特権授与などむしろ広く告知されるべき内容を認めた文書。最終和解譲渡証書（foot of the fine）も、文書を発給する王側にその記録を残す手段の一つである。

☆1　役務保有者（sergeant/serjeant）。軍役と農業労働以外の役務にたいして土地の保有権（役務保有権 sergeanty/serjeanty）を与えられた自由人。たとえば、七章（二六八頁）に出てくる、ボアストール村の王の猟師など。

☆2　バイユーの綴織（Bayeux Tapestry）。ノルマンディーのバイユーに伝えられる綴織。長さ五八メートル、幅五〇センチの布に、五色の糸で刺繍を施したもので、一〇六六年のウィリアム征服王のイングランド征服を物語る絵巻物。その内容は、他のノルンディーの年代記と同じように、エドワード証聖王がウィリアムにイングランド王位継承を約束したという点を強調している。この綴織は、「王妃マティルダの綴織」として知られてきたものだが、バイユー司教オドーの命により一〇八二年以前にイングランド南部で作成されたと推測される。**図版5、10、11**参照。

☆3　治世年。中世では、年を示すのに王の治世年（統治年）が頻繁に使用された。治世年は、現在の元号と異なり、元旦で始まるわけではなかった。それは、ヘンリー三世治世までは、戴冠式の行われた日から開始された。ただ、ジョン王の治世年は、少し複雑だった。ジョンは、一一九九年のキリスト昇天の祝日（五月二七日）に戴冠されたが、これが移動祝日だったため、治世年の開始日が毎年変わることになった。エドワード一世治世は変則的だが、次のエドワード二世の治世から、治世年は前王の死去日の翌日から開始されるのが原則となった。フランスでは、ルイ九世死去直後（一二七〇年）からこの慣行が始まる。

☆4　『ウィリアム・マーシャル伝』。ヘンリー三世未成年期にイングランドの摂政となり、「この世の騎士の華」と呼ばれたウィリアム・マーシャル（一一四七年―一二一九年）の立身出世を扱ったフランス語の物語詩。マーシャルに側近として仕えたアーリーのジョンの勧めに従い、マーシャルの長男ウィリアムが詩人に依頼して作成させた。その材料は、ジョン自身により提供されたと考えられる。こういった作成状況のため、この伝記には当然ウィリアム・マーシャルを賞賛する傾向があり、政治史の史料として使用するうえでは注意が必要である。

☆5　『イングランドの法と慣習について』。コモン・ローに関する最初の体系的解説書。聖職者で王の裁判官を二〇年務めたヘンリー・ド・ブラクトン（一二〇〇年頃—一二六八年）が一二五〇年代に著したと、これまで言われてきたが、本文でも示唆されているように確証はない。

☆6 神殿騎士（テンプル）修道会ロンドン修道院（the London Temple）。一二世紀にロンドンのフリート街に建てられた神殿騎士修道会のイングランド本部。ちなみに、ウィリアム・マーシャルの墓はここにある。

☆7 カルケイジ税（carucage）。土地の単位カルケイト（ハイド）にたいして課せられた税。一一九四年にリチャード一世の身代金支払いのために課されたのが最初で、一二二四年フォークス・ド・ブローテの反乱鎮圧のためのものが最後となった。

☆8 マシュー・パリス（Matthew Paris）。一二〇〇年頃—一二五九年。中世イングランドで最も著名な年代記作者の一人。セント・オールバンズ修道院の修道士。多くの作品を残しているが、なかでも、同じ修道院の先達、ウェンドーヴァーのロジャーの年代記『歴史の華（フロレス・ヒストリアルム）』を一二三五年以降書き継いだ『大年代記（クロニカ・マヨラ）』が、ヘンリー三世治世前半と諸侯の反乱に関して重要な史料となっている。また、彼は、自分の年代記の挿絵において画才を遺憾なく発揮している（**図版21、22、23、56**参照）。

☆9 司教グロステスト。ロバート・グロステスト（Robert Grosseteste）。一一七〇年頃—一二五三年。スコラ哲学者・神学者。初期の経歴については、必ずしも明白ではない。一二二五年頃からオックスフォードのフランシスコ会の学院で教え始め、一二三〇年以前にオックスフォード大学の初代総長となり、一二三五年にリンカン司教となった。学問的業績に関しては、とりわけ、アリストテレスを通して確立されたその科学的方法論が、オックスフォードにおける経験主義科学の伝統の基礎を確立したとされる。

☆10 タリッジ税（tallage）。王が自分の王領地や都市にたいして課すことのできる臨時課税で、個々人の財産の査定にもとづいて課された。一三四〇年に廃止された。

☆1　議会（パーラメント）。一一世紀以来、封建領主である王は、その家臣・諸侯を集めた会議において助言を受けることが慣例だった。この諸侯大会議が一三世紀の間に発展し議会の基礎となった。本文にもあるように、一二三六年にこの会議にたいして「パーラメント」という名称が使用されるようになった。しかし、この時代の「パーラメント」は、発展途上にあり、一四世紀中葉に結実する貴族（院）と庶民（院）からなる議会のように十分な制度的発展をしていないため、この段階で「議会」の訳語をこの「パーラメント」の語に当てることには無理がある。本訳書では、議会に「代表としての庶民」が必ず呼ばれるようになり、課税同意、請願が確立してくる時期であるエドワード三世の治世頃から「議会」の訳語を用いる。

☆2　十人組検査（view of frankpledge）。十人組は、村人一〇人程度を一つの組にまとめ、治安維持のために相互監視させる団体。アングロ・サクソン時代に起源をもつ。一二歳以上の自由人が強制的に組み込まれたが、一三世紀には農奴も加えられた。州長官の巡回の際に、この組織がきちんと機能しているか検査された。

☆3　謀殺罰金（murdrum fine）。ノルマン征服以後ノルマン人の殺害にたいして科された罰金。死体が発見されたとき、それがイングランド人（アングロ・サクソン人）のものではないと証明されない場合、ノルマン人が殺害されたものとみなされ、それが発見された郡全体にこの罰金が科された。

☆4　納戸部（Wardrobe）。王の私的な財政部局。一二世紀には、公的・国家的な財務府とならび、寝所部が王の私的な財政部局として機能していたが、一三世紀初期にこの寝所部から納戸部（王の衣装・貴重品保管室）が分離して王の私的な財政部局として発展した。財務府の公的な統制を逃れ、王がより自由に財政を扱うことができたという意味で便利な存在だった。王の私的な印璽、玉璽（王璽）を保管し、文書を発給することができた。

☆5　アサシン派（Assassin）。イスラームの一宗派、ニザール派の異称。主として一一世紀末から一三世紀にかけて活動。十字軍の指導者などの暗殺を企てたことで、西ヨーロッパにその存在が知れ渡った。行動する際にハシーシュを使用したと信じられたため、このように呼ばれた。その名はヨーロッパの言語において「暗殺」、「暗殺者」の語源となった。

☆6　固有王領地（ancient demesne）。旧王領地とも訳される。アングロ・サクソン時代に王領地であったものを中心に、一〇八六年のドゥームズデイ・ブックに「王の土地（テッラ・レギス）」として記載された所領。タリッジ税を課されるなど、制度上特殊な扱いを受けた。

☆7　ガレー船（galley）とコッグ船（cog）。ガレー船は、主として地中海で使用されたもので、古代の軍船に由来し、吃水が浅く細長く、多くの櫂も使用する。速度は速いが、積載量はそれほど大きくないため、一般的には奢侈品交易に向いているとされる。これにたいして、コッグ（コッゲ）船は、北海、バルト海で使用された船で、ずんぐりとした積載量の大きな形をしているため、農作物など低価格でかさばる商品を運ぶのに適していた。

☆8　死手（mortmain）。教会などの法人格をもつ団体に封土が寄進されると、そのような団体は死ぬことがないため、封建領主は、相続上納金（レリーフ）、封土復帰権（エスチート）などの権利を失い、封土を取り戻すことが不可能となり、その土地にたいする統制権を失うことになった。あたかも封土が死人の手に渡ったような状態のため、死手（モート・マン）と呼ばれた。当時多くの者が土地を教会に寄進しそこから借地して負担を逃れるということが横行していたため、一二七九年に死手制定法が制定され、その慣行が規制されることになったのである。

☆9　ベリー・セント・エドマンズの年代記（*Bury Chronicle*）。天地創造から一三〇一年までを扱った年代記。とりわけ一二六五年から一三〇一年までが同時代の記録として重要。この年代記は、一二六五年と一二九六年を境に、三人の作者によって書き継がれたと考えられている。ベリーの立地条件により、さらにエドワード一世が一五回にわたって滞在したことなどから、この年代記は地域的関心を越えた幅広い有益な情報を含んでいる。また、この修道院の聖具係だと思われる二番目の作者は、とりわけ課税問題について関心を寄せており、それについても詳細な情報を残している。

☆10　低地地方（Low Countries）。現在のベルギー、ルクセンブルク、オランダに当たる地方。

第六章　外交の終焉　一三〇七―一三四九年

☆1　皇太子（Prince of Wales）。本来の意味は「ウェールズ大公」。一三世紀のあいだにウェールズの最も有力な指導者が名乗るようになった。一三〇一年、エドワード一世のウェールズ征服に際して、カエルナーヴォンでこの称号が後のエドワード二世に授与された。これにともない、ウェールズの約三分の一を占める直轄領「ウェールズ大公領（プリンシパリティー）（君主領）」も授与された。その後、エドワード黒太子、リチャード二世にも同様の措置がとられ、やがてイングランドの王位継承予定者がこの地位に就く慣行が成立し、現在に至っている。

☆2　『ラナーコスト年代記』（*Lanercost Chronicle*）。カーライルの北東二〇キロの地、ラナーコストにあるアウグスティヌス律修参事会員の修道院で編纂された年代記。一三四六年までを扱う。とくに、スコットランドとの関係に関する重要な史料。それまでのいくつかの年代記を縮約して写し、それに少し手を加えたものである。一二〇一年から一二九七年までの記述は、今は失われたフランシスコ会士ダラムのリチャードの年代記を、一二九七年から一三四六年までは、同じく今は失われたカーライルのフランシスコ会修道院の（おそらく、オッターバーンのトーマスの）年代記を写したものだと言われている。エドワード一世は、対スコットランド戦争の際、しばしばこのラナーコストの修道院に滞在した。

☆3　『エドワード二世伝』（*Vita Edwardi Secundi*）。作者は不明だが、その内容から、修道士ではなく、在俗聖職者だと考えられる。ロンドンのセント・ポール司教座聖堂の参事会員で、セヴァーン川流域地方の出身の可能性が示唆されているが、いずれにせよ当時の政治的出来事を直接見聞きできる立場にいた人物であることは疑いない。記述は、一三二五年の一一月で突然終わっている。どちらかといえば王に批判的で諸侯寄りの記述であり、多分に道徳的・説教的解釈をとっている。

☆4　『スカラクロニカ』（*Scalacronica*）。ヘトンのトーマス・グレイ卿（一三六七年頃没）により、騎士道的価値観にもとづいてフランス語で書かれた年代記。ノルマン征服以後俗人貴族による最初の歴史書。グレイは、ノーサンバーランドのノーラムの城代を務めていたが、一三五五年スコットランド人の攻撃を受け、捕虜となり、一三五九年までエディンバラ城に幽閉された。彼は、この捕囚の期間にそこで見つけた書庫の文献を使って『スカラクロニカ』を書き始めた。それは、ブリトン人の時代から一三六三年までの歴史を扱うが、ジョン王以降の記述には他では見られない情報を多く含んでおり、とりわけ対スコットランド戦争に関して、さらに一三三九年以降、百年戦争に関して重要である。

☆5 チェッカーズ（Chequers）。バッキンガムシャーのエイルズベリー付近にある英国首相の地方官邸。

☆6 ロンドンのセント・ポール司教座聖堂の年代記（*Annales Paulini*）。ウェンドーヴァーの『歴史の華』（第四章の訳注8を参照）を要約した後、一三〇六―一三四一年までの独自の記録を残す。とくにロンドンに関係した記述が詳細。作者は不詳。複数の聖堂参事会員により書かれた可能性もある。

☆7 『ブルート年代記』（*Brut Chronicle*）の英語版。トロイア戦争の落ち武者アイネイアスの孫ブルートゥスによりブリテン島の王国が建国されたとする伝説から始まる年代記。フランス語、英語、ラテン語の三種類の版が存在する。まず最初に一三三三年までの記述を含むフランス語版が一四世紀前半に編集され、それが、一三五〇年から一三八〇年のあいだにミッドランド地方東部で英語に翻訳されたと考えられる。この英語版は一三七七年まで書き足された。この作品は、親ランカスター家的性格が非常に強く出ている。英語の散文による歴史書は、『アングロ・サクソン年代記』以来最初のものである。一四世紀に、俗人の歴史にたいする興味が発展したため、この時期このような俗語での記述が多く見られるようになったのである。『ブルート年代記』は、ヒグデンの『ポリクロニコン』とならび、中世イングランドでもっとも人気のあった歴史書の一つである。

☆8 ガーター騎士団（Order of the Garter）。クレシーの戦いでの勝利をきっかけに、アーサー王と円卓の騎士の伝説を範として、エドワード三世が一三四八年に創設した騎士団。聖ジョージを守護聖人とし、キリスト教的騎士道を称揚する目的で創設された。定員は、王と皇太子を含めて二六名とされた。その本拠地、ウィンザーのセント・ジョージ礼拝堂には、団員の紋章入りの指定座席が用意された。その名前の由来は、一三四七年カレーでの戦勝の祝宴でソールズベリー伯妃ジョウンが落とした靴下止め（ガーター）とされるが、定かではない。現在では、以前の形式をとどめながら、勲章のようなもの、勲爵位（ナイト爵位）として存続している。それゆえガーター勲爵士団とも訳される。

☆9　『ポリクロニコン』（*Polycronicon*）。チェスターのセント・ワーバラー修道院の修道士ラーヌルフ・ヒグデン（一三六〇年代没）により書かれた年代記で、中世イングランドでもっともよく読まれた歴史書の一つ。天地創造から彼の死の直前までを扱い、ベネディクト会の歴史記述の伝統に位置するものだが、同時代史というよりも、その文才により過去の歴史を壮大にまとめた百科全書的普遍史。

☆10　クラッパム・ジャンクション（Clapham Junction）。ロンドン南西部に位置する鉄道の連絡駅で、英国で最も交通量の多い接続駅の一つとして知られる。

☆11　フロワサール（Jean Froissard）。一三三七年頃―一四〇四年頃。ヴァランシエンヌの小市民階層の出身。最初エノー伯家の宮廷に仕えるが、一三六一年にエドワード三世の王妃エノーのフィリッパの宮廷に入り、頭角をあらわす。一三六九年のフィリッパの死後、大陸へ戻り、ブラバント伯やブロワ伯に仕える。フロワサールの名声を不動のものにしたのは、一三六〇年代中頃から一三七〇年代初期頃に発表された、騎士道精神に満ち溢れたフランス語の『年代記』である。この年代記の最初の版（一巻）は、イングランドとフランスを中心に一三二七年から一三六九年の時期を扱っているが、その後改訂され、一四〇〇年の時代まで書き足された。

第七章　黒死病の後　一三四九―一三九九年

☆1　ウィリアム・コベット（William Cobbett）。一七六二年―一八三五年。軍隊で勤務した後、ジャーナリストとして身を立て、庶民院議員となる。一八二〇年代のイングランド中部・南部の農村の状況を伝える『田園騎行（ルーラル・ライド）』により、もっともよく知られている。産業革命による農村の伝統社会の破壊にたいして憤慨し、産業資本家や支配者層にたいして批判的だった。

☆2 ヘンリー・ナイトン（Henry Knighton）。一三九六年頃没。レスターにあるアウグスティヌス会のセント・メアリー修道院の律修参事会員。『歴史の賛美（エウロギウム・ヒストリアルム）』（マームズベリー修道院で書かれた一三六六年までの歴史）を書き継ぐ形で、一〇世紀から一三九五年までの年代記を書いた。歴代のレスター伯・ランカスター公（伯）がこの修道院の庇護者であるため、ヘンリーの歴史は親ランカスター家的性格の強いものとなっている。一四世紀末に書かれたものだが、ランカスター伯トーマスに関しても修道院に伝わる情報を書き記している。

☆3 「汗かき病」。多量の発汗・発疹・高熱を特徴とする粟粒熱（ぞくりゅう）熱という伝染性熱病。

☆4 犂隊（plough team）。土地を深く耕す重い鋤を、八頭の牛を一つにまとめて引かせたものと一般に言われる。ただ、実際には、それよりも少ない数の牛や馬が使用された。

☆5 ファーロング（furlong）。大きな犂隊によって鋤き起こされる細長い地条が集まった土地の区画。その面積は、二二〇ヤードの長さで一〇エーカーの面積だとも言われるが、地形により大きな違いがある。

☆6 隷農身分（villeinage）。隷農（villein）。農奴と同じ。「農奴制（serfdom）」は、社会経済史的な定義では、領主が経済外的な強制（市場原理によらない慣習）により農民を体系的に収奪するシステム。その根幹となるものが、領主による「賦役労働」の搾取である。イングランドでは、一一世紀のドゥームズデイ・ブックの時代には、「慣習保有農 *villanus*」「小屋住み農 *bordarius, cottarius*」「奴隷 *servus*」といった多様な農民階層が存在していたが、この諸階層はその後次第に「農奴」階層に収斂していった。この「農奴身分」は、一三世紀に、コモン・ローの発展にともない不自由な「隷農身分（ヴィレニッジ）」として法的に定義されるようになった。この場合、「不自由」とは、王の裁判所においてコモン・ローの保護を受けることができず、領主の荘園裁判所（マナー・コート）の支配を受ける状態を言う。

☆7 レディングのジョン（John of Reading）。一三六八年頃没。在俗聖職者や俗人による歴史叙述が次第に活発となり、修道院での年代記作成が下火となっていく時期に、ウェストミンスターの修道士ジョンは、ウェンドーヴァーの『歴史の華』を一三四六年から一三六七年まで書き継ぐ形で年代記を編纂した。ジョンは、必ずしも教養のある修道士ではなかったため、過去の文献よりもむしろ自分自身の経験、有力者との会話などにもとづいて叙述を行ったが、逆にこの点こそ彼の年代記の長所となっている。当時の奢侈に流れる世相にたいして道徳的・説教的な批判をし、疫病を天罰とみなし、おごれる労働者や托鉢修道士、教皇庁へも批判の矛先を向けている。

☆8 トレイルバストン裁判官（trailbaston）。エドワード一世治世末年に創設された裁判官職。暴力による治安の紊乱を取り締まる責務を負う役職。「トレイルバストン」とは「こん棒をもつ」という意味。

☆9 トーマス・ウォルシンガム（Thomas Walsingham）。一四二二年頃没。マシュー・パリスの歴史の伝統をセント・オールバンズに復活させた修道士。いろいろとある著作のなかでとくに重要なのは、マシュー・パリスの『大年代記（クロニカ・マヨラ）』の継続版である。ウォルシンガムは、一三七七年まではそれまでのさまざまな年代記などの資料を利用して書き継ぎ、それ以後自分自身の知見・伝聞にもとづき一四二〇年まで書き足した（縮約版は一四二二年まで）。

☆10 『ウェストミンスター年代記』（*Westminster Chronicle*）。ヒグデンの『ポリクロニコン』とその継続版に一三八一年から一三九四年までの叙述を加えたもの。作者は不詳だが、一三八四年末を境に、ウェストミンスターの二人の修道士が書き継いだと思われる。この修道院がもつ王権との特殊な関係から、外交交渉や王の評議会や議会に関してきわめて詳細な情報を伝えている。

☆11 アスクのアダム（Adam of Usk）。一三五二年頃—一四三〇年。ウェールズ辺境地方アスクの生まれ。ヒグデンの『ポリクロニコン』に一三七七年から一四二一年までの記述を付け加えた。オックスフォード大学で教会法・市民法を学び、カンタベリー大司教アランデルの庇護を得る。一三九九年のチェスターへの進軍では、大司教に帯同していた。アダムは、相当な学識の持ち主だと認められており、一三九九年にリチャード二世廃位の法的根拠を探すよう求められた学者の一人であり、ロンドン塔に王を訪ね退位を促した一人だった。しかし、一四〇二年に、ヘンリー四世の不興をこうむり、大陸へと逃げ、ローマの教皇庁で働いた後、北フランス、フランドル、ウェールズを放浪し、一四一一年に赦され、再びカンタベリー大司教の宮廷に職を得た。アダムの年代記は、自らの経歴のなかで得た見聞にもとづいているが、その庇護者との関係から当然党派的な性格をもっている。

第八章　ランカスター家とヨーク家　一三九九―一四八五年

☆1　ロラード派（Lollards）。中世後期の異端。一四世紀後半のオックスフォード大学の神学者ジョン・ウィクリフの教説を信奉する人々。聖体の全質変化を否定し、聖書中心主義（英訳聖書の肯定）をとり、教皇を頂点とする教階制を否定し、聖職者の世俗化・奢侈を批判する。最初は知識人のあいだで広まったものだが、やがて社会の下へと降りていき社会運動化した。一四〇一年の異端焚殺法、一四一四年のオールドカースルの乱の鎮圧により、下火となった。

☆2　ホックリーヴ（Thomas Hoccleve）。一三七〇年頃―一四三〇年頃。おそらく、ベッドフォードシャーのホックリフの出身。グラマー・スクールで学び、一八歳の頃に王の御璽庁に入り、やがて王の書記（クラーク）となり、その後三五年間その職にとどまる。一四一二年頃結婚。下級役人として生活を送りつつ、余暇に多くの詩を書いた。ホックリーヴのもっともよく知られた作品が『君主の統治』であり、それは、英語で書かれた君主鑑の最初のものである。

☆3　『ヘンリー五世事績録』（*Gesta Henrici Quinti*）。一四一三年のヘンリーの即位から一四一六年までを扱っている。作者は、不詳だが、王の礼拝堂付司祭で、アザンクールの戦いなど、王に帯同しさまざまな出来事を直接経験した人物だと推測される。政府の対フランス政策を正当化する意図をもって書かれている。

☆4　同職組合（craft）。クラフト・ギルド、クラフト仲間とも訳される。単に経済的なものではなく、宗教的社会的な集まり。徽章（バッジ）や同じ衣服の着用などにより一体感を培った。この側面が現在まで残り、社交的な集まりとして存続している。

☆5　高等法院（Parlement）。フランスで、一三世紀に王の宮廷から発展した司法機関、裁判所。

☆6　護国卿（Protector and Defender of the Realm）。王の未成年期や疾病時に王の代理として統治を行う職。事実上摂政と同じ。ヘンリー六世未成年期にグロスター公ハンフリーが任命されたのが最初。このとき議会は、摂政とは異なり、統治よりも王国の守護の役割を強調するこの名称の職位を作りだした。この後、一五世紀のあいだ、たびたび護国卿が任命されることになる。

☆7 ジョン・ブラックマン（John Blacman）。ヘンリー六世の敬虔さを強調する短い伝記を書いた。一四〇八年頃、サマーセットで生まれ、オックスフォード大学で神学を学ぶ。一四四三年にヘンリー六世によりイートン校の教師（フェロー）に任命され、一四五〇年代にはケンブリッジ大学のキングズ・ホールの学寮長を務める。その後この世を捨て、厳格なカルトゥジア（シャルトルーズ）会の修道士となる。没年不詳。

☆8 パストン家書簡集（Paston letters）。ノーフォークのジェントリー、パストン家の人々により交わされた一〇〇〇通もの書簡の集積。一四二二年から一五〇九年までの期間にわたる。一五世紀の政治・社会、とりわけバラ戦争に関する重要な史料である。

☆9 フィリップ・ド・コミーヌ（Philippe de Commyne）。一四四七年―一五〇九年。コミーヌ出身の貴族。最初ブルゴーニュ公に仕え、その後フランス王ルイ一一世やシャルル八世に外交使節などとして仕える。この期間に見聞したことをまとめ、『覚書（メモワール）』として残す。

☆10 五港長官（warden of the Cinque Ports）。一一世紀から一六世紀にかけて、さまざまな特権とひきかえに王に海軍力を提供する港市を五港（サンク・ポーツ）という。当初はヘイスティングズ、ロムニー、ハイズ、サンドウィッチ、ドーヴァーの五港を中心に運営されていたためこの名称があるが、中世後期には三〇港くらいにまで増加した。一二六八年に五港長官の職が創設され、ドーヴァーの城代（コンスタブル）が兼務した。しかし、近代に入り、より常設的な海軍が形成されるにつれ、五港の制度は次第に存在意義を失っていった。

イングランド王家の系図

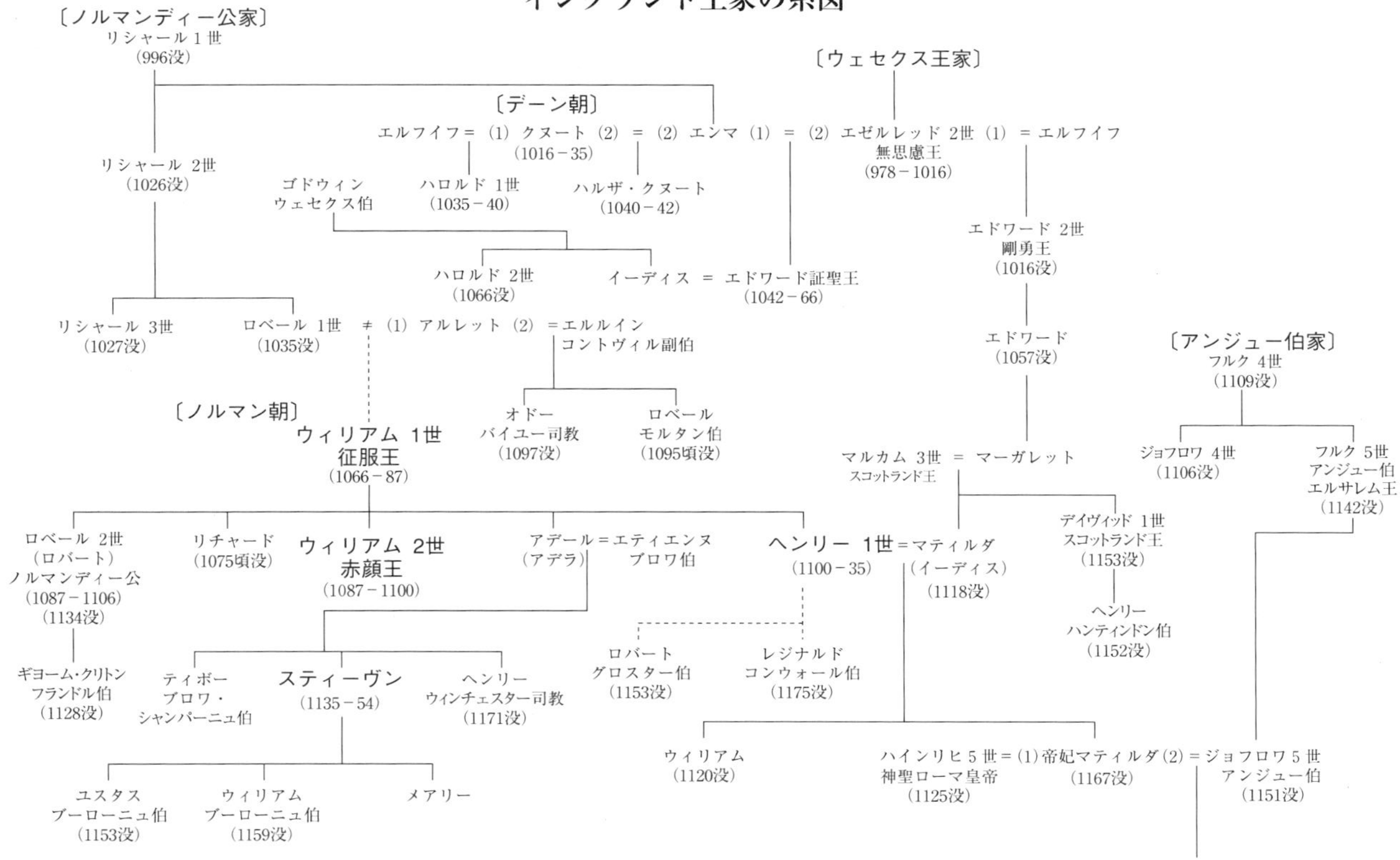
〔ノルマンディー公家〕
リシャール1世
(996没)
〔ウェセクス王家〕
〔デーン朝〕
エルフイフ＝(1)クヌート(2)＝(2)エンマ(1)＝(2)エゼルレッド2世(1)＝エルフイフ
(1016－35)
無思慮王
(978－1016)
リシャール2世
(1026没)
ゴドウィン
ウェセクス伯
ハロルド1世
(1035－40)
ハルザ・クヌート
(1040－42)
エドワード2世
剛勇王
(1016没)
ハロルド2世
(1066没)
イーディス＝エドワード証聖王
(1042－66)
リシャール3世
(1027没)
ロベール1世≠(1)アルレット(2)＝エルルイン
(1035没)
コントヴィル副伯
エドワード
(1057没)
〔アンジュー伯家〕
フルク4世
(1109没)
〔ノルマン朝〕
ウィリアム1世
征服王
(1066－87)
オドー
バイユー司教
(1097没)
ロベール
モルタン伯
(1095頃没)
マルカム3世＝マーガレット
スコットランド王
ジョフロワ4世
(1106没)
フルク5世
アンジュー伯
エルサレム王
(1142没)
ロベール2世
(ロバート)
ノルマンディー公
(1087－1106)
(1134没)
リチャード
(1075頃没)
ウィリアム2世
赤顔王
(1087－1100)
アデール＝エティエンヌ
(アデラ)
ブロワ伯
ヘンリー1世＝マティルダ
(1100－35)
(イーディス)
(1118没)
デイヴィッド1世
スコットランド王
(1153没)
ヘンリー
ハンティンドン伯
(1152没)
ギヨーム・クリトン
フランドル伯
(1128没)
ティボー
ブロワ・
シャンパーニュ伯
スティーヴン
(1135－54)
ヘンリー
ウィンチェスター司教
(1171没)
ロバート
グロスター伯
(1153没)
レジナルド
コンウォール伯
(1175没)
ウィリアム
(1120没)
ハインリヒ5世＝(1)帝妃マティルダ(2)＝ジョフロワ5世
神聖ローマ皇帝
(1125没)
(1167没)
アンジュー伯
(1151没)
ユスタス
ブーローニュ伯
(1153没)
ウィリアム
ブーローニュ伯
(1159没)
メアリー

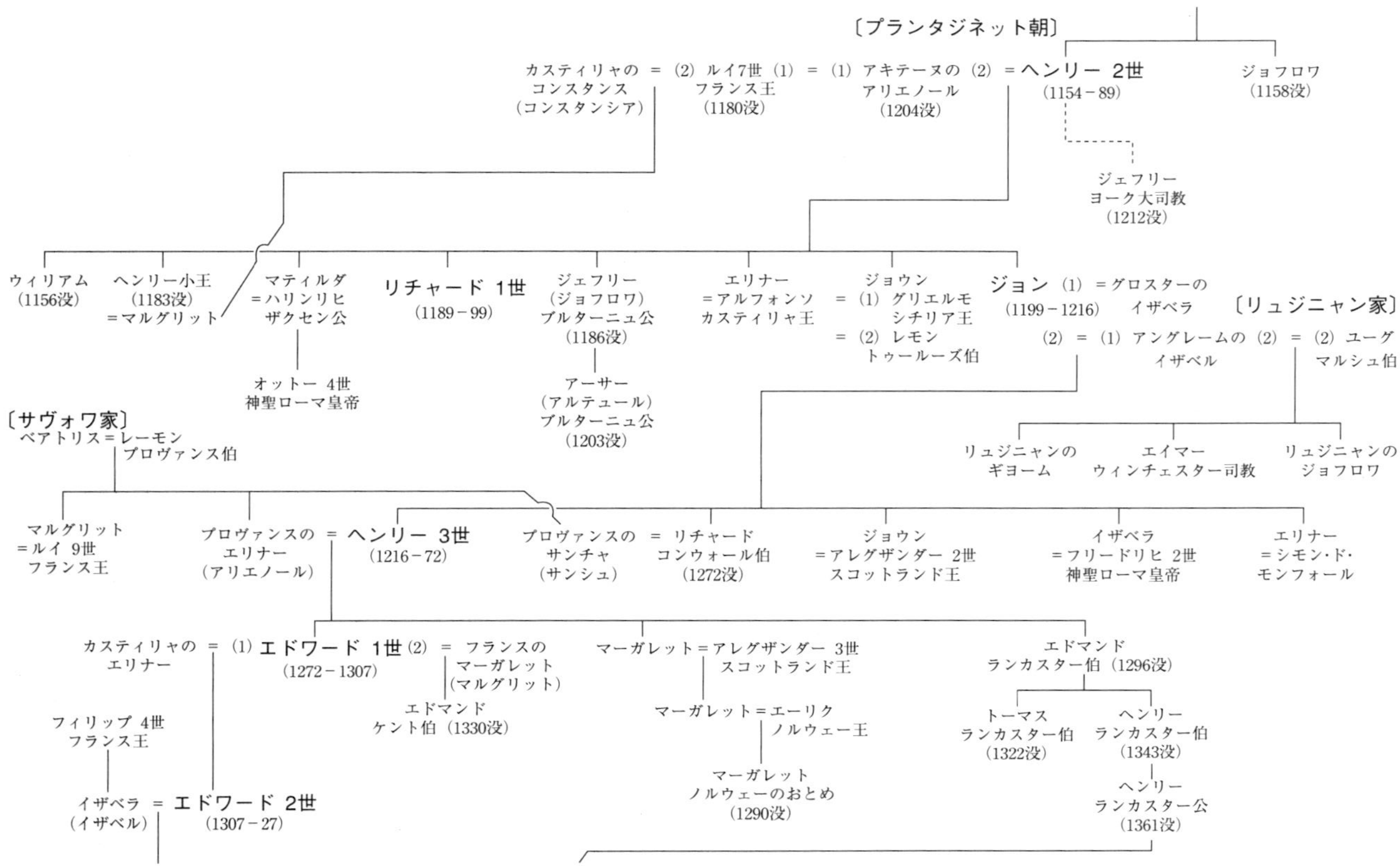

〔プランタジネット朝〕
カスティリャの コンスタンス（コンスタンシア）＝(2) ルイ7世 フランス王（1180没）(1)＝(1) アキテーヌの アリエノール（1204没）(2)＝ヘンリー 2世（1154－89）
ジョフロワ（1158没）
ジェフリー ヨーク大司教（1212没）
ウィリアム（1156没）
ヘンリー小王（1183没）＝マルグリット
マティルダ ＝ハリンリヒ ザクセン公
オットー 4世 神聖ローマ皇帝
リチャード 1世（1189－99）
ジェフリー（ジョフロワ）ブルターニュ公（1186没）
アーサー（アルテュール）ブルターニュ公（1203没）
エリナー ＝アルフォンソ カスティリャ王
ジョウン ＝(1) グリエルモ シチリア王 ＝(2) レモン トゥールーズ伯
ジョン（1199－1216）(1) ＝グロスターの イザベラ
(2) ＝(1) アングレームの イザベル (2)＝(2) ユーグ マルシュ伯
〔リュジニャン家〕
リュジニャンの ギヨーム
エイマー ウィンチェスター司教
リュジニャンの ジョフロワ
〔サヴォワ家〕
ベアトリス＝レーモン プロヴァンス伯
マルグリット ＝ルイ 9世 フランス王
プロヴァンスの エリナー（アリエノール）＝ヘンリー 3世（1216－72）
プロヴァンスの サンチャ（サンシュ）＝リチャード コンウォール伯（1272没）
ジョウン ＝アレグザンダー 2世 スコットランド王
イザベラ ＝フリードリヒ 2世 神聖ローマ皇帝
エリナー ＝シモン・ド・モンフォール
カスティリャの エリナー ＝(1) エドワード 1世（1272－1307）(2)＝ フランスの マーガレット（マルグリット）
エドマンド ケント伯（1330没）
マーガレット＝アレグザンダー 3世 スコットランド王
マーガレット＝エーリク ノルウェー王
マーガレット ノルウェーのおとめ（1290没）
エドマンド ランカスター伯（1296没）
トーマス ランカスター伯（1322没）
ヘンリー ランカスター伯（1343没）
ヘンリー ランカスター公（1361没）
フィリップ 4世 フランス王
イザベラ（イザベル）＝エドワード 2世（1307－27）

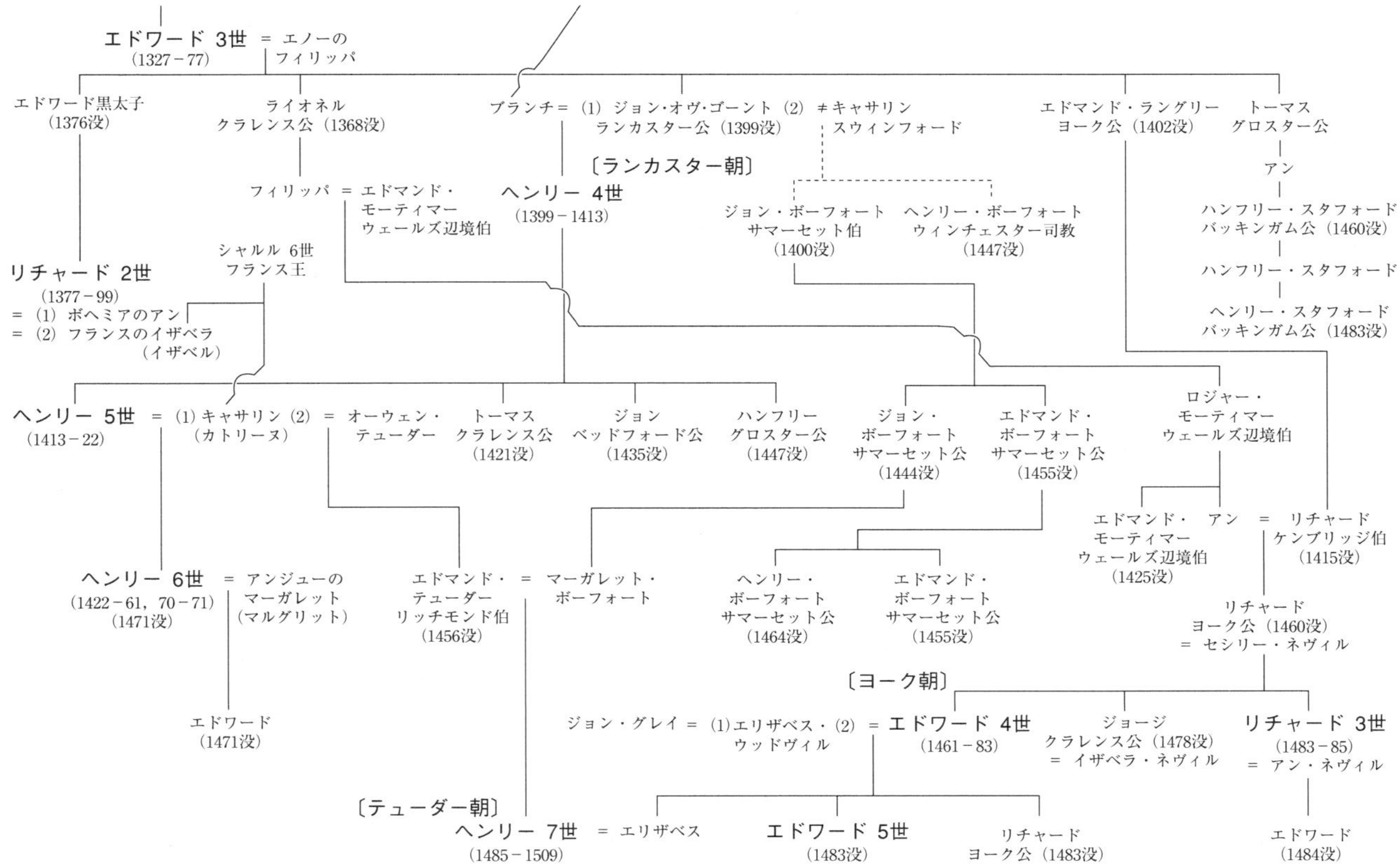
エドワード 3世 = エノーのフィリッパ
(1327－77)
エドワード黒太子
(1376没)
ライオネル
クラレンス公 (1368没)
ブランチ = (1) ジョン・オヴ・ゴーント (2) ≠キャサリン
ランカスター公 (1399没)
スウィンフォード
エドマンド・ラングリー
ヨーク公 (1402没)
トーマス
グロスター公
〔ランカスター朝〕
フィリッパ = エドマンド・
モーティマー
ウェールズ辺境伯
ヘンリー 4世
(1399－1413)
ジョン・ボーフォート
サマーセット伯
(1400没)
ヘンリー・ボーフォート
ウィンチェスター司教
(1447没)
アン
ハンフリー・スタフォード
バッキンガム公 (1460没)
ハンフリー・スタフォード
ヘンリー・スタフォード
バッキンガム公 (1483没)
シャルル 6世
フランス王
リチャード 2世
(1377－99)
= (1) ボヘミアのアン
= (2) フランスのイザベラ
(イザベル)
ヘンリー 5世
(1413－22)
= (1) キャサリン (2) = オーウェン・
(カトリーヌ)
テューダー
トーマス
クラレンス公
(1421没)
ジョン
ベッドフォード公
(1435没)
ハンフリー
グロスター公
(1447没)
ジョン・
ボーフォート
サマーセット公
(1444没)
エドマンド・
ボーフォート
サマーセット公
(1455没)
ロジャー・
モーティマー
ウェールズ辺境伯
エドマンド・
モーティマー
ウェールズ辺境伯
(1425没)
アン = リチャード
ケンブリッジ伯
(1415没)
ヘンリー 6世 = アンジューの
マーガレット
(マルグリット)
(1422－61, 70－71)
(1471没)
エドマンド・
テューダー
リッチモンド伯
(1456没)
= マーガレット・
ボーフォート
ヘンリー・
ボーフォート
サマーセット公
(1464没)
エドマンド・
ボーフォート
サマーセット公
(1455没)
リチャード
ヨーク公 (1460没)
= セシリー・ネヴィル
〔ヨーク朝〕
エドワード
(1471没)
ジョン・グレイ = (1)エリザベス・(2) = エドワード 4世
ウッドヴィル
(1461－83)
ジョージ
クラレンス公 (1478没)
= イザベラ・ネヴィル
リチャード 3世
(1483－85)
= アン・ネヴィル
〔テューダー朝〕
ヘンリー 7世 = エリザベス
(1485－1509)
エドワード 5世
(1483没)
リチャード
ヨーク公 (1483没)
エドワード
(1484没)

中世後期イングランドの中央行政組織図

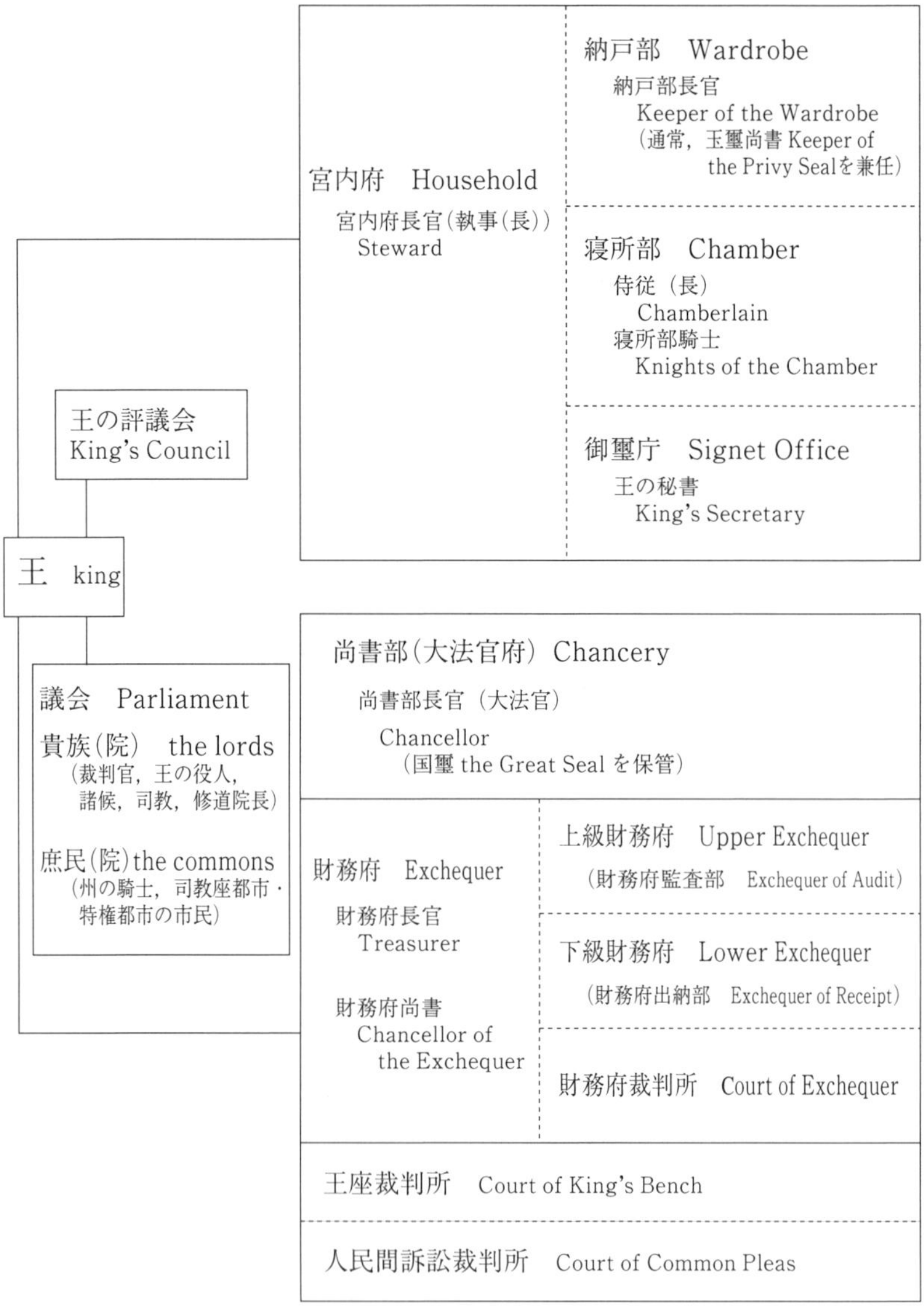

R.B.ドブソン「イングランド中世国家：王権と官僚制（1250―1500年）」
（宮城徹訳），『西洋史学報』21号（1993年）を参照。

中世イングランドの貨幣単位と度量衡

貨幣

12ペンス（pence（d.））＝1シリング（shilling（s.））
20シリング＝1ポンド（pound（£））
1マルク（mark）＝13シリング・4ペンス（3分の2ポンド）
＊ペンスの単数形はペニー（penny）

距離

1インチ（inch）（＝2.54cm）
12インチ＝1フット（foot）（＝30.48cm）
3フィート（feet）＝1ヤード（yard）（＝91.44cm）
1760ヤード＝1マイル（mile）（＝1609.3m）

重量

1グレイン（grain）（＝0.065g）
1ドラム（dram）（＝1.771g）
16ドラム＝1オンス（ounce）（＝28.35g）
16オンス＝1ポンド（pound）（＝454g）
14ポンド＝1ストーン（stone）（＝6.35kg）
8ストーン＝1ハンドレッドウェイト（hundredweight）（＝50.8kg）
20ハンドレッドウェイト＝1トン（ton）（＝1.02トン（メートル法））

容積

1ガロン（gallon）（＝4.55リットル）
8ガロン＝1ブッシェル（bushel）（＝36.37リットル）
8ブッシェル＝1クウォーター（quarter）（＝291リットル）
＊ワイン、エール、ビールなどは異なる基準をもつ

羊毛

1袋（サック）（sack）＝364重量ポンド（＝約165kg）

農地

1ハイド（hide）＝4ヴァーゲイト（virgate）＝8ボーヴェイト（bovate）
＊ハイドは、本来は「一家族を養える量の土地」で、一般に120エーカー（南部では40エーカー）に相当するといわれるが、実際の面積というよりも課税単位としての側面が強い。リンカンシャーなどの旧デーン・ロー地域では、ハイドの代わりにカルケイト（プラウランド）の語が使用される。

索　引

＊ア

アーサー（アルテュール），**ブルターニュ**（公）**の**（1203年没）Arthur of Brittany　131, 133-134
アイスコー，ウィリアム（ソールズベリー司教，在位1438-50年）Ayscough, William, Bishop of Salisbury　343
アイルランド Ireland　**図47**
アウグスティヌス律修参事会員 Augustinian canon　53, 89, 380
アヴランシュの和約（政教条約）（1172年）Avranches, Treaty of（1172）　106
アキテーヌ（仏）Aquitaine　281
アサシン派 Assassin　187, 388
アザンクールの戦い（1415年）Agincourt, battle of（1415）　330
『汗かき病』 sweating sickness　266, 393
アダム・ダピファー Adam Dapifer　20
アダム，アスクの Adam of Usk　316, 323, 325, 394
アッカー（アッコン）　Acre　186-187
アッカー（アッコン）の攻囲（1191年）Acre, siege of（1191）,124-126
アデール（アデラ）（ブロワ伯妃）Adela, Countess of Blois　59
アドリザ（ヘンリー1世王妃，1152年没）Adeliza, queen of Henry I　56-57, 62, 64, 69, 86
アナクレトゥス2世（対立教皇，1130-38年）Anacletus II, anti-Pope　68
アナンデイルの諸領主 Annandale, Lords of　47, 222
アニック城（ノーサンバーランド）Alnwick, Northumberland　110, 363
アバディーン Aberdeen　217
アベリストゥイス城（ケレディギオン）Aberystwyth, Ceredgion　324
アベルコンウィ条約（1277年）Aberconwy, Treaty of（1277）　191
アミアン協定（1264年）Amiens, Mise of（1264）　182
アラス条約（1435年）Arras, Treaty of（1435）　338, 341
アラン，ブルターニュの Alan of Brittany　16
アランデル（サセクス）Arundel, Sussex　8, 42, 69, 89
アランデル，トーマス（イーリー司教，在位1374-88年；ヨーク大司教，在位1388年-96年；カンタベリー大司教，在位1396-97年，1399-1414年）Arundel, Thomas, Archbishop of Canterbury　328
アリエノール（エリナー），**アキテーヌの**（アリエノール・ダキテーヌ）（ヘンリー2世王妃，1204年没）Eleanor of Aquitaine, queen of Henry II　80, 86, 92, 113-114
アルウィストリ Arwystli　191-192
アルスーフの戦い（1191年）Arsuf, battle of（1191）　124
アルテフェルデ，フィリップ・ファン Artevelde, Philip van　303
アルテフェルデ，ヤーコプ・ファン Artevelde, Jaques van　257, 303
アルヌー（リジュー司教）Arnulf, Bishop of Lisieux　106, 383
アルフルール Harfleur　293, 329, 332, 347
アルベリクス（オスティアの枢機卿司教）Alberic, Cardinal Bishop of Ostia　68-69
アルマニャック派 Armagnac party　325-326, 333, 336
アレグザンダー3世（スコットランド人の王，

在位1249-86年）Alexander III, King of Scots　201，**図67**
アレクサンデル3世（教皇，在位1159-81年）Alexander III, Pope　93
アロストの攻囲（1128年）Alost, siege of (1128)　62
アン（アンヌ），**ブルゴーニュの**（ベッドフォード公妃）Anne of Burgundy, Duchess of Bedford　336，**図103**
アングルシー島 Isle of Anglesey　32，193
『アングロ・サクソン年代記』 *Anglo-Saxon Chronicle*　19，21，24，38，46，54，70，76，378
アンセルム（アンセルムス），**聖**（カンタベリー大司教，在位1093-1109年）Anselm, Archbishop of Canterbury, St　36，39-40，42，56
アンティオキア Antioch　59，115
アンドレ・マレルブ，アミアンの Andrew Malherbe of Amiens　195

＊イ

イーヴシャムの戦い（1265年）Evesham, battle of（1265）　178，184，185
イーディス→マティルダ，ヘンリー1世王妃
イードマー（カンタベリーの修道士）Eadmer, monk of Canterbury　24，39，379
イートン校（イートン・カレッジ）Eton College　342，369
イヴォー・ド・タイユボワ Ivo de Taillebois　11
イヴリー（仏ユール県）Ivry, Eure　54
イザベラ（イザベル）（エドワード2世王妃）Isabella, queen of Edward II　218-219，230-238，285
イザベラ（イザベル）（フリードリヒ2世王妃）Isabella, empress of Frederick II　161
イザベラ（イザベル）（リチャード2世王妃）Isabella, queen of Richard II　311，321
イザベル，アングレームの（ジョン王妃）cf. リュジニャン家 Isabella, queen of John　133
イル・ド・フランス Ile de France　22，139
『イングランドの法と慣習について』　152，386
インノケンティウス2世（教皇，在位1130-43年）Innocent II, Pope　68-69
インノケンティウス3世（教皇，在位1198-1216年）Innocent III, Pope　141，145-146，**図51**
インノケンティウス4世（教皇，在位1243-54年）Innocent IV, Pope　166

＊ウ

ヴィアー，ロバート・ド（アイルランド公）Vere, Robert de, Duke of Ireland　304，306，308
ウィカムのウィリアム（ウィンチェスター司教，在位1367-1404年）Wykeham, William of, Bishop of Winchester　288-289
ウィグモアー城 Wigmore Castle　227
ウィゴット，ウォリングフォードの（オックスフォードの城主）Wigot of Wallingford, castellan of Oxford　12
ウィムズウォルド（レスターシャー）Wymeswold, Leicestershire　270
ウィリアム（ソールズベリー伯）William, Earl of Salisbury　142
ウィリアム（ヘンリー1世の子，1120年没）William, son of Henry I　57，60
ウィリアム，ニューバラの（年代記作者，1198年頃没）William of Newburgh　48，380
ウィリアム，ブーローニュの（スティーヴン王の子，1159年没）William of Boulogne (d. 1159), son of Stephen　82，88
ウィリアム，マームズベリーの（年代記作者，1143年頃没）William of Malmesbury　39，57，65-66，68，204，379
ウィリアム，ヨークの（ソールズベリー司教，在位1247-56年）William of York, Bishop of Salisbury　1
ウィリアム，ルーメアーの（リンカン伯）William of Roumare, Earl of Lincoln　72
ウィリアム・ド・トレイシー William de

Tracy 105
ウィリアム・フィッツ・オズバーン William fitz Osbern 13-14, 31
ウィリアム・フィッリ・スティーヴン William fitz stephen 101, 383
ウィリアム2世赤顔王（イングランド王，在位1087-1100年）William II Rufus, King of England 29-39
ウィリアム（ギヨーム）**1世 征服王**（ノルマンディー公，在位1027-87年；イングランド王，在位1066-87年）William I, the Conqueror, King of England and Duke of Normandy 5-31, **図1-3**, **図8**
ウィンザー（バークシャー）Winsor, Berkshire 56, 285, 288, 342, 352, 369-370
ウィンチェスター（ハンプシャー）Winchester, Hampshire 65, 75, 242, 288
ウィンチェルシー，ロバート（カンタベリー大司教，在位1294-1313年）Winchelsey, Robert, Archbishop of Canterbury 208
ウェイクフィールド（ヨークシャー）Wakefield, Yorkshire 243, 360
ウェールズ Wales 13-14, 30-32, 45-46, 188-193, 223, 321-324, **地図3**
ヴェクサン地方（仏）Vexin 22, 35, 92, 129
ウェストミンスター，王の宮殿 Westminster, royal palace 18, 284
  星室 Star Chamber 292
ウェストミンスター修道院 Westminster Abbey 6, 163-164, 181-182, 265, 318
  セント・スティーヴン礼拝所 St Stephen's chapel 370
ウェストミンスター条款（1259年）Westminster, Provisions of (1259) 178-179, 186
『ウェストミンスター年代記』 *Westminster Abbey, Chronicle* of 196, 302, 304-305, 306, 394
『ウェストミンスター詩編集』 Westminster Abbey, psalter **図29**
ウェストモーランド Westmorland 222, 223
ウェセクス Wessex 17-18
ウォークワース城（ノーサンバーランド）Warkworth, Northumberland 312
ウォーボイズ（ハンティンドンシャー）Warboys, Huntingdonshire 272
ウォールラン（ムーラン伯）Waleran, Count of Meulan 75, **図38**
ウォリス，ウィリアム（1305年没）Wallace, William 210, 215
ウォリック伯→ビーチャム家 Warwick, Earls of, see Beauchamp family
ウォリック伯→ネヴィル，リチャード Warwick, Earls of, see Neville, Richard
ウォルシンガム，トーマス（年代記作者，1422年頃没）Walsingham, Thomas, chronicler 300, 313, 394
ウォルター，ヒューバート（カンタベリー大司教，在位1193-1205年）Walter, Hubert, Archbishop of Canterbury 122, 128-129, 131, 135, 258
ヴォルムスの協約（1122年）Worms, concordat of (1122) 28
ウォレンヌ，ウィリアム・ド（サリー伯，1088年没）Warenne, William de 8, 11
ウォレンヌ，ジョン・ド（サリー伯，1304年没）Warenne, John de, Earl of Surrey (d. 1304) 210
ウォレンヌ，ハムリン・ド（サリー伯，1202年没）Warenne, Hamelin de, Earl of Surrey (d. 1202) 91
ウッドヴィル，アントニー（リヴァーズ伯）Woodville, Anthony, Earl Rivers 370
ウッドヴィル，エリザベス（エドワード4世王妃）Woodville, Elizabeth, queen of Edward IV 363-364
ウッドストック（オックスフォードシャー）Woodstock, Oxfordshire 56, 265
ウルバヌス2世（教皇，在位1088-99年）Urban II 34
ウルフスタン（ウスター司教，在位1062-95年）Wulfustan, bishop of Worcester 10

＊エ

エイモリー卿，ロジャー（1322年没）

Amory, Sir Roger (d. 1322)　223
エヴルー城（仏ユール県）Evreux, Eure　132, 134
エー，ロベール・ド・ラ Hay, Robert de la　12
エーグレモント卿 Egremont, Lord　354
エスプレシャン条約（1340年）Esplēchin, Treaty of (1340)　258
エゼルウィ（イーヴシャム修道院長，在位1058-77年）Aethelwig, Abbot of Evesham　10, 16
エゼレルム（アビンドン修道院長，在位1071-83年）Ethelelm, abbot of Abingdon　24
エディントン，ウィリアム（ウィンチェスター司教，在位1346-66年）Edington, William, Bishop of Winchester　277
エディンバラ Edinburgh　4, 47, 217
エドウィン（マーシア伯）Edwin, Earl of Mercia　10
エドマンド（ケント伯）Edmund, Earl of Kent　236
エドマンド（ランカスター伯，ヘンリー3世の次男，1296年没）Edmund, Earl of Lancaster (d. 1296)　161, 167, 224
エドワード1世（イングランド王，在位1272-1307年）Edward I, King of England　124, 161, 172, 179, 186-217, 246, **図25**, **図67**
エドワード2世（イングランド王，在位1307-27年）Edward II, King of England　124, 218-235, 259
『**エドワード2世伝**』*Vita Edwardi Secundi*　220, 227, 390
エドワード3世（イングランド王，在位1327-77年）Edward III, King of England　235-291, **図79**, **図98**, **図111**
エドワード4世（イングランド王，在位1461-83年）Edward IV, King of Englnad　358-370, **図102**, **図128**, **図129**
エドワード5世（イングランド王，在位1483年）Edward V, King of England　370-372
エドワード証聖王（イングランド王，在位1042-66年）Edward the Confessor　6, 163
エドワード黒太子（皇太子）(1330-76年) Edward, Prince of Wales, Black Prince (1330-76)　237-238, 279-280, 291
エリア・ド・ラ・フレーシュ Helias de la Flēche　35, 39
エリザベス，ヨークの（ヘンリー7世王妃）Elizabeth of York, queen of Henry VII　372
エリナー（アリエノール），**プロヴァンスの**（ヘンリー3世王妃）Eleanor of Provence, queen of Henry III　161-162, 176
エリナー，カスティリャの（エドワード1世王妃）Eleanor of Castile, queen of Edward I　187, 201, 230, **図25**
エルトン（ハンティンドンシャー）Elton, Huntingdonshire　276
エルフガー（マーシア伯）Aelfgar, Earl of Mercia　11
エンマ（ウィリアム・フィッツ・オズバーンの娘）Emma, daughter of William fitz Osbern　10

＊オ

オーウェン・グリンドゥル（1416年頃没）Owain Glyn Dŵr　323-324
オードリー，ヒュー Audley, Hugh　223
オーフォード城（サフォーク）Orford, Suffolk　91, **図41**
オーマールのウィリアム（ヨーク伯）Aumale, William of, Earl of York　89
オールドカースル卿，ジョン Oldcastle, Sir John　326, 328
オールトンの戦い（ハンプシャー，1101年）Alton, Hampshire　41
オズウェストリー（シュロップシャー）Oswestry, Salop　316
オックスフォード Oxford　71
オックスフォード条款（1258年）Oxford, Provisions of (1258)　172-173, 177, 180, 185
オドー，バイユー（司教）**の**（ケント伯，1097年没）Odo, Bishop of Bayeux　8,

11-13, 28, 30, 図5
オルデリク・ヴィターリス（オルデリクス・ヴィタリス（ラ），オルデリク・ヴィタル（仏））（1142年頃没）Orderic Vitalis 7-11, 13, 15-16, 29-30, 33, 35, 38, 43, 45, 52-54, 57, 59-62, 75, 378
オルレアンの攻囲（1429年）Orléans, siege of (1429)　336

＊カ

改革勅令（1311年）Ordinances (1311) 219-224, 248
開封書状録　patent rolls　128, 385
カースル・エイカー（ノーフォーク）Castle Acre, Norfolk　図106
ガーター騎士団 Garter, Order of the　253, 285, 391, 図103, 図110
カーディガン（ケレディギオン）Cardigan, Ceredigion　32
カーディフ（グラモーガン）Cardiff, Glamorgan　31, 77
カーライル（カンバーランド）Carlisle, Cumberland　31, 77, 80, 311
カーン（仏）Caen　261, 333
ガウワー半島 Gower peninsula　46, 226
ガウワー，ジョン Gower, John　310
カエルナーヴォン（城）Caernafon　193, 図26, 図70
ガスコーニュ（仏）Gascony　154, 163, 168, 204-206, 209, 231, 250, 279, 293
カミン，ジョン（1306年没）Comyn, John 215-217
カリストゥス2世（教皇，在位1119-24年）Calixtus II, Pope　59
カルケイジ税 carucage　154, 387
カレー（仏）Calais　278, 293, 352, 356, 358
ガレー船 galley　195, 257, 389
カンタベリー（ケント）Canterbury, Kent 114, 132, 135-136, 266, 295, 351
カンバーランド Cumberland　1, 222

＊キ

議会（パーラメント）Parliament　2-3, 173-177, 187-188, 192, 208-209, 234-235, 303-305, 319-321, 361-362, 387
奇跡議会（1386年）Wonderful Parliament (1386)　305
ケンブリッジ議会（1388年）the Cambridge Parliament (1388)　309-311
庶民院議長 speaker of the commons 289-290, 321
善良議会（1376年）Good Parliament (1376)　288-291, 305
不良議会（1377年）Bad Parliament (1377)　290
無慈悲議会（1388年）Merciless Parliament (1388)　308
キドウェリー（カマーゼン）Kidwelly, Carmarthen　46
ギファード，ウォルター（バッキンガム伯）Giffard, Walter, Earl of Buckingham 20
キブワース・ハーコート（レスターシャー）Kibworth Harcourt, Leicestershire 301
ギャヴェストン，ピアーズ（コンウォール伯，1312年没）Gaveston, Piers, Earl of Cornwall　218-221, 230, 244
キャヴェンディシュ卿，ジョン（王座裁判所主席裁判官）Cavendish, Sir John　297-298
キャサリン（カトリーヌ）（ヘンリー5世王妃）Katherine, queen of Henry V　333
行政長官 Chief justiciar　4, 86, 98-99, 100-102, 109-110, 120, 127-128, 131, 146, 150, 173, 179, 382
ギヨーム（ウィリアム），**イープルの** William of Ypres　67
ギヨーム（ウィリアム）・**クリトン**（フランドル伯，1128年没）William Clito, Count of Flanders (d. 1128)　58-60, 62-63
ギヨーム，サヴォワの William of Savoy 162
ギルバート・ド・ガン Gilbert de Ghent 22
キルペック（ヘリフォードシャー）Kilpeck, Herefordshire　図16
キングズ・ラングリー（バッキンガムシャ

ー）King's Langley, Buckinghamshire 230, 265, 284-285, 318
キングズ・リン（ノーフォーク）King's Lynn, Norfolk　130, 195
キングズソープ（ノーサンプトンシャー）Kingsthorpe, Northamptonshire　274

＊ク

クィア・エンプトーレース制定法（1290年）*Quia Emptores*, statute（1290）199-200
クイーンバラ城（ケント）Queenborough, Kent　284
クインシー，セアー・ド（ウィンチェスター伯）Quency, Saher de, Earl of Winchester　134
グウィネッズ（スノードニア）Gwynedd, Snowdonia　191, 324
グスラック，聖 Guthlac, St　21
クヌート（イングランド王，在位1016-1035年）Cnut, king of England　6
クラーケンウェル修道院（ロンドン，ヨハネ騎士修道会）Clerkenwell Priory, London　296
クラッパム・ジャンクション Clapham Junction　257, 392
グラフトン・リージス（ノーサンプトンシャー）Grafton Regis, Northamptonshire 363
グラモーガン Glamorgan　46, 226
クラレンドン（ウィルトシャー）Clarendon, Wiltshire　55, 352
クラレンドン条例（1166年）Clarendon, Assise of　94, 96
クラレンドン法（1164年）Clarendon, Constitutions of　101, 104-105
グランヴィル，ラーヌルフ（行政長官）Glanville, Ranulf　95-97, 128, 383
グリーン，ヘンリー Green, Henry　320
クリッキエス城 Cricieth Castle　193
クリフォード，ロザモンド（ヘンリー２世の愛妾）Clifford, Rosamund　56
クリフォード卿，トーマス（1455年没）Clifford, Thomas, Baron（d. 1455）354-355
グリムズビー（レスターシャー）Grimsby, Leicestershire　119
クリントン，ジェフリー・ド Clinton, Geoffrey de　52
クリントン，ロジャー・ド（コヴェントリー司教，在位1129-48年）Clinton, Roger de, Bishop of Coventry　53
クレア，ギルバート・ド（グロスター伯，1295年没）Clare, Gilbert de, Earl of Gloucester（d. 1295）199, 223
クレア，リチャード・ド（グロスター伯，1262年没）Clare, Richard de, Earl of Gloucester（d. 1262）172
グレイ，トーマス（ドーセット侯，1501年没）Grey, Thomas, Marquis of Dorset（d. 1501）371
グレイ卿，ジョン Grey, Sir John　363
グレイ卿，ヘトンのトーマス（『スカラクロニカ』の作者，1367年頃没）Gray, Sir Thomas, of Hetton, *Scalacronica* 3-4, 228, 252, 311, 390
グレイト・ノース街道 the Great North Road　20, 248, 379
グレゴリウス７世（教皇，在位1073-85年）Gregory VII, Pope　26
クレシーの戦い（1346年）Crécy, battle of（1346）261-262, 277-278
クレッシンガム，ヒュー（財務府長官）Cressingham, Hugh　210
クレメンス４世（教皇，在位1265-68年）Clement IV, Pope　182
『クレリキス・ライコス』，教皇勅書（1296年）*clericis laicos*, papal bull（1296）207-208
クレルヴォー修道院（ブルゴーニュ）（シトー会）Clairvaux Abbey, Burgundy 195
クレルモン・フェラン Clermont Ferrand 34
クロウランド修道院（リンカンシャー）Crowland Abbey, Lincolnshire　11, 21, **図４**
『クロウランド年代記』 Crowland Abbey, chronicle　369
グロスター Gloucester　18-19, 31

グロスター伯→クレア家
グロステスト，ロバート（リンカン司教，在位1235-53年）Grosseteste, Robert, Bishop of Lincoln 158, 176, 387
『所領経営規則』 Grosseteste, Robert, *Rules of* 169-173, 178, 180, 198
グロビー城（レスターシャー）Groby, Leicestershire 111

＊ケ

ケイツビー女子修道院（ノーサンプトンシャー）Catesby, Northamptonshire 275
ゲクラン，ベルトラン・デュ Guesclin, Bertrand du 292-293
ケニルワース城（ウォリックシャー）Kenilworth, Warwickshire 53, 184, 234-235
ケント Kent 8

＊コ

高等法院 Parlement 204, 334, 395
コヴェントリー（ウォリックシャー）Coventry, Warwickshire 314, 355-356
黒死病 Black Death 238, 263-266, 282
皇太子 Prince of wales 216, 219, 324, 326, 390 cf.188, 190-191
黒太子→エドワード（皇太子）Black Prince, see Edward Prince of Wales
コッグ船 cog 195, 244, 389
五港長官 warden of the Cinque Ports 362, 396
護国卿 Protector and Defender of the Realm 336, 352, 354, 356, 370, 395
ゴドリック（ピーターバラ修道院長，在位1101-02年）Godric, abbot of Peterborough 5
コニスバラ（ヨークシャー）Conisbrough, Yorkshire 90, **図42**
コベット，ウィリアム（『田園騎行』の著者，1835年没）Cobbett, William 263-264, 266, 392
コミーヌ，フィリップ・ド（1509年没）Commyne, Philip de 362, 396
固有王領地 ancient demesne 187, 389
御料林法 forest law 54-55, 382
コルスウェイン，リンカンの Colswain of Lincoln 12
コルベイユ条約（1326年）Corbeil, Treaty of（1326） 250
コンウィ城（グウィネッズ）Conway, Gwynedd 191, 193, 324
コンウォール Cornwall 244
コンデュイット，レジナルド（羊毛商人）Conduit, Reginald 256

＊サ

サースタン（ヨーク大司教，在位1119-40年）Thurstan, Archbishop of York 68
サイオン修道院（ビルギッタ会女子修道院）（ミドルセクス）Syon, Middlesex 328, 370
最終和解譲渡証書 foot of the fine 129, 385
財務府 Exchequer 50-53, 117, 174
財務府大記録 pipe rolls 51-53, 89, 122,131-132, 139
『財務府についての対話』 *Dialogus de Scaccario* 50, 55, 380
サウスハンプトン（ハンプシャー）Southampton, Hampshire 55, 264
サセクス Sussex 8
サドベリー，サイモン（カンタベリー大司教，在位1375-81年）Sudbury, Simon, Archbishop of Canterbury 297
サムソン（ベリー・セント・エドマンズ修道院長，在位1182-1211年）Samson, Abbot of Bury St Edmunds 120, 122-123
サラディン（サラーフ・アッディーン）Saladin 113-114, 124
サラディン・タイズ（サラディンの十分の一税）（1188年）Saladin tithe（1188） 128
サリー伯→ウォレンヌ，ハムリン・ド；ウォレンヌ，ジョン・ド
サン・ソヴール港（仏）Saint-Sauveur 290
サン・テヴルー修道院 St Evroul 13
サン・マロ（仏）Saint-Malo 293

サンス（仏ヨンヌ県）Sens, Yonne　103
サンチャ（サンシュ），**プロヴァンスの**（コンウォール公妃）Sanchia of Provence, Duchess of Cornwall　163
サンドウィッチ（ケント）Sandwich, Kent　127
サンリス，サイモン・ド（ハンティンドン伯，1153年没）Senlis, Simon of, Earl of Huntingdon (d. 1153)　91

＊シ

シーン修道院（カルトゥジア会）（サリー）Sheen, Surrey　328
シェイクスピア，ウィリアム『ヘンリー四世』第二部 Shakespeare, William, *King Henry IV Part 2*　325
　『リチャード二世』 *Richard II*　315, 320
ジェフリー（ジョフロワ，ブルターニュ公，1186年没）Geoffrey, Duke of Brittany (d. 1186)　104, 115
ジェフリー（ヨーク大司教，在位1191-1212年；ヘンリー２世の庶子）Geoffrey, Archbishop of York　116
ジェフリー・フィッツ・ピーター（エセクス伯）Geoffrey fitz Peter, Earl of Essex　131
ジェラルド，ウェールズの（ギラルドゥス・カンブレンシス）（1223年没）Gerald of Wales　113, 385, **図46**, **図47**
シェルブール（仏マンシュ県）Cherbourg, Manche　290, 293
ジゾール城（仏ユール県）Gisors, Eure　35, 59, 130, 134
シチリア Sicily　166-167, 172
死手制定法（1279年）Mortmain, statue (1279)　200, 389
シトー会（個別の修道院はそれぞれの別項を参照）Cistercian order (and see individual houses)　103, 120, 128
シノン（仏アンドル・エ・ロワール県）Chinon, Indre-et-Loire　334
『シャーボーン・ミサ典書』 Sherborne, missal　**図30**
シャーボーン城（ウィルトシャー）Sherborne, Wiltshire, castle　70
ジャック・ケイドの乱（1450年）Cade, Jack, rebellion of (1450)　348-350
シャトー・ガイヤール（仏ユール県）Château Gaillard, Eure　130, 134-135, 334
シャリュー・シャブロルの攻囲（1199年）Chalus-Chabrol, siege of (1199)　130
シャルル４世（フランス王，在位1322-28年）Charles IV, King of France　231, 237
シャルル６世（フランス王，在位1380-1422年）Charles VI, King of France　311, 325
シャルル７世（フランス王，在位1422-61年）Charles VII, King of France　333-334, 336-337
シャルル悪王（ナヴァール王，1387年没）Charles the Bad, King of Navarre　**図98**
シャルル剛胆公（ブルゴーニュ公，1477年没）Charles the Bold, Duke of Burgundy　364
ジャン（ルーアン大司教）John, Archbishop of Rouen　26
ジャン２世（フランス王，在位1350-64年）John II, King of France　279-281, **図98**
ジャン３世（ブルターニュ公，1341年没）John III, Duke of Brittany (d. 1341)　260
ジャンヌ・ダルク（1431年没）Joan of Arc　334-336
ジャン無畏公（ブルゴーニュ公，1419年没）John the Fearless, Duke of Burgundy　325, 333, 337
十字軍 Crusades　34, 114, 123-124, 128, 186
十人組検査 View of frankpledge　178, 388
シュジェール（サン・ドニ修道長，在位1122-51年）Suger, abbot of St Denis　40
シュルーズベリー Shrewsbury　42, 192, 351, 372
シュロップシャー Shropshire　17
ジョヴァンニ・ヴィッラーニ（フィレンツェの年代記作者，1348年没）Villani, Giovanni　262

尚書部 chancery　48, 380
『諸公年代記』 *Chronicle of the princes , Bruty Twysogion*　46,380
『女王メアリーの詩編集』 Queen Mary Psalter　**図66**, **図108**, **図109**
ジョウン（エドワード１世の娘）Joan, daughter of Edward I　187, 199
ジョウン（エドワード２世の娘）Joan, daughter of Edward II　237
ジョウン（エドワード３世の娘）Joan, daughter of Edward III　264
ジョウン（ヘンリー２世の娘）Joan, daughter of Henry II　129
ジョージ（クラレンス公，1478年没）George, Duke of Clarence（d. 1478）　366
ジョーダン・ファンタスム（年代記作者）Jordan Fantosme　109, 111, 383
助祭長区 arch deaconry　25, 379
助修士 *conversi*　120, 385, **図17**
ジョスリン・オヴ・ブレイクロンド（年代記作者）Joceline of Brakelond　122, 385
ジョフロワ（アンジュー伯，1151年没）Geoffrey, Count of Anjou（d. 1151）63, 67, 75-76, 80
ジョフロワ，クータンス（司教）**の** Geoffrey, Bishop of Coutances　11, 30
ジョフロワ（ヘンリー２世の弟，1158年没）Geoffrey, Duke of Brittany（d. 1158）63, 88
ジョン（イングランド王，在位1199-1216年）John, King of England　104, 113, 115, 126, 131-151
ジョン，ウスターの（年代記作者）John of Worcester　2-3, 63
ジョン，レディングの（年代記作者）John of Reading　277, 393
ジョン・オヴ・ゴーント（ランカスター公，1399年没）John of Gaunt, Duke of Lancaster　291-315, **図100**
ジョン・ベイリオル→ベイリオル John Balliol, King of Scots　188, 201-202, 204, 209
人口 population　238-239, 263-275
神殿騎士修道会（テンプル騎士団）Templars　92, 114, 154, 387

＊ス

スウィンフォード，キャサリン（ジョン・オヴ・ゴーントの愛妾）Swinford, Katherine　341
スカーバラ（ヨークシャー）Scarboroguh, Yorkshire　89
『スカラクロニカ』 *Scalacronica*　3 , 228, 311, 390
犂隊　plough team　268, 393
スクーン Scone　237, 249
スクーン（運命の石）Scone, Stone of Destiny　216, 237
スクロープ，ウィリアム（ウィルトシャー伯，1399年没）Scrope, William, Earl of Wiltshire（d. 1399）　315, 320
スクロープ，リチャード（ヨーク大司教，在位1398-1405年）Scrope, Richard, Archbishop of York　322, 328
スコットランド Scotland　30-32, 46-47, 68, 90, 188, 201-202, 209-210, 215-217, 222-223, 236-237, 249-250, 311-312
スターリング・ブリッジの戦い（1297年）Stirling Bridge, battle of（1297）　210
スターリング城 Stirling Castle　47, 210, 215, 217
スタッブズ主教　William stubbs　93, 116, 382
スタトヴィル，ウィリアム・ド Stuteville, William de　122
スタフォード，ジョン（バース司教，在位1425-43年）Stafford, John, Bishop of Bath　342-343
スタフォード，ハンフリー（バッキンガム公，1460年没）Stafford, Humphrey, Duke of Buckingham（d. 1460）　358
スタフォード，ヘンリー（バッキンガム公，1483年没）Stafford, Henry, Duke of Buckingham（d. 1483）　371-372
スティーヴン（イングランド王，在位1135-54）Stephen, King of England　59, 64-83, 320, **図37**, **図39a**, **図39b**
『スティーヴン事績録』 *Gesta stephani*　76, 78, 382

スティガンド（カンタベリー大司教，位1052-70年，1072年没）Stigand, Archbishop of Canterbury　24
ステインズ（ミドルセクス）Staines, Middlesex　145-146
ステインフィールド修道院（リンカンシャー）Stainfield Abbey, Lincolnshire　195
ストラトフォード，ジョン（カンタベリー大司教，在位1333-48年）Stratford, John, Archbishop of Canterbury　258-260
ストラトフォード・アポン・エイヴォン（ウォリックシャー）Stratford-upon-Avon, Warwickshire　119
『スミスフィールド教令集』 Smithfield Decretals　**図64**，**図65**
スライス Sluys　305
スライスの戦い（1340年）Sluys, battle of (1340)　257-258

＊セ

セオボールド（ティボー，テオバルドゥス）（カンタベリー大司教，在位1139-61年）Theobald, Archbishop of Canterbury　69，100
セント・オールバンズ修道院（ハーフォードシャー）St Albans, Hertfordshire, abbey　132，202，295，298，300
セント・オールバンズの戦い（1455年）St Albans, battle of (1455)　355
セント・オールバンズの戦い（1461年）St Albans, battle of (1461)　360
セント・ポール司教座聖堂の年代記 *Annales Panlini*　231，391
相続財産占有回復訴訟 *Mort d'Ancestor*, assise　118

＊ソ

ソールズベリー（ウィルトシャー）Salisbury, Wiltshire　19
ソールスベリーのジョン（1180年没）John of Salisbury　103，117，383

＊タ

ダートフォード（ケント）Dartford, Kent　352
タイラー，ワット（1381年没）Tyler, Watt　295，300，**図99**
ダヴィズ，ルウェリン・アプ・グリフィズの弟 Dafydd, brother of Llwelyn ap Gruffudd　190
タウトンの戦い（1461年）Towton, battle of (1461)　361，366
タドナム卿，トーマス Tuddenham, Sir Thomas　344
ダニッチ（サフォーク）Dunwich, Suffolk　130
ダラム Durham　32，222，**図14**，**図15**
タリッジ税　tallage　166，276，387
ダルジャンティン卿，ジャイルズ d'Argentine, Sir Giles　253
タルボット，ジェフリー Talbot, Geoffrey　70
タルボット，ジョン（シュルーズベリー伯，1453年没）Talbot, John, Earl of Shrewsbury (d. 1453)　338
タルボット，ジョン（シュルーズベリー伯，1460年没）Talbot, John, Earl of Shrewsbury (d. 1460)　358
タロルド（ピーターバラ修道院長）Turold, abbot of Peterborough　24-25
タンシュブレーの戦い（1106年）Tinchebrai, battle of (1106)　42-45，60
ダンスタンバラ（ノーサンバーランド）Dunstanburgh, Northumberland　312，363
ダンバーの戦い（1296年）Dumbar, battle of (1296)　210
ダンフリース Dumfries　215

＊チ

チェシャー Cheshire　17，31
チェスター Chester　190，306，315-316
チェスター伯ヒュー Chester, Hugh, Earl of　109
チェッカーズ　Chequers　230，391
チェプストウ（モンマス）Chepstow, Monmouth　13，31
チェルキ（フィレンツェの銀行家）Cerchi, Florentine bankers　194

チチェスター（サセクス）Chichester, Sussex　14, 25, **図18**
チャーク城 Chirk Castle　316
チョーサー，ジェフリー Chaucer, Geoffrey　**図113**, **図114**

＊テ

ティール（スール）Tyre　115
ディヴァイジズ城（ウィルトシャー）Devizes Castle, Wiltshre　70-71
デイヴィッド（ハンティンドン伯）David, Earl of Huntington　138-139
デイヴィッド１世（スコットランド人の王，在位1124-53年）David I, King of Scots　46-47, 67-68, **図34**
デイヴィッド２世（スコットランド人の王，在位1329-71年）David II, King of Scots　237, 249-250
ディスのラルフ（年代記作者，1201年頃没）Ralph of Diss, chornicler　110, 383
ディスペンサー父子，ヒュー Despenser, Hugh, elder and younger　223-224, 226, 231-232, 234-235
低地地方（Low countries）206, 256, 259, 389
ティップトフト卿，ジョン（庶民院議長）Tiptoft, Sir John　321
ティンターン修道院（グウェント）Tintern, Gwent　195, **図69**
デーヴォン Devon　244
デハイバース公国 Deheubarth, the province of　31
テュークスベリーの戦い（1471年）Tewkesbury, battle of（1471）　367

＊ト

同職組合 craft　330, 395
ドゥームズデイ・ブック Domesday Book　6, 19-22, 51, 118, 248
トゥールーズ遠征（1159年）Toulouse campaign（1159）　88, 92-93
ドーア修道院（ヘリフォードシャー）Abbey Dore, Herefordshire　195, **図124**
ドーヴァー Dover　89, 131, 150,
トークジー（リンカンシャー）Torksey, Lincolnshire　246
ドーヴィニー，ウィリアム（サセクス伯，1176年没）d'Aubigny, William, Earl of Sussex（d. 1176）　86, 88-89, 117
ドーヴィニー，ナイジェル d'Aubigny, Nigel　53
トーマス，ウッドストックの（バッキンガム伯，グロスター公，1397年没）Thomas, Duke of Gloucester（d. 1397）　293, 304, 306, 313
トーマス（ランカスター伯，1322年没）Thomas, Earl of Lancaster（d. 1322）　224, 226-228, 234, 260
トーントン（サマーセット）Taunton, Somerset　239
トマ，サヴォワの（フランドル伯）Thomas, Count of Flanders　162
トリポリ Tripoli　115
度量衡条例（1196年）Measures, Assise of（1196）　129
トレイルバストン裁判官 trailbaston　282, 394
トレジリアン卿，ロバート（王座裁判所主席裁判官）Tresilian, Sir Robert　309
トロワ条約（1420年）Troyes, Treaty of（1420）　333, 338
ドンフロン城（仏オルヌ県）Domfront, Orne　41

＊ナ

ナイジェル（イーリー司教，在位1133-69年；財務府長官）Nigel, Bishop of Ely　50, 71
ナイトン，ヘンリー（年代記作者，1396年頃没）Knighton, Henry　264, 266, 393
納戸部 Wardrobe　181, 388

＊ニ

ニュー・バックナム城（ノーフォーク）New Buckenham, Norfolk　89
ニュー・フォレスト New Forest　39, 55
ニューカースル・アポン・タイン Newcastle upon Tyne　77, 90, 215, 244, 311

＊ネ

ネヴィル，ラルフ（チチェスター司教，在位1224-44年；尚書部長官）Neville, Ralph, royal chancellor 2
ネヴィル，アラン・ド（主席御料林官，1178年頃没）Neville, Alan de 99
ネヴィル，ジョージ（ヨーク大司教，在位1465-76年）Neville, George, Archbishop of York 364
ネヴィル，ジョン（モンタギュー候，1471年没）Neville, John, Marquess Montague (d. 1471) 362
ネヴィル，ヒュー・ド（主席御料林官，1234年没）Neville, Hugh de 136
ネヴィル，ラルフ（ウェストモーランド伯，1425年没）Neville, Ralph, Earl of Westmorland 312
ネヴィル，リチャード（ウォリック伯，王擁立者，1471年没）Neville, Richard, Earl of Warwick, the kingmaker 354-368
ネヴィル，リチャード（ソールズベリー伯，1460年没）Neville, Richard, Earl of Salisbury 354, 358
ネヴィル卿，ジョン（1388年没）Neville, John, Lord 289

＊ノ

農民反乱（1381年）Peasants' Revolt (1381) 274, 291-302, **図99**
ノーサラトン（ヨークシャー）Northallerton, Yorkshire 222
ノーサンバーランド Northumberland 222
ノーサンプトン Northampton 110, 145, 242
ノーサンプトンの戦い（1264年）Northampton, battle of (1264) 182
ノーサンプトンの戦い（1460年）Northampton, battle of (1460) 358
ノーサンプトン伯→ブーン，ウィリアム・ド
ノーフォーク伯→バイゴット家
ノーラム城（ノーサンバーランド）Norham, Northumberland 3, 253
ノッティンガム Nottingham 20, 91, 235, 306
ノリッジ Norwich 119

＊ハ

バーグ，ヒューバート・ド（行政長官）Burgh, Hubert de 150, 156
バークリー城（グロスターシャー）Berkeley, Gloucestershire 235
ハークレイ，アンドルー（カーライル伯）Harclay, Andrew, Earl of Carlisle 228-229, 260
パーシー家（ノーサンバーランド伯）Percy family 312, 322, 354-355
パース Perth 47, 215
バードルフ卿，トーマス（1408年没）Bardolf, Thomas, Baron (d. 1408) 324
バートン・オン・ハンバー（ヨークシャー）Barton-on-Humber, Yorkshire 119, 246
バーネットの戦い（1471年）Barnet, battle of (1471) 366
ハーバート，ボーシャムの Herbert of Bosham 100
バーリー，サイモン（リチャード２世の侍従）Burley, Simon 304, 309, 313
ハールストン（ノーサンプトンシャー）Harlestone, Northamptonshire 270
バイゴッド，ヒュー（行政長官）Bigod, Hugh, justiciar 173
バイゴッド，ヒュー（ノーフォーク伯，1177年没）Bigod, Hugh, Earl of Norfolk (d. 1177) 110
バイゴッド，ロジャー（ノーフォーク伯，1270年没）Bigod, Roger, Earl of Norfolk (d. 1270) 172
バイゴッド，ロジャー（ノーフォーク伯，1300年没）Bigod, Roger, Earl of Norfolk (d. 1300) 209
バイユー（仏）Bayeux 105, 333
《バイユーの綴織》 Bayeux Tapestry 135, 386, **図５**, **図10**, **図11**
バイランドの戦い（1322年）Byland, battle of (1322) 3
ハインリヒ５世（神聖ローマ皇帝，在位1111

-25年）Henry V, Emperor　57, 62
ハインリヒ獅子公（ザクセン公）Henry the Lion, Duke of Saxony　117
ハインリヒ 6 世（神聖ローマ皇帝，在位1191-97年）Henry VI, Emperor　124
パスカリス 2 世（教皇，在位1099-1118年）Pascal II, Pope　58
パストン家『書簡集』 Paston family, *Letters*　344, 361, 396
バセット，アラン Basset, Alan　149
バセット，ラルフ Basset, Ralph　48, 53
バセット，リチャード Basset, Richard　53
旗の戦い（1138年）Standard, battle of the (1138)　68
バッキンガム公→スタフォード，ヘンリー及びスタフォード，ハンフリーを参照
パティショルのマーティン Pattishall, Martin of　152-153
パドベリー（バッキンガムシャー）Padbury, Buckinghamshire　270, **図83**
ハドリアヌス 4 世（教皇，在位1154-59年）Adrian IV, Pope　93
バトル修道院（サセクス）Battle Abbey, Sussex　35, 112, 120
『バトル修道院年代記』 *Battle Chronicle*　112, 384
バノックバーンの戦い（1314年）Bannockbun, battle of　201, 222-223
バラ戦争 Wars of the Roses　350-372
バラブリッジ（ヨークシャー）Boroughbridge, Yorkshire　222, 228
パリ Paris　22, 35, 92-93, 109, 114, 116, 133, 136, 205, 250, 334, 336, 337
パリ条約（1259年）Paris, treaty of (1259)　168
ハリドン・ヒルの戦い（1333年）Halidon Hill, battle of (1333)　249
ハリファックス（ヨークシャー）Halifax, Yorkshire　243
バルディ（フィレンツェの銀行家）Bardi, Florentine bankers,　194-195, 256
ハルレッフ城 Harlech Castle　193, 324
ハンフリー（グロスター公，護国卿）Humphrey, Duke of Gloucester, Protector　336, 341, 346

＊ヒ

ピーターバラ修道院（ノーサンプトンシャー）Peterborough Abbey, Northamptonshire　5, 16-17, 24, 43, 56
ビーチャム，ウォルター Beauchamp, Walter　48
ビーチャム，ジョン Beauchamp, John　309
ビーチャム，トーマス（ウォリック伯，1401年没）Beauchamp, Thomas, Earl of Warwick (d. 1401)　306, 313
ビーチャム，リチャード（ウォリック伯，1439年没）Beauchamp, Richard, Earl of Warwick (d. 1439)　340, **図120**
ビヴァリー，セント・メアリー教会 Beverley, St Mary's church　**図105**
ピエール，サヴォワの（リッチモンド伯）Peter of Savoy　162
ヒグデン，ラーヌルフ（年代記作者，1360年代没）Higden, Ranulf, chronicler　254
ヒッティーン（ハッティン）**の戦い**（1187年）Hattin, battle of (1187)　124
百年戦争 Hundred Years War　242, 249-262, 276-282, 292-293, 311, 325-326, 329-341, 344-348
ヒュー（ユーグ），**アヴランシュの** Hugh of Avranches　42
ヒュー，聖（リンカン司教，在位1186-1200年）Hugh, Bishop of Lincoln, St　112, 139, 384

＊フ行

ファーヴァーシャム修道院（ケント）Faversham Abbey, Kent　83
ファーロング furlong　270, 393
ファウンテンズ修道院（ヨークシャー）Fountains Abbey, Yorkshire　**図17**
フィッツ・アラン，リチャード（アランデル伯，1376年没）FitzAlan, Richard, Earl of Arundel (d. 1376)　262
フィッツ・アラン，リチャード（アランデル伯，1397年没）FitzAlan, Richard, Earl of Arundel (d. 1397)　293, 304-306, 313, 325

フィリッパ（エドワード3世王妃） Philippa, queen of Edward III　237, 図79
フィリップ2世尊厳王（フランス王，在位1180-1223年） Philip II, Augustus, King of France　112, 115, 124, 126, 130, 132-134, 140-141, 150
フィリップ4世美麗王（フランス王，在位1285-1314年） Philip IV, the Fair, King of France　204-205, 212, 218
フィリップ6世（フランス王，在位1328-50年） Philip VI, King of France　237, 250
フィリップ剛胆公（ブルゴーニュ公，1404年没） Philip the Bold, Duke of Burgundy　303, 325
ブーヴィーヌの戦い（1214年） Bouvines, battle of (1214)　141-142
ブールジュ（仏シェール県） Bourges, Cher　279, 334
ブールジュ条約（1412年） Treaty of Bourges (1412)　325
ブールテルールド（仏ユール県） Bourgthéroulde, Eure　62
ブーン，ウィリアム・ド（ノーサンプトン伯） Bohun, William de, Earl of Northampton　259, 262
ブーン，ハンフリー・ド（ヘリフォード伯，1298年没） Bohun, Humphrey de, Earl of Hereford (d. 1298)　208
ブーン，ハンフリー・ド（ヘリフォード伯，1322年没） Bohun, Humphrey de, Earl of Hereford (d. 1322)　227-228
封緘書状録 close rolls　128, 385
フェッラーズ，ウィリアム・ド（ダービー伯，1190年没） Ferrers, William de, Earl of Derby (d. 1190)　109
フェッラーズ，ウィリアム・ド（ダービー伯，1247年没） Ferrers, William de, Earl of Derby (d. 1247)　148
フェッラーズ，ヘンリー・ド Ferrers, Henry de　20
フォーダム，ジョン（ダラム司教，在位1382-1388年） Fordham, John, Bishop of Durham　305
フォーナムの戦い（1173年） Fornham, battle of (1173)　110
フォザリンゲイ城（ノーサンプトンシャー） Fotheringhay, Northamptonshire　138
フォビング（エセクス） Fobbing, Essex　294-295
フォリオット，ギルバート（ヘリフォード司教，在位1148-63年；ロンドン司教，在位1163-87年） Foliot, Gilbert, Bishop of London　53, 98-99
フォントヴロー女子修道院（仏メーヌ・エ・ロワール県） Fontevrault, Maine-et-Loire　48, 130
フジェール Fougères　347
ブッシー，ジョン Bussy, John　320
フュルド軍 fyrd　11, 378
ブライアン・フィッツ・カウント Brian fitz Count　34, 53
ブラクトン，ヘンリー・ド，『イングランドの法と慣習について』 Bracton, Henry de, *On the Laws and Customs of England*　152
ブラックマン，ジョン（年代記作者） Blacman, John　341-344, 396
ブラッドフォード（ヨークシャー） Bradford, Yorkshire　243
ブラマム・ムーアの戦い（1408年） Bramham Moor, battle of (1408)　324
ブランシュ（フィリップ美麗王の妹） Blanche, sister of Philip the Fair　205
ブランシュ，カスティリャの（ルイ8世王妃，ルイ9世の摂政） Blanche of Castile, regent for Louis IX　156
フランス→百年戦争の項及び個々のフランス王の項 France see Hundred Years War, individual kings
フランソワ（ブルターニュ公，1450年没） Francis, Duke of Brittany　347
ブランチ（ヘンリー4世の娘） Blanche, daughter of Henry IV　321
ブランチ（ランカスター公妃） Blanche, Duchess of Lancaster　291
ブランド（ピーターバラ修道院長，1069年没） Brand, abbot of Peterborough　5

ブラント，ジョン，マウントジョイ卿（1485年没）Blount, John, Baron, Lord Mountjoy (d. 1485) 364
ブランバー（サセクス）Bramber, Sussex 8
ブランプトン（ハンティンドンシャー）Brampton, Huntingdonshire 56, 138
フリードリヒ2世（神聖ローマ皇帝，在位1220-50年）Frederick II, Emperor 161, 166
ブリストル Bristol 68, 77, 80, 85, 264, **図61**
ブリッジノース城（シュロップシャー）Bridgnorth, Salop 42
ブリュージュ（ブルッヘ）Bruges 257
ブリュージュ卿，ウィリアム Bruges, Sir William **図110**, **図111**
フリント城 Flint Castle 191, 315-316
ブルース，ロバート（アナンデイルの領主）Bruce, Robert, Lord of Annandale 47, 97, 202
ブルース，ロバート（王位競合者，1295年没）Bruce, Robert, the Competitor 201, 210, 215
ブルース，ロバート→ロバート1世（スコットランド人の王）
『ブルート年代記』 *Brut Chronicle* 232, 235, 391
フルク5世（アンジュー伯，エルサレム王，1142年没）Fulk V, Count of Anjou 60
ブルトゥーユ（仏ユール県）Breteuil, Eure 13
ブローテ，フォークス・ド Bréauté, Fawkes de 150, 153-154
ブレオーズ，ウィリアム・ド Braiose, William de 8
フレスコバルディ（フィレンツェの銀行家）Frescobaldi, Florentine bankers 194
ブレスト（仏フィニステール県）Brest, Finistère 293
ブレット，リチャード・ル Bret, Richard le 105
ブレティニーの和議（1360年）Brétigny, Treaty of (1360) 281, 284, 292, 329
フレトヴァルの戦い（1194年）Fréteval, battle of (1194) 130
ブレンバー，ニコラス（ロンドン市長）Brembre, Nicholas 309
フロワサール，ジャン（年代記作者，1404年頃没）Froissart, Jean 261-262, 278-280, 295, 392, **図99**
ブロワ伯エティエンヌ（1102年没）Blois, Stephen, Count of 59
ブロワ伯シャルル（1364年没）Blois, Charles of 260
ブロワ伯ティボー（1152年没）Blois, Theobald, Count of (d. 1152) 59, 64, 67, 71

＊へ

ベアトリス，サヴォワの Beatrice of Savoy 161-163
ヘイスティングズ（サセクス）Hastings, Sussex 8
ヘイスティングズ，ジョン Hastings, John 201-202
ヘイスティングズ卿，ウィリアム Hastings, William, Lord 366, 371
ヘイスティングズの戦い（1066年）Hastings, battle of (1066) 5
ベイリオル，エドワード（スコットランド人の王，1364年没）Balliol, Edward, king of Scots (d.1364) 249
ベイリオル，ジョン（スコットランド人の王，在位1292-96年，1314年没）Balliol, John, king of Scots 188, 201-202, 204, 209, 215
ヘイルズオーウェン（ウスターシャー）Halesowen, Worcestershire 240, 244, 265
ヘイルズ卿，ロバート Hales, Sir Robert 296-297
ペヴンジー（サセクス）Pevensey, Sussex 8, 30, 244
ヘクサムの戦い（1464年）Hexham, battle of (1464) 363
ベケット，聖トーマス（カンタベリー大司教，在位1162-70年）Becket, Thomas, Archbishop of Canterbury, St 92, 100-106, 113, **図43**, **図44**, **図45**

ベシュレル港 Bécherel 290
ベック，アントニー（ダラム司教，在位1284-1311年）Bek, Anthony, Bishop of Durham 206
ベック修道院（仏ユール県）Bec Hellouin, Le, Eure 24, 36
ベッドフォード公ジョン（1435年没）Bedford, John, Duke of 336-337, 341, 図**103**
『ベッドフォード公の時禱書』 Bedford Hours 336-337, 図**103**
ベッドフォード城 Bedford 154
ペッラーズ，アリス（エドワード3世の愛妾）Perrers, Alice 289
ベリー・セント・エドマンズ（修道院）Bury St Edmunds 98, 132, 200, 202, 205, 208, 295, 297-298
ベリー地方（仏）Berry 129, 279
ヘリウォード・ザ・ウェイク Hereward the Wake 21, 24
ベリック・アポン・トゥウィード（ノーサンバーランド）Berwick upon Tweed, Northumberland 47, 210, 215, 217, 222-223, 311
ヘリフォード Hereford 70, 236
ヘリフォード伯→ブーン家
ペルッツィ（フィレンツェの銀行家）Peruzzi, Florentine bankers 256
ヘント（ガン）Ghent 136, 251, 257, 291, 303, 305
ペンブルック Pembroke 46
ヘンリー（ハンティンドン・ノーサンブリア伯，1152年没）Henry, Earl of Northumbria (d. 1152) 68
ヘンリー（ランカスター公，1361年没）Henry, Duke of Lancaster (d. 1361) 291
ヘンリー（ランカスター伯，1345年没）Henry, Earl of Lancaster (d. 1345) 236
ヘンリー，ハンティンドンの（助祭長）（年代記作者，1155年没）Henry, Archdeacon of Huntingdon 25, 63, 204, 379
ヘンリー，ブロワの（ウィンチェスター司教，在位1129-71年）Henry of Blois, Bishop of Winchester 34, 59, 65, 70-71, 79, 89, 97, 100
ヘンリー小王（若年王）（ヘンリー2世の子，1183年没）Henry, the young king, son of Henry II 105, 109-110, 115
ヘンリー・テューダー→ヘンリー7世（イングランド王）
ヘンリー・ボリングブルック→ヘンリー4世（イングランド王）
ヘンリー1世（イングランド王，在位1100-35年）Henry I, King of England 2, 5, 29, 36-66, 85, 142, **図33**, **図36**
ヘンリー（アンリ）**2世**（イングランド王，在位1154-89年）Henry II, King of England 63, 66, 75, 78-118, 124, **図39cd**, **図45**
ヘンリー3世（イングランド王，在位1216-72年）Henry III, King of England 123, 148-184, 185-186, 362, **図52**, **図54**, **図55**, **図56**
ヘンリー4世（イングランド王，在位1399-1413年）Henry IV, King of England 305, 314-326, **図117**
ヘンリー5世（イングランド王，在位1413-22年）Henry V, King of England 324-336, 350, **図119**
『ヘンリー5世事績録』 *Gesta Henrici Quinti* 330, 395
ヘンリー6世（イングランド王，在位1422-71年）Henry VI, King of England 334-367, **図121**, **図122**, **図127**, **図128**
ヘンリー7世（イングランド王，在位1485-1509年）Henry VII, King of England 360, 372

＊ホ

ボアストール村の地図（バッキンガムシャー）Boarstall, Buckinghamshire, map of **図82**, 268-270
ポイニングズ卿 Poynings, Lord 354
謀殺罰金 murdrum fine 178, 388
ポーツマス Portsmouth 135, 207
ボードゥアン（エノー・フランドル伯，1206年没）Baldwin, Count of Hainault and Flanders 129

ボーフォート，エドマンド（サマーセット公，1455年没）Beaufort, Edmund, Duke of Somerset（d. 1455） 347, 350, 354-355
ボーフォート，ヘンリー（枢機卿）（ウィンチェスター司教，在位1404-47年）Beaufort, Henry, Cardinal, Bishop of Winchester 341, 350
ボーフォート，マーガレット（リッチモンド伯妃）Beaufort, Margaret, countess of Richmond 348, 360
ボーマリス（アングルシー）Beaumaris, Anglesey 193
ポール，ウィリアム・ド・ラ（サフォーク伯，1450年没）Pole, Sir William de la, Earl（Duke after 1448）of Suffolk（d. 1450） 343-348
ボール，ジョン（1381年没）Ball, John 295-296, 300, 302
ポール，マイケル・ド・ラ（サフォーク伯，尚書部長官，1415年没）Pole, Michael de la, Earl of Suffolk（d. 1415） 303-306, 309
ポール卿，ウィリアム・ド・ラ（ハルの）（1366年没）Pole, Sir William de la, of Hull（d. 1366） 256, 258-259
ボールドウィン・フィッツ・ギルバート Baldwin fitz Gilbert **図37**
ホールト城 Holt Castle 316
ボストン（リンカンシャー）Boston, Lincolnshire 119, 195, 198, 259, **図68**
ボズワースの戦い（1485年）Bosworth, battle of（1485） 372, 394
ホックリーヴ，トーマス（1430年頃没）Hoccleve, Thomas 329, 395
ホットスパー（短気者）**→パーシー家** Hotspur see Percy family
ボニファス，サヴォワの（カンタベリー大司教，在位1245-70年）Boniface, Archbishop of Canterbury 162
ボニファティウス 8 世（教皇，在位1294-1303年）Boniface VIII, Pope 207
ホミルドン・ヒルの戦い（1402年）Homildon Hill, battle of（1402） 322
ホランド，ジョン（ハンティンドン伯，1447年没）Holland, John, Earl of Huntingdon（d. 1447） 341
ホランド卿，ロバート Holland, Sir Robert 261
『ポリクロニコン』 *Polycronicon* 254, 392
ボリングブルック（リンカンシャー）Bolingbrook, Lincanshire 11
ボリングブルック，ヘンリー→ヘンリー 4 世 Bolingbrook, Henry, see Henry IV
『ホルカム彩飾聖書』 Holkham Bible Picture Book 240, **図73**, **図76**, **図77**, **図86**, **図87**
ポルティナーリ，トンマーゾ・ディ Portinari, Thomas de 367
ボルドー（仏）Bordeaux 156, 280, 293
ボルトン修道院（ヨークシャー）Bolton Priory, Yorkshire 239
ポワティエ（仏）Poitiers 93, 334
ポワティエの戦い（1356年）Poitiers, battle of（1356） 279-280
ポワトゥー（仏）Poitou 133, 141, 154, 156-157, 163, 168, 279, 292
ポンティニー修道院（シトー会）（仏ヨンヌ県）Pontigny, Yonne 103
ポンティフラクト（ヨークシャー）Pontefract, Yorkshire 226, 228, 243, 318
ポン・ド・ラルシュ，ウィリアム Pont de l'Arche, William 52
ポントワーズ（仏）Pontoise 333

＊マ

マーガレット（マルグリット），**アンジューの**（ヘンリー 6 世王妃）Margaret, queen of Henry VI 344-345, 352, 356, 360-361
マーガレット，「ノルウェーのおとめ」（1290年没）Margaret, maid of Norway（d. 1290） 200-201
マーガレット，ヨークの（ブルゴーニュ公妃，エドワード 4 世の妹）Margaret of York, Duchess of Burgundy 364
マルク，フィリップ Marc, Phillip 150
マーシャル，ウィリアム（ペンブルック伯，1219年没）Marshall, William, Earl of Pembroke（d. 1219） 131-132, 135, 148-151

『ウィリアム・マーシャル伝』 149, 386
マーベル，ベレームの（モンゴメリーのロジェの妻）Marbel of Bellême 14
マーミオン卿，ウィリアム Marmion, Sir William 253
マイトン・オン・スウェイル（ヨークシャー）Myton-on-Swale, Yorkshire 223, 248
マウントソレル城（レスターシャー）Mountsorrel Castle, Leicestershire 111
マグナ・カルタ Magna Carta 141-148, 162
再公布（1216年）Magna Carta, reissued (1216) 149-150
再公布（1217年）Magna Carta, reissued (1217) 151
再公布（1225年）Magna Carta, reissued (1225) 154-156
再公布（1297年）Magna Carta, reissued (1297) 208-209
マグナ・カルタ，チェシャーの Magna Carta of Cheshire 152-153
マシュー・パリス（年代記作者，1259年没）Matthew Paris 157-158, 161-166, 190, 386 **図21, 図22, 図23, 図56**
マップ，ウォルター（1210年頃没）Map, Walter 48, 113, 115, 117, 383
マティルダ（ウィリアム1世王妃）Matilda, queen of William I **図8**
マティルダ（ヘンリー1世王妃，イーディスとしても知られる）Matilda, also known as Edith, queen of Henry I 38, 57
マティルダ（スティーヴン王妃）Matilda, queen of Stephen 59
マティルダ，ラムズベリーの Matilda of Ramsbury 71
マティルダ，帝妃（1167年没）Matilda, Empress (d. 1167) 57-79, 100
マルカム3世（スコットランド人の王，在位1058-93年）Malcolm III, King of Scots 31-32
マルカム4世（スコットランド人の王，在位1156-65年）Malcolm IV, King of Scots 90
マルグリット，フランドルの（ブルゴーニュ公妃）Margaret of Flanders, Duchess of Burgundy 302
マンドヴィル，ジェフリー・ド（エセクス伯，1144年没）Mandeville, Geoffrey de, Earl of Essex 51-52, 75

＊ミ

ミッドランド地方 Midlands 8, 16, 20, 53, 72, 80, 109, 111, 127, 153, 182, 195, 275, 366, 378
ミドルセクス Middlesex 18
ミルボー（仏ヴィエンヌ県）Mirebeau, Vienne 133

＊メ

メアー卿，ピーター・ド・ラ（初代庶民院議長）Mare, Sir Peter de la 289-290
メアリー（スティーヴン王の娘）Mary, daughter of Stephen 88
メイドウェル（ノーサンプトンシャー）Maidwell, Norhamptonshire 272
メーヌ Maine 35, 346-347
メルカム・リージス（ドーセット）Melcombe Regis, Dorset 264

＊モ

モウブレー，ジョン・ド（ノーフォーク公，1432年没）Mowbray, John de, Duke of Norfolk (d. 1432) 341
モウブレー，トーマス（軍務伯，1405年没）Mowbray, Thomas, Earl Marshall (d. 1405) 322
モウブレー，トーマス（ノーフォーク公，1399年没）Mowbray, Thomas, Duke of Norfolk (d. 1399) 306, 314
モーヴィル，ヒュー・ド Morville, Hugh de 105
モーカー（ノーサンブリア伯）Morcar, Earl of Northumbria 10
モーティマー，エドマンド（ウェールズ辺境伯，1425年没）Mortimer, Edmund, Earl of March (d. 1425) 322

モーティマー，ロジャー，ウィグモアーの（ウェールズ辺境伯，1330年没）Mortimer, Roger, of Wigmore, Earl of March（d. 1330） 226-227, 232, 235-236
モーティマー，ロジャー，チャークの（1326年没）Mortimer, Roger, of Chirk（d. 1326） 226-227
モーの攻囲（1422年）Meaux, siege of（1422） 334
モーリー卿，エドワード・ド Mauley, Sir Edward de 249
モリンズ，アダム（チチェスター司教，在位1446-1450年）Moleyns, Adam, Bishop of Chichester 343, 346
モンゴメリー家（シュルーズベリー伯）Montgomery family, Earls of Shrewsbury 7, 13-14, 30, 31, 41-42
モンタギュー，ウィリアム（1319年没）Mongague, William, Baron（d. 1319） 224, 235
モンタギュー，トーマス（ソールズベリー伯）Montague, Thomas, Earl of Salisbury 336
モンタギュー卿ジョン→ネヴィル，ジョン（モンタギュー候）
モントロー（仏）Montereau 333, 338
モンフォール，エリナー・ド（ルウェリン・アプ・グリフィズの妻）Montfort, Eleanore de, wife of Llewelyn ap Gruffudd 190-191
モンフォール，シモン・ド（レスター伯，1265年没）Montfort, Simon de, Earl of Leicester（d. 1265） 172, 178, 182, 184, 190
モンミラーユの会談（1169年）Montmirail, conference of（1169） 104, 112

＊ヤ

ヤーマス（ノーフォーク）Yarmouth, Norfolk 119
役務保有者 sergeant/serjeant 131, 268, 386
ヤッファ Jaffa 124

＊ユ

ユスタス（ブーローニュ伯，スティーヴン王の子，1153年没），Eustace, Count of Boulogne（d. 1153） 67, 79-80, 82

＊ヨ

ヨーク York 80, 246-249, 265, 322, 354
ヨークシャー Yorkshire 95

＊ラ

ラ・ロシェル（仏）La Rochelle 156
ラーヌルフ（チェスター伯，1153年没）Ranulf, Earl of Chester（d. 1153） 78-80
ラーヌルフ（チェスター伯，1232年没）Ranulf, Earl of Chester（d. 1232） 140, 148-149
ラーヌルフ・ル・メシャン Ranulf le Meschin 11
ライアンズ，リチャード Lyons, Richard 289
ライズ，ジョン Writhe, John **図128**
ライディング riding 22, 243, 379
ラヴェナム（サフォーク）Lavenham, Suffolk 243
ラウス，ジョン Rous, John **図121**
ラティマー，ウィリアム（1381年没）Latimer, William, Baron（d. 1381） 289-290
ラテラノ公会議，第二回（1139年）Lateran Council, Second（1139） 69
ラドコット・ブリッジの戦闘（1387年）Radcot Bridge, engagement at（1387） 306, 313-314
ラドフォード・ブリッジ（シュロップシャー）Ludford Bridge, Salop 356
『ラトランド詩編集』 Rutland Psalter **図57, 図58**
『ラトレル詩編集』 Luttrell Psalter **図48, 図59, 図60, 図75, 図89, 図90, 図91, 図92, 図93, 図94**
ラナーコスト修道院（カンバーランド），**『ラナーコスト年代記』** Lancercost Priory, Cumberland, chronicle of 222,

229, 251, 390
ラビー城（ダラム）Raby, Durham 312
ラムジー修道院（ハンティンドンシャー）Ramsey Abbey, Huntingdonshire 276, 301
ラルフ（イースト・アングリア伯）Ralph, Earl of East Anglia 10
ラングトン，スティーヴン（カンタベリー大司教，在位1207-28年）Langton, Stephen, Archbishop of Canterbury 136, 141
ランフランク（ランフランクス）（カンタベリー大司教，在位1070-89年）Lanfranc, Archbishop of Canterbury 24-25, 30

＊リ

リーヴォー修道院（ヨークシャー）（シトー会）Rievaulx Abbey, Yorkshire 228, **図40**
リーズ（ヨークシャー）Leeds, Yorkshire 243
リース・アプ・テウドル（1093年没）Rhys ap Tewdwr 31
リヴァーズ伯→ウッドヴィル，アントニー
リヴォー，ピーター・デ Rivaux, Peter des 174
リズラン Rhuddlan 31, 191-192, 315
リチャード（ウィリアム征服王の次男，1075年頃没）Richard 29
リチャード（ヨーク公，エドワード4世の子，1483年没）Richard, son of Edward IV 371
リチャード（グロスター公）**→リチャード3世**
リチャード（コンウォール伯，ヘンリー3世の子，1272年没）Richard, Earl of Cornwall (d. 1272) 156, 166-167, 177
リチャード（ヨーク公，護国卿）Richard, Duke of York, protector 350-360
リチャード・フィッツ・ナイジェル（フィッツ・ニール）（ロンドン司教，在位1189-98年；財務府長官）（『財務府についての対話』の著者）Richard fitz Nigel, Bishop of London 50
リチャード1世（イングランド王，在位1189-99年）Richard I, King of England 104, 114-116, 124-131
リチャード2世（イングランド王，在位1377-99年）Richard II, King of England 291-318, **図101**, **図116**, **図117**
リチャード3世（イングランド王，在位1483-85年）Richard III, King of England 368-372
リッカルディ，ルッカの（銀行家）Riccardi of Lucca, bankers 194
リッチモンド（ヨークシャー）Richmond, Yorkshire 16
リドゲイト，ジョン Lydgate, John **図127**
リポン（ヨークシャー）Ripon, Yorkshire 222
リュジニャンのジョフロワ Lusignan, Geoffrey de 164
リュジニャンのユーグ（ラ・マルシュ伯）Lusignan, Hugh de, Count of La Marche 133, 156, 164
リンカン司教区（司教座）Lincoln, diocese 25, 72, 157-158, 265
リンカンの戦い（1141年）Lincoln, battle of (1141) 72, **図37**
リンカンの戦い（1217年）Loncoln, battle of (1217) 151

＊ル

ル・ヴォードルイユ（仏ユール県）Le Vaudreuil, Eure 134
ル・グーレの協定（1200年）Le Goulet, treaty of (1200) 132
ル・マン（仏サルト県，メーヌ伯領）Le Mans, Maine 34-35, 346
ルイ6世（フランス王，在位1108-37年）Louis VI, King of France 58, 62, 67
ルイ7世（フランス王，在位1137-80年）Louis VII, King of France 80, 91-93, 104, 113
ルイ8世（フランス王，在位1223-26年）Louis VIII, King of France 140-141, 150-151
ルイ9世（聖王ルイ）（フランス王，在位

1226-70年）Louis IX, King of France 156, 161, 163, 167-168, 186

ルイ11世（フランス王，在位1461-83年）Louis XI, King of France 364

ルーアン Rouen 22, 24, 48, 64, 79, 82, 127, 333, 336-337, 347

ルーウィス（サセクス）Lewes, Sussex 8

ルーウィスの戦い（1264年）Lewes, battle of (1264) 184

ルウェリン・アプ・グリフィズ（ウェールズ大公，1282年没）Llwelyn ap Gruffudd, Prince of Wales (d. 1282) 188, 190-192, **図67**

ルーシー，リチャード・ド（行政長官）Lucy, Richard de 86, 88, 101-102, 120

＊レ

レイヴンスパー（ヨークシャー）Ravenspur, Yorkshire 315, 366

レイシー，ジョン・ド（リンカン伯，1240年没）Lacy, John de, Earl of Lincoln (d. 1240) 169

レイシー，ロジャー・ド（チェスターの城代）Lacy, Roger de, Constable of Chester 134

隷農身分 villeinage 272, 297, 300-301, 393

レジナルド（コンウォール伯，ヘンリー１世の庶子，1175年没）Reginald, Earl of Cornwall (d. 1175) 88

レジナルド・フィッツ・アース Reginald fitz Urse 105

レスター Leicester 111, 355, 372

レディング修道院（バークシャー）Reading Abbey, Berkshire 64

レドヴァーズ，ボールドウィン・ド（デーヴォン伯）Redvers, Baldwin de, Earl of Devon 70

レドヴァーズ，リチャード・ド Redvers, Richard de 42

レミギウス（リンカン司教，在位1067?-1092年）Remigius, Bishop of Lincoln 20, 25

＊ロ

ロウヴェル卿，ジョン（1408年没）Lovel, John, Baron (d. 1408) **図118**

ロウチ修道院（ヨークシャー）Roche Abbey, Yorkshire **図19**

労働者規制法（1351年）Labourers, Statute of (1351) 276, 282, 298

ローゼベーケの戦い（1382年）Roosebeke, battle of (1382) 303

ローリー，ウィリアム Raleigh, William 152

ロクスバラ（スコットランド境界地方）Roxburgh, Borders 47, 217, 311

ロジャー（ソールズベリー司教，選挙1102年，在位1107-39年）Roger, Bishop of Salisbury 46, 48, 50, 54, 64, 70, 258

ロジャー（ヘリフォード伯，ウィリアム・フィッツ・オズバーンの子）Roger, Earl of Hereford 10-11

ロジャー・フィッツ・ジェラルド・ド・ルーメアー Roger fitz Gerald de Roumare 11

ロシュ，ピーター・デ（ウィンチェスター司教，在位1205-38年）Roches, Peter des, Bishop of Winchester 149, 174

ロチェスター（ケント）Rochester, Kent 30

ロッキンガム（城）（ノーサンプトンシャー）Rockingham, Northamptonshire 16

ロバート（グロスター伯，ヘンリー１世の庶子，1153年没）Robert, Earl of Gloucester 46, 67-68, 70, 72, 75-77, 79

ロバート（レスター伯，行政長官，1168年没）Robert, Earl of Leicester (d. 1168) 78, 86, 88, 98-99

ロバート（レスター伯，1190年没）Robert, Earl of Leicester (d. 1190) 109-111

ロバート，ソープの（ロングソープの領主）Robert of Thorpe, lord of Longthorpe 4

ロバート・フィッツ・ウォルター Robert fitz Walter 134, 145

ロバート・フィッツ・ハーモン（グラモーガ

ンの領主）Robert fitz Hamon, lord of Glamorgan 42, 46
ロバート1世（スコットランド王，在位1306-29年）Robert I, King of Scots 215-217, 222, 229, 236-237
ロベール（2世）（フランドル伯，1111年没）Robert, Count of Flanders 33
ロベール（ロバート）（ウー伯）Robert, Count of Eu 8
ロベール（ロバート）（モルタン伯）Robert, Count of Mortain 8, 12, 30
ロベール（ロバート）**短長靴公**（クルトゥーズ）（ノルマンディー公，在位1187-1106年，1134年没）Robert, Duke of Normandy (d. 1134) 29-30, 32-34, 38, 41-43, 62, **図9**
ロベール，セーの（アランソン伯）Robert of Sées, Count of Alençon 134
ロベール，トリニーの（デ・モンテ）（年代記作者，1186年没）Robert of Torigny, chronicler 80, 382
ロムジー修道院（ハンプシャー）Romsey Abbey 57
ロラード派 Lollards 326, 328, 395
ロングソープ（ノーサンプトンシャー）Longthorpe, Northamptonshire 4, **図32**
ロンシャン，ウィリアム（行政長官）Longchamp, William, justiciar 127
ロンドン London 74, 145-148, 181-182, 234, 264-265, 295-297, 330-332, 358-361
ロンドン塔 London, Tower of 341, **図12**

＊ワ

ワイト島 Isle of Wight 8, 13
割り符 tally 51, 248, 285, 380
ワルセオフ（ハンティンドン伯，ノーサンブリア伯，1075年没）Waltheof, Earl of Huntingdon, Earl of Northumbria (d. 1075) 8, 10-11, 17, 46

参考文献

一般的著作

最近刊行された次の3冊がすぐれている：Robert Bartlett, *England under the Norman and Angevin Kings, 1075-1225* (Oxford, 2000)；Michael Prestwich, *Plantagenet England 1225-1360* (Oxford, 2005)；Gerald Harriss, *Shaping the Nation: England 1360-1461* (Oxford, 2005).

イングランドの経済と社会を概観したものとしては、以下のものがよい：S. H. Rigby, *English Society in the Later Middle Ages: Class, Status and Gender* (Macmillan, 1995)；E. Miller and J. Hatcher, *Medieval England: Rural Society and Economic Change 1086-1348* (Longman, 1978)；同じ著者による同じ叢書の1巻 *Medieval England: Towns, Commerce and Crafts* (Longman, 1995)；Susan Reynolds, *An Introduction to the History of English Medieval Towns* (Oxford, 1977)；R. H. Britnell, *The Commercialisation of English Society, 1000-1500* (Cambridge, 1993).

本書と同じ時代を扱う概説書としては、ほかには次のものがある：F. Barlow, *The Feudal Kingdom of England 1042-1216*, 5th edn. (Longman, 1999)；Marjorie Chibnall, *Anglo-Norman England 1066-1166* (Blackwell, 1986)；Sandra Raban, *England under Edward I and Edward II, 1259-1327* (Blackwell, 2000)；M. H. Keen, *England in the Later Middle Ages* [1272-1485] (Methuen, 1973). スコットランドとウェールズに関しては、以下の概説書が特にすぐれている：R. R. Davies, *Conquest, Coexistence, and Change: Wales 1063-1415* (Oxford, 1987)；G. W. S. Barrow, *Kingship and Unity: Scotland 1000-1306* (Arnold, 1981)；A. Grant, *Independence and Nationhood: Scotland 1306-1469* (Arnold, 1984).

Dom David Knowlesによる中世イングランドの修道院制度の研究は、中世研究の偉大な業績の一つである：*The Monastic Order in England*, 2nd edn. (Cambridge, 1963)；*The Religious Orders in England*, 3 vols (Cambridge, 1948-61). また、次のものも参照：D. Knowles and J. K. S. St Joseph, *Monastic Sites from the Air* (Cambridge, 1952). 王の建造物に関しては、次の参照文献が必須である：H. M. Colvin (gen. ed.), *The History of the King's Works*. Vols I-III. *The Middle Ages* (HMSO, 1963). 建造物に関しては、以下も参照：John R. Kenyon, *Medieval Fortifications* (Leicester UP, 1990)；Eric

Fernie, *The Architecture of Norman England* (Oxford, 2000); Margaret Wood, *The English Medieval House* (J. M. Dent, 1965). 内部装飾に関しては、次の概説書を参照：E. W. Tristram, *English Medieval Wall Paintings*, 3 vols (Oxford, 1944-50); *English Wall Painting of the Fourteenth Century* (Routledge, 1955).

美術・工芸品に関しては、1984年にロンドンのヘイウォード・ギャラリーで開催されたロマネスク展のカタログと1987年から88年にかけてロンドンの王立美術院（ロイヤル・アカデミー）で開催されたゴシック展のカタログを参照：*English Romanesque Art 1066-1200*, ed. G. Zarnecki *et al*. (Arts Council, 1984); *Age of Chivalry, Art in Plantagenet England 1200-1400*, ed. J. Alexander and P. Binski (Royal Academy, 1987). 写本に関しては、以下の概観を参照：J. J. G. Alexander (gen. ed.), *Manuscripts Illuminated in the British Isles* (Harvey Miller); C. M. Kauffmann, *Romanesque Manuscripts, 1066-1190* (1975); N. Morgan, *Early Gothic Manuscripts, 1190-1285*, 2 vols (1982-8); Lucy F. Sandler, *Gothic Manuscripts, 1285-1385*, 2 vols (1984); Kathleen L. Scott, *Later Gothic Manuscripts, 1390-1490*, 2 vols (1996).

地表上に確認できる様々な遺構資料は、次の文献で見ることができる：M. W. Beresford and J. K. S. St Joseph, *Medieval England. An Aerial Survey*, 2nd edn. (Cambridge UP., 1979); 地中に埋もれた遺構・遺物資料に関しては、次のものを参照：M. W. Beresford and J. G. Hurst (eds.), *Deserted Medieval Villages* (London: Butterworth, 1971). 考古学上の成果は、研究に必要不可欠な年次報告書 *Medieval Archaeology* に見ることができる。この雑誌には5年ごとに詳細な索引が付されている。

本書で使用される叙述史料は、次の文献で詳細に議論されている：Antonia Gransden, *Historical Writing in England c.550 to c.1307*; *Historical Writing in England c.1307 to the Early Sixteenth Century* (Routledge, 1974-82). 史料のテキストと翻訳は、「ニールソン中世原典叢書 (Nelson Medieval Texts (NMT))」とその続編「オックスフォード中世原典叢書 (Oxford Medieval Texts (OMT))」で見つけることができる。

以下、各章に関して重要な文献をあげておく。

第一章　ノルマン征服と植民定住　1066―1106年

ノルマン征服以前の時代に関しては、次のものを参照：J. Campbell (ed.), *The Anglo-Saxons* (Phaidon, 1982; Penguin, 1991); F. Barlow, *Edward the Confessor* (Methuen, 1970; Yale, 1997). この時代を扱う膨大な文献のなかでは、特に以下のものを参照：David Bates, *William the Conqueror* (Tempus,

2001)；Frank Barlow, *William Rufus* (Methuen, 1983; Yale, 1999)；Ann Williams, *The English and the Norman Conquest* (Boydell, 1995)；Matthew Strickland (ed.), *Anglo-Norman Warfare* (Boydell, 1992)；Richard Gameson (ed.), *The Study of the Bayeux Tapestry* (Boydell, 1997). 征服とその後の時代に関する叙述は、以下の文献に見ることができる：*The Ecclesiastical History of Orderic Vitalis*, ed. Marjorie Chibnall, 6 vols (Oxford: OMT, 1969-80)（1141年までのアングロ・ノルマン期の歴史に関する主要な年代記のすばらしい校訂版）；*Bayeux Tapestry*, editions with facsimile by Sir Frank Stenton, 2nd edn. (Phaidon, 1965), and by David Wilson (Thames & Hudson, 1985).『アングロ・サクソン年代記（*Anglo-Saxon Chronicle*）』は複数の版で入手可能である。ドゥームズデイ・ブックに関しては、まず次の地理学的概観を参照：H. C. Darby, *Domesday England* (Cambridge, 1977). いくつかの著作が、ドゥームズデイ・ブックの900年記念祭に際して刊行された：J. C. Holt (ed.), *Domesday Studies* (Boydell, 1987)；P. H. Sawyer (ed.), *Domesday Book: A Reassessment* (Arnold, 1986)；Elizabeth M. Hallam, *Domesday Book Through Nine Centuries* (Thames and Hudson, 1986). 最近出版された次の文献は、斬新な説を提示している：David Roffe, *Domesday: The Inquest and the Book* (Oxford, 2000). この時代の重要な２人の教会人に関しては、次のものを参照：Margaret Gibson, *Lanfranc of Bec* (Oxford, 1978)；R. W. (Sir Richard) Southern, *Saint Anselm. A Portrait in a Landscape* (Cambridge, 1990).

第二章　宮廷の生活　1106―1154年

C. Warren Hollister, *Henry I* (Yale, 2001)；*Monarchy, Magnates and Institutions in the Anglo-Norman World* (Hambledon, 1986)；Judith A. Green, *The Government of England under Henry I* (Cambridge, 1986)；*The Aristocracy of Norman England* (Cambridge, 1997)；E. J. Kealey, *Roger of Salisbury, Viceroy of England* (U. of California Pr., 1972). 1135年から54年の内乱に関しては次の２冊を参照：Marjorie Chibnall, *The Empress Matilda* (Blackwell, 1991)；David Crouch, *The Reign of King Stephen* (Longman, 2000)；Edmund King (ed.), *The Anarchy of King Stephen's Reign* (Oxford, 1994). 同じ著者によるスティーヴンの伝記が、「エール・英国君主伝記叢書（Yale 'English Monarchs' series)」から刊行される予定である。この時代に関して次の２つの年代記が重要である：*Gesta Stephani*, ed. K. R. Potter and R. H. C. Davis (OMT, 1976)；William of Malmesbury, *Historia Novella: The Contemporary History*, ed. E. King, trans. K. R. Potter

(OMT, 1998).

第三章　アンジュー帝国　1154—1199年

アンジュー朝の諸王とその政策については、次のものを参照：W. L. Warren, *Henry II* (Methuen, 1973; Yale, 2000); J. Gillingham, *Richard I* (Yale, 1999); J. W. Baldwin, *The Government of Philip Augustus* (U. of California Pr., 1986). この時代の他の重要な人物に関しては以下を参照：A. Kelly, *Eleanor of Aquitaine and Four Kings* (Harvard, 1950); F. Barlow, *Thomas Becket* (Weidenfeld, 1986); C. R. Cheney, *Hubert Walter* (Nelson, 1967); R. Bartlett, *Gerald of Wales, 1146-1223* (Oxford, 1982); David Crouch, *William Marshal* (Longman, 1990). 法と行政を扱う膨大な文献のなかでは、特に次のものを参照：R. C. Van Caenegem, *The Birth of the English Common Law* (Cambridge, 1973); C. R. Young, *The Royal Forests of Medieval England* (Leicester UP, 1979); P. R. Hyams, *King, Lords, and Peasants in Medieval England* (Oxford, 1980). この時代に関する史料では、以下のものがある：*The Chronicle of Jocelin of Brakelond*, ed. H. E. Butler (NMT, 1949), ed. Diana Greenway and Jane Sayers (Oxford, 1989); *Dialogus de Scaccario*, ed. C. Johnson, rev. edn. (OMT, 1983); *The Chronicle of Battle Abbey*, ed. Eleanor Searle (OMT, 1980). ノルマン朝期とアンジュー朝初期の社会の公的・私的側面に関係するものとして、次の２つの文献が重要である：Matthew Strickland, *War and Chivalry: The Conduct and Perception of War in England and Normandy, 1066-1217* (Cambridge, 1996); M. T. Clanchy, *From Memory to Written Record, England 1066-1307*, 2nd edn. (Blackwell, 1993).

第四章　マグナ・カルタとその後　1199—1258年

ジョン王とマグナ・カルタに関する古典的著作は、以下のものである：J. C. (Sir James) Holt, *The Northeners: A Study in the Reign of King John* (Oxford, 1961, repr. 1992); *Magna Carta*, 2nd edn. (Cambridge, 1992)〔翻訳：J. C. ホゥルト『マグナ・カルタ』森岡敬一郎訳（慶應義塾大学出版会 2000年)〕. F. M. (Sir Maurice) Powicke, *King Henry III and the Lord Edward* (Oxford, 1947) もまた古典である。ジョンとヘンリー３世の政治に関するより最近の研究は、以下のものがある：S. D. Church (ed.), *King John: New Interpretations* (Boydell, 1999); R. Stacey, *Politics, Policy and Finance under Henry III, 1216-1245* (Oxford, 1987); D. A. Carpenter, *The Minority of Henry III* (Methuen, 1990); Nicholas Vincent, *Peter des Roches* (Cam-

bridge, 1996); J. R. Maddicott, *Simon de Montfort* (Cambridge, 1994). これ以外のヘンリー3世の重要な批判者に関しては、次の研究がある：Richard Vaughan, *Matthew Paris* (Cambridge, 1958); R. W. Southern, *Robert Grosseteste* (Oxford, 1986).

第五章　内乱と復興　1258—1307年

イングランドの外からエドワード1世を考察したものとして、次の研究がある：R. R. Davies, 'Colonial Wales', *Past & Present*, no. 65 (1974), 3-23; G. W. S. Barrow, *Robert Bruce and the Community of the Realm of Scotland* (Eyre Methuen, 1965). 内乱に関しては、さらに以下を参照：M. Altschul, *A Baronial Family in Medieval England: the Clares, 1217-1314* (Johns Hopkins, 1965); G. Williams, *Medieval London from Commune to Capital* (London: Athlone Pr., 1963). 議会（パーラメント）と法に関しては、特に次のものを参照：R. G. Davies and J. H. Denton (eds.), *The English Parliament in the Middle Ages* (Manchester, 1981); G. O. Sayles, *The King's Parliament of England* (Arnold, 1974); T. F. T. Plucknett, *Legislation of Edward I* (Oxford, 1949). 次の2つの研究も重要である：M. C. Prestwich, *Edward I* (Methuen, 1988; Yale, 1997); J. H. Denton, *Robert Winchelsey and the Crown, 1294-1313* (Cambridge, 1980). 次の史料が役に立つ：*The Chronicle of Bury St Edmunds, 1212-1301*, ed. Antonia Gransden (NMT, 1964).

第六章　外交の終焉　1307—1349年

エドワード2世に関しては、以下を参照：*Vita Edwardi Secundi*, ed. N. Denholm-Young (NMT, 1957); J. R. Maddicott, *Thomas of Lancaster 1307-1322* (Oxford, 1970); J. R. S. Phillips, *Aymer de Valance. Earl of Pembroke, 1310-1324* (Oxford, 1972); Natalie Fryde, *The Tyranny and Fall of Edward II, 1321-1326* (Cambridge, 1979). この時代の政治と財政に関しては、以下の文献を参照：G. L. Harriss, *King, Parliament, and Public Finance in Medieval England to 1369* (Oxford, 1975). 戦争と騎士道に関しては、以下のものがある：M. H. Keen, *Chivalry* (Yale, 1984); P. Contamine, *War in the Middle Ages*, trans. M. Jones (Blackwell, 1984); Christopher Allmand, *The Hundred Years War: England and France at War, c.1300-c. 1450* (Cambridge, 1988); Froissart, *Chronicles* (Penguin, 1968); *Scalachronica* by Sir Thomas Gray of Hedon, knight, ed. J. Stevenson (Edinburgh: Maitland Club, 1836), and trans. by H. Maxwell (Glasgow: Mackhose, 1907). 経済に関しては、以下を参照：J. Z. Titow, *English Rural Society,*

1200-1350 (Allen and Unwin, 1969); Zvi Razi, *Life, Marriage and Death in a Medieval Parish* (Cambridge, 1980); I. Kershaw, 'The Great Famine and Agrarian Crisis in England, 1315-1322', *Past & Present*, no. 59 (1973), 3-50.

第七章　黒死病の後　1349—1399年

エドワード3世に関しては、以下を参照：W. M. Ormrod, *The Reign of Edward III* (Tempus, 2000); Scott L. Waugh, *England in the Reign of Edward III* (Cambridge, 1991); George Holmes, *The Good Parliament* (Oxford, 1985). 次の2冊が王や諸侯とその従者の関係を扱っている：C. Given-Wilson, *The Royal Household and the King's Affinity* (Yale, 1986); S. K. Walker, *The Lancastrian Affinity, 1361-1399* (Oxford, 1990). 1381年の出来事については、R. H. Hilton and T. H. Aston (eds.), *The English Rising of 1381* (Cambridge, 1984) を参照。リチャード2世については、Nigel Saul, *Richard II* (Yale, 1997); *The Westminster Chronicle*, ed. L. C. Hector and Barbara F. Harvey (OMT, 1982) を参照。外交については、J. J. N. Palmer, *England, France and Christendom, 1377-99* (Routledge, 1972) を参照. 経済と社会に関しては、以下の文献を参照：Barbara Harvey, *Living and Dying in England, 1100-1540. The Monastic Experience* (Oxford, 1993); Christopher Dyer, *Everyday Life in Medieval England* (Hambledon, 1994); J. Hatcher, *Plagne, Population and the English Economy, 1348-1530* (Macmillan, 1977).

第八章　ランカスター家とヨーク家　1399—1485年

ヘンリー4世とヘンリー5世の治世に関しては、以下を参照：K. B. McFarlane, *Lancastrian Kings and Lollard Knights* (Oxford, 1972); J. L. Kirby, *Henry IV of England* (Constable, 1970); R. R. Davies, *The Revolt of Owain Glyn Dwr* (Oxford, 1995); Christopher Allmand, *Henry V* (Methuen, 1992; Yale, 1997); G. L. Harriss (ed.), *Henry V. The Practice of Kingship* (Oxford, 1985); *Gesta Henrici Quinti*, ed. F. Taylor and J. S. Roskell (OMT, 1975). ヘンリー6世に関しては、以下を参照：R. A. Griffiths, *The Reign of Henry VI* (Benn, 1981); B. P. Wolffe, *Henry VI* (Methuen, 1981; Yale, 2001); I. M. W. Harvey, *Jack Cade's Rebellion of 1450* (Oxford, 1991); R. L. Storey, *The End of the House of Lancaster*, new edn. (Sutton, 1986). ヨーク派に関しては、次のものを参照：C. Ross, *Edward IV* (Methuen, 1974; Yale, 1997); *Richard III* (Methuen, 1981; Yale, 1999); Rosemary Horrox, *Richard III : A Study in Service* (Cambridge, 1991); *The*

Usurpation of Richard III, ed. C. A. J. Armstrong, 2nd edn. (Oxford, 1969).
諸侯とジェントリーを扱った数多い研究のなかでは、特に以下のものを参照：K. B. McFarlane, *The Nobility of Later Medieval England* (Oxford, 1973); Helen Castor, *The King, the Crown, and the Duchy of Lancaster* (Oxford, 2000); A. J. Pollard, *John Talbot and the War in France, 1427-1453* (Royal Historical Society, 1983); M. A. Hicks, *False, Fleeting, Perjur'd Clarence. George Duke of Clarence, 1449-78* (Sutton, 1980); Colin Richmond, *The Paston Family in the Fifteenth Century*, 2 vols. (Cambridge, 1990, 1996).

日本語文献の補足

西洋中世史、イギリス中世史への入門書、辞典、地図としては、以下のものを参照。佐藤彰一、池上俊一、高山博編『西洋中世史研究入門』(名古屋大学出版会 増補改訂版 2005年)；高山博、池上俊一編『西洋中世学入門』(東京大学出版会 2005年)；青山吉信、今井宏、越智武臣、松浦高嶺編『イギリス史研究入門』(山川出版社 1973年)；ジョン・A・ハードン編『現代カトリック事典』浜寛五郎訳（エンデルレ書店 1982年)；H. R. ロイン『西洋中世史事典』魚住昌良監訳(東洋書林 1999年)；松村赳、富田虎男編『英米史事典』(研究社 2000年)；田中英夫編『英米法辞典』(東京大学出版会 1992年)；マルカム・フォーカス、ジョン・ギリンガム『イギリス歴史地図』中村英勝、森岡敬一郎、石井摩耶子訳(東京書籍 改訂版 1990年)；A. D. ミルズ編『イギリス歴史地名辞典（古地名検索篇)』中林瑞松、冬木ひろみ、中林正身訳（東洋書林 1996年)；A. D. ミルズ編『イギリス歴史地名辞典(歴史地名篇)』中林瑞松、冬木ひろみ、中林正身訳（東洋書林 1996年)。

本書に関係する史料のいくつかを以下の文献で読むことができる。『原典による歴史学入門』林健太郎、沢田昭夫編（講談社 1982年)；『西洋中世史料集』ヨーロッパ中世史研究会編（東京大学出版会 2000年)；「ムルティプリケム・ノービース（翻訳と解説)――ロンドン司教ギルバート・フォリオットの一書簡――」直江真一、苑田亜矢訳、『法政研究（九州大学)』66巻 3 号（1999年)；「フラテルニターティス・ヴェストレ（翻訳と解説）――カンタベリ大司教トマス・ベケットの書簡――苑田亜矢、直江眞一訳、『法学研究（北海学園大学)』40巻 2 号（2004年)；グランヴィル『イングランド王国の法と慣習』松村勝二郎訳（明石書店 1993年)；ギラルドゥス・カンブレンシス『アイルランド地誌』有光秀行訳（青土社 1996年)；G. R. C. デーヴィス『マグナ・カルタ』城戸毅訳（ほるぷ教育開発研究所 1990年)。

一般的な概説書には、次のようなものがある。川北稔編『イギリス史』(世界各国史11)(山川出版社 1998年);青山吉信、今井宏編『概説イギリス史――伝統的理解をこえて――』(有斐閣 新版 1991年);川北稔、木畑洋一編『イギリスの歴史』(有斐閣 2000年);青山吉信編『イギリス史(世界歴史大系)』1巻(山川出版社 1991年);富沢霊岸『イギリス中世史』(ミネルヴァ書房 1988年);S. B. クライムズ『中世イングランド行政史概説』小山貞夫訳(創文社 1985年);J. H. ベイカー『イングランド法制史概説』小山貞夫訳(創文社 1975年);F. W. メイトランド『イングランド憲法史』小山貞夫訳(創文社 1981年);T. F. T. プラクネット『イギリス法制史概説――総説篇――』(上・下)伊藤正己監修、イギリス法研究会訳(東京大学出版会 1959年);M. M. ポスタン『中世の経済と社会』保坂栄一、佐藤伊久男訳(未来社 1983年);G. M. トレヴェリアン『イギリス史』大野真弓監訳、1巻(みすず書房 1973年);G. M. トレヴェリアン『イギリス社会史』藤原浩、松浦高嶺、今井宏訳、1巻(みすず書房 1971年);M. D. ノウルズ他『中世キリスト教の成立』(キリスト教史3)上智大学中世思想研究所編訳・監修(平凡社 1996年);M. D. ノウルズ他『中世キリスト教の発展』(キリスト教史4)上智大学中世思想研究所編訳・監修(平凡社 1996年);J. R. H. ムアマン『イギリス教会史』八代崇、中村茂、佐藤哲典訳(聖公会出版 1991年)。

個別の主題に関しては以下のようなものがある。青山吉信『アーサー伝説――歴史とロマンスの交錯――』(岩波書店 1985年);青山吉信『グラストンベリ修道院――歴史と伝説――』(山川出版社 1992年);R. H. C. デーヴィス『ノルマン人――その文明学的考察――』柴田忠作訳(刀水書房 1981年);山辺規子『ノルマン騎士の地中海興亡史』(白水社 1999年);デイヴィッド・ラスカム『十二世紀ルネサンス――修道士、学者、そしてヨーロッパ精神の形成――』鶴島博和、吉武憲司編訳(慶應義塾大学出版会 2000年);ハンス・リーベシュッツ『ソールズベリのジョン――中世人文主義の世界――』柴田平三郎訳(平凡社 1994年);チャールズ・カイトリー『中世ウェールズをゆく――ジェラルド・オヴ・ウェールズ 1188年の旅――』和田葉子訳(関西大学出版部 1999年);アンリ・ルゴエレル『プランタジネット家の人びと』福本秀子訳(白水社 2000年);レジーヌ・ペルヌー『王妃アリエノール・ダキテーヌ』福本秀子訳(パピルス 1996年);レジーヌ・ペルヌー『リチャード獅子心王』福本秀子訳(白水社 2005年);R. バートレット『中世の神判――火審・水審・決闘――』竜嵜喜助訳(尚学社 1993年);F. W. メイトランド『イギリス私法の淵源』河合博訳(東京大学出版会 1979年);W. S. マッケクニ『マグナ・カルタ――イギリス封建制度の法と歴史――』禿氏好文訳(ミネルヴァ書房

1993年)；城戸毅『マグナ・カルタの世紀——中世イギリスの政治と国制1199-1307——』(東京大学出版会 1980年)；F. W. メイトランド『イギリスの初期議会』小山貞夫訳（創文社 1969年)；中村英勝『イギリス議会史』(有斐閣 新版 1977年)；ジョン・ベラミ『ロビン・フッド——歴史家らのひとつの試み——』鈴木利章、赤坂俊一訳（法律文化社 1992年)；J. C. ホウルト『ロビン・フッド——中世のアウトロー——』有光秀行訳（みすず書房 1994年)；J. C. ホウルト『中世イギリスの法と社会』城戸毅監訳（刀水書房 1993年)；フィリップ・コンタミーヌ『百年戦争』坂巻昭二訳（白水社 2003年)；レジーヌ・ペルヌー、マリ＝ヴェロニック・クラン『ジャンヌ・ダルク』福本直之訳（東京書籍 1992年)；N. F. カンター『黒死病——疾病の社会史——』久保儀明、楢崎靖人訳（青土社 2002年)；R. ヒルトン、H. フェイガン『イギリス農民戦争——1381年の農民一揆——』田中浩、武居良明訳（未来社 1961年)；R. ヒルトン『中世イギリス農奴制の衰退』松村平一郎訳（早稲田大学出版部 1998年)；R. ヒルトン『封建制の危機』吉田静一、武居良明訳（未来社 2版 1969年)；M. M. ポスタン『イギリス封建社会の展開』佐藤伊久男訳（未来社 2版 1976年)；E. A. コスミンスキー『イギリス封建地代の展開』秦玄龍訳（未来社 改訂版 1960年)；C. S. & C. S. オーウィン『オープン・フィールド——イギリス村落共同体の研究——』三沢嶽郎訳（御茶の水書房 1980年)；アイリーン・パウア『イギリス中世史における羊毛貿易』山村延昭訳（未来社 1966年)；R. ヒルトン『中世封建都市——英仏比較論——』瀬原義生訳（刀水書房 2000年)；マルク・ブロック『王の奇跡——王権の超自然的性格に関する研究、特にフランスとイギリスの場合——』井上泰男、渡辺昌美訳（刀水書房 1998年)；E. H. カントーロヴィチ『王の二つの身体——中世政治神学研究——』小林公訳（平凡社 1992年)；R. C. ヴァン・カネヘム『裁判官・立法者・大学教授——比較西洋法制史論——』小山貞夫訳（ミネルヴァ書房 1990年)；アイリーン・パウア『中世に生きる人々』三好洋子訳（東京大学出版会 1969年)；アイリーン・パウア『中世の女たち』中森義宗、阿部素子訳（思索社 1977年)；ジョン・ハーヴェイ『中世の職人』森岡敬一郎訳（上・下)（原書房 1986年)；R. W. サザン『歴史叙述のヨーロッパ的伝統』大江善男、佐藤伊久男、平田隆一、渡辺治雄訳（創文社 1977年)；N. F. キャンター『中世のカリスマたち——八人の指導者の葛藤と選択——』藤田永祐訳（法政大学出版局 1996年)；鵜川馨『イギリス社会経済史の旅』(日本基督教団出版局 1984年)；太田静六『イギリスの古城』(吉川弘文館 1986年)；森護『ヨーロッパの紋章——紋章学入門——』(河出書房新社 1996年)。

日本人の歴史家による専門的な研究書をあげておく。田中正義『イングラン

ド封建制の形成』（御茶の水書房 改装版 1977年）；青山吉信『イギリス封建王制の成立過程』（東京大学出版会 1978年）；松垣裕『イギリス封建国家の確立』（山川出版社 1972年）；富沢霊岸『封建制と王政』（ミネルヴァ書房 1968年）；富沢霊岸『イギリス中世国制史の研究』（関西大学出版・広報部 1978年）；山代宏道『ノルマン征服と中世イングランド教会』（渓水社 1996年）；平田耀子『ソールズベリのジョンとその周辺』（白桃書房 1996年）；朝治啓三『シモン・ド・モンフォールの乱』（京都大学学術出版会 2003年）；新井由紀夫『ジェントリから見た中世後期イギリス社会』（刀水書房 2005年）；尾野比左夫『バラ戦争の研究』（近代文芸社 1992年）；尾野比左夫『リチャードIII世研究』（渓水社 1999年）；城戸毅『中世イギリス財政史研究』（東京大学出版会 1994年）；小山貞夫『中世イギリスの地方行政』（創文社 1968年）；小山貞夫『イングランド法の形成と近代的変容』（創文社 1983年）；谷和雄『中世都市とギルド――中世における団体形成の諸問題――』（刀水書房 1994年）；田中正義『イングランド中世都市の展開』（刀水書房 1987年）；田中正義『イングランド中世都市論纂』（刀水書房 1993年）；酒田利夫『イギリス都市史』（三嶺書房 1994年）；酒田利夫『イギリス中世都市の研究』(有斐閣 1991年）；鵜川馨『イングランド中世社会の研究』(聖公会出版 1991年）；鵜川馨『中世英国世俗領の研究』（未来社 1966年）；國方敬司『中世イングランドにおける領主支配と農民』（刀水書房 1993年）；三好洋子『イギリス中世村落の研究』（東京大学出版会 1981年）；武居良明『イギリス封建制の解体過程』（未来社 1964年）；小松芳喬『イギリス封建制の成立と崩壊』（弘文堂 1971年）；イギリス中世史研究会編『イギリス封建社会の研究』（山川出版社 1970年）；イギリス中世史研究会編『イギリス中世社会の研究』（山川出版社 1985年）；イギリス中世史研究会編『中世イングランドの社会と国家』（山川出版社 1994年）；國方敬司、直江眞一編『史料が語る中世ヨーロッパ』（刀水書房 2004年）。

図版一覧

図1　『バトル修道院年代記』の彩飾文字に描かれたウィリアム1世（British Library, Cotton MS Domitian, AII, f. 22r）

図2　ウィリアム1世治世の貨幣（Tempus Archive）

図3　15世紀のステンド・グラスに描かれたウィリアム1世（Tempus Archive）

図4　クロウランド修道院の寄進者たち（Guthlac Roll, British Library, Harley Roll Y. 6, no. 18）

図5　夕食をとる諸侯たち（《バイユーの綴織》，バイユー市の特別許可により掲載）

図6　『星座の書』に見られる魚座の図（British Library, Cotton MS Tib. C. I）

図7　『星座の書』に見られる射手座の図（British Library, Cotton MS Tib. C. I）

図8　カーンのサン・テティエンヌ修道院の証書（British Library, Add. Charter 75503）

図9　ノルマンディー公ロベールの墓碑像（現在のグロスター主教座聖堂）（Tempus Archive）

図10　戦闘準備の場面（「バイユーの綴織」，バイユー市）

図11　戦闘の場面（「バイユーの綴織」，バイユー市）

図12　ロンドン塔のホワイト・タワー（Ray Thompson）

図13　ノース・マーデンのノルマン期の教会（Jenny King）

図14　ダラム司教座聖堂（Dave Gamblin）

図15　ダラム司教座聖堂のドア・ノッカー（Durham Cathedral）

図16　ノルマン様式のアーチをもつ入口（キルペック教会, Jenny King）

図17　ファウンテンズ修道院の地下室（Jenny King）

図18　チチェスター司教座聖堂の身廊（Jenny King）

図19　ロウチ修道院の下水溝（Jenny King）

図20　彩飾薬用植物誌の1頁（British Library, Sloane MS 1975, f. 44r）

図21　マシュー・パリスの紋章盾集（British Library, Cotton MS Nero D. I. f. 171 v）

図22　マシュー・パリスのイングランド地図（British Library, Cotton MS Claudius D. VI. f. 12v）

図23　マシュー・パリスによるローマへの道を示した図の一部（British Library, Royal MS 14. C. VII, f. 2r）

図24　キリスト磔刑図（『イーヴシャム詩編集』，British Library, Add. MS 44874, f.

6r)
図25　リンカン司教座聖堂の王と王妃の像（Dave Gamblin）
図26　カエルナーヴォン城（Welsh Historic Monuments）
図27　神が大天使ガブリエルを遣わす場面（『シャフツベリー詩編集』, British Library, Lansdowne MS 383, f. 12v）
図28　キリストの墓の女たち（『シャフツベリー詩編集』, British Library, Lansdowne MS 383, f. 13）
図29　聖クリストフォルス（『ウェストミンスター詩編集』, British Library, Royal MS 2. A. XII, f. 220v）
図30　『シャーボーン・ミサ典書』からの１頁（British Library, Add. MS 74236, p. 391）
図31　バイランド修道院のタイル（Jenny King）
図32　壁画で飾られた部屋（ロングソープの館, Department of Environment）
図33　ヘンリー１世の貨幣（Tempus Archive）
図34　スコットランド王デイヴィッド１世の貨幣（Tempus Archive）
図35　オールド・セアラム（ソールズベリー）の航空写真（Department of Environment）
図36　「白船号」の沈没（British Library Cotton MS Claudius B. II, f. 45v）
図37　ハンティンドンのヘンリーの年代記に描かれたリンカンの戦い（1141年）（British Library, Arundel MS 48, f. 168v）
図38　ムーラン伯ウォールランの印章（British Library, Harley Charter 45 I 30）
図39a　スティーヴン王の貨幣（Tempus Archive）
図39b　スティーヴン治世に諸侯により打造された貨幣（Tempus Archive）
図39c　ヘンリー２世の印璽（Tempus Archive）
図39d　ヘンリー２世の貨幣（Tempus Archive）
図40　リーヴォー修道院のアーチ（Jenny King）
図41　オーフォード城（Jenny King）
図42　コニスバラ城（Ray Thompson）
図43　トーマス・ベケットのイングランドへの帰還（British Library, MS Loans The Becket Leaves, f. 4v）
図44　トーマス・ベケットの殉教（British Library, Cotton MS Claudius B. II, f. 341r）
図45　聖トーマス・ベケットの霊廟で祈るヘンリー２世（15世紀のステンド・グラス, Tempus Archives）
図46　ウェールズ人女性の肖像（ウェールズのジェラルドより, British Library, Royal MS 13. B. VIII, f. 19）

図47　アイルランドの驚異（British Library, Royal MS 13. B. VII, f. 26）
図48　城壁で囲まれた都市（『ラトレル詩編集』, British Library, Additional MS 42130, f. 164v）
図49　焼灼療法のツボの図（12世紀後期の写本, British Library, Sloane MS 1975, f. 92v）
図50　ジョン王の墓碑像（Tempus Archive）
図51　インノケンティウス３世の教皇勅書（British Library, Cotton MS Cleopatra E. I. ff. 155-6）
図52　ヘンリー３世の戴冠（British Library, Cotton MS Vitellus A. XIII. f. 6）
図53　マグナ・カルタ（British Library, Cotton MS Augustus II 106）
図54　ヘンリー３世治世の証書（British Library, Harley Charter 84. D. 56）
図55　ヘンリー３世の印璽（Tempus Archive）
図56　マシュー・パリスが描いた象の図（British Library, Cotton MS Nero D. I. f. 169v）
図57　水責め椅子（『ラトランド詩編集』, British Library, Additional MS 62925 f. 86）
図58　チェス・ゲーム（『ラトランド詩編集』, British Library, Additional MS 62925 f. 78v）
図59　晩餐の準備（『ラトレル詩編集』, British Library, Additional MS 42130, f. 207v）
図60　晩餐の給仕（『ラトレル詩編集』, British Library, Additional MS 42130, f. 208r）
図61　港市ブリストルの印章（表面と裏面, British Library, Seals xlv, 18, 19）
図62　バトル修道院の印章（1265年, Tempus Archive）
図63　13世紀末の騎士（Tempus Archive）
図64　聖画像をめぐる議論（『スミスフィールド教令集』, British Library, Royal MS 10. E. IV, f. 209v）
図65　晒し台の修道士と愛妾（『スミスフィールド教令集』, British Library, Royal MS 10. E. IV, f. 187r）
図66　収穫（『女王メアリーの詩編集』, British Library, Royal MS 2. BB. VII, f. 78 v）
図67　16世紀に描かれたエドワード１世の議会（Heraldic MS 2, f. 8v. The Royal Collection ©2001, Her Majesty Queen Elizabeth II）
図68　ボストンの「切り株」塔（Jenny King）
図69　ティンターン修道院（George Greatwood）
図70　カエルナーヴォン城（Welsh Historic Monuments）

図71　ノーラム城（Jenny King）
図72　聖母子像（14世紀初期のステンド・グラス）（Tempus Archive）
図73　騎士と歩兵（『ホルカム彩飾聖書』, British Library, Additional MS 47682, f. 40）
図74　ヒュー・ディスペンサー1世（テュークスベリー修道院のステンド・グラス, Tempus Archive）
図75　収穫物を載せた荷馬車（『ラトレル詩編集』, British Library, Additional MS 42130, f. 173v）
図76　キリストと染色職人（『ホルカム彩飾聖書』, British Library, Additional MS 47682, f. 16r）
図77　ガリラヤ湖のキリスト（『ホルカム彩飾聖書』, British Library, Additional MS 47682, f. 22）
図78　ストウク・ダバーノン教会の真鍮墓碑板（Tempus Archive）
図79　エドワード3世と家族（ウェストミンスター修道院内のセント・スティーヴン礼拝所のフレスコ画, Tempus Archive）
図80　ロンドン司教ジョン・グレイヴサンド（在位1319-1338年）の印章（Tempus Archive）
図81　死の場面（British Library, Additional MS 37049, f. 338b）
図82　ボアストール村（バッキンガムシャー）の地図（Boarstall Cartulary, f. 1r, Buckinghamshire Record Office）
図83　パドベリー村（バッキンガムシャー）の航空写真（Department of Environment）
図84　死のイメージ（British Library, Royal MS 6. E. VI, f. 267）
図85　黒死病に罹った修道士（British Library, Royal MS 6. E. VI, f. 301）
図86　カインの物語（『ホルカム彩飾聖書』, British Library, Add. MS 47682, f. 6r）
図87　地獄の悲惨さ（『ホルカム彩飾聖書』, British Library, Add. MS 47682, f. 34）
図88　農家の図（British Library, Royal MS 6. E. VI, f. 148v）
図89　射手（『ラトレル詩編集』, British Library, Add. MS 42130, f. 147v）
図90　羊囲いの詳細（『ラトレル詩編集』, British Library, Add. MS 42130, f. 163v）
図91　馬車に乗った貴婦人たち（『ラトレル詩編集』, British Library, Add. MS 42130, f. 181v-182r）
図92　牛の頭をしたグロテスクな動物（『ラトレル詩編集』, British Library, Add. MS 42130, f. 163v）
図93　鷹の頭をしたグロテスクな動物（『ラトレル詩編集』, British Library, Add. MS 42130, f. 181v）
図94　グロテスクな動物（『ラトレル詩編集』, British Library, Add. MS 42130, f.

182r)
図95　秘跡の必要性を描く絵（British Library, Add. MS. 37049, ff. 72v-73r)
図96・97　3人の生者と3人の死者（British Library, Arundel MS 83 II, f. 127)
図98　勝利に酔うイングランド人たち（『ブーン詩編集』, British Library Egerton MS 3277, f. 68v)
図99　ワット・タイラーの死（British Library, Royal MS 18. E. I, f. 175)
図100　ジョン・オヴ・ゴーント（British Library, Royal MS 14. E. IV, f. 244v)
図101　リチャード2世が王冠・王位を放棄する図（British Library, Harley MS 4380, f. 184v)
図102　海戦の図（ジャン・ド・ワヴランの『イングランド年代記』, British Library, Royal MS 14. E. IV, f. 276r)
図103　ベッドフォード公ジョンと聖ジョージ（『ベッドフォード公の時禱書』, British Library, Add. MS 18850, f. 256v)
図104　運命の女神（British Library, Harley MS 4373, f. 14r)
図105　セント・メアリー教会（ビヴァリー）の彩飾天井（Jenny King)
図106　カースル・エイカー修道院長の居館（Jenny King)
図107　労働者規制法により発行された通行証の印章（British Library, Seals xl, 59)
図108　フェレットを使った兎狩（『女王メアリーの詩編集』, British Library, Royal MS 2. BB. VII, f. 155v)
図109　レスリング（『女王メアリーの詩編集』, British Library, Royal MS 2. BB. VII, f. 160v)
図110　聖ジョージ（British Library, Stowe MS 594, f. 5v)
図111　エドワード3世（British Library, Stowe MS 594, f. 7v)
図112　セント・オールバンズ修道院の寄進者たち（1380年）(British Library, Cotton MS Nero D. VII, f. 96v)
図113　ジェフリー・チョーサー（British Library, Harley MS 4866, f. 88)
図114　ジェフリー・チョーサー（Hoccleve manuscript. British Library, Royal MS 17. D. VII, f. 43v)
図115　誤って置かれた文を正しい場所にたぐり寄せる図（British Library, Arundel MS 1319, f. 57r)
図116　リチャード2世の肖像画（Tempus Archive)
図117　リチャード2世廃位後の空位の玉座（British Library, Harley MS 1319, f. 57 r)
図118　聖書朗読集を贈呈するジョン・ロウヴェル卿（British Library, Harley MS 7026)
図119　ヘンリー5世（Tempus Archive)

図120　ルーアンの攻囲戦（『ビーチャム・ページェント図』）（Tempus Archive）
図121　ジョン・ラウスの挿絵入り歴史の１頁（Rous Roll, British Library Add. MS 48976, f. 50）
図122　聖エドマンドの墓前のヘンリー６世（British Library, Harley MS 2278, f. 4 v）
図123　馬上槍試合をする騎士（British Library, Harley MS 4205, f. 12r）
図124　さまざまな人物類型の描写（British Library, Cotton MS Cleopatra C. XI, f. 2v）
図125　街道沿いの宿屋の酒場（『人生の巡礼』, British Library, Cotton MS Tib. A. VII. f. 90）
図126　10月の労働を描いた丸窓ステンド・グラス（Tempus Archive）
図127　チャード獅子心王（ジョン・リドゲイトの彩飾詩集，1440年頃）
図128　ジョン・ライズの『ガーター紋章集』（British Library, Add. MS 37340, f. 1 v）
図129　エドワード４世の伝記の１場面（British Library, Harley MS 7353）
図130　1470年代のイギリスの地図（British Library, Egerton MS 255, f. 8A）